U0497724

新媒体时代新闻实务拓展课程

新编新闻采写与实训教程

赵 瀛/著

西南财经大学出版社

中国·成都

图书在版编目(CIP)数据

新编新闻采写与实训教程/赵瀛著.—成都:西南财经大学出版社,2021.12
ISBN 978-7-5504-4998-5

Ⅰ.①新… Ⅱ.①赵… Ⅲ.①新闻采访—教材②新闻写作—教材
Ⅳ.①G212

中国版本图书馆 CIP 数据核字(2021)第 154691 号

新编新闻采写与实训教程

Xinbian Xinwen Caixie yu Shixun Jiaocheng

赵瀛 著

责任编辑:李思嘉
责任校对:李琼
封面设计:墨创文化
责任印制:朱曼丽

出版发行	西南财经大学出版社(四川省成都市光华村街55号)
网 址	http://cbs.swufe.edu.cn
电子邮件	bookcj@swufe.edu.cn
邮政编码	610074
电 话	028-87353785
照 排	四川胜翔数码印务设计有限公司
印 刷	郫县犀浦印刷厂
成品尺寸	185mm×260mm
印 张	32
字 数	559 千字
版 次	2021 年 12 月第 1 版
印 次	2021 年 12 月第 1 次印刷
印 数	1—2000 册
书 号	ISBN 978-7-5504-4998-5
定 价	52.00 元

1. 版权所有,翻印必究。

2. 如有印刷、装订等差错,可向本社营销部调换。

3. 本书封底无本社数码防伪标识,不得销售。

目 录

第一单元 认识新闻

第 二 单 元　　发现新闻

第 三 单 元　采集新闻

第 四 单 元 报道新闻（文体和语体）

第五单元　报道新闻（新闻叙事技巧）

第 六 单 元　　报道新闻（数据与融合）

第 七 单 元　　专题·新业态　新思潮

让我们推开新闻之门

认识新闻 发现新闻 采集新闻 报道新闻

认 识 新 闻

第 一 单 元

单元理论通识任务 · 认识新闻

大学，站在人生新的起点，也站在未来新闻工作的起点。站在这里，让我们一起推开新闻之门……

本单元理论通识任务尚未进入新闻理论知识系统，但与新闻专业息息相关。新闻是一门什么样的专业？对你又意味着什么？在回答问题之前，有必要获得心灵的启发，有必要做好准备——心理的准备、文化的准备、学习的准备，也是认知的准备。

新闻采写作为新闻学的核心课程，有着怎样宽阔的知识底座，有着怎样厚重的社会景深，有着怎样庄重的职业承诺，你需要在较大的格局上理解专业、认识新闻。

从走进大学课堂的那一刻开始，新闻学子就须向四面张望，与外部的环境、外面的世界对接。同时，就学业而言，你需要把握新闻和文化的关系、专业和网络的关系、大学生和媒介素养的关系，培育和积淀职业素养。

本单元内容第三讲还对课程的构建与实施做了详细说明，以便从教和学的视角把握本教材内容。

第一讲 学新闻，从这里开始

那是一群站在社会舞台中心的人——你心目中的新闻记者，他们站在时代的前沿，用新闻报道影响世界，用话语权申明公理；他们行走中国大地，记录发展与变迁、真相与故事；他们书写爆款文章，让亿万网友热搜；他们认识更多的人和事，丰富着人生体验……或许你还认为，记者这个职业不必靠关系而是凭码字的软实力赢得事业的提升。

你被新闻的魅力所打动，被充满新闻理想的自己所打动。你选择了新闻专业，新闻专业也选择了你。

"新闻采写与实训"是为新闻人和未来的新闻从业者准备的，这门实务课程将把你带到专业的入口，引领你从这里出发，通往认识新闻、实践新闻之路，通往一桩事业的期许。但这个路程须付出时间和思想的磨砺。

现在，让我们的手握在一起，共同推开新闻之门。

第一节 大学：新闻和人生的新起点

刚刚跻身于成年人的行列，走进大学的你，正站在人生的新起点。在这里我们将通过知识学习来成就和改变自己。从专业的意义上说，大学求学，也是未来新闻工作的起点。未来的工作并不是从头开始，而是从这里开始。

一、大学生应"站起来四面张望"

（一）"知道"与"关注"

大学生是受到良好教育的专业群体，社会期待较高。大学生关注新闻时事、关心国家社稷是应有之义。英国哲学家、著名的思想大师怀特海有一句著名的语录："在中学阶段，学生应伏案学习；在大学里，他们则应站起来四面张望。"此言意味深长。

2012 年 10 月，当全世界的目光都聚焦那个站在瑞典学院讲台上发表演讲的中国作家莫言时，我在 100 多人的公选课大课堂上提问："谁知道莫言？"只有十几个人举手。

在讨论"哈尔滨环保部门公开招聘事业编制环卫工"的报道时，大多数同学不知道"事业单位"是怎么回事。也许，一些同学还可能不清楚社会保障、医疗改革、基础设施建设是怎么回事，但都能说得出一连串明星的名字。

刚刚"开门"就这样"揭短"，可能比较打击大家，但遗憾的是，很多同学们的确"知道"的不多，在信息发达的网络时代，这是一个值得注意的现象。任教多年，我深感新闻专业的学生对复杂的、变化的国情、社情普遍缺乏了解和认知，这个不利因素直接影响我们对新闻的理解。

在开学的第一节课，我会把"知道"两个字写在黑板上，告诉同学们，新闻工作者是公共知识分子，所以，他应该是一个熟悉公共事务的"知道分子"。他必须"知道"得很多，因为新闻专业的性质和使命决定了这个职业的工作者必须关注公共事务，而不是只关心与自己利益相关的、时尚的、感兴趣的事情。对于新闻专业的大学生来说，他必须了解"知道"的含义。

是的，到了大学，就要让自己"站起来"去察看更多、更远的事物，去关注那些与社会关系密切的事物，去感受时代的脉动。当我们站起来四面张望的时候，窗外世界的广阔一定远远超过我们的想象：从国内到国外，从正在发生的变化到未来发展的趋势……

社会是新闻的大舞台，新闻传播的一切活动都属于社会活动，新闻学的一些认知也是社会的认知，所有的社会热点也是新闻热点。新闻"知道分子"要怎样"知道"呢？一是将个人的视角转换为社会的视角，将个体的思维嵌入社会思维；二是要关注社会，关注了，才会"知道"。

《人民日报》记者李强曾是清华大学新闻与传播学院 2007 级研究生，有一年寒假，他利用回家探亲的时间走访调查，写出了《乡村八记》，受到广泛的好评。原清华大学新闻与传播学院范敬宜院长对他说："了解国情是年轻的新闻学子首要的任务，不要只看到眼前的一平方公里，要经常了解九百六十万平方公里的喜怒哀乐。"这番话讲的就是"知道"，就是新闻学子"站起来四处张望"的视野。

一个新闻人如果孤陋寡闻是不可想象的。甚至我觉得，选择新闻专业的同学如果觉得自己天性上就缺少对公共事务的兴趣，那么也许要考虑新闻专业是否适合自己了。

新闻学子是准新闻人，提升自己的社会化程度有着特别重要的意义，社会化程度是指参与、感知社会的程度。世界行进在互联网与全球化的文明进程中，中国正处在快速发展的社会转型期，现实生活复杂多样、丰富多彩，新闻学子如果不了解基本的国情、社情，如果不关心周围的环境变化，就很难建立应有的新闻认知，也很难夯实职业的根基。

"关注"是一种能力，也是一种情怀。每一个新闻学子都应将"关注社会"作为专业学习的背景。

（二）关注时事政治——以关注"两会"为例

作为一个迅速发展的大国和世界上最有活力的国家之一，中国"两会"昭示了国家的未来发展方向和走向，寄托了社会的期待，释放了最多的新闻信息。

有关"两会"的常识也是公民常识，对于新闻传播专业来说，关注"两会"就是关注国家大事。

没有不讲政治的新闻，也不要把政治理解得过于狭窄。新闻专业的师生应关心时事政治，讨论时事政治，而不是疏离，而不是小心翼翼地回避。"两会"每时每刻都在表达政府的主张，新闻人本应具备一定的政治素养，不能成为政治的局外人和知识领域的"弱项"。

从对"两会"的关注中，我们可以学会宏观的思维方式，这一点非常重要。"两会"在一个集中的、短暂的时间段展开了几乎包罗万象的"社会全景"：政治、经济、文化、环保、民生、交通、教育、法治……这些有着普遍性意义的社会话题，那些来自不同阶层不同身份的声音，让我们了解各个领域的发展动态以及"两会"内外涌动的社会思潮。如此，"两会"为我们提供了一个站在时代的制高点观察社会的视角，提供了瞭望国情、政情的机会。

宏观就是大局、整体，宏观思维就是在时代和社会的背景下想问题、谈问题、提问题。

媒体经常讲要"上下结合""点面结合"。这里的"上"指的是上情，即政府部门的政策法规、国家大政方针和发展战略；"下"指的是下情，即在微观层面的各个领域实际状况、事实或现场等。"点面结合"的"点"是指个别的、具体的、典型的事实或事态，"面"指的是普遍的、整体的情况和趋势。无论是"上下结合"还是"点面结合",其实就是要求记者要了解两头,吃透两头,从高处体察,以全局解析,找准现实报道的契合点、切入点,见微知著,以小见大。

"上下结合"和"点面结合"作为传统媒体的报道经验,在今天仍然具有指导意义。

"两会"的新闻资源非常丰富。共享新闻资源而带来媒体的激烈竞争——从选题策划到文体样态,再到融合新闻报道,比较不同媒体的"两会"报道方式,又为我们提供了"以媒体报道为师"的机会。

二、新闻是一项使命

(一) 记者是谁?

展示在课件上面的这张照片(见图1-1),截取了某个场景的画面,真切甚至有些悲壮,给人留下深刻的印象。

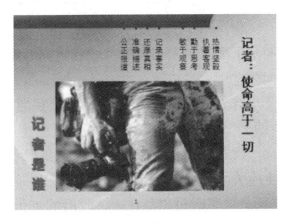

图1-1　记者是谁

(资料来源:作者课件)

"用脚采访,用笔还原",图文的理想主义色彩或许能够激起人们对记者职业形象的想象。

到基层,在一线,扛风雨,沾泥巴,这是记者工作的常态。新闻时刻都可能发生,哪里有新闻,哪里就有记者。记者没有8小时工作制的概念,他们或在现场,或在去现场的路上。普利策新闻奖和美国哥伦比亚大学新闻学院创始人普利策曾说:"懒人是当不了记者的",因为,记者是一个行动着的职业。

记者是谁? 记者,记录者也。记者是新闻的发现者、事件的记录者、时代的见证者。

约瑟夫·普利策的这一段名言广为流传:"倘若一个国家是一条航行在大海上的船,新闻记者就是船头的瞭望者。他要在一望无际的海面上观察一切,审视海上的不测风云和浅滩暗礁,及时发出警报。"这段精彩描述形象地揭示了记者的角色特征。

（二）记者的工作

记者的工作其实很单纯，就是采集信息、撰写稿件、报道新闻。《经济日报》原总编辑艾丰认为记者有三项任务：报道、解释、预测，此三项任务都包含在记者的具体工作中。

1. 报道

以最快的速度及时报道社会最新发生的事件是记者的工作内容，记录和曝光事实真相是记者的工作职责，任何漏报、延报、误报都是一种失职。

2. 解释

这是新闻报道的第二个层面。由于新闻影响整个社会的心理、行为、判断，因此，记者报道还负有传承文化、启蒙民众、引导舆论的责任，这同样是记者的工作。体现在具体的报道内容上，一是对事件进行分析、阐释，提供观点、意见，帮助受众对事实的理解，满足受众深层次的信息需求；二是承担导读和传播知识的使命。有些时效性不强的知识性、文化性的新闻内容同样具有很高的新闻价值和传播意义，反映了新闻报道的多样性和丰富性，正如中国人民大学知名新闻学教授陈立丹所说："记者的工作不是简单的复制现实，为社会提供新闻的同时还要提供思想和知识。"

3. 预测

一篇有影响的报道，不仅始于新闻线索的发现，也始于对时局的判断，对事实潜在价值的预见，对事实发展趋势的前瞻和评估。

三、由高尚元素组合的事业

（一）"责任"的新闻

对于一线媒体，许多媒体老总其实并非将才能、文笔放在第一位，而是更强调记者的职业信仰、责任心、勤奋。我想，新闻教育工作者应了解媒体从业者最切实的感受。

那么，媒体对职业记者有何岗位要求呢？

北京最有影响的都市报《新京报》以"品质源于责任"为宗旨，执行主编王跃春说："我们希望招聘有新闻理想、有职业理想的人，希望招聘对于《新京报》在媒体责任方面所做的种种努力能够认同的人。"《南方都市报》原总编辑庄慎之认为，记者应具备起码的职业感、事业心以及敬业精神和现代公民意识。

《北京青年报》的一位编辑则更具体地说："对记者平时的要求就是对工作要特别敬重，而记者自己则要特别'厚'，注重日常的积累，不要停留在这个位置不前，努力是最重要的。"

著名新闻理论家、《人民日报》原副总编辑梁衡总结自己从事新闻工作40年的经验，认为长期从事新闻工作的人，会历练出一些特殊的素质。一是责任心，懂得什么是责任和为履行这个责任怎样要求自己、充实自己，因此，一切自私、狭隘、麻木不仁、敷衍了事的品行在这里都要剔除。二是勤奋，勤奋是一个记者成才的基础，勤奋积累丰厚的学养、敏捷的思维，勤奋成就积极进取的工作态度，因此，一切懒惰、散漫、懈怠、平庸、得过且过的行为都会被淘汰。三是有独立思想，实事求是，科学行事，善于在纷繁的事物中观察、思索和比较，不会因趋炎而跟风，也不会因逐利而附势，因此，一切唯唯诺诺、人云亦云、随波逐流都与新闻这个行业格格不入。梁衡特别强调，新闻记者不能"小"、不能"私"。

作为资深的新闻前辈，梁衡的新闻箴言今天仍提醒着、鞭策着新闻人。

（二）新闻有门槛

与记者的职责、媒体的要求相比，目前，一些记者在专业能力方面、在职业精神方面确实存在不足，一些浮躁现象受到批评：不深入一线，浮在办公室泡会议、泡材料，将"跑新闻"变成"泡新闻"；虚荣，喜欢热闹场面，到处和领导、名人合影；善取巧，惯于在网上扒段子，或移花接木，被嘲讽为"鼠标记者"……

不是有一张文凭就可以敲开新闻的大门。新闻职业对记者的要求很高，要跳起来才能够得着。至少在现实中，每个记者都要付出踏实的、艰辛的努力，才能抵达成就事业的境界。

记者的工作是一项由激情、责任、品行、素养、才学和专业能力等高尚元素组合的事业，因此新闻从业人员的门槛应该是很高的。没有责任心的人不宜当记者，怕吃苦的人不宜当记者，对公共事务不感兴趣的人不宜当记者，没有真才实学而打着"文化人"的旗号（或凭借关系）的人不宜当记者，只为谋一个饭碗的人也当不好记者。

新闻的品质源于新闻人的品质。如果降低品质的标准，必定降低职业的标准，造就新闻的平庸，辱没新闻的使命。

第二节　新闻理念　职业追求

一、新闻专业主义

"新闻专业主义（professionalism）"是西方新闻学的重要理论。1896年，美国报纸发行人阿道夫·西蒙·奥克斯在购买濒临破产的《纽约时报》后，在第一期报纸上重申办报方针："公正报道新闻，力求真实，无畏无惧，不偏不倚，并不分党派、地域或任何特殊利益。刊印一切适于刊印的新闻。"奥克斯反对煽情新闻、黄色新闻，提出新闻"只报道事实"，致力于办一份独立的、严肃的报纸。《纽约时报》后来成为影响世界的美国第一大报，它以坚定的新闻信仰奠定了新闻专业主义的基石。

19世纪中后期，随着党派报纸解体和媒体的商业化，"事实性、客观性、独立性"在新闻不断走向专业化构建中形成了广泛共识。1908年，世界第一所新闻大学——美国密苏里大学新闻学院诞生，专业的本科新闻教育开始起步；1909年，美国职业记者协会成立；1923美国报刊编辑协会颁布了《新闻界信条》，宣称责任、新闻自由、独立性、真实和真诚、准确、公正是新闻业和新闻工作者的至高准则。

1947年，以哈钦斯为首的美国出版自由委员会发布《一个自由和负责的新闻界》的报告，正式提出："将自己的职能视为从事专业化水平的公共服务"，确定新闻是一项严肃庄重的专业化行业，目标是服务于公众利益，进而确立了新闻工作者作为专业人士的职业定性。

新闻专业主义理念支撑了新闻事业成为一项专业的公共服务，新闻工作者也因之成为专业人士，其职业形象、政治地位也随之提升，而最初的新闻从业者多来自印刷行业的发行人或工人、学徒，经济收入和社会影响平平。

行业的专业化是与一套专业准则相匹配的，新闻专业主义强调：传媒具有社会公器的职能，作为独立的社会子系统，新闻机构必须遵循真实、全面、客观、公正的原则，体现搜集、整理、传播信息的功能和责任。新闻专业主义强调：新闻工作的目标是服务公众利益，并非仅限于服务于利益集团，或接受任何权力或权威的控制。

新闻专业主义搭建了新闻事业的基本原则和基本规范的框架，重申了在世界范围内得到广泛认同的新闻价值理念，描述了新闻工作者基本的职业特质和职业追求。

我国的新闻事业伴随改革开放而回归新闻本位，确立了以新闻价值为基本标准的新闻认知方式和操作方式，我们强调职业伦理和"舆论监督"，我们坚持"用事实说话"——这些都体现了对于"新闻专业主义"的认识和实践，即使在网络媒体崛起的当下，"新闻专业主义"所奉行的原则也不能轻易瓦解、稀释和改变。

新闻专业主义体现了国际新闻界对新闻的基本价值的认定，是新闻工作者履行新闻职责的基本依循。诚然，不同的国家和地域基于自己的文化传统和传媒体制，对新闻专业主义的衡量尺度也不尽相同，中国的新闻工作者须遵守有关新闻报道的规定，把握总体方向。

二、三个记者的故事

这里要讲述的三个真实事件都发生在与民生最密切的食品、药品领域，当年的新闻报道都曾产生重大社会影响，而在报道的背后有三位记者的故事，他们将告诉我们什么呢？

（一）高钢：眼球库的呼救

现任中国人民大学新闻学院副院长的高钢教授在《华声报》当记者时，一次外出采访归来，路过北京同仁医院门口，看见很多人在排着长队，且排到了门外的大街上，他便去问个究竟。原来这些人都是患者家属，为了亲属移植眼角膜，提前挂第二天眼科的号，并准备在这里蹲上一夜。

高钢回家后立刻查阅了资料，了解到在中国，因眼角膜疾病导致失明的患者达 700 多万人[①]。有关部门的数据还显示，当时建置眼库是世界趋势，美国的眼库近 100 个，遍布各州市，每年能为数万眼疾患者作角膜移植手术；1 亿多人口的日本有眼库 40 个，捐献眼角膜的志愿者近 30 万人；印度有眼库 180 个，每年可收到 2 万个眼球。那么中国呢？

高钢咨询卫生部门，请教眼科医生，专家告诉他，70%～80%的患者能够通过角膜移植手术重见光明，但由于中国人没有死后捐献身体器官的习惯，当时 12 亿人口的中国还没有一个正规的眼球库。这就意味着，700 多万盲人只能靠自己寻找眼角膜才有复明的可能，而寻找眼角膜只能等着有

---

① 时为 1989 年。

人捐献，一个眼角膜会有几百个甚至上千个人来争抢……

高钢再也坐不住了！

一周后，《眼球：中国七百万盲人的呼救信号》刊发。报道很快被多家媒体转载，一时引来各界的关注。某一天，这篇报道出现在中央高层领导的办公桌上。

两天后，高钢被邀请参加民政部、卫生部和中国残联联合召开的一个重大会议。这次会议达成一项重要共识和意向，即由国家投资，在100天内建成两座现代化眼库，一座建在北京同仁医院，一座建在北京协和医院。

随后，《人民日报》发表评论，呼吁转变传统观念，身后捐献角膜，造福盲人的慈善事业。

（二）简光洲："三聚氰胺"风暴

2008年9月9日，原上海《东方早报》记者简光洲注意到《兰州晨报》的一篇报道：《14名婴儿同患"肾结石"》，报道中提到患儿都食用了同一品牌奶粉，但没有说明是哪一个品牌。简光洲于是找到接收患儿医院的主治医生，从中了解到这个"同一品牌奶粉"系河北石家庄"三鹿"牌奶粉。与此同时，其他省市也陆续传出有关结石患儿的消息，同样提到食用了"国内某著名品牌奶粉"。简光洲意识到这可能是一起严重的食品安全问题。经多方取证后，他写出《甘肃14名婴儿同患肾病 疑因喝"三鹿"奶粉所致》，矛头直指三鹿企业。

9月11日，该报道在上海《东方早报》刊出后，立刻引起社会巨大反响，随即被中央电视台（以下简称"央视"）报道，新华社、人民网等国内外数百家媒体转载，揭开了乳品行业"三聚氰胺"的黑幕。

三鹿企业紧急公关：一方面在人民网、新浪网等发出声明，否认产品有质量问题；一方面要求《东方早报》从各大网站撤稿，并准备起诉。当日下午，卫生部官员和专家紧急赶赴河北石家庄三鹿集团总部进行调查核实，并公布了初步的调查结果：高度怀疑三鹿奶粉受到三聚氰胺污染。

三鹿问题奶粉的受害婴儿达29万人，事件引发了一场中国奶业前所未有的质量问责风暴。9月13日，国务院对严肃处理石家庄三鹿牌婴幼儿奶粉事件做出部署，众多高官及企业负责人引咎辞职并被追究刑事责任。

简光洲没有料到报道会产生这么大的影响。他说，当时直接点名企业也是有过顾虑的，"但是一想到那么多无辜婴儿因为喝了三鹿奶粉而必须终身洗肾甚至丧失生命，我对点名报道不后悔。"

这一年，简光洲的这篇报道获得第十九届中国新闻奖一等奖，并同时获得《南方周末》2008年"致敬之年度舆论监督奖"，简光洲本人被评为"2008年度中国十大法制人物"（由新华网、人民网、新浪网、中国法院网联合评选）和《新周刊》"2008年度新锐人物"。《新周刊》的评语是："真相因良知而显露，黑幕因勇气而洞开。简光洲的报道打破媒体'某'规则，直接说出了'三鹿'两个字，引发了中国奶制品行业地震，间接挽救了无数婴幼儿的生命健康。简光洲和他所供职的《东方早报》的诚实和勇气，还原了传媒的公共价值和监督角色。"

（三）朱玉：撕开"龙胆丸"的铁幕

一次笔会上，新华社"新华视点"记者朱玉认识了一个刚从医院做完透析赶过来的笔友。这是一个40多岁的中年男子，脸色铁灰，穿着厚厚的毛衣毛裤，看上去身体很虚弱。当得知对方因服用中药龙胆泻肝丸而患上尿毒症时，朱玉当场惊住：一种中药服用之后会带来这么大的伤害?! 她决定介入这个事情。

龙胆泻肝丸是国内知名企业北京同仁堂生产的中成药药剂，具有"清热败火"的疗效。朱玉查阅各种医疗文献，并在十几天内走访了多家研究所、医院以及多名医生及患者，还专门采访了药监局和同仁堂的负责人，最终确认龙胆泻肝丸中的成分马兜铃酸导致肾损害的事实。

一篇题为《龙胆泻肝丸——"清火良药"还是"致病"根源?》的报道在新华社"新华视点"发表，两三天内，被500多家报刊先后转载。报道撕开了屏蔽真相的铁幕，震惊了有关部门和"龙胆丸"受害者，众多患者猛醒：自己缠绵不愈的肾病，竟然是因平时"上火"所服用的龙胆泻肝丸所致！

两个月后，国家药品监督管理局发出通知，要求生产龙胆泻肝丸、胶囊、颗粒及片剂的企业，将处方中的关木通替换为不含马兜铃酸的木通，其他国家标准处方中含有关木通的中成药品种，务必在两个月内替换完毕。

朱玉的报道促使相关部门采取措施，避免了误服误用一种药品的悲剧继续发生。

这篇报道荣获了当年十佳新闻奖。

事后，朱玉在"采访手记"感言："龙胆泻肝丸事件牵动多方利益，药监部门、医疗机构、制药企业、患者安危，哪一方利益最为重要? 为什么经济利益能够大于患者的生命健康? 哪种信誉可以在隐瞒真相、剥夺患者的知情权后屹立不倒?""打破行业沉默,公告患者和还其知情权的任务落在了记者肩头。换句话说,如果记者不为患者说话,那么,谁还能为没有话语权却身患疾病的病人们指出事实真相? 更何况,人证、物证俱在,记者的良知也在,我们责无旁贷。"

朱玉的感言真挚、坦率,让人为之动容。

※　※　※　※

履行新闻的责任是记者的职责。三个记者求真务实,还原真相,勇敢地捍卫了公众利益,促使职能部门正视事实,解决问题,改善了局部环境。新闻不能改变世界,却是推动社会进步不可替代的力量。

我们坚信新闻所拥有的崇高声誉,坚信新闻是一项正直的事业。在严峻的事实面前,新闻人需要"环境守望"的坚持与担当,无论传播环境发生了怎样的变化,这个庄重的职业承诺是不会改变的,是不能够改变的,因为它是新闻的生命力和价值所在。

我们坚信新闻人所做的一切归根结底是维护和服务于公众利益的,并通过新闻报道,让公众感受社会的公理和正义,因此,新闻记者不可借助话语权表达自己,恰恰相反,他要依据客观的原则,记录事实,揭露时弊,秉持公正。

一个记者,应由衷地相信自己的工作是重要的,责任是重大的,这种自信来自对新闻的热爱、对真理的执著。一个记者须怀揣新闻的激情,没有激情的报道将会枯竭思考的灵感,失去进取的动力。

在现实关照下的新闻理想没有在高处,也没有在远处,理想就是踏实地履行职业的承诺,而高钢、简光洲、朱玉用他们的笔和情怀,诠释了新闻专业主义的真谛,为新闻理想注入了魂魄。

第三节　敬畏一支笔

新闻的使命决定了新闻从业人员必须恪守严格的职业道德原则,以维护新闻的崇高声誉。从某种意义上说,新闻的职业伦理道德是新闻人从事新闻活动的第一要义。

为什么新闻的职业道德需要特别的强调呢？这是因为记者的职业、媒体的角色具有非常特殊的性质，没有一种行业能够将道德与职业如此紧密相连。

一、守正与准则

新闻职业道德规范对新闻人的职业行为具有重要的现实意义。世界第一部成文的新闻职业道德规范来自美国密苏里大学新闻学院院长瓦尔特·威廉制订的《记者守则》（也称《报人守则》），1916 年，这部守则在第一届世界报业大会上通过。《记者守则》曾译成 50 种文字在世界传播，成为各国新闻记者共同遵循的职业道德伦理信条。1932 年，《记者守则》传入中国。

1954 年，联合国大会向各国新闻工作者协会颁发《国际新闻道德公约》。同年，国际记者联盟通过了《记者行为原则宣言》，确定了记者职业活动的 8 项规约——

·尊重真理和公众知情权，是新闻记者的首要责任。

·捍卫新闻自由的权利。

·据事实报道。

·公正方式获取新闻。

·提供准确信息，拒绝传播偏见。

·保护新闻来源。

·视以下为严重职业过错：剽窃、恶意曲解、污蔑、诽谤、造谣、没有根据的指控、贿赂。

·排除干预，忠实履行职责。

世界各国也先后制定了新闻道德准则，如日本新闻协会 1946 年制定的《新闻伦理纲领》、英国新闻记者学会 1963 年制定的《英国报人道德规则》、加拿大法人报人协会 1964 年通过的《报业廉政章程》、意大利全国报业新闻评议会 1957 年宣布的道德自律信条等。

成立于 1909 年的美国职业新闻记者协会（SPJ），是美国规模最庞大、覆盖最广泛的行业协会，其 1996 年制定的《职业伦理规范》至今依然是世界新闻从业者的职业道德与伦理的准绳。

在我国，1991 年，中华全国新闻工作者协会通过《中国新闻工作者职业道德准则》；1997 年，宣传部、广播电影电视部、新闻出版署、中华全国新闻工作者协会通过《关于禁止"有偿新闻"的若干规定》；2011 年 11 月

9 日，重新修订的《中国新闻工作者职业道德准则》出台。

新闻法规是一种他律，触犯法规的行为要受到法律制裁。

新闻伦理道德的主体是记者。正如你能看到的，世界各国制定的新闻准则规约大部分是针对记者职业行为的，道理很简单，记者是媒体话语权的最直接的实施者和体现者。

无疑，身处各种利益场、权力场、舆论场的新闻媒体拥有权威的话语权，拥有广泛的社会影响和公信力，被赋予"无冕之王"的称号。人们看重新闻媒体的"特权"地位，但同时，媒体自身的企业运营机制，连接着诱人的、利益攸关的经济利益，如果没有对它的制约，媒体可能会滥用其公信力和话语权，严肃的新闻可能会沦为交易的工具、牟利的资本。

二、道德与自律

新闻伦理道德包括"自律"和"他律"两种方式。"自律"是指在法律范围之外的个人职业操守的自我维护，以个人的自觉理性防范不良行为，体现了职业意识内化为记者的品格修养。新闻伦理道德的"他律"是指国家以法律条文的形式制定新闻职业行为准则及相关规定，是对新闻从业人员职业行为的外部制约，具有强制性，触犯法规的行为要受到法律制裁。

2010 年 3 月 30 日，国家新闻出版总署通报河北省蔚县矿难报道记者收受"封口费"的处理：共有 8 家中央和地方媒体受到处罚，涉案的 9 名记者获刑，并终身禁止从事新闻采编工作。据悉，该案源于河北蔚县一起导致 34 人死亡、1 人失踪的矿难，该县县委书记李宏兴在矿难发生后，指使矿主拿出 260 万元收买记者。

蔚县"封口费"事件震惊业界。在现今商业化、物质化的社会里，记者面对更多的金钱诱惑，如果让贪欲吞噬良知，就会越过职业操守的底线。蔚县"封口费"事件敲响了长鸣的警钟。

除了恶劣的新闻敲诈行径之"矿难记者"，还有一些以新闻之名、行"拜金"之实的记者，也将新闻活动和经济活动"有机结合"，诸如收取报道费、会议费的"红包记者"，向企业、部门索要报刊版面费、广播时段费（广告除外）的"有偿记者"等。

对于事业单位、企业运营的媒体而言，有的媒体为生存之需，将经营活动和新闻活动合二为一，要求记者拉广告，将新闻报道搅成一团浑水。新闻出版总署新闻报刊司新闻业务处原处长农涛指出："一些媒体经营压力大，于是将经营创收任务转嫁到记者身上，容易产生记者的职务犯罪问题"，从媒体机制的角度分析了记者职务犯罪的原因。

传统媒体多年来建立起来的公信力之"秘诀"就在于新闻与经营的分离，以确保新闻的独立、公正与严肃性。如果新闻与经营之间的这道防火墙被损毁拆除，将会出现什么样的状况、产生什么样的后果是可想而知的。

"自律"是履行职责的自我约束。媒体由从业人员组成，上至总编、下至编辑记者，个体的道德修养非常重要，个人品行是从事新闻事业的第一要素。从某种意义上说，新闻伦理道德的有关规约是"新闻专业主义"理想内化为现实的职业遵循。记者手中的笔代表了新闻的话语权，它内在的力量千钧重，每一个记者都须敬畏它、珍重它。

三、伦理与困惑

伦理是人类社会关系、人际关系、血缘关系领域的道德意识、道德活动和道德规范，反映了人类基本的、普遍的是非观念，是调节和评价人们行为规范的价值尺度。伦理与道德有共同的规则，也有不同的侧重，道德倾向于行为后果，伦理倾向于认识判断。

新闻伦理问题常常出于不自觉的意识，有时记者、编辑在报道发表前后或许并未觉察到不妥，如图1-2所示，这幅题为《饥饿的小女孩》新闻摄影照片曾获得1994年普利策新闻奖"特写性新闻摄影奖"。其作者凯文·卡特获奖后，因不堪公众指责"为何在现场却不救小女孩"而自杀。这是业界的一个著名伦理事件，一个良知与新闻发生冲突的典型案例。

图1-2 饥饿的小女孩

（资料来源：新浪网；摄影作者：凯文·卡特）

（一）伦理的敏感和把握

在报道活动中，涉及伦理的问题最为常见，媒体和记者都感到棘手，但必须正视，并给予合情合理的处置。

几年前，北京故宫发生一起失窃案，报道标题《故宫价值数千万展品被盗 传已锁定27岁非京籍疑犯》中的"非京籍"引起一些人的反感：纵然"非京籍"是事实，但媒体报道有必要将嫌犯的"非京籍"身份凸显在醒目的标题中吗？嫌犯的籍贯与其盗窃珍宝有什么必然的联系吗？甚至有人怀疑这个标题是否暗含地域歧视。此事例提醒新闻从业者：如何把握差异的边界，如何避免将自己的倾向性态度带进报道里面。

新闻的公开传播令某些身份、称谓十分敏感，体现在伦理道德范畴的某些称谓如不能称"聋子""哑巴""瘸子""傻子"，须以"聋哑人""残疾人""智障者"等文明称谓表达对人的同等权利的尊重。

在复杂的新闻报道活动中，记者会面对许多职责与伦理的矛盾，如：暗访、偷拍、跟踪等在什么情况下允许或不允许？在什么情况下采访可以隐瞒记者身份？侵犯隐私权如何界定？怎样既满足公众知情权又兼顾被报道者的隐私权？使用 Photoshop 软件修改图片，是否损害"真实"的原则？记者恰好遭遇列车颠覆，是先救人还是抢拍独家照片？采访中的录音是否不必征得对方同意（在美国的一些州，采访中的秘密录音涉嫌"非法窃听罪"）？记者是否可以正面拍照行人（在美国，拍摄公共场所中的儿童，必须取得监护人的获准）？等等。

在"9·11"恐怖袭击事件报道中，美国《每日新闻报》曾以头版登出一幅美联社记者拍摄的照片，被摄影者是一位妇女，她得知女儿所乘的航班被炸毁后，哭倒在候机大厅里。质疑者认为媒体未能顾及遇难者家属的隐私和尊严。《职业伦理规范》（SPJ）中强调，记者须尊重他人的感受，不能以新闻报道为理由而无所顾忌，新闻记者应该对那些可能因为新闻报道而受到负面影响的人们表示同情，慎重使用正在悲伤中的人们的照片。如今，美国媒体一般不刊发遇难者遗体的照片，对其家属也只拍照背影或侧影，且不对其进行提问。

当记者面对职业伦理困惑时，处置的基本依据应是他律和自律的原则，以此约束职业活动中的个人行为。

（二）自媒体的伦理脆弱

随着传播技术的迅速发展，新兴的自媒体（关于自媒体内容参见第七单元）被广泛使用。由于自媒体行业从业门槛低，相关制度不完善，新闻意识淡薄，导致了以流量、变现为导向的自媒体网络乱象，其中不少涉及伦理道德的问题。

2014 年 3 月 24 日，马来西亚总理纳吉布宣布，马航失联飞机 MH370 在南印度洋坠毁，机上 249 人（其中包括 154 个中国人）无一人生还。有关报道并没有结束，在此前后，美国 CNN、英国 BBC、《纽约时报》等西方媒体陆续报"料",发布独家消息。据悉,在"马航失联事件"中,有各国上千名记者参与报道,一些知名国际媒体在数据分析、真相挖掘和报道的新闻操作令人印象深刻。

在国内,由于重要的信源并不在中国,也由于一些媒体出于对真相的渴求、对轰动的追逐,在网络上催生了"谣言—否认—谣言"的循环,引来业界内外的质疑,甚至有人调侃:马航报道三件宝,转发、滴蜡和祈祷。

新闻学者匡文波、张蕊在《"马航失联事件"媒体报道的反思》一文中指出,一些自媒体在"马航失联事件"报道中传播不实信息,诸如"飞机迫降南宁""发现失联客机信号""发现飞机残骸""海面迫降成功"等,人为制造事件的离奇性,值得注意的是:其中很多不实信息源自官方媒体的微博。文章认为,传统媒体不应放弃本身的优势,跟随网络飙进,与社会化媒体竞争时效博眼球。文章还指出,一些报道把注意力放在"心灵鸡汤"式的报道,调动"加油""祈祷""挺住""今夜我们都是MH370人""今夜为你们不说晚安"等亢奋和煽动性词汇,不断加热"鸡汤",大量网民被激情牵动,而事件的真相、事件的挖掘却淹没在公众的故事消费、情感消费里。

为了获得最多的点击量,不惜将真实性和客观性抛弃,让造势的快感、激进的情绪主导新闻报道,显然是犯了一个低级错误,因为不知道自己的无知正在亵渎新闻、损毁新闻。此种不成熟的职业表现,使新闻的公信力和专业性面对公众、业界严厉的拷问。

从事网络自媒体的新闻同行大多是年轻人,情绪易冲动固然可体谅,但无视新闻规则的自作聪明却须承担对自己、对新闻、对社会的责任。新媒体的社交特性和易传播性已使新闻伦理变得脆弱,一旦做错了,会错得更快,错得更响亮。

民国时期的百年老报《大公报》的主编张季鸾曾说,记者要秉持公心与诚意,"随声附和是谓盲从;一知半解是谓盲信;感情冲动,不事详求,是谓盲动;评骘激烈,昧于事实,是谓盲争"。

盲从、盲信、盲动、盲争——事实上,即使在今天,此一个"盲"字仍然提示着记者的可为和不可为的职业边界。"马航失联事件"的报道给了我们一个新的警醒:无论传播环境、传播手段发生怎样的变化,只要传播新闻,就要遵守新闻的规则。在"泛媒体"热浪喧嚣的网络时代,自媒体的新闻从业者更需要清醒头脑,用自律和他律约束自己的职业行为。

第二讲 做学习的智者

学习是学生的天职。学习的智者首先要学会学习。"学习需要学会吗？我已经学习了十几年了啊！"但是如果你觉得学习只是课堂上的事，或者，你只满足于这个学期完成了全部学分，那么我可以肯定地说：你还没有学会真正的学习。

学习的智者就是了解自己的目标方位，并具有自我学习能力的学习者。学习的智者就是独立思考的学习者，他能够使知识触类旁通，并乐于享受学习的过程。学习的智者就是善于利用互联网的学习者，他能够从网络资源中获得知识的能量，拓宽文明的视野。

学习的智者就是好学、自学、善学的学习者。

第一节 专业与学业

新闻学是一种知识类型，是以人类社会客观存在的新闻现象及其规律作为研究对象的一门人文学科。大学新闻院系的传统专业课程设置主要包括新闻史、新闻理论、新闻实务（后增加网络与新媒体科目）三大块。新闻采访写作是新闻实务知识体系中的基础科目和主干科目，着重研究新闻报道的基本原理、规律（一般规律和特殊规律）和方法，包括采访、写作、编辑、策划、制作等基础环节。

新闻实务，无论是作为一门新闻教育课目，还是作为媒体新闻报道活动，已经拥有百年的沉淀和磨砺，凝聚了新闻工作者长期实践经验的精华，并形成了一整套成熟的新闻理念、规则、理论和实践系统，即使在新媒体传播环境的今天，这一套系统仍然发挥着基本的、普遍的指导作用。

一、一门实务性、综合型课程

（一）课程与实践

采写是新闻传播链条中的核心环节，在新闻报道的整体格局中举足轻重，这也决定了新闻采访写作是一门实践性很强的课程。在新闻事业发达的欧美国家，大学新闻院系的新闻传播课程一般由理论造诣较深的博士任教，而新闻实务课程则要求其教师必须具有行业的深刻历练和准确把握，因此教师一般都是由来自新闻媒体的经验丰富的优秀编辑、记者担任。

此外，为了鼓励教师、学生充分重视新闻实践，学校对教师的考核并不以学术论文为标准，但有很严格的发表新闻作品或著述的要求；学生毕业也不被要求写论文，只需提交一篇有一定深度的报道或 30 分钟的电视节目。

可见，新闻采写这门课程对知识的理解是务实和应用的，是紧扣社会脉动并适应媒体之需的。

文字报道是新闻传播的主要内容产品，对传媒而言，内容这一块，始终是最受到重视的。无论是传统媒体还是网络新媒体，首要的任务就是提供内容的新闻报道，我们的采写课程就是学习如何做内容、写新闻。

文字是新闻报道最常用的"利器"。相对于需要技术和设备支持的媒体，平面印刷媒体是纯粹的文字写作，鉴于纸媒承载文字符号的特性，纸媒传播对于内容的精耕细作带来了相应的写作难度。电视、广播、网络的新闻报道各有特点和要求，但落在纸上的文字要求最高，也更能体现新闻报道的精度和深度。由于纸媒写作的门槛高，若跨过纸媒写作的门槛，其他媒体的报道门槛就比较容易跨过去了。

在信息发达的网络时代，年轻人在技术能力的快速反应和熟练操作方面拥有优势，但"内容"要靠有难度的写作来成就，而写作这门学问无法速成。淬炼过硬的笔力是一个漫长的积累过程，效率并不高。然而，无论是对于这门课程，还是未来新闻职业所需，写作能力都是一项核心能力，我们必须以硬功夫和慢功夫储备写作能量，使自己成为合格的新闻专业人才。

由于新闻采访写作的实践性非常突出，同学们应有意识地强化实践锻炼，踊跃参加各种实训活动，从采集信息、写作文稿到制作多媒体内容产品，期间的勤写作、勤思考是大学的重要修炼。

（二）课程与学习

大学强调学生的自我学习和自主学习。学习有"学之、习之、悟之"三个不同的形态，"学"是通过外力的知识传授学到新知；"习"是在学的基础上通过自己的习练和研磨获得知识的进步，人们的很多知识能力都是靠自己的领会而"习得"；"悟"是在"学"和"习"的基础上，激发潜能，开启心智，悟出对书本之外的现实世界的更多理解，获得认知水准的升华。

学习的三种形态不仅仅是学习方法，更是一种学习的态度，后者并非仅仅体现在按照老师的要求认真完成学习任务，而是在心底里有一种学习的意愿，学习的意愿决定了你是否热爱学习，是否有一种对知识的渴求，这是最重要的。秉持信念的学习是有效学习的原动力。

在学业方面，专业知识展现着开阔的视域。在学习的过程中，应善于运用各种学科、技能之间的彼此影响和联系，创造性地思考和分析问题，学会知识的举一反三。

思维能力是一种重要的知识能力，不同的专业有着不同的和特定的思维方式，新闻专业的学生应努力培养新闻思维的能力，并将思维能力转变为专业能力。

思考带来的收获比考试的分数更重要。本教材设置了很多讨论的空间与时间，藉此希望通过同学们互相启发、分享见解。自己领悟的知识才是最扎实的知识。

那么新闻写作为什么是一门综合型课程呢？因为文字表达本身是一种综合的能力，包括理解力、想象力、感悟力、思考力和逻辑能力，对于新闻的文字表达，还需要新闻的专业能力。最终，所有的能力都会体现在文字表达中。

二、写作能力是一项核心能力

（一）写作，对于我们意味着什么？

写作的综合因素聚集在一起，就会迸发出一种力量，一种创造性的力量，所以写作是一种智慧的、创新的劳动，通过写作收获的劳动成果称为"作品"或"原创"。

写作从来与智能机器无缘，写作也不是"码字"，你的笔在组合每一个语言符号时，你的大脑也正在掀起思维的风暴，在聚集精神的力量，这力量使生命昂扬地向前走。写作这件事，是需要激情来做的。那些在晚年仍然笔耕不辍的人，是因为思维仍然充满活力地运行。

写作需要激情，新闻写作则需要写作的激情+新闻的激情。对年轻学子们而言，写作的激情，首先是对未知世界充满好奇的探究，是对事物始终怀有的一种热情，是在内心成长的一种崇高感，我想，这应该是新闻写作的根本动力。

记者是职业的写作者，新闻写作能力是职业新闻工作者基本的要求，对于新闻学子，意味着必须夯实的专业基本功。扎实的写作基础对于新闻写作极其重要，虽然新闻写作和记叙文写作的主要方法都是叙述，但是新闻的叙述语境不仅有其文体和语体、章法和表达的特殊规律，也有其特定的要求和技巧。在学习新闻写作的过程中，同学们必须尽快建立新闻写作思维，摒弃中学时代的作文思维习惯。

同时，写作所具有的实益价值也应是我们所重视的。写作，从某种意义上说，是每一个谋求职场发展的人应具备的"元技能"，在一个人的职业生涯中，是一种无价的技能，即使未来的工作与写作没有什么关系，但写作的认知和本领在哪里都用得到。

文字是综合能力的结晶，因此，能够写出一篇优秀的报道，也能策划出一个出彩的选题，也能在其他领域拓展。在实际工作中，有一些优秀的新闻工作者并不是科班出身，甚至很多是学理工科的，但这种出色的综合能力却推助他们在新闻事业中脱颖而出。

（二）新媒体需要写作能力吗？

或许有人提出疑问：在数字化时代，写作还能发挥多少作用呢？

不错，今日的传媒人置身数字化、多媒体化的全新工作环境，技术、平台、渠道、用户成为信息传播的关键词，制约和影响着内容表达的格局。

同学们毕业后很多人会从事新媒体工作，去做微信公众号运营，去做垂直媒体。随着新闻生产的不断开放，未来的媒体对写作的需求将是多元化的，记者即要为报纸提供严肃报道，也要为网页提供抓热点、抓眼球的"看点"信息，既能写深度解释，也能写脚本、写文案。那么，对于崛起的新媒体而言，是否更青睐网络技术型人才？专业的、传统的新闻写作价值是否可能被边缘化？不妨看看近年或近期网站、微信公众号、视频新媒体的招聘要求。

腾讯新闻频道长期招聘网络新闻编辑，招聘条件强调知识面、新闻敏感和新闻视野，要求"中文功底"和"平面媒体采访写作经验"，并没有单一要求网络技术，且将新闻的专业素养和写作水准放在前面。孰轻孰重，腾讯主编心里是有数的。

2018 年，《北京日报》时政新闻微信公众号"长安街知事"招聘实习生，以下是聘用条件：

- ·责任心强，敬业，有拼抢时效的意识。
- ·热爱新闻，文笔过人，有媒体实习经历优先。
- ·熟悉知事风格，对时政领域有较深入的了解。
- ·一周五天到岗，适应新媒体工作节奏，有较强抗压能力。

视频媒体的技术性强，招聘记者有哪些要求呢？看看网上登载的两则招聘信息——

澎湃新闻国内视频部"热点记者"招聘：

岗位职责：

- ·每日监控国内突发新闻。
- ·持续跟进新闻事件，时刻准备采访。

任职要求：

- ·本科及以上学历者，拥有 2 年以上同类型岗位工作经验。
- ·具备发现选题并制订计划进行操作的能力。
- ·热爱新闻事业，适应出差、坐班工作。
- ·执行力、抗压力和耐力强。

"一条视频"内容部记者任职资格：

- ·本科，2~3 年电影和文化类内容创作工作经验。
- ·文化艺术领域选题发现、挖掘能力强。
- ·优秀的写作和采访能力。
- ·细致、踏实、责任心和执行能力强。
- ·充沛的好奇心和学习能力。

以上新媒体招聘新闻记者编辑，都在采访、写作、选题、媒体认知、好奇心等方面提出具体要求，并没有强调网络操作技能，说明新媒体对传统采访写作价值的认同和需要。在新媒体领域发展的年轻人，基本的写作能力是不可或缺的。

值得注意的是，所有聘用条件中都强调了入职者的敬业和责任心，虽然无关业务和智商，但可能更被用人单位看重。

事实上，对于新闻报道类新媒体，在内容质量上，提升的空间和提升的压力都是巨大的，一方面在用户生成的内容中，不良信息和制作粗糙的短视频充斥，另一方面如何打造优秀内容产品仍然是重中之重。从整体上说，现在的问题不是能不能掌握技术，而是能不能以专业水准运用技术。

三、博识与专攻

（一）"杂家"知识结构

一个人做学问做到一定程度，就会发现各类知识在本质上是互通、互补的。

新闻学在其形成过程中吸收了诸多人文学科的精华，令该门学科更具有跨学科和交叉学科的特点，进而要求记者、编辑拥有比较宽阔的知识面。记者编辑杂家型知识结构是一个展现知识结构比例的金字塔形，如图1-3所示。

塔的下半部分标志文化修养、知识学养的储备，体现多学科交叉的知识背景。底座的"语文"是一切学科的铺垫，奠定了基本的写作能力和阅读能力。

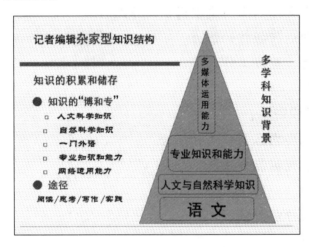

图1-3 记者编辑杂家型知识结构

（资料来源：作者课件）

倒数第二层"人文与自然科学知识"是一个通识性领域，除了英语（现代媒体人在全球一体化的背景下应具备的语言能力），包括政治学、哲学、史学、心理学、社会学、艺术学、文学、法学、经济学、农学、商学、统计学以及自然科学，其中的社会学、政治学、史学、文学被认为是新闻学的近亲。

还有一些与社会发展联系紧密的新兴边缘学科如环境生态、食品卫生等当是新闻比较看重的行业知识。从学科的专业性来说，新闻学并非理工科那样专业，作为综合性人文学科，其跨学科特征非常明显，很多新闻学的概念本来就不是新闻业界所独有，在其他领域也是通用的。

金字塔的上半部分是专业层面，是同学们必须掌握的应知应会的专业理论知识和必须具备的专业实践能力。金字塔的顶端部分则是网络技能层面，虽然占比很小，但位置重要。

金字塔里面有"学了就能用"的知识，也有"学了用不上"的知识，但学习知识当无功利之心，知识不能以"有用或无用"来界定，凡是知识一定都有其存在的价值。

笔者以为，好文笔一定来自文化和学识，而非技巧。比如你去采访一个濒临倒闭的民营钢厂，如果对中国环保的大背景不了解，如果没有环境生态的概念，可能只看会到工人下岗的表象；比如你去观看一个现代设计展会，如果美学修养欠缺而拙于阐述设计艺术的魅力，便只能写出一篇巡礼式的新闻；比如你去采访一个公共卫生专家，却对相关知识一无所知，问一些外行和肤浅的问题，让对方觉得在浪费时间……

知识是一个广义的概念，它即包含了人们通常指认的专业知识、科学知识、理论知识、实践知识，也包含了世间各种事物所具有的经验性知识，覆盖了各类生活、生产领域。记者、编辑以整个社会为报道对象，每天和各行各业的人打交道，涉及各种不同的话题和面对不同的现场，要处理各种题材和策划各种选题，要通过新闻手段反映各种复杂的事物——可以说，没有一种工作像新闻业这样需要知识的广博。

范静宜曾具体地描述知识与新闻的关系："一个新闻高手，应该有丰富的学养，就是各种科学文化知识的综合。新闻工作不要求你成为每个领域的专家，但知识要丰富。我见过一些记者，很勤奋，采访也深入，就是一辈子没有写出多少特别精彩的作品。问题就在学识太单一，缺乏悟性。悟性哪里来？各种门类的学问在你脑子里，遇到一定的时机就会触类旁通，引发你的写作灵感。社会上的新闻源特别丰富，如果你的头脑不丰富，就发现不了新闻。"

这番话不仅是经验之谈，更是道出了博识与专攻之关系的真谛。无疑，一个知识丰富的记者面对复杂现实，更能够将知识融会贯通，以更高阔的视角思考问题。

（二）"把一切都当作自己的领域"

新闻专业既然是跨学科的专业，从事新闻教育工作的人更不能止于专业知识，更要了解专业之外的广阔认知领域，并影响学生超越单一的知识经验。大千世界是丰富的，新闻是丰富的，学新闻的人也必须是丰富的。

美国著名作家杰克·海敦曾做过记者，他倡导新闻记者："应该像哲学家培根那样，把一切都当作自己的领域。"他还认为："知识面越广，就越能写好各种各样的题材。"社会需要农业记者，也需要科学记者、财经记者、环境记者、法律记者、工商记者、卫生记者、文教记者、国际记者等。作为记者，虽然不必精通各门学科，但跨学科的学习和涉猎的领域自然越多越好，以方便地与他人交流、碰撞、验证，进而产生对事物新的理解、新的思想。

当下的媒体，记者跑哪个行业，分工很细很具体。因此，记者不仅有知识面的"宽"，还要有专业的"窄"，即"专长"，记者对某一行业有相当程度的了解，才能使自己得心应手地驾驭自己的报道领域。《南方都市报》原总编辑庄慎之曾阐释记者专业性的两个层面，即对所报道行业的熟悉程度和善于从从业者的角度使所学（非新闻）专业新闻化。

媒体招聘记者，往往都很重视其学科背景。重视某一专业特长，新闻科班出身的人不一定拥有在业界就业的优势。近些年，媒体经常招聘财经记者，但优秀的财经记者真的不够多，而媒体的需求量却很大，这说明在某种情况下，科班出身的新闻专业并非最受媒体欢迎。从另一个角度看，中国在经济领域改革开放的成功和成果世界瞩目，报道的素材、题材都非常丰富，因此记者——不管是哪个行业、哪个领域的记者，其实都应懂一些经济学，倒不必精通，这与时代的节拍是相吻合的。

新华社一位负责"农业栏目"的主编曾"诉苦"：连续几年招聘农业记者，无奈没有人报名。当时我就想，我们的大学生有多少对农业感兴趣的呢？农学院的大学生有多少对新闻感兴趣的呢？年轻人不一定都要涌到"热门领域"，学新闻的年轻人不妨选择一门农业选修课，学农业的同学也不妨学一点新闻知识，这不就有更多农业记者了吗？学新闻的人应有人文情怀，有开阔视野，才会有更多的事业发展机会和可能。

（三）记者：杂家型、学者型和复合型

民国时期著名报人、《京报》创办者邵飘萍曾大力倡导一专多能型的新闻人才，认为记者要有专长，并多方面发展，他说："理想的新闻记者必须政治、经济、社会学皆有深之研究，此外，尤当有一二门专门学科，与夫三国以上之言文，再加以多年之实地经验。"

杂家型记者见多识广，适应性、灵活性较强，能够在更多的领域展开采写活动，但记者并非都是杂家型，他们并非都是常人眼里拿着话筒采访的形象。个体的内涵、个性倾向不同，记者的类型也不同。有些记者学养深厚，以思维、头脑和观察力见长，被称为学者型记者，他们善于把握趋势、揭示问题，其报道的深度和格局往往不同凡响。当然，学者不一定当记者，但记者应有一定的学者素养，这也是业界大力倡导的。

随着网络技能的普及和需要，出现了复合型记者的称谓，即记者在具备专业素养的基础上，能够熟练使用多媒体设备，并具备处理和运用图表、数据的能力。这种复合型记者因契合新媒体的需求而受到用人单位的青睐。

事实上，掌握网络基本技能已经不是对新闻人的特别要求，而是21世纪新闻从业者基本的生存能力和工作能力，同时也须尊重记者类型的差异，在日常的报道活动中，个体记者总是倾向于更擅长的某个方面，如有的记者机敏、反应快，擅长报道实时性消息；有的记者文采生辉，擅长写作特稿……新闻报道需要各种特长的记者。

学者型记者、杂家型记者和复合型记者都是不可多得的新闻人才，他们应互相靠拢，并保持各自的能量和气质。新入职的年轻人可根据自己的情况定位职业发展目标。

提示

为了使实践活动更有效率，你需要"武装"学习装备，充实新型记者采访包：一台轻巧便携的笔记本电脑，以方便录入文字和编辑稿件图片、网上查阅资料、递交电子版作业以及电子邮件交流等。有条件者可配备照相机、摄像机及外接镜头和手持三脚架，用于拍摄现场照片；录音笔可以确保谈话素材的完整和准确，采访时不能缺少；U盘或移动硬盘等数据存储装备可以为保存稿件和材料提供便利。

第二节　文化与读书

大学4年，你可历数学会使用了多少个软件、制作了几部短视频、写作了多少篇文稿、荣获了多少个奖项等，但真正的学业成就绝非仅仅是看得见的知识技能，更体现在看不见的文化素养上。你制作的视频好看不好看，最终取决于你的思考，而非技术。

技术性知识包括各种网络应用技术，此为工作之必备技能，可以在短时间内掌握，在岗位上提升，但一个人的文化素养需要长期的培育和积累。

一、看不见的文化

知识不一定等同于文化，但文化涵盖知识。知识是对客观世界认识的结果，通过学习实践或培训可以获得，看得见摸得着。知识可以提供生存技能。文化是一种精神层面的东西，一种哲学的、人文的思考，一种对事物的认知价值。通俗地说，知识帮助我们应用，文化帮助我们思想。文化体现了个人的学养和修为。

范静宜先生晚年念念在兹的一件事就是力倡新闻人应有文化。他生前曾经开设一门"新闻中的文化"的课程，讲物艺相通的道理，讲文化底蕴如何直接关系到新闻作品的影响力和感染力，强调新闻人应首先注重自身的文化素质和文化修养，他说："从近百年的中国新闻史来看，凡是杰出的新闻大家，几乎都是杰出的文化人。"他敏锐地指出："新闻的浮躁在于缺少文化。"对于前辈的这一洞察和见识，笔者深以为是。

不同的时代有不同的成长环境。今天年轻的一代接收信息的范围、幅度、类型和效率与上一代比，具有无以比拟的优势。然而，尽管上几代人没有计算机和互联网，但整体上说，掌握知识可能更扎实一些，综合文化素养可能更高一些。这是为什么呢？因为知识学习的提升是一个漫长的学习、积累过程，时效不明显，但精度可观。网络提供便利的学习条件，但也容易呈现快餐化倾向，知识缺少咀嚼过程，会影响学习的品质。

文化素养更适合在大学的环境里涵养、培育。20 世纪 40 年代，美国的新闻学开创之初，即将新闻与传播专业设置在广阔的人文社会科学的土壤之上，主张学生应浸润于文理贯通的"博雅教育"中。为此，新闻专业课程只占全部课程的 25%～30%，其余课程提供给学生广博的社会科学、人文科学知识。学生在校期间，前两年都是学"用不上的知识"，第三年才开始上专业课。

"博雅教育"的理念认为，大学应立足于学生长远的发展，不宜急功近利，学生在求学期间须完成自身文化素质的培育，以开阔认知格局，建立对社会各门学科的广泛的理解。此恰恰为看不见的"无用之用"。

欧美大学的新闻院系学生也并非入学前就选好了新闻专业，而是在完成两年的通识课程后，通过申请和面试取得进入新闻专业学习的资格。校方要考察每个学生是否具有职业需要的某种特质，对公共事务的热情、广泛的兴趣、敏锐的思考能力等被特别看重，成为进入新闻专业的基本条件。在担任教职的考官们看来，如果不具备优良的文化修养和职业素质，如果不具备与之相应的条件，是无法完成有关国际、科学、经济、社会报道的训练的，自然无法成为一名合格的记者。这意味着：干新闻这一行，绝不是每个人都适合。对学生而言，选择新闻专业是有门槛的。

国内的新闻院系虽然没有设置学科资格面试，但同样强调职业需要的特质，以及学业的各项要求和考核都是无形的门槛。

从长远看，一个人的文化素养应是个人事业可持续发展的根基和决定性因素。未来，同学们可能会更多地从事新媒体工作，我们不妨考察一下龙腾虎跃的自媒体创业领域，能够在全国诸多新闻报道类自媒体中脱颖而出的，其创建者几乎都受过良好的教育，且得益于传统媒体积淀的经验，如做了8年杂志的上海《外滩画报》原总编辑徐沪生创建了"一条视频"，当了12年记者的吴晓波创建了"吴晓波频道"脱口秀视频节目，钛媒体的创始人赵何娟曾是财新传媒的优秀记者。文化底蕴往往蕴含着巨大的创造潜力。

二、读书是学业的组成部分

（一）碎片化阅读和读书并行不悖

前面讲过：大学的学习更多地在于个人的自我修炼，那么读书必定要列为自我学习的重要义项。在大学里，读书本来就是学业的组成部分，读书对于新闻写作的意义怎样强调都不为过。笔端的硬功夫有赖于文化和学识的支持，所以，学习和读书、文化和读书有着特别密切的关联。当下，大学生对网络使用的能力越来越强，在技能领域提升很快，相比之下，内在的文化学养比较单薄，其根本原因还是在于读书、思考不够。

说到读书，今天的"桌面互联网"和"手掌互联网"成就了碎片化阅读时代，很多人觉得时刻陪伴身边的手机移动终端没有做不了的事情，包括可以通过百度搜索获得所有知识的答案，何必到书中去了解新知？

但事实上，人类是不会抛弃书籍的。数字阅读是碎片化阅读，不能代替系统的、深入的纸质阅读。积淀文化学养的途径是多方面的，其中的读书一定是重要的途径。

著名出版人、资深编辑家聂振宁在其新著《阅读力》中将人类认知世界分为四个层次，即信息、知识、思想和审美。他认为数字阅读在前两个层次上更有优势，作为一种人机结合的阅读方式，可方便地汲取实用的生活信息和新鲜的知识信息。系统的读书在思想和审美层面上无疑更有优势，不仅有助于形成个人思考，还有助于积淀学识素养。

数字阅读更多地着眼于当下的现实认知，系统阅读则着眼于恒久的文化底蕴。在当下的网络环境中，碎片化阅读也是有价值的阅读方式，我们提倡的"价值阅读"，是一种有营养、有品位、有智力的阅读，这种碎片化阅读能够超越猎奇、超越消遣性，获得"实用的生活信息和新鲜的知识信息"的阅读收益。

碎片化阅读可以和读书并行不悖，相互补充。无论如何，移动阅读作为一种人机结合的阅读方式已经成为时代潮流，但是，微信的这种碎片化、短平快式阅读毕竟是一种营养含量较低而杂质成分过高的"精神食粮"，而且掌上刷屏的阅读方式容易转移注意力，点击之间到处流连，忽而沉浸于交际和生活实用，忽而被影音、图像吸引，长此以往，容易形成轻文字、轻内容的"悦读"，导致思维的弱化、退化。

从阅读的本源上来说，移动网络阅读不能取代读书，新闻报道阅读也不能取代读书。如此看来，大学生还是应将碎片化阅读和系统、深度的纸质阅读结合起来，以避免"有信息、没知识"的尴尬。

（二）提倡思想和审美层面的读书

读书不要为了什么而读。大学校园有好的读书条件，读书更是作为一个大学生的应有之义。如果连大学生都不爱读书，真的是民族的、社会的悲哀。

在大学里，课堂是学习，实践是学习，读书也是学习，而且是重要的学习。大学生不可缺少思想和审美层面的读书。

提高写作能力，醇厚文化学养，必须有读书的积累。书籍是人类智慧和经验的结晶，读书的收益不仅带来词汇量的增加、谋篇布局的领悟，还可以和睿智的头脑相遇、相知。读书使你超越日常体验之上俯瞰事物的表里，对于抵制浮躁、培养高雅气质大有裨益。

"知乎"上面有这样一个提问："我读过很多书，但是大部分都忘记了，那么读书有何意义？"群里的答案很多，其中一个答案贴切而精妙："当我还是一个孩子时，吃过很多食物，现在已经记不得吃过什么了，但是可以肯定的是：它们中的一部分已经长成我的骨头和肉。读书对人的意义也在于此。"这就是读书的潜移默化的功能。

真正的读书是需要沉潜的。思考、理解是读书方法的精髓，阅读力的培养就是对思维力的培养。日本著名经济评论家大前研一说："如果读一本书需要 1 个小时时间，那么就应该花大约 5 个小时的时间认真思考这本书到底写了什么，它对于自身的意义是什么，对社会的意义是什么。"

我们也要这样问自己，把每一本书放置在当下的文化语境和社会语境中思考和回应，从每本书中获得启迪。慢功夫才会孕育厚重的东西。虽然读书并不能直接写出一篇报道，但可以使自己的头脑不空，内涵日丰，厚积薄发。良好的文化学养会使一个记者有视野、有格局，不跟风、不肤浅。

毋庸置疑，新闻人的脑袋里要不停地装东西，若脑子是空的，报道内容也一定是空的。一些报道不够深入的原因往往是由于对事物的思考、认识的不足。记者是一个思考着的人，他的思想可以走多远，他触摸的世界就可以多么广阔。他的步履没有年龄的终点，因此，记者并不是年轻人的专属。

在今天的快餐式掌上阅读盛行之时，能否一字一字地读完一本厚厚的书，"习得"和"悟得"书中的精华，是需要一点毅力的。为了不让注意力被万花筒般的杂芜信息捆绑，不妨将你手机上的屏幕切换到印刷界面，在某一时刻坐下来，进入一本书中，让你的阅读专注而有质量。

本教材向同学们推荐了 112 本"不畅销"图书（一至七单元每个单元 16 本），内容分为经典阅读、专业阅读和人文类通识阅读三部分，希望同学们充分利用大学校园的大好读书时间和读书条件，多读书，读好书，进而养成终身读书的优良习惯。

第三节　网络与媒介素养

互联网是现代文明的表征。在风起云涌的网络信息时代，新兴传媒及其社交媒体已经全方位嵌入每个人的学习生活，科技的神妙让人人都充分地享受着"移动"带来的种种好处。

作为人文学科的新闻专业，我们可能更关心互联网和学业的关系。网络本身就是我们的学习工具和学习范畴，但熟悉和掌握网络应用技术并不代表了解和理解网络媒体，在"万物皆网"的学习、工作环境中，与互联网建立理智的、良性的互动，对于大学生自身的心智提升、专业成长具有特别重要的现实意义。

一、网络是一把双刃剑

（一）选择：网络是你自己的延伸

大学生是使用网络最具活力的人群。不同于前辈的代际特征，"90 后""00 后"一代是伴随网络成长的"网生代"，天然地熟悉和适应新媒体，擅长网络操作，活跃于社交媒体，广泛接触网媒信息。据有关方面的一项调查统计，66.3%的大学生平均每天上网时间超过 6 小时，但大部分时间花费在与学习无关的其他网络活动上，其中用于娱乐消遣的比例最高。

娱乐门户网站被称为"一个完整的消磨和鲸吞时间的工具"，比如用大块时间追剧、看抖音，过后脑海里却什么也没留下，赚了眼球而已，不仅付出了"学习效率为零、时间效率为零"的代价，还降低了智力和品味，一些极端行为甚至导致精神懈怠、学业荒废。

必须看到，网络正在全面塑造年轻人的人格和心理、思维和行为方式，互联网传播正在深刻地影响着人性和社会，然而它并不是一个清明的世界，真与假、善与恶、美与丑相伴相随，能否拨开浑浊、抵御诱惑，只取决于个体对于网络的把控；使用和选择不同，结果也不同，有人因网络而精神丰满，有人因网络而心志损毁。

尽管年轻人并非都是自愿沉迷于网络的，但是如果鉴别力、自控力不是那么强，就可能掉进那些谋杀时间的陷阱。网络已在很大程度上加持了消极的影响，我的忧虑即在于此。网络这把双刃剑，真的要看你运用它的哪一面。

每个人都拥有使用网络的权力，网络也会根据个体的不同选择给予不同的回馈，但一切恰恰与网络本身无关。既然人是使用网络的决定因素，那么网络就是你自己，是你自己的延伸。

（二）大学时光不能全部用网络填充

在清华大学美术学院，有一个"古老"的印刷实验室，里面放置了从纸张、铅字到小型活版印刷的材料和设备，一切都是被淘汰的、过时的物件。"学生在这里可以动手制作纸版创意作品。他们通过纸与墨的痕迹、凸与凹的触摸，释放手工劳作中创造的活力和技艺的情感。"美院视觉传达设计系原博副教授介绍说，作为生产工具的活版印刷价值已经消失，但作为技术遗存的价值正在被发掘出来。

这张"印迹的重温"活版印刷纸片（见图1-4）是笔者在原博老师的指导下刻印出来的，油墨的味道溢出历史的尘封，触发手工的喜悦。

是的，我们对世界的认知不仅来自现在，也来自过去；不仅来自网络，也来自多样的途径和方式。我们在网络上获得的东西无以比拟，但是大学时光不能全部用网络填充，更不能使现实的自己混同于虚拟的自己。

互联网不是唯一的世界，我们的眼睛、双手、大脑远未发挥其原本功能，很多事物也无法在虚拟世界里体悟。当我们走进北京著名的"798"艺术中心，那些废弃的车间、锈蚀的铁轨、污浊的标语不再是一张张图片，而是昨天的活物在身边呼吸。我们需要真实的互动，大到国情时政，小到个人成长，毕竟都植根于实体社会。

图1-4 活版印刷纸片

（资料来源：清华大学美术学院印刷实验室）

互联网无疑是一个多姿多彩的智能世界，但也不要忘记在追求智能体验之外，还有更真实的自然的世界、实践的世界以及因思考而获得的智慧的世界。走向更广阔的现实世界，必定赢得更大的人生格局。

二、大学生与媒介素养

（一）媒介和媒体

媒介，即传播的介质。媒体和媒介是不同的概念，媒介只是单纯的传播信息之用的物理工具载体，而媒体还包含了传播运行和传播者及其关系，如报纸是媒介，报社则是媒体。一个人在上网浏览新闻时，可以选择包括报纸、广播、电视和网络等各种媒体提供的新闻。在当今的网络时代，报纸、杂

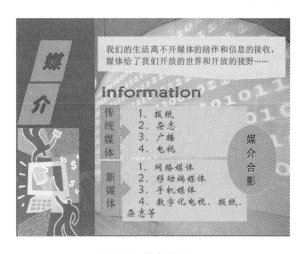

图1-5 媒介合影

（资料来源：作者课件）

志、广播、电视一起被称之为传统媒体，网络媒体指近年崛起的新兴媒体，包括数字化报纸杂志、网站、自媒体或社交媒体（微博、微信）以及移动客户端等。

1. 报纸

报纸是严肃的新闻媒体，历史悠久，积累厚重，具有广泛的影响力和权威性。中国的报纸实行在党的领导下的事业单位、企业管理机制，并发展和形成以党报为龙头的报业集团。报纸按内容和功能可分为党报、都市报、行业报、文摘报等。

报纸拥有成熟的运作体系和训练有素的专业人员，有严格的筛选、过滤机制，以确保内容的严谨和资讯的可靠。以文字为载体的印刷媒体适合精确表达细节、过程、思想。对于读者来说，文字符号是一排排按顺序阅读的，是一种认知性和理解式的阅读，所以需要一定的文化程度，优秀的报媒都有稳定的"小众"读者群。但报纸媒体传播方式和传播功能单一，版面信息容量受限，携带和保存不便，文字容易让人感到阅读的枯燥。

2. 电视

电视是运用电子技术设备传送影像画面和声音的大众传媒，传播快捷生动直观，雅俗共赏，受众覆盖率高，堪称强势传播媒体。电视台为播出或交换制作的视听作品，是电视传播的基本单位。电视栏目借用报刊版面栏目的概念，是节目的基本编播形式。

电视节目内容通俗、贴近生活，观众不识字也能看，没有文化门槛，但影像活动的"一过性"制约了内容的体验和记忆，且视觉观看是一种感官性、形象化的体验过程，感受容易表浅，纵然主持人可以做一些深度的东西，其视觉特点也难以达到文字解读的精度。

3. 广播

广播是通过无线电波传送声音的媒介，诞生于20世纪20年代，其以声音为介质，以语言的感染力打动听众，通俗易懂。目前有许多播客类移动广播节目，听众可随时戴上耳机，收听便利，但广播单一的声音转瞬即逝，即比不上影像视频的丰富直观，也无法达到纸质的深度掘进，局限性比较大。

4. 网络

网络新兴媒体是相对于报纸、杂志、广播、电视四大传统媒体而言的。今天，人们对于信息的选择总是更倾向于便捷、新鲜、丰富、令自我愉悦的移动网络界面。

网络媒体拥有无限伸展的、开放的网络页面空间，信息、文本、视听、交流等延伸阅读、多屏阅读、微阅读给受众带来全新的体验。基于现代信息技术的网络媒体拥有一对一、一对多、多对多的交互传播功能，网络的链接方式将新闻资源以层次化、网络化的方式联系在一起，用户通过层层点击，阅读全面的、鲜活的、开放的"聚合新闻"。

超文本的链接标识提供海量的、形式多样的内容产品服务，"多屏触点"的魅力强烈吸引着喜欢新生事物的年轻人。网络媒体所具有的极强的消遣性和黏合性，与受众追求个人的感觉、兴趣和享乐相吻合，与追求自我表现和自我满足相一致。

然而，网络信息的规模庞大、涵盖广泛只是网络平台的技术特征，网络页面信息海量，并非意味着有用的内容俯拾即是，恰恰相反，信息的无限膨胀稀释了有效信息，点击无边界，带来选择的焦虑、阅读的负担，读者接收信息的时间和精力的成本陡然增加。此外，随着个人用户生产内容的兴起，信息的良莠不齐带来辨识的困惑，带来诚信的危机。

（二）大学生应有怎样的媒介素养

当我们从新闻的角度看待新媒体的种种现象时，需要跳出如火如荼的屏幕，远距离地冷眼观察。四面八方、形形色色的"网友"拥挤在这里，其中的你不能只有大声表态，而没有逻辑和思考，因为你是新闻学子，是大学生。一个知性的、独立思考的大学生需要媒介素养。

人们往往以是否接入互联网的行为来划定人群之间的信息鸿沟，但21世纪真正的信息鸿沟应产生在有能力创造知识的人群和只会随声附和、转发信息的人群之间。

"媒介素养（media attainment）"的概念最早是由英国学者提出来的，意指公众对媒介各种信息的选择能力、理解能力、质疑能力、获取能力以及创造和制作媒介信息的能力。那么在今天复杂、喧腾的网络环境中，大学生尤其是新闻专业的大学生具备媒介素养显得更为必要和重要。

在网络时代，媒介素养包括传统媒体素养和新媒体素养。我们从以下四个方面探讨新闻学子应具备怎样的媒介素养。

一是具备理解媒介、认知媒介的能力。新闻学子是受到良好教育的、思维敏捷的年轻知识群体，有关调查显示：无论过去还是现在，大学生都是新闻的主体读者，也是最活跃的媒介使用者。今天，在媒体传播大变局的形势下，我们的新闻阅读早已转向"多屏"，转向数字化。作为新闻学子，有必要了解和理解传统媒体和新媒体的基本特性，从文化、社会的角度认识媒体的本质。

前面讲了媒介的类型，对我们认知媒介是必要的，理解媒介还包括理解传媒具有社会公器属性和具有社会控制功能的信息传播机制，理解互联网时代媒体传播变局和新媒体的发展、新媒体与传统媒体的关系，理解传统媒体和新媒体对信息的处理和呈现方式等。

二是具备判断、选择、评价信息的能力。互联网链接上亿网页，既像是一个取之不尽的信息仓储，又像一个混杂的信息市场，大学生要能够分辨是非、真假、美丑，能够鉴别优质信息和劣质信息，能够鉴别什么是好的新闻、好的报刊、好的音乐、好的电影、好的视频、好的网站、好的微信公众号……鉴别力是媒介素养的内化。

三是具备集纳信息和处理信息的能力。体现在做一个清醒、有效率的信息使用者，善于抓取、提炼有用信息，即使是碎片化信息，也应留下沉淀的东西；善于梳理、整合各类信息，服务于日常的学习和工作之需。

四是具备创造和制作媒介信息的能力。新闻学子是未来的传媒人，应学会利用网络采集资讯、发布消息，掌握新闻报道的各种线上工具，富于创意地制作多媒体内容作品。

媒介素养应是专业素养的一部分，具备媒介素养，可以让我们科学地认识网络，即不盲从，也不被捆绑，为自己的网络行为负责。我们并不排斥娱乐，而是倡导有品位的娱乐；我们并非要疏远微信朋友圈，而是疏远肤浅和无聊的文字；我们也并非遏制个性与情趣，而是遏制网络的无节制使用，避免在大量的消遣娱乐中空掷时间。

迄今为止，互联网仍然只是工具，一个伟大的工具。大学生应充分利用互联网工具，建设性地使用丰富的信息资源，积极吸收有用、有益的资讯、见解和经验，让优质信息资源为自己的成长和提升服务，使网络成为富有成效的新的学习手段，成为心智成长、专业成长最强大的支持平台。

媒介素养是新时代大学生必须具备的一项文化资质和新闻资质。

第三讲　课程构建与新闻学脉

　　课程好比一块自留地，须精心耕耘，才有收获。教学的收获是教师和学生共同耕耘的结果。本讲主要对课程的设计思路和课程内容构建进行说明和阐述，方便师生对课程加深了解。

第一节　课程设计与实施说明

一、思路与探讨

（一）关于课程理念

　　新媒体的崛起带来新闻传播业界深刻的变化。在融媒的背景下，作为传统的新闻实务课程，以"传承新闻价值、嫁接网络媒体"为宗旨，在新闻教学大纲的框架内，**致力于探索融媒视域的传统新闻采访写作教学之拓展的空间**，为专业学习注入新的活力。

（二）关于课程定位

　　适应传播变局，延续新闻学脉，课程立足于应知应会的各项知识和应用能力指标，**汇聚专业精神和全面素养、专业理论和应用能力于一体，构建一门综合性新闻采访写作与实训课程。**

（三）关于课程的主体内容和布局

　　"单元理论通识任务"是教程的主要项目任务，是专业课程的核心。第二单元到第五单元是基础的采访写作理论知识，显然，**这一套成熟的知识体系并没有过时，它仍然广泛适用，仍然是本课程的重点内容，以保持新闻的专业性**。第六单元是网络新闻报道内容，第一单元和第七单元分别为新闻学习的认知准备和新媒体专题讲座。全课共设置了七个单元任务和二十讲，按内容划分为"认识新闻""发现新闻""采集新闻""报道新闻"四大部分。

教材从入门知识到拓展知识、从传统内容到融合内容，力求呈现一个循序渐进的教学全程。

（四）关于"新闻通识"

"新闻通识"的表述尚未与业界同仁商榷，只是本人对新闻知识的一种理解。众所周知，广义的"通识"指现代大学的"通识教育"，"新闻通识"则反映专业领域理论知识的通用性：原理、规律和方法，广博、精要和常识。普遍的应用性、知识的贯通性是新闻通识的应有之义，或者不妨从这个角度关照第六单元的"新闻理论通识任务"。

（五）关于理论与实际结合

新闻要在广阔的社会舞台上展开，必然有着与现实各种因素的紧密联系，投射在新闻教育中，则体现与时俱进的学科特征，因此本课程强调"教学与报道前沿同步、实训与专业知识融合"，课堂、教材必须接通新闻的地气，这在相当程度上决定了课程设计的逻辑起点：专业学习不能与现实隔膜、不能与社会疏离。

（六）关于实训模式

知识，经过思考和应用于实践，才能嵌入脑海。基于精讲理论、加强实践的教学策略，实训专区的700多道习题是实现学习目标和考察学习效果的有效途径，期待这种新型训练模式能够为学习者带来思维能力和知识能力的全面强化。

习题设计思路立足于应用性、实战性，立足于培养学生独立思考的能力，一是多题型、宽视域，内容丰富，知识点突出；二是以问题驱动式题型为主要习题类型，引导实训过程中的启发、质疑和讨论，避免机械、被动地"完成作业"。

（七）关于"嫁接新媒体"

本教材注重传统新闻实务课在网络视域中的展开，探索如何将网络媒体工具引入新闻采写课程，如何使单元任务的知识内容、习题操练以及每一个教学环节适时、恰当地吸纳新媒体元素，如何融合新媒体技术手段和报道方式，开拓融合报道的新闻表达空间。正如《计算机辅助报道》的作者、数据新闻报道的先驱者布兰特·休斯顿所言：从大数据分析项目到新闻报道的细枝末节，一切都在经历变革。

（八）关于一门课程的全方位精进

"新闻实务"始终不是一个学科孤岛，许多看似与写作无关的认知领域其实都嵌入写作里面，不可能剥离出去，正如新闻报道的功力绝不只是归功于文笔，还有观察和思考能力、人际沟通能力、自我学习能力以及敬业之诚——诸多因素的全面支持，才能成就工作的效率和卓越，成就优质新闻内容和优秀新闻记者。

采访写作是充满实践、充满思考、充满活力的，本课程旨在提携新闻学子在专业写作的道路上，获得全方位的精进和高远的视野，在更开阔的、开放的专业领域获得全面协调发展。

相关内容课件见图1-6。

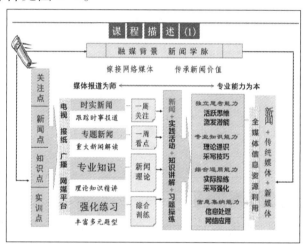

（a）

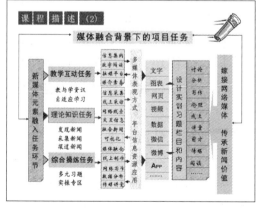

（b）

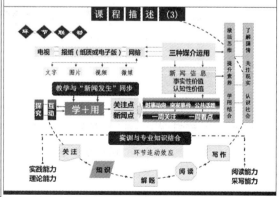

（c）

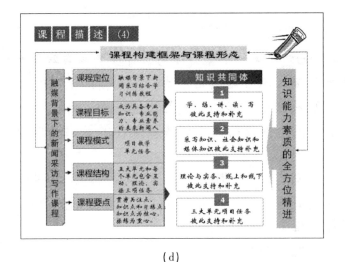

(d)

图 1-6　课程描述（1）

（资料来源：作者课件）

二、课程结构与教学方式

（一）课程结构

1. 任务与教学

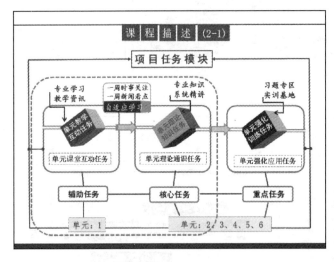

图 1-7　课程描述（2）

（资料来源：作者课件）

本课程以单元规定项目任务，除第一单元和第七单元外，在其他五大单元分别设置"单元理论通识任务"（主体）、"单元强化应用任务"（强化）和"单元课堂互动任务"（辅助）三大任务模块，形成单元任务的层叠结构和内容秩序，也将学习过程的渐进性、阶段性、关联性清晰展开。

本课程借鉴"项目任务教学法"，将全部内容分解为权重不同的项目模块，并以单元任务的形式呈现。本课程共设置七个单元项目任务，除了单元任务之外，还设置了"读书"和"专业学习资源参考"两个项目模块。

2. "知识共同体"

本课程努力建构一个"知识共同体"的课程框架，即**主体内容**为系统的专业理论知识，**强化内容**为大容量的实训操练，**辅助内容**为课堂互动活动。第一单元中的内容看起来也许与学科无关，但这样的**铺垫**是必要的，它们是课程学习前不能缺少的准备。第七单元是课程设置的新媒体专题讲座内容，为新闻学子和新闻从业者提升新媒体认知提供参考和帮助。**所有内容序列形成一个相互支持和补充的"知识共同体"，体现本教材内容的整体性和综合性**。

（二）教学方式

一是夯实理论基础，突出能力导向，以"任务+联动、原理+案例、理论+操练、全程+网络"的方式、以数字化手段和工具建立教学平台，营造线上与线下结合的学习环境，**力求学习者的自身发展与媒体的发展更接近、更契合**。

二是共建"学生主体""教师引导""师生共享"的开放课堂。"学生主体"旨在让学习充分发生在学习者的身上，教学过程始终贯穿学生的思维活动，学习者能够发挥主观能动性，独立思考受到鼓励。"**教师引导**"是**形成课堂讨论氛围的主导因素**，在国外新闻课堂，教师讲课通常只占十分之一的时间，其他时间则用于讨论、实践。引导是一种方法的艺术和细节，如运用情境、案例、问题驱动、拓展训练等启发、激发学习者的学习兴趣和热情，教师在这个过程中发现、发掘学生的潜质。"师生共享"指在接收和反馈学习信息的双向交流中，感受探讨的乐趣，共同分享知识的理解和升华。**学生有成长，教师才有成长**。

相关内容课件见图1-8。

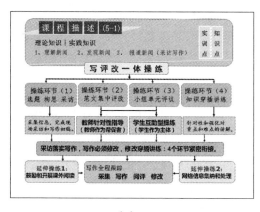

（a）

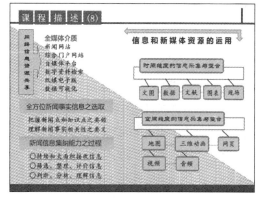

（b）

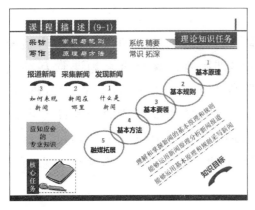

(c)

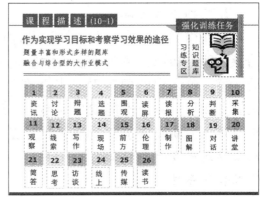

(d)

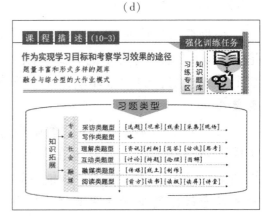

(e)   (f)

图 1-8　课程描述（3）

（资料来源：作者课件）

三、单元任务和过程节点

本课程以**关注点、新闻点、知识点、训练点**作为贯穿课程学习的主线，以三个项目任务融汇在每个单元中，下面介绍单元任务内容和行课过程节点。

（一）单元任务

1.单元理论通识任务

作为主体知识内容，"单元理论通识任务"是课程的重点和精要部分，是课堂教学的主讲内容，其系统、详实地介绍了新闻采写的基本原理、基本规则、基本要领和基本方法，体现了新闻学的核心价值和传统价值。同时，为契合融媒背景下的前沿报道趋势，通识任务增加了网络新闻采写内容，设置了"数据新闻""融合新闻"等新媒体报道内容，阐述了前沿的新媒体报道方式。

2. 单元强化应用任务

"单元强化应用任务"是针对单元理论知识内容而设计的综合性习题专区，每个单元包括 20 多类题型及其 100 多道习题。作为独立的重要的训练任务，形成丰富、多元题型和大题量集群，其题型大致分为采访类、写作类、分析类、互动类、传媒类、阅读类、制作类等类型，适当考虑了同一题型的相互补充，如"读报""读屏"和"读书"呈现不同的阅读介质和阅读内容，"讲堂""访谈""记者手记""传媒"也是阅读题型，但有各自的阅读功效，由于篇幅较长，以二维码的方式呈现。习题专区中的题型，有些适合当堂操练，有些可作测验试题，有些需要课后完成或自学选读。

鉴于纸质文章比电子版文章更让人专注，也更方便阅评，教师可打印一些有趣的报道文稿或材料，在课堂上分发。

3. 单元课堂互动任务

在每个单元中设置"单元课堂互动任务"，以"一周时事关注"和"一周新闻看点"的形式开展课堂互动活动。两项活动以媒体报道为师，将近期发生的新闻融入课堂，体现新闻教学"与现实互动、和时代呼应"的学科实务性。

（二）过程节点

1. 掌握基础知识和基本规则

新闻采访写作基础知识是新闻从业者应知应会的理论知识，新闻采访写作基本规则是新闻从业者日常工作依循的方向和原则，要求学习者务必掌握要领和应用，确立坚定的新闻理念，奠定扎实的采写基本功。

由于章节内容较多，教与学的过程须循序展开，突出重点，深入浅出，避免知识点到为止。

2. 讲、写、评、改一体操练

在单元强化应用任务中，写作操练设置的题量是最大的。写作是很多同学的软肋，必须强化新闻写作训练。

写的操练包括点评、修改的环节，也就是说，知识讲了要写，文稿写了要评，评了要改，即讲、写、评、改一体操练，环环跟进，使写作者客观评估、清楚认识自己写作上的短长，从中领悟新闻采写规律和文字表达技巧。此操练过程不止于提高写作水准，也学会对自己采写的新闻负责。

3. 提升数字化信息处理的能力

鉴于信息处理已成为网络时代记者编辑重要的常态工作，本课程重视学生分析、集纳、整合数字化信息的技巧和能力，并使之成为课程学习的组成部分。利用极为丰富的网络信息资源，教材用相当篇幅阐述了从选题到线索、从采访到写作、从多媒体到制作如何利用各种工具和技术手段进行网络信息采集，如何挖掘数据信息以及熟悉大数据时代新闻报道模式。在"自适应学习活动"中，同学们也将通过阅读和筛选信息的锻炼，不断提高信息处理能力。

4. 掌握新媒体报道技巧

本课程要求学习者建立"融合报道"思维，掌握新媒体报道的方式和技术手段，扩大新闻采写的工具包，开阔新闻采写的空间。习题专区提供了多种新媒体训练题型，以帮助学习者运用网络工具进行信息的采集、整合、制作、发布。

5. 实践和社会化资源利用

新闻实践的概念应是广义的，习题训练也是一种实践，且实践须从校园延伸至社会，社会真实场景对于采写实践的意义不言而喻。习题专区设置了大量社会类题型，推促师生深入民间、深入基层、深入现场展开采访活动。有条件者可进一步开拓社会化资源（公益项目、新闻现场、会议、赛事、文艺活动以及线上互动等），为"准记者们"提供更多实际锻炼的机会。

第二节　单元课堂互动任务·自适应学习

"一周时事关注"和"一周新闻看点"两个自适应学习任务，是以学生为主体的课堂训练活动，它们的不同是："一周时事关注"侧重于时事资讯，"一周新闻看点"侧重于事件探讨。"一周时事关注"以最新最近的消息报道为"关注点"，集纳动态的实时新闻；"一周新闻看点"则以社会反响强烈的热点事件为"看点"，聚焦重大的专题报道。两个项目任务的实施步骤、方式也不同，但目的都在于培育新闻情怀，增强新闻敏感，磨砺新闻思考。

自适应学习活动以任务小组为单位，由组长担任项目带头人和召集人，实施组员分工合作。通过项目的开展、任务的执行，锻炼同学们自组织、自适应的自主学习能力。

一、资讯·读新闻——"一周时事关注"

"一周时事关注"以读报道的方式展开，突出"读新闻"的环节。其作为常态学习任务，是一个连续的、短暂的课堂活动，虽然每次的形式不变，但每次"读报道"的内容都是新鲜的（见图1-9）。

（一）学新闻的人要看新闻、读新闻

若要知晓天下事，最主要的途径就是看新闻；若要关注天下事，最主要的途径就是读报道。社会发生了哪些变化？新近发生了哪些事件？人们关注哪些公共话题？学新闻的人要看新闻、听新闻，及时了解国内外时事动态。

图1-9　课程描述（4）

（资料来源：作者课件）

在信息发达的社会，人们从来没有像现在这样重视信息、获取信息和利用信息，而新闻报道信息对于我们的意义更是不言而喻。

任何训练，客观上都有强制性。要求同学们在网络的环境中每天看新闻，看这么多新闻，恐怕有点难。"读报道"活动以作业方式约束同学们看新闻、听新闻，在客观上分散了对网上不良信息的注意力，也有利于养成平素关心时事的好习惯。

读报道活动强调"坚持"，假如每次课前每个小组轮值选读4条新闻，一个学期下来，"共享"的新闻资讯数量将会很可观。一件事，不间断地做，肯定会有收获。**"一周时事关注"对我们熟悉新闻报道、强化新闻意识会大有裨益。**

（二）课堂活动实施

"一周时事关注"是整体教学计划中的常态任务活动，**可随主课例行安排在每节课的前面，建议时间为5~8分钟。**

1. 步骤和要求

（1）读报小组实行轮流制，以两人为1组，每次收集4~6条新闻。

（2）筛选媒体报道的实时新闻，以覆盖社会各个领域的时事要闻为主，拒绝收纳不良的、杂芜的和无新闻价值的信息。

（3）制作含文字、图片或影像的课件，用简练的语言陈述每条新闻的要点。

（4）"一周时事关注"要求信源权威、可靠，一般以正规和知名度较高的纸媒、网媒作为信息源，提倡线上与线下结合采集信息。

（5）所提供的每条新闻都应说明出处。

2. 教师反馈

"读报道"活动结束后，任课教师应做出回应，对小组表现做简要评点，并给予考察成绩记录。

二、事件·评新闻 ——"一周新闻看点"

"一周新闻看点"是一项通过自主学习方式激活思考的课堂思维训练，突出"评新闻"环节。评，就是分析，分析是训练独立思考的有效方式。

（一）"一周新闻看点"强调思维训练

新闻思维，就是从新闻价值的角度判断某个现象、某件事物可能包含的政治、经济、社会的意义以及对公众的影响，即一个新闻人怎样用新闻的眼睛认识世界、认识人和事物。

强化新闻思维能力，我们需要转换惯常的思维方式，训练对事物的洞察能力。"洞"是发现，"察"是思考，要学会以洞察之目光探究事件的"why"和"how"。

"一周新闻看点"通过重大新

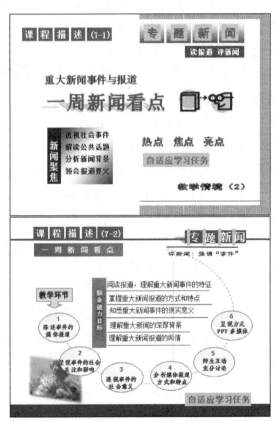

图1-10 课程描述（5）

（资料来源：作者课件）

闻报道案例的解读分析，培养对问题的思考能力，在学习难度上大于"一周时事关注"（见图1-10）。

（二）关于重大新闻报道

重大新闻具有显明的"重要性"价值特征。重大新闻包括重大工程、重大事件、重大会议、重大节日等具有题材重大、主题重大、意义重大的特点，其题材领域广泛。

重大时政新闻是国内外时事新闻领域新近发生事实、事件的报道，体现了国家层面的重大活动、动态，报道辐射性强，影响广泛。

重大事件性新闻指新近发生的引发民众广泛关注的某个独立的新闻事件，与公众利益关系密切，话题性强，经媒体传播，通常形成全国范围内的舆论热点。

重大新闻报道重视报道的深度、广度，常常调动精兵强将，组合媒体矩阵，形成规模报道。

（三）评析重大新闻报道

"一周新闻看点"重在评新闻，"评"可以在事实价值和新闻价值两个层面展开分析：一是分析报道所体现的社会认知意义，即为事实性价值；二是分析报道所体现的专业认知意义，即新闻性价值。

1. 事实价值的分析要点

（1）厘清事件的来龙去脉。

（2）了解事件的背景信息。

（3）设置事件的讨论议题。

（4）收集事件的各方说法。

（5）探究事件的深层原因。

（6）考察事件的舆论关注。

2. 新闻价值的分析要点

（1）选题评估。

（2）题材和体裁。

（3）主题意义。

（4）报道角度。

（5）写作特点。

（6）"融媒"报道形态。

（四）课堂活动实施

1. 行课

"一周新闻看点"是自适应学习任务中的专题任务，根据主体内容进程穿插安排，**建议在一周或两周内安排一次，一次时长一般为 15~25 分钟**。

2. **步骤**

"一周新闻看点"的难度比较大，准备工作须提前 1~2 周进行。任务小组可参照以下程序：

（1）选取和充分阅读近期重大新闻报道实例，收集相关资料和检索相关信息，了解事件的社会背景和关联因素，也关注有价值的独立意见。

（2）对事件信息进行筛选、归纳、整理和提炼，理解和分析事件在两个层面的价值，设置讨论议题，制作图片、文字和活动影像等多媒体课件。

（3）课前将报道材料内容转发到微信群里，方便大家随时参阅。课上分发该报道的印刷材料，因为纸上文字便于标注和反复体味。

（4）在课堂投影屏幕上呈现课件内容，小组成员根据内容分工，按顺序展开对课件内容的阐述。

（5）以"教师小结"结束。

3. **要求**

（1）互动和讨论：任务小组要做有纵深感的新闻"看点"，分析事件的冲突因素、社会背景和舆情反馈，**分析新闻采访写作的规则和方法在报道案例中的体现，带动课堂互动和讨论**。要求小组成员在阐述中有自己的分析视角，能够提出个人看法。

（2）教师的引导作用：鉴于"一周新闻看点"的操作难度，应突出教师的引导作用，在前期准备阶段，教师须给予任务小组尽可能的帮助。

（3）信源：与"一周时事关注"相同。

（4）考查：当堂记录成绩，及时褒扬鼓励，让小组每个同学感到自己的努力受到重视。

"一周新闻看点"课堂活动实施案例

请扫描二维码阅读

读书

1.《马克思主义新闻思想史稿》，童兵著，中国人民大学出版社，1989

2.《一个自由而负责的新闻界》，［美］新闻自由委员会著，展江、王征、王涛译，中国人民大学出版社，2000

3.《理想国》，［古希腊］柏拉图著，郭斌、张竹明译，商务印书馆，1986

4.《社会契约论》，［法］让、雅克·卢梭著，何兆武译，商务印书馆，2003

5.《论出版自由》，［英］约翰·弥尔顿著，吴之椿译，商务印书馆，1996

6.《理解媒介——论人的延伸》，［加］马歇尔·麦克卢汉著，何道宽译，译林出版社，2011

7.《人的现代化》，［美］英格尔斯著，殷陆君译，四川人民出版社，1985

8.《现代社会学：基本内容及评析》，［日］北川隆吉主编，沙莲香主译，中国人民大学出版社，1994

9.《通往奴役之路》，［英］弗里德里希·冯·哈耶克著，王明毅等译，中国社会科学出版社，1997

10.《新闻的十大基本原则：新闻从业者须知和公众的期待》，［美］科瓦奇等著，刘海龙、连晓东译，北京大学出版社，2011

11.《生命是什么》，王立铭著，人民邮电出版社，2018

12.《阅读力》，聂振宁著，生活·读书·新知三联书店，2017

13.《媒体道德与伦理案例教学》，展江等著，中国传媒大学出版社，2014

14.《黄河青山》，［美］黄仁宇著，生活·读书·新知三联书店出版社，2015

15.《乡土中国》，费孝通著，北京大学出版社，2012。

16.《极度调查：告诉你一个"立体中国"》，李斌主编，红旗出版社，2018

专业学习资源参考

国内知名新闻机构、报纸、期刊

请扫描二维码阅读

发现新闻

第二单元

单元理论通识任务·发现新闻

行业的专业化是与一套专业规则相匹配的。

新闻实务是从新闻工作者长期的实践中总结出的一套成熟的、获得广泛认知的新闻规律，其包含新闻发现规律、新闻价值规律、新闻采访规律、新闻写作与文体规律、新闻报道规律、新闻编辑规律以及对应的新闻实践。它们告诉每一个新闻工作者和传播者：新闻要这样玩儿，而不是随意地、任性地玩儿。

新闻的专业性规则，就像消息写作的5W，成为广泛运用的规范，且对新媒体报道同样具有普遍的约束性和指导性。

发现和发掘新闻体现了记者的职业能力。最具新闻价值的新闻、最吸引人的故事往往源自记者的发现，但是，相对于广阔而丰富的社会现实，新闻的发现似乎远远不够。本单元旨在探讨如何发现那些还没有被发现的新闻……

第四讲　什么是新闻

在这一讲，我们着重探讨新闻的特性、新闻的发现规律和新闻报道的基本规则。

第一节　新闻的特质

在现实生活中，人们获知信息的途径大多源于媒体报道，人们获得事实解释的途径也大多源于媒体。新闻由从事新闻业的工作者采制，由媒介载体传播。人们通过媒体了解新闻，但学新闻的人则从专业的层面了解"什么是新闻"。

一、新闻与事实

（一）关于新闻的定义

"新闻"这个词汇是从最先出现近代新闻事业的国家移植到中国的。在英文中，新闻有很多表达的单词：news、reporting、coverage、journalism 等，说明新闻的内涵非常丰富。关于什么是新闻，国际新闻学界和业界有大量的描述、解释。美国著名报人、报纸主编人协会会长卡斯柏·约斯特认为："新闻是已经发生和正在发生的事实的报道。"他指出新闻最基本的含义就是新鲜的事实。美国哥伦比亚大学新闻学教授麦尔文·迈切尔认为："新闻是关于突破事物正常轨道和出乎意料的事情的情况。"他指出新闻事实的异常性特征。日本新闻学者俊藤武男认为："把最新的事实，精确而迅速地印刷成使多数人感到有兴趣而实益的事实，既是新闻。"他指出新闻是受到关注的事实。

国内新闻学者也为新闻定义做出过确切的阐释，1919 年，我国最早的新闻教育家徐宝璜（1894—1930）在其《新闻学》著述中，提出"新闻者，乃为多数阅者所注意之最近事实也"；民国著名报人邵飘萍（1886—1926）认为："新闻者，最近时间内所发生认识一切关系于社会人生的兴味、实益之事物和现象也"。民国《大公报》通讯记者、中国新闻事业开拓者范长江（1909—1970）认为："新闻就是广大群众欲知、应知而未知的重要事实。"1943 年，时任中共宣传部部长的陆定一（1906—1996）在《解放日报》撰文，提出"新闻的定义，就是新近发生的事实的报道"，为当时国内新闻界广泛认同。

20 世纪 90 年代，随着信息时代的到来，新闻的定义引进了"信息"的概念，复旦大学教授李良荣认为："新闻是一种信息，是传达事物变动最新状态的信息。"

基于上述梳理，我们看到，无论从实用的角度还是学术的角度，中外学者、专家的表述都揭示了新闻的核心特征和特质。为清楚起见，不妨将其要素列出——

- 新近发生的事件报道；
- 满足人们欲知、应知而未知需求的报道；
- 包含各种具有社会意义因素的报道；
- 对人们有知悉价值或实益价值的报道；
- 在上述前提下的一切新情况、新问题、新思想、新经验、新意见都可能被视为新闻。

（二）新闻基于事实的变动

新闻，从字面上理解，就是"新的知道""新近知道的事情"，所以"新"和"事"是新闻的关键词素。

从古至今，人类从事新闻活动是为了获取信息、了解社会的变动。这种新闻活动一开始就表现出"以记实和传告事态的原貌和真相"的形态特点。新闻学理论认为，事实是新闻的本源，即先有事实，后有新闻。新闻记录和传播客观存在的事实，事实是新闻报道的对象和基本内容。

然而事实并非都是新闻。事实分为一般事实和新闻事实。一般事实为日常的、重复的、熟悉的事实：飞机准时起航和到达、硕士论文答辩顺利通过、森林公园接待又一批游客⋯⋯

但是，如果飞机延迟起飞或延迟到达、硕士论文答辩遭到质疑、森林公园封闭——就是说，一般事实发生了变化，出现了人们陌生的、不知晓的新的事态，那么由于事实性质的改变，一般事实就转化为新闻事实了。

新闻事实即指含有新闻价值的事实，是新近发生的、新鲜的、变动的、例外的事实，是被关注的事实，是能够反映一定现实意义的事实。

《人民日报》原新闻研究中心主任张首映在《论新闻是新异存在者的感性显现》一文中提出"新异存在"的概念，他认为，新闻不"新"、不"异"就不是新闻，新闻就是一种"新异存在"，"记者的使命就是采制新异存在"。他指出，新闻事实就是新异事实，其"以新异个体为核心元素和基本单位""过去和现在，新闻报道始终把新异存在者当作本源，当作头号关注对象和主要报道内容"，描述了变动的事实的本质和样态。

二、新闻服务于公众利益

新闻通过信息传播告知人们世界是怎样的并影响人们对世界的看法和判断。美国《职业伦理规范》（SPJ）指出："新闻记者的职责就是通过追求真实，提供关于事件和问题的全面公平的叙述，达到启蒙公众的目的。""来自所有专门领域和媒体的有责任感的记者，都应努力彻底和忠实地为公众服务。"应该说，新闻的基本目的和基本功能就是立足于对公众负责、对事实负责，维护社会正义和公众利益，承担社会公器的使命。

新闻如何体现服务于公众利益之功能呢？

（一）提供信息的告知功能

信息是人类社会生存、生产、生活的基本需要，人类社会信息闭塞或匮乏信息是不可想象的。人们渴望知晓与自身利益相关的信息、外部世界新鲜的信息，这些信息由媒体记者采写报道，再传递给公众。

（二）解释、评价事实的功能

新闻媒体不仅告知信息、传播信息，还以专业优势对国内外大事、要事进行分析和解释，对时局及其发展趋势进行评估和预测，如社论、时评代表媒体编辑部发表言论，表明态度，是受众阅读重要的参考和指引。

（三）监督社会环境的功能

我国社会主义监督体制包括法律监督、行政监督和舆论监督，各行使不同的监督职能。新闻行使舆论监督的功能，包括鞭笞不良行为，曝光丑恶现象，揭露公权力谋私，以传播的震慑力驱浊扬清、警醒社会，维护公序良俗，弘扬公平正义。

新闻舆论监督体现了自下而上的独立的监督职能。我国民间监督渠道少，且自上而下的监督比自下而上的监督更有利、更有效，舆论监督能够利用新闻公开报道的震慑威力，发挥独特的不可替代的监督作用。

（四）协调社会关系的功能

社会关系指个人、群体、家庭、社会、国家等各部分的关系系统。当某一部分的关系发生扭曲或混淆，传媒通过报道和发布权威、客观的信息，还原真相，针砭时弊，表明态度，引导民意，建立社会关系相对的平衡和制约。因此，新闻媒体也被视为联系民众与社会的一切信息的、精神的、地域的纽带。

（五）普及和传承文化的功能

新闻报道蕴含着大量的文化和知识信息，通过传播，将传统的文化继承下去，同时把先进的文化融入进来，在客观上推动着文化的普及。

（六）启蒙大众的功能

启迪公众和服务社会是新闻媒体的根本职责。徐宝璜认为，报纸在提倡道德、开启民智方面具有重要的作用。事实上，启蒙就是在前面的功能中实现的。媒体通过履行自己的职责，使新闻报道潜移默化地影响受众的态度、判断和意见，读者在无意识中走出经验和视野的局限，提升了个体的认知能力。

（七）生活娱乐的功能

人们需要与生活的全面接触，需要贴近实际的各种生活资讯，需要及时行乐和心情放松。生活新闻、娱乐新闻不仅满足人们的感官刺激的需求，也传播快乐和智慧。

由于新闻的上述功能，业界提出"新闻载道"的概念（或理念）并引起讨论，新闻可以"载道"，新闻何以"载道"？因新闻报道中蕴含的某些信息含有情感作用，含有某种事理、真理及其启发作用，这就是美国学者赫伯特·甘斯所说的"潜信息"，正是这些潜在信息，在客观上确实承担了普惠广众的"载道"功能。

三、新闻不是宣传

在一些报道中，我们经常可以看到这样的词句："取得了很大的成绩，取得了长足的进步""……隆重开幕……胜利闭幕""决心再接再厉，夺取更大的胜利""调动一切积极因素，为实现共同目标而奋斗""通过学习……认真贯彻……坚决执行……始终做到……"等，这种口号式的套话虽然每个字、每句话都是"正确"的，但不是新闻语言，只是一种模式化的宣传语言，使人感到空洞、乏味。

宣传的主要特征是其明确的目的性，它的诉求不是生产新闻而是影响和达到某种结果，有时，它使用一种重复的公共话语，来强化目的效果。

新闻不是宣传，但某些理念和操作却混淆了新闻与宣传的界限，如一些单位的宣传部门只要涉及传播，就会拣选符合领导旨意或部门利益的信息写成文章，并视为新闻报道；如一些所谓的软文借助媒体的公信力，热衷以新闻报道的方式宣传企业或个人。

我们只能说，依据新闻定义的基本属性，那些内容包装得很像新闻的新闻，可能不是新闻，那些掺杂功利或意图的新闻貌似新闻，但也不是新闻。

新闻和宣传具有各自的不同的性质、功能、目的和形态。新闻以满足受众信息需求为目的，宣传则附带高度的意图指向；新闻重视"时效"，宣传则重视时机；新闻重视受众的普遍关注和兴趣，宣传则重在对宣传客体进行教育和说服。中国人民大学新闻学院陈立丹教授指出：新闻是对客观事实的叙述，新闻传播的归宿是"受众晓其事"，只要对方知道了这件事，传播任务就完成了。宣传是运用各种符号传播一定的观点，以影响和引导人们的态度、控制人们行为的一种社会性传播活动，宣传的主体是传播者，宣传行为的归宿是"传者扬其理"。

不过，新闻的宣传价值和新闻价值并非截然对立，如世界水日，国际和中国都有宣传主题，且传递了重要的资讯信息，可以作为新闻选题的参考。宣传里面有新闻的元素，新闻里面也潜含宣传的功能。一个记者报道年轻人扶起了摔倒的老太太——他选择了这样的事实，即含褒扬和肯定该年轻人之主观倾向，但客观上起到了某种宣传作用。新闻与宣传的融合构成新闻的"宣传价值"。

我们也常常看到，一些新闻报道并非取决于新闻价值的考量，或者说，报道的宣传价值大于新闻价值。哈尔滨一仓库发生火灾导致 5 名消防员死亡，该市公安局的官方微博"平安哈尔滨"发布了灾难的基本情况。经由网友的统计，全稿共 585 个字，其中领导"高度重视""做出批示""紧急部署"部分占了 258 个字，多名领导的名字和职务都在文中出现，而 5 名牺牲消防员的名字却一个也没有出现。这条微博引来网友强烈吐槽，两天内，该条微博已被评论 6 000 余次。

固然，灾难所在区域的领导者指挥救援应体现在报道中，但灾难新闻的报道落点应是灾难现场及其伤亡情况。这篇报道显然因强化树立形象的宣传而削弱了事件本身的新闻价值。

对于报道者来说，明确"什么是新闻"可能不够，还要明确"什么不是新闻"，后者也许更为重要。

第二节　新闻价值

既然事实并非都是新闻，那么，记者和编辑判断、评估、选择新闻事实时必定有一个基本依据，即新闻价值。新闻价值理论起源于美国 19 世纪中后期大众化报纸蓬勃发展时期，1916 年，中国著名新闻教育家徐宝璜在北京大学最先开设新闻学课程，将新闻价值的理论引进中国。

新闻价值鲜明地体现了新闻的特质，它不仅是新闻学理论的重要概念，也有很强的实践指导意义。余家宏主编的《新闻学词典》关于新闻价值的解释是："新闻价值是选择和衡量新闻事实的客观标准，即事实本身所具有的足以构成新闻的种种特殊素质的总和。素质的级数越高，价值就越大。"既然是判断新闻事实的客观标准，那么新闻价值就提供了"什么是新闻"的依循。

新闻价值依附事实存在，非记者主观感受的结果。新闻价值要从社会与公众的关系中加以考察和鉴别，一个客观存在的事实能否被记者注意和报道，应该取决于该事实是否为公众应知的最新情况、最新动态，是否关涉公众利益，该事实在多大程度上具有广泛的社会性。

公众利益往往是个体利益诉求的组合，个体利益并非仅仅是经济利益，安全、消费、娱乐、隐私保护、个人权利保障等也是关涉切身利益的因素，更高层次的公众利益还包括荣誉、尊严、公平、权益、审美等体现精神获益的社会价值利益。

新闻服务于公众的利益，当人们渴望知晓周围环境乃至世界范围内正在发生的事情，当人们希望了解那些能够反映社会发展不同阶段的秩序、变化、思潮、方向和趋势，新闻报道能够提供和满足人们的信息需求，因为这种需求本身就具有较高的知悉价值。

一、新闻的价值要素

新闻没有国界。全世界的记者们每天都要面对最新发生的无以计数的事实，他们需要一个大体一致的、具体的、可辨识的判断新闻的基本标尺。"新闻价值要素"在记者编辑长期新闻报道的实践及其经验中获得了验证，进而成为他们判断什么是新闻和什么不是新闻的"经典"答案。跨越一个多世纪，"新闻价值要素"仍然沿用至今，在一定程度上体现了其普遍的适用性和新闻特有的认知规律。

构成新闻价值的要素有哪些呢？

（一）新鲜：时间新 事件新 报道新

"new"即"新的"。新闻姓"新"，"新"与"鲜"具有高度的同质性，指最新发生（时间新）的事件（事实新）的报道（报道新）。新鲜即时效，"时效性"是最具新闻本质特征的价值要素。

时效性是为了满足公众及时了解世界最新变化的需要。最近有什么与自身利益相关的、感兴趣的消息？人性永远喜欢耳目一新的事实。

时效是新闻报道的永恒追求。对新闻事件在第一时间做出回应是媒体义不容辞的职责。第一时间是事件发生后记者在最短的时间内赶到现场的时间，这里有一个公式：新闻报道时间-新闻发生时间=新闻时间差。时间差越小，新闻时效性越强。时间差越大，新闻时效性越弱。昨天上午发生的事件，今天上午才报道，而受众已经从其他媒体得知了。从昨天到今天，在时间上是一个"新近发生"的范畴或某个时间段，那么"新鲜"就会大打折扣甚至失去报道意义。事实总是处在不断的变动之中，不能及时抓住这种变动，新闻就成为"昨日黄花"，这就是为什么新闻时常被比喻为"易碎品"。

（二）重要：由新闻蕴含的意义决定

什么是新闻的重要性呢？2006年青藏铁路建成通车，翻越世界屋脊，这对于中国乃至世界来说都是一个铁路修建奇迹。不言而喻，凡是推动历史发展进程的、具有划时代意义的事件都是重要新闻。同样，凡是影响和决定人类命运的战争、革命、灾难、危机、会议，凡是给人类带来福祉的贡献、带来社会进步的变化都是重要新闻，诸如那些改善人类环境的重大举措、那些高层领导的人事更迭、那些拯救生命的医药发明、那些牵动人心的救援行动、那些威胁人类安全的恐怖活动等都具有很高的新闻价值。

"重要性"的本意在于事实本身引起广泛的社会反响。"两会"期间代表们热议的话题往往带有"重要"的特征，如反腐倡廉、调控房价、贫富差距、司法公正、医疗改革、食品安全、收入分配制度改革、物价上涨、环境保护等，都是整个社会高度关注的关系国计民生的大事、要事。

事实的重要并非仅仅取决于事实本身的规模，也不单纯取决于题材的大小。有些事件只是身边的寻常事，但反映的问题分量很重。在考察新闻的重要性价值时，应着眼于事实对现实生活的影响和事件的现实意义。北京地铁7号线堡头站建成4年没有通车，后来通过各方积极协商解决了，对当地居民来说，这件事就是重要的新闻。应该说，凡是关涉公众重大利益的事件都是重要事件。

(三) 异常：事实的非正常状态

事物正常的、日常的形态被打破，呈现一种超越常态、常规、常情、常理的事实形态即异常形态。对异常性最著名的解释就是：狗咬人不是新闻，人咬狗才是新闻。

列车追尾是交通异常形态，体现贫富差距的基尼指数（经济学中衡量人们收入差异状况的指标）超过0.4是收入分配的异常状态，因此，变动的事实值得注意。可以说，重大的变动，新闻价值一定是重大的；闻所未闻的变动，新闻价值一定是显著的。

2012年9月28日，《深圳特区报》以《双节8天假 要休17天》为题，报道了（深圳）龙华新区公安分局福民派出所大门口竟然贴出了长达17天假期的通告。报道刊出后，全国100多家媒体转载。异常的本质是常态事实发生了变动、变革、变异，以变态的事实形态取代了常态。一般地说，凡引起人们的愤怒、惊惧、同情、兴奋的意外之事往往都处于异常的状态。

事物发生异常性改变，是新闻发生的信号，是新闻报道的天然目标。记者对发生的各种变化应具敏锐的感知，当以即刻的行动抓住"异常"之线索。

(四) 新奇：好玩的、奇趣的事

一个农民从水库里钓上来一条20公斤重的大鱼；一对情侣举行水下婚礼；一种黑色的玫瑰花在情人节热销；一只小熊掉进冰窟窿里，被附近的中学生救出来……

新奇的事件含有日常生活中某种荒谬感、滑稽感和幽默感，其价值体现了新闻所具有的消遣、情趣的愉悦价值。

新奇与异常作为两种事物的形态有交集也有区别，新奇的事也超越常态，但新奇更偏重"奇趣"，异常更偏重"特异"；新奇更倾向"新鲜态"的不寻常，异常更倾向"非理性"的不寻常。

（五）知名：名人效应与二元公式

包括品牌、区域、事件、人物、地点等一旦具有了知名度，便具有了新闻价值的潜在可能。"知名"更容易进入新闻的光圈，山西昔阳县大寨村成立了生产水果罐头的饮品企业，报纸报道了这条消息，但是附近的村庄也成立了同样的工厂就不是新闻了，因为大寨曾经是闻名全国的农业标杆，"农业学大寨"所具有的示范性在改革开放时代又有了新的政治解读。

记者对知名的人和事应给予注意，一旦有新的动向，须及时报道。

名人自带"名人效应"。媒体不会关注医院里某个普通患者的去世（除非该患者的去世存在"异常"因素），但某个名人因病去世，则是大新闻。不知名的人或事可能因"异常存在"而成为记者的"新闻发现"，一个大学生休学一年，随后在一年中一边打工一边旅游，走了25个国家，这个大学生是普通人，但这件事不普通，具备了新闻价值特征。

于是，我们不妨引用一个关于"知名"的二元公式：常人+不寻常事=新闻；名人+寻常事=新闻。后者指名人的新闻则因名人本身有相当社会影响，其一举一动、日常生活都是新闻题材，即"事因人显"。前者指发生在普通人身上的独特的事情，即"人因事显"。

（六）情感：人性与人情的元素

人间的喜怒哀乐、悲欢离合及其情感纠结的故事值得记者去注意。情感类故事具有起伏的情节，充满了人性的复杂元素和浓郁的人情味，富有感染力，容易引起大众共鸣，报道的可读性强。

笔者曾在贵阳街头与一个身背葫芦丝的男孩擦肩而过（见图2-1），他看上去不满14岁，于是拍下了他的背影。一个卖葫芦丝的少年，没有任何人注意到他。作为经济发展相对较弱的西部省份，贵州农村地区中小学学生的辍学率一直较高，那么这少年有怎

图2-1　卖葫芦丝的少年

（资料来源：作者拍摄）

样的家庭背景？有怎样的故事？他本应坐在课堂上，而不是为生计奔波的街头。

当我们被一个现象或情景、一个人或一件事、甚至一句话或一个动作所打动，那么就要抓住它，因为它牵动了人性的共情。

（七）接近性：受众与新闻的关联性

新闻和每个人都发生关联，但关联的程度是不同的，这是因为每个人的地域、职业、性别、身份等的利益取向不同。

某一线城市在"三八"妇女节之际举办了一次女大学生专场招聘会，对这个消息最感兴趣的自然是应届女大学生，其次可能是她们的亲属、朋友或老师等，而这条新闻对于男大学生、退休或在职的女性来说基本没有价值。同理，时尚杂志《瑞丽》的主要读者是年轻女性，体育杂志《足球》的主要读者是年轻男性。同理，南京居民不会对北京的雾霾天气投以更多关注，北京居民对南京砍掉一条街上的法国梧桐也不会很敏感。

"接近性"反映了媒体和受众的新闻价值认知是处于两个不同层面和不同维度，受众眼中的新闻是否有价值，是以新闻与自身利益的接近程度来考量的，比如地域的关联决定了地方新闻、地方媒体对于当地受众的存在价值，职业的关联决定了行业新闻对于特定领域工作的受众的存在价值。一般来说，受众会根据自己的趣味、需求去选择新闻，希望获取有用的资讯和实用的忠告，对改变自身现状有借鉴和指导作用。作为记者要充分考虑事实与受众利益的关联和差异，了解自己写的报道是给谁看的，谁会对这个报道感兴趣。

（八）故事性：含有故事元素的事件

2011年3月31日21点30分，"80后"上海青年汪某搭乘日本航班抵达上海浦东国际机场，与前来接机的母亲发生了争执，汪某随后向其母连刺9刀，其母倒在血泊中，一个外国人见状紧急施救。10分钟后医护人员赶到现场将汪某母亲送往医院。案发后，民警迅速将汪某抓获。

这个骇人听闻的血案通过媒体报道引发社会强烈反响。不过，与其说这是一个故事，不如说是一个事件，如果记者能够将这个事件以故事的形式加以报道，一定更有吸引力，更震撼。无疑，一个有悬念、有情节的故事是新闻不可多得的素材。

（九）冲突：对立的事实状态

我们生活在冲突不断的世界，走近冲突、报道冲突是记者的职责。冲突性表现为矛盾与对立的事实状态，包括战争冲突、边境冲突、社会冲突、情感冲突、观点冲突、肢体或语言冲突以及各种经济纠纷、诉讼纠纷、家庭纠纷等。冲突性事实的新闻性很强，人们围观冲突，欲知来龙去脉、孰是孰非。冲突性事件受到广泛关注。

但有些冲突是看不见的。许多事物平静的表面下面往往潜伏着更深刻的冲突，其新闻价值可能更高，这需要记者的洞察力和挖掘。

二、价值判断的尺度

世间万物复杂纷纭，有时，用新闻价值不能解释所有新闻事实。从某种意义上说，新闻价值要素对于新闻的判断可能只具有大概率的指导性，因为判断的尺度不是固定的，在特定的情势和环境下，判断需要现实的考量。

（一）几个问题的探讨

1. 关于"要素"

蕴含在事实中的新闻价值要素揭示了新闻和事实的关系、新闻和受众的关系，但"要素"是否仅仅属于新闻的属性呢？有人提出了此类疑问：有些新闻价值要素在一般的非新闻文体的叙述文体中也被同样地要求，如情感、故事性、新奇、冲突等。其实，这也不奇怪，叙事，本来就是新闻写作的基本的、核心的方式。业界认为，能够将新闻区别于其他文章的最具新闻特征的价值要素应是：新鲜、异常、接近、重要。

2. 关于"新鲜"

一个新闻事实可能具备几个要素，也可能只具备一个要素，但不能籍此简单判断，而须辩证地分析。比如"新鲜"的要素，"时间新、事件新、报道新"这三个"新"并非都必须同时具备才是新闻。如果时间不"新"，事件"新"（这种情况也是常有的），那么仍有可能具备新闻价值。这种情况多见于非事件性新闻，如土壤沙化是在人们习焉不察中或习以为常中发生的，报道需要一定时间的调查，包括借助大数据处理才能弄清楚全面的情况。倘若报道成为首发的独家新闻，那么其新闻价值在于事实的发现，而非报道的时间和速度。

所有的媒体都十分重视新闻的"首发",抢在其他媒体前面发布"最新披露的事实"具有"独家报道"的价值。"独家"有时可能是"时间新""事件新",但有时只是"事件新"。

3. 关于"异常"和"故事"

某些报道利用人性猎奇、窥私的心理,在他人隐私、性丑闻方面费尽心思"爆冷门",以达到"异常"的效果。这类极端报道扭曲了新闻"异常"性价值的含义。

故事好看,但寻求感官刺激的故事不符合故事性价值。炒作道听途说的事件,夸张渲染情节,这样的故事更与新闻无关,且违背了新闻伦理道德。

4. 关于"关注度"

"吸睛"和"关注度"不能等同。一些"娱乐新闻"热衷打探明星"婚变",网罗明星"情史",跟踪明星"去哪儿"、偷拍明星"素颜",诸如此类的"八卦绯闻",点击量却往往以百万计,那么你是否认为"受众的关注度越高,新闻价值就越高"呢?

(二) 价值层面的权重

事件的属性、性质、规模、影响以及和当下现实的关联度,都决定新闻价值的判断,一切应根据事实本体来衡量其新闻价值的权重。

假设有这样两本书出版,第一本书是《临床误诊 100 例》,第二本书是《健康养生 100 例》,你会选择报道哪一本书的出版呢?答案是第一本。理由是:选题令人耳目一新,内容具有现实意义。医生能够正视问题,通过自省反思,降低误诊率,这种精神难能可贵。

某人边走边看手机,不慎将手机落入水中,此事属于正常事态;但不慎摔了跟斗,人跌入水中,挣扎着爬了出来,这就应注意情况发生了性质的改变,因为是人而不是手机落入水中,是一个小新闻;假如此人跌入水中,不幸溺水身亡,那就成为大新闻了。事件造成的危害程度不同,新闻价值也不同。

在偶发事件中,死亡最具"看点"。某人因看手机溺水身亡和某人因情感坠楼自杀身亡——人们一般更关注后者,因为后者有悬念。但是前者具有现实的针对性,看手机不能无时无刻、不分场合地点,否则会牵涉自身安全甚至付出生命代价。

在实际运作中,资深的编辑、记者并不刻意用价值要素对号入座,凭着敏锐的嗅觉和直觉以及丰富的经验,他们会称出事件的价值分量。有时,某种现象可以从不同角度去发现，很多事件也有不同的意义解读，而无关价值大小。

三、新闻价值新解

在网络传播时代，传统的"新闻价值要素"之内涵和外延可能派生更多不同的释义，某些既定标准也可能显得捉襟见肘。鉴于新闻价值的重要的理论意义和实践意义，了解新闻价值在学术范畴的研究与争鸣是必要的。

我国著名新闻学者、清华大学新闻与传播学院刘建明教授在《创建现代新闻价值理论》一文中指出，新闻学理论不是一成不变的，传统的新闻价值观也不是固定的。现代新闻价值理论产生的背景和动因是基于当代社会对媒介的影响和社会生活的日趋复杂，新闻形态已经发生变化，应以新闻的变革加以呼应。刘建明教授认为，新闻价值是一种关系范畴，研究新闻价值须以受众和社会关系入手，从新闻事实满足受众和社会需要的程度去考察。价值、标准、要素是不同范畴的概念，"确切地说，重要性、显著性等新闻价值要素不是新闻价值，而是某些新闻事实的特征和属性"。这些要素在逻辑上与新闻价值有密切的联系，但与新闻价值的概念没有任何同质性。"它们能够派生出新闻价值，但不是新闻价值本身，不具有直接的价值效用"。

刘建明教授阐释了现代新闻价值理论的本义，即价值对于受众要"有用、有益、有趣、有效"，他认为："脱离受众的新闻接受过程，就没有任何新闻价值的存在。""新闻是否有价值，不是指新闻是否具备哪些要素，而是指新闻对受众是否有价值。新闻价值应体现满足受众需要的获益性。"据此，他设定了四种新的新闻价值要素，分别是——

获知价值：满足受众对外部世界和自身了解的需求，满足受众的求知欲望。

激励价值：属于教育价值，激励人们提高思想的坚定性和生活的勇气。

获益价值：受众获得的实际利益，能够为受众日常生活需求带来好处。

娱乐价值：从新闻中获得乐趣和陶冶情操，为受众提供精神享受。"寓教于乐"是娱乐价值的特点。

无疑，刘建明教授创建的"现代新闻价值"学说颠覆了传统新闻价值观的惯性思维，既凸显了价值的归位，也体现了价值的功能，为我们理解"新闻价值"提供了新的视角。

第五讲　新闻在哪里

早晨，你赶到会场。编辑昨天通知你：9点钟这里召开一个重要会议。

下午，你来到一处建筑工地，参加某公路工程的开工奠基仪式。

晚上，一条微信显示，气象局发布雾霾橙色预警。

凌晨，被电话惊醒的你，得知两辆货车坠入悬崖的消息。

……

人们有权知晓新近发生的新闻事实，如果有人不愿意看到事实的存在，唯一的办法就是阻止新闻报道。

新闻找你，因为新闻发生了，你必须回应新闻的呼唤。

新闻找你，并没有给你提供现成的新闻，还需要你用文字、影像、颜色和声音还原事实，这是你的工作。

当然，不是任何时候新闻都会来找你，甚至在多数情况下，需要我们自己在没有信源的情况下，凭借职业敏感去发现新闻，发现未曾被发现的新闻，也发现被隐藏的新闻。从某种意义上说，某个新闻事件已经发生或存在了，你抓住了，报道了，就是一条新闻。没有抓住，没有报道，则意味着该新闻事件没有发生或不存在。

改革开放的中国犹如一座新闻富矿，永远等待新闻人去发现、去采掘。

第一节　新闻观察

一、新闻的"观"与"察"

观察，字面上的"观"系"看"，但可不是吃瓜群众看热闹般的围看。对于记者来说，"观"是有目的性地观看事物的外部景象，是视觉对事物的细心触摸。察，就不是单纯的视觉作用了，《说文》里这样解释："察，复审也"；贾谊《道术》的解释是："纤维皆审，谓之察。"可见，"察"含有仔细查看客观事物并进行审视、鉴别之意。记者的"察"是对事物由表及里的查看与思考活动。

没有"观"，也就没有"察"。记者的"观察"是通过现象之看见，判断事物的动向、成因、性质和趋势，分析事物与社会环境的各种关联，体现新闻意义上的觉察和洞察。观察的过程就是发现的过程。

"记者必须学会用孩童般的眼睛观察世界，他把每一件事都看作是新鲜的、各具特点的，同时，他必须用聪明长者的眼光洞察世界，能够区分出有意义的东西和无意义的东西。"这是美国著名新闻学者麦尔·曼切尔对新闻观察充满睿智的、通俗的解释。

观察，能够具备孩童般的眼睛和聪明长者的眼光——好奇与老练，这当然是一桩了不起的观察。

在学习新闻前，我们对事物的观察可能只是凭着经验和直觉，比如你恰好遇到一桩交通肇事，会下意识地紧张地盯住惨痛的场面、伤亡、损毁的人和车，之后将这次经历绘声绘色地讲给别人听，你成为被倾听的中心，其他人则分享你的见闻和震撼。然后呢？然后就没有了。至于这起事故的原因、伤亡者的身份、核载人数、救援的情况、事故的关联和背景、社会的反响等，那就不可知又不可及了，也似乎不需要关心，因为彼时的你只不过是其中的一个乘客或路人而已。

然而，现在不同了！作为一名准记者，如果身在突发事件现场，就不再是一个旁观者，而是一个新闻的观察者和发现者，那些乘客或路人不了解的事情可能正是新闻报道不可或缺的部分。

这种观察使我们拥有了一种新闻意识、公民情怀，在日常的思维和行为中，我们观察公共生活，不再习惯性地熟视无睹了。乘坐公交车时听听旁边的乘客在聊什么；在超市购物时看看水果蔬菜的标价；陪家人就诊时，留意一下医生开的处方药和检查单；走过一座正在被拆毁的建筑，不妨上前问问是什么建筑以及为什么拆掉？在乡村的街口停下来，是想看看墙上的涂鸦和标语口号写了什么……记者的观察并非只用于新闻现场，而是在任何场合观察周围环境，观察生活中的各种人和事。

是的，除了社会角色外，在我们心底，还有一个潜在的职业角色。记者是普通的人，但是记者的眼睛不能普通，要能够"区分出有意义的东西和无意义的东西"，还要能看到别人看不见的东西，发现那些没有被讲述的故事，这正是观察的意义。

观察是新闻采访的重要手段之一，采访处处离不开观察，撰写新闻速写、现场报道、目击新闻等新闻体裁主要依靠现场观察，这种被称为"参加性观察"也可以写成受欢迎的"个人经历性报道"，像电影一样，原原本本地放给观众看。

二、观察的方法

眼睛比耳朵更容易发现问题。记者的"观"要"眼观六路"，观事物的场景、形态、色彩、细节，观人的话语、神态、动作或行动。那么如何展开有效的观察呢？

（一）观察要客观

观察的目的是为了更真实地认识、记录客观事实，但观察是主体活动，含有主观的选择性，如果记者只观察他认为值得注意的事物，或者事先持有某种态度，就会影响观察的全面和客观。

观察者作为主体需要被观察者客体的反馈。在原《南方周末》记者江华看来，如果让观察对象感觉记者的存在，那么观察就僵硬了。在观察现场，记者隐藏得越深越好。他说，在观察中"倾听、思考以及细节的捕抓是非常重要的。观察性报道的立身之本是细节的填充和支撑，它没有框架，靠细节来撑起一个框架"。

细节从哪里来呢？

（二）观察要仔细

为了核实重庆慈母山一条仍在使用的百年饮水渠，《重庆晚报》记者爬上慈母山半山腰进行现场勘查，"水渠由条石顺着山势拼接而成，工艺独特。每块条石长1米，高和宽约0.4米，再在条石上凿出高10厘米、宽15厘米的引水槽，这样就不容易渗漏，水渠全长约600米。顺着水渠往山的深处走，便找到水的源头，洞口处还残留半壁石拱门，石拱门高1米多，山泉的涓涓溪流从此处流进水渠，流向山下。"记者以现场测量数据精确地描述了这条独特的水渠，这段文字对凸现报道主题是不可或缺的，如果数据有误差，就会伤害主题的表达，损害事实的准确性。

观察要对细节变化保持敏感，仔细的观察能够看到更多的细节，增加事实的真实性和丰富性。走马观花、粗心大意的观察不是新闻观察。

（三）观察要"懂行"

记者观察要熟悉观察对象，尤其是涉及专业领域，最好要了解相关的背景情况，粗通一点行业常识和原理，否则看不懂，观不明白，新闻观察便失去了意义。

2013年，南水北调工程中线工程北京段竣工，位于丰台区的郭公庄水厂将全面接受"南水"。下面的报道文字是《北京晚报》记者的现场观察：

12个4米多高的圆形"大碗"首先映入眼帘。此"大碗"的学名为机械加速澄清池。"南水"从南五环附近的南干渠一路向北3.7公里进入郭公庄水厂，途经格栅、集水池，在"大碗"里接受臭氧、活性炭、紫外线消毒、膜处理等深度处理工艺的洗礼，将原水的浊度、有机物、微生物、藻类、色嗅味等有效清除。之后，"南水"进入一个能存储14万立方米净水的巨型水缸，该水缸具备用水高峰时可调配、用水低峰时可蓄水的调蓄功能。在其东侧将铺设一条管线，与南四环的自来水干线连通，为城区送水。

了解水厂生产过程并不需要特别专业的知识，但必须弄清楚必要的环节，掌握一些基本的术语及其含义，并以深入浅出的文字向读者说明。

（四）观察要敏锐

观察的敏锐指对事物独立、迅速地感知和反应，以先人之见发现事物的本质特征。

曾听到过这样一个故事：某地发生一起重大交通事故，多家媒体闻讯赶到现场。事故发生在一条山路的拐弯处，这里是交通肇事的多发地点。有个记者没有按照以往惯例报道这起灾难事件，他仔细观察了山道地形，发现拐弯处的坡道斜角设计得过于陡直，很可能是造成事故发生的主要原因。专家经现场缜密勘测认同了该记者的判断。报道刊出后，立刻引起有关部门的重视，对坡道重新进行了设计施工。

新闻观察是记者积极的思维活动，该记者的观察体现了一种求异思维，即思维不拘泥于常规的、习惯的路径，而是沿着多个方向探索新的可能性。

（五）观察要经常

无论任何场合，记者都要保持观察的经常性，这是身为记者的职业角色决定的。记者的工作没有上下班的时间概念，每时每刻都处于工作状态，日常留意观察周围环境，是获得新闻线索的有效途径。

第二节　新闻敏感与新闻线索

一、培养职业敏感

"新闻敏感"，一个常用的新闻专有词汇，指记者出于对事物的敏感直觉，能够在千差万别的事物中辨认新闻。

新闻敏感反映了发现、理解和预见新闻的能力，是新闻工作者特有的职业素养。

（一）好奇心

周末，很多同学乘坐公交车回家，十几年了，这趟公交车从未改变往来路线。某一天，公交车因前面的施工工地占道而改变路线，这本是公交运行常有之事，车上的乘客没有人在意。但一位同学注意到，前面的工地是刚刚拆迁的一个村庄，公交车改道驶上了一条簇新的、刚刚修建的"信息港路"，路的两侧矗立着现代的办公楼群。这里是什么地方呢？他在网上查阅相关资料，得知是中国移动建于昌平区中关村国家工程技术创新基地内的国际信息港中心，是中国移动投资规模最大的基础设施建设项目；信息港将建成一个集国际化运营支撑、研发创新、信息服务、合作交流展示于一体的世界一流信息化园区，目前已部分投入运营。循着这条线索，几个同学一起拍摄了信息港路，还走访了当地拆迁的村民和村主任。之后，他们借公交路线变更的由头，写了一篇新闻稿，反映"国家信息工程建设发展"的重大主题，虽然写得不是很深入，但能够敏感发现线索，抓住事物的要义，已实属可贵。

好奇心，是敏感于周围事物的探索。一位同学聊起某件事情的感受：她随父母出国旅游，看到在欧美的航班上，空姐几乎都是中年甚至老年女性，和中国的年轻靓丽的空姐形成强烈反差。她感到很新奇也有些不解。

这位同学的"不解"是值得鼓励的。从心理学的角度解释，如果一个人对某个事物产生兴趣，就会产生了解这个事实的愿望，就会主动地观察、查寻、研讨这个事物。好奇心是探究问题的驱动力。相反，如果缺少好奇心，就会对欧美航班的"空姐现象"无动于衷，置若罔闻，失去了一个未被讲述的故事。

不管是出于天性还是出于偶然，"好奇"体现了生命的灵动、思维的活跃。对事物冷漠的人是无法胜任记者工作的。有好奇心才能产生疑问，而新闻的发现常常源于疑问。优秀的记者应保持一颗好奇心。

（二）"触发"与"顿悟"

一位部队记者参加平津战役纪念馆开幕式。当参会的记者们按照惯例发布开幕式的消息时，他却注意到"烈士墙"上刻录的有姓名和籍贯记载的烈士6 639名，而此前的资料显示，平津战役有7 030名将士献出生命，这意味着94％的烈士有了下落，获得了生命的尊重。熟悉情况的人都知道，查找因战争而下落不明的人通常是非常困难的，公众虽然不了解这些军队内部信息，但都很关注战争史实，关注这些人的命运结局。这位经验丰富的老记者立刻意识到"烈士墙"上的数字可以成为一篇有价值的新闻。果然，《平津战役牺牲的7 030名烈士有6 639人有了下落》报道刊出后，全国上百家媒体做了转发。

这篇成功的报道或许得益于与记者对有关情况的了解而触发敏感，但深层的原因还是源于记者的经验和阅历，而经验和阅历有利于记者把握全局，有利于"邂逅"更多的新闻机遇。

被英国《卫报》评为"新世界七大奇迹"之一的港珠澳大桥是世界上最长的跨海大桥，拥有世界上最长的海底沉管隧道。2017年5月2日，港珠澳大桥海底隧道的"最终接头"成功安装。《珠海晚报》的两个记者经施工部门批准，进入伶仃洋水下近50米深的海底隧道现场。在采访中，建设者们告诉他们，在"最终接头"成功安装后，还进行了一次耗时34小时的精密调整，对接精度由15厘米缩小到毫米级！

"最终接头"是海底隧道关键性控制工程，也是世界级安装难度的工程，两个记者立刻意识到，这是一个重大信息！他们随即找到项目总工程师深入探询精调过程，同时得知总工程师已收到参与建设的荷兰隧道工程咨询公司TEC发来的贺电，向精准完成"最终接头"的建设者们致敬，贺电中说："你们的'最终接头'施工方案，是对世界沉管隧道技术的重大贡献。"

《创造港珠澳大桥的"极致"》的报道获得第二十八届中国新闻奖文字消息类一等奖，报道的成功就在于记者对于事物的敏感理解，进而抓住了"二次精调"这一极具价值的信息，在诸多港珠澳大桥的报道中脱颖而出。我们可稍加设想：假若记者没有对"最终接头"施工精调的"顿悟"，也就没有这条独家新闻的抓取。

(三)不让新闻擦肩而过

一个来自海南的女生讲她的家乡重男轻女，有一个妇女生下一个女孩，居然将其丢弃水中。"你说的这件事是坊间传闻还是真实发生?"同学们问她，女生说，事情就发生在她家居住的邻村，但是她并没有及时地抓住这条线索顺藤摸瓜。她什么也没有做。这是一个没有得到证实的消息。

笔者曾在海南白沙黎族自治县做过短期考察，发现海南较偏僻的农村地区重男轻女的风气仍然盛行，一些资料也记载了重要的数据，遗憾的是这位海南同学没能做一个有价值的调查。

为何对身边发生的新闻反应迟钝?如何拽住熟视无睹的惯性?作为新闻学子，无论在任何地方，脑子里要装着"新闻意识"，对周围环境保持敏感，尤其是对新异事物不能漠然，否则，即使新闻就在眼前，你的感知却不能回应，你的思维也难以"顿悟"。

心存别人没有觉察的疑问，这是记者最重要的素质。在某种情况下，你觉得事情不合情理，但就是发生了，那么必须追究"why"，为疑问查验事实、寻找答案，这种质疑的态度对记者来说非常必要，非常重要。

有人将新闻敏感比喻为"新闻鼻""新闻眼"，意指记者要具备新闻的嗅觉和眼力。只有保持好奇心和质疑精神，才能不失时机地抓住线索，不让新闻擦肩而过。

二、捕抓新闻线索

(一)新闻线索的含义

新闻线索也称报道线索，是新闻发生的一种信号或征兆，内含有意义的新闻预示，是记者采访所依循的方向。掌握了新闻线索，下一步就是不失时机地沿着线索的指引展开调查。

新闻线索具有以下的特征——

·可能是一个数字、一张照片、一条讯息、一件实物、一个会议、一本著述、一次邂逅，或机缘巧合或道听途说。

·可能是一种现象、一个贴吧、一次对话、一段影像，或若隐若现或稍纵即逝。

由此可见，新闻线索不等于新闻，还只是一些零碎的材料、碎片式的信息，还只是可能发生新闻的萌芽。新闻线索的新闻要素残缺，只呈现出事实的轮廓，远未形成完整的事实，尚须深入了解情况和有待证实相关的信息。

然而，新闻线索无论是怎样的形态，一定内含某种可能预见的、潜含的新闻价值，并可能成为报道的方向。有时，某个线索让记者仿佛有被"击中"的感觉，随即产生强烈的报道冲动。2017 年 2 月 14 日，《工人日报》记者在兰州火车站采访时，得知兰州铁路局兰州客运段的一对双职工——李全忠、任亚娟夫妇和他们的女儿刚刚在站台短暂团圆了 37 分钟。铁路工作聚少离多，这一家人经常用"留言"的方式表达彼此关爱。这种"见字如面"的情感交流，一家人已经坚持了 23 年。记者当场抓住了这条新鲜的"活鱼"。他们多次登门拜访一家三口，翻阅沉甸甸的 12 本家庭日记、6 000 多条留言。《"见字如面"23 年》的"暖新闻"刊发后，《工人日报》微信、微博和 App 几天内的阅读量突破百万，并获第二十八届中国新闻奖一等奖。

我们还可以举出很多例子，说明一些有影响的报道往往始于一个不起眼的细节或无意中获得的信息。

新闻线索不是自动送上门来的，寻找和发现新闻线索是记者始终追求的目标。在一般情况下，新闻线索取自内外两条途径，内途径指在媒体内部，媒体的人脉资源会为记者提供重要信息的方便，此外，"线人"可以提供一些重大的、可靠的新闻线索，新闻热线"报料"也是记者提供新闻线索的途径，但是更多的新闻还要依靠记者自己的发现，这就是外途径，记者主动出击，调动新闻嗅觉和眼力，于寻常中发现不寻常，这需要能力——判断新闻价值的能力。

（二）如何发现新闻线索

尽管发现新闻线索有很大的偶然性，但也绝非可遇不可求。捕抓新闻线索要做新闻的"有心人"，下面提供一些具体的方法供大家参考：

1. 突破日常中的司空见惯

新闻线索经常处在潜伏和零星状态，日常中，记者还应时刻留心周围环境、人和事的变化。变化，是重要发现的引导。日常中还有很多在别人看来见怪不怪的现象，记者就是要以职业的敏感去打量、去留意这些熟视无睹的存在，或许多问几句、多听几句，就有意外收获。这不是碰巧或幸运，而是记者善于在细枝末节中发现新闻的觉察力。

还有一种情况：某些关涉民生的问题，群众早就有反映，但一直没有得到回应，也没有得到社会关注，属于长期"潜伏"的状态。这种情况提醒记者，发现那些潜在的、被忽视的、事关公众利益的新闻线索是一项重要的工作。

2. "旧"闻中有"新"闻

原上海《东方早报》记者简光洲从《兰州晨报》的"首发"报道中，抓住了一条重大新闻线索的机会，在原有的新闻报道基础上，重新发现了新闻。此案例告诉我们：要阅读那些重要的话题和事件的报道，特别留意一些关键信息，挖掘再报道的潜力。

3. 会议活动里面的"注意点"

在学校运动会闭幕式上，校长的讲话中提及"目前在校学生体质下降"，引起校报记者的注意。同学们的体质为何下降？整体的体质状况为何不如前几届同学？随即采访了体育教研室主任。

中国的会议多，跑会的记者多，但报道会议通常以短消息或者"通稿"交差恐怕是不够的。会议的主题契合了怎样的发展趋势？哪个专家的报告需要解读？哪个领导的讲话传递了重要信息？不要先入为主地认为会议的报告、讲话高调又枯燥，不妨留意，可能里面有新鲜的东西。其实，站在讲堂上的"这一位"无论是有影响的大人物还是无名的小人物，只要诙谐有趣、非同凡响，就是"注意点"。

4. 在陈年往事中打捞线索

2009 年，有关纪念改革开放 40 年的一些报道，截取了许多当年的生活回忆：8 分钱邮票、半两粮票、飞鸽牌自行车、盒式录音机……旧影重现、旧话重提，尽管陈年往事，锈迹斑斑，但在一定的时机和特定的语境，可凸显其独特的价值。特殊的年代并没有走远，让老年人慨叹，令青年人好奇，从而给人们带来全新的回味。

5. 网上的"报料"

各类网站和社交媒体是发现新闻线索的重要途径，调查报道《被收容者孙志刚之死》的线索是记者在"西祠胡同"网站与一些媒体人聊天时获得的；开封考生李盟盟事件的线索是记者在"百度贴吧"偶然看到的信息。不过网上信息混杂，如果发现有价值的"报料"，必须进行核实。

6. 关注出版动向

此外，应关注一些作品的出版动向，如畅销书、名人的新作、有价值或新意的专著等，收集读者反馈，做独家报道。

获取线索的方法和途径多种多样，常年在一线工作的记者都积累了自己的经验，但有一点是共同的：一旦认定是有价值的新闻线索，必须抓住不放，不失时机。

第三节 "新闻点"：新闻价值的落点

老人跌倒，众人相扶，本是平常事，为何要报道？显然，其价值在于针对社会公德缺失，对仁慈、道义精神的弘扬，这是报道的"新闻点"。

国家贫困县的江西莲花县近几年兴建了博览园、群众艺术馆、体育运动场馆、乡村公路，记者没有写通常的"见闻"式表扬稿，而是看到变化的背后是破旧的县政府办公楼，是优先发展民生工程的举措，这是报道的"新闻点"。

"新闻点"也是报道的主题，通常不在行文中被特意指出来，而是潜含在事实和因果的逻辑中，通过对事实的叙述揭示事实（或现象）背后的意义。

下面，我们围绕课堂讨论案例和新闻报道案例，进一步理解什么是"新闻点"。

一、课堂案例与分析

（一）一张照片的讨论

2008 年 8 月 13 日，在江西九江港码头，一艘停靠在长江岸边的九江号客轮引起笔者的注意，因为它居然成为永久停泊的超市。当场拍下了这张照片（见图 2-2）。

在课堂上，我向同学们展示了这张照片。问题来了：九江港停靠着一个船型建筑物，你发现了什么特殊之处？它意味着什么？

图 2-2 九江号客轮

（资料来源：作者拍摄）

同学们眼睛睁得大大的，盯着照片。在七嘴八舌的解答中，一个一直沉默的同学突然发声："如今大家都走高速公路，谁还要坐慢腾腾的江船？航运停了，客轮废弃了，直接变成超市，方便民众购物嘛！""这个变化会给长江航运带来怎样的影响呢？"我问他，也在问自己。一个同学说："航运停了真可惜，不能做江船顺流而下看两岸风光了！"这句话给了我启发，于是建议大家拿出手机在网上查阅九江港、九江航运的相关资料。

在陆运、空运日益发达的今天，缓慢的水上客运不再满足人们出行的需要，资料显示，从上海到九江的黄金航运线路已经中断十几年了。由于交通建设发展迅速，导致曾经繁荣的九江港客运萎缩、停运，这是主题的第一个层面。

但是如果从九江航运的旅游前景看，这段航线途径庐山、九华山、南京、扬州等风景名胜之地，这意味着位于长江中游的九江港拥有水上观光的先天优势，而政府是否在做通盘考虑和规划呢？这是主题的第二个层面，是主题的深化。

最终确认这是一个重要的新闻线索，大家很兴奋。如果带着这个疑问采访政府有关部门，可能会很有收获（据悉，2009 年 7 月，九江—上海长江航运恢复通航）。那么，在形成报道前，我们找到了"客轮超市"表达的主题思想，即"新闻点"。

（二）一个冬天的主题

新学期开学时，同学们交上来"寒假新闻作业"，其中三个来自东北的同学不约而同地都将冬景作为报道的核心场景。于是，我们在课堂上组织了一次分享讨论会。

1.《湖上溜冰》

冬天，家乡的湖泊变成硕大的溜冰场，在一个有阳光的日子，作者和中学的同学结伴去溜冰，然后写溜冰场的热闹喧腾，写溜冰的快乐心情，最后写自己不小心，一只脚扭伤了，"疼痛难忍，便由同学搀扶着回家了。"文章就这样结束了。

一同学说："溜冰挺好玩的，就是没有留下什么印象。"

本来这应是一个好看的故事，为什么没有让人注意、让人觉得有趣呢？师生一起分析原因：叙事平均用力，并无主次，缺少一个聚集的焦点。

写文章要有目的性，这个故事反映什么主题？旨趣在哪里？我告诉这位同学：《湖上溜冰》缺少一个清晰的想法。

有趣的故事具有新闻价值，如果以一个有趣的情景展开描写，那么读者就会愉快分享溜冰的乐趣。

2.《家乡的雪》

短视频《家乡的雪》拍摄了一场冬雪后家乡的雪景，还配有音乐。但观看者看到的是在其他地方也会看到的雪景：乡街、树林、建筑、湖面；雪，覆盖着大地，闪烁着银光。其实视频只是把各种雪景的片段剪辑到一起，如同一组活动的旅游雪景照片，是分散的状态。观看者会说："雪景很美，但那又能怎样。"为什么会有这种感觉呢？因为里面没有故事，没有告诉我们更多的东西。

家乡的雪应拍出家乡的味道、家乡的特点，如果只想表现雪景，也应注意选取独特的视角。如何拍出家乡的"雪韵"？同学们给出了很好的建议：可以运用特写镜头关照一些细节：圆木小屋和木栅栏、雾凇、冰凌以及人们在雪中的活动、孩子的笑脸等，从静到动，拍出人与雪的映衬；还可以运用"推、拉、摇"等拍摄技巧，拍出袅袅炊烟、静谧的湖面、弧形的村路这样的远景镜头。其他的意见是：抓取一个和雪密切相关的故事，在冬雪之美丽背景下，让寒的冷峻和情的温馨共同营造家乡特有的雪景氛围。

这些想法都很好，但不要忽视技术要为内容服务，为主题服务。用视频工具制作新闻，在决定拍摄前，必须首先决定一个聚焦点，然后围绕聚焦点选择镜头画面，这些画面可以帮助观看者理解你要表现的是什么，你的中心叙事是什么。

3.《堆雪人》

家乡的雪姗姗来迟，正月十二下了一天两夜。"清晨时，雪还在下，邻居丁伯伯扛着铁铲和大扫帚，将门前的雪集中推到一起，直到堆出一个小山包，然后从大衣兜里拿出一副手套，把冻得发红的手伸了进去。两副大手套捧上一团团透白晶莹的雪，又拍又捏，做成一个大球，小心地摁在山包上……"

丁伯伯专心致志地堆雪人的过程叙述几乎占了内容的大部分。看来故事平淡无奇，正在考验读者的耐心。

这时，有路过的熟人纷纷跟伯伯打招呼——

"老丁，你帽子上的雪能再堆个雪人了！"

"老丁，这雪还下着呢，为嘛就急着出来扫雪?!"

"小姜喜欢雪人，今儿她生日，我堆给她看。"

这句话是很"雷人"。众人顷刻默然。

小姜是谁？"小姜是老丁伯伯的亡妻，2002 年去世。"读到这里，大家才明白：原来老丁冒雪堆雪人是为了纪念亡妻小姜的生日，而前面的所有叙述都是为了这个老丁伯伯的这一句话做铺垫的。

从前慢，车马邮件都慢，慢得一生只够爱一个人。

结尾运用跳笔手法，跳到诗人木心先生的一首诗《从前慢》，从前的慢时光是一种朴素的美，一种精致的好，一种记忆和珍惜。"慢得一生只够爱一个人"，寓意深长，将《堆雪人》的平实场面升华到一个诗意的情感事件，令故事的"新闻点"清晰凸现。一位同学们说得中肯：丁老伯伯虽然是普通的人，但有高尚的情，《堆雪人》立意不凡。

二、报道案例与分析

2016 年，第二十六届中国新闻奖连续报道一等奖颁发给《为什么 2 元钱的"救命药"没有人做？》，而标题就是该报道的"新闻点"。

[例文]

为什么 2 元钱的"救命药"没有人做？

为了帮一位白血病患者找到一种已停产的廉价针剂，一批媒体记者在全国范围内求助。但一直到第 4 天，白血病患者才拿到这种"救命药"。许多热心的记者和网友都很纳闷：为什么一些有用的廉价药，现在买不到了？

4 月 9 日，在北京空军总医院，来自辽宁的白血病患者安宁骨髓移植后已经连续发烧两个月，情况危急。安宁的女友孙菊发布微博求救：安宁最后的希望是等待一种救命药——复方新诺明针剂。

复方新诺明针剂（也叫复方磺胺甲噁唑针剂），价格大约 2 元钱一支。由于价格低廉，利润少，国内大部分药企已经停止生产，但是对于骨髓移植后突发感染的白血病患者而言，此药效果极好，没有替代品。

安宁的求助消息在阿里公益搭建的全国公益记者联盟微信群中传开后，一批公益记者通过他们所在的平台与死神展开赛跑。他们四处传播信息，为患者寻找特效药。甘肃、辽宁、内蒙古、云南、广西、四川……到 4 月 11 日中午，所有记者反馈来的消息几乎全都一致：我们省（区）找遍了，复方新诺明针剂停产了！

救人的脚步没有停止。记者们一方面通过报纸、微博、微信等平台继续找药（本报微博也曾于4月9日发布求助信息"紧急求助！白血病患者急需复方磺胺甲噁唑"），另一方面通过关系在香港和国外寻找这种针剂。

转机终于在4月11日晚上出现。河南一位白血病患儿的母亲也在寻找复方新诺明针剂，她提供了一位帮着找药的好心人凌先生的联系方式。据凌先生介绍，这种药香港有，但内地患者很难买到。在凌先生的联系帮助下，一位儿子患白血病的内蒙古父亲将手中的剩余药品捐献了出来。

4月12日晚，安宁的家属取到了28支"救命药"。但安宁一共需要40支针剂，这意味着还有12支针剂的缺口。但这已让安宁和女友孙菊激动万分，他们相信，有这么多人的帮助，他们一定会挺过难关。

在全国各地公益记者的联动中，大家感受最深的就是：为什么2元钱的"救命药"没有人做？也有网友在转发求助信息的过程中感叹："现在好多疗效很好又很便宜的药都被淘汰了，唉……"

从2015年4月16日到4月20日，《工人日报》连续刊发4篇消息：《为什么2元钱的'救命药'没有人做？》《别让廉价药消失！》《嫌贵不想买？那就忍着吧》《让药企愿意生产，让医生肯开处方》，引发社会的热切关注和回应。

一个不寻常的患者遭遇，重重地戳在民生的痛处。这篇报道揭示了久已存在的廉价救命药短缺问题。事件感人，更令人感慨。一些媒体选择从"一方有难，八方救助"的正面切入，但《工人日报》记者没有炒新闻冷饭，走表扬稿的套路，而是直面问题，质疑"2元钱的'救命药'为什么没有人做"，问出了民众的焦虑和无奈。第一篇报道刊发后，即引起社会广泛的反响，报道继续向前推进，通过深入采访调查，挖掘问题根源，不仅解答了提出的疑问，还论证了恢复廉价救命药的途径。

这一组报道能够获得新闻一等奖，就在于报道敏锐地捕捉了在每个人身边发生的、与人们切身利益密切相关的新闻热点，在于独家的报道内容。报道该事件的记者之一贺少成说，在新媒体和自媒体越来越发达的情况下，独家新闻可能越来越难做，但我们可以去找独特的"新闻点"。他认为，"新闻点"体现了一篇报道的价值落点。

第四节　选题之道

"今天我写什么新闻?"很多新入行的记者经常困惑地问自己。

对于记者和编辑,"新闻在哪里"是一个每天都必须面临的问题,至少在理论上是这样的。在实际的运作中,记者和编辑都要考虑最近的一周、一个月甚至更长的一个阶段"要报道什么"。为了履行职责,记者要递交选题计划,编辑部要召开选题论证会。记者的选题计划须制订周密、目标清晰,采访方案才能够有效执行。

一、内容的创意

(一) 什么是选题

选题是在依据媒体定位、编辑方针的基础上,立足大局,研究社会发展动向和趋势而制定的报道战略。每个媒体都有自己的战略谋划,以确定新闻报道的方向和重点。媒体的选题体现了主编们审时度势的眼光、对时局的前瞻和预见、对社会变化的洞察、对新闻整体把握的敏感度。从这个意义上说,媒体人是需要先知先觉的。

对已知的重大新闻如奥运会、世博会、"两会"、春运、大型工程、新区建设等,需要集思广益,以高屋建瓴的思维给予整体的计划和周密的策划,以抢占新闻报道的先机,掌握新闻报道的主动权。好的选题常常是集体智慧的结晶。

选题,也被认为是一种议题设置,既采编人员事先对一些倾向性、普遍性的社会话题以及某些事件进行预判,设定报道的话题、论题。议题设置是一个传播学概念,其理论认为,虽然大众传媒不能直接决定人们怎样思考,但可以为人们确定哪些问题是最重要的。选题策划考验媒体议题设置的能力。

报道是否出彩,得看选题是否出彩。这个现实的逻辑也提示着策划者:新闻其实是选择的结果,是人来选择新闻呈现什么。

由于选题对新闻报道具有重大导向作用,因此选题的评估还要考虑一些现实的敏感因素,顾及报道的社会传播效果。

（二）"头脑风暴"

受到关注的人和事、各种冲突、行业变化、新政实施、生活新动态、社会趣事和奇事、公众人物等各个领域都可以产生选题。编辑们总是希望记者在每个月、每个阶段能够主动申报更多的报道选题。

选题论证会就是采编人员对选题报告进行评估、审议。关于这个报道有更高明的建议吗？有奇妙的点子吗？这个主意高人一筹吗？凭借对时事变化的了解，对新闻的敏感，大家你一言我一语，前瞻趋势，碰撞观点，触发灵感，最终确认获得共识的选题。这个过程确实如一场"头脑风暴"。

选题是内容的创新开发，尤其重大新闻报道更为重视选题的战略性策划。"两会"是中国特色的新闻资源，媒体共享，因而竞争激烈。"人无我有，人有我新，人新我特"是各大媒体的选题原则，为此，各个媒体依据自身定位精心谋划，使出全身解数。我们打开新闻网页，可以看到报道内容的多层次、多侧面、多角度，以及可视化报道、融合新闻报道等新型报道形态。在丰富的呈现方式中，涌现了不少亮眼选题。

作为多年专注于耕耘深度报道的严肃大报，选题，始终是《南方周末》的核心竞争力。编辑们将选题归为四大类，即人物类、人群类、话题类、事件类，从该报大量优质深度报道中，可理析出其选题的几个特点：一是敏锐抓取重大、独家事件；二是精准把握社会脉动；三是善于从独特的角度发现事件蕴含；四是注重前瞻，从宏观层面把握个体事件的普遍性态势。

《南方周末》在选题方面的操作体现了"独到、独有、独特"的报道追求，当其他媒体都在朝向一个报道方向深入时，《南方周末》会说："不，我还有其他的想法。"这就是选题在关照事物时要寻找的不同的东西：视角。

（三）选题的视角

《南方周末》刊发的《"五毒书记"和他的官场逻辑》突破了"反腐败"报道题材的常规视角，作者认为：贪官并非天生就是一个贪婪者和坏人，腐败需要土壤和条件，其次才是个人的品德。这篇报道不仅聚焦湖北"五毒书记"张二江是怎样的"毒"，更着墨于他是如何"毒"起来的。从名牌大学学生会主席到省直机关的年轻处长、到地级市的市长，在还原张二江的仕途成长过程中，揭示一个青年才俊为"财""色"折腰而走向沦落的必然性。这篇报道引发社会各界对滋生腐败的土壤和条件之思考。

再说说春节题材的选题。春节选题年复一年地做，这个传统味、人情味十足的节日如何做出新意，记者编辑们恐怕得绞尽脑汁。我们来比较一组春节报道选题的不同视角——

《绿皮车——终会到达你的那一站》（《南方周末》）

《互联网上的春节近了》（《人民邮电报》）

《有书作伴好回家》（《中国科学报》）

《中国春节的世界》（人民网）

《再见，谢谢你！——过去一年杰出人士离开了我们，化作历史长河中不灭的灯塔》（新华网）

《Z112列车上的中国》（澎湃新闻）

《春节家族群落观察报告》（搜狐网"数字之道"）

《心在一起就是团圆》（央视）

《正月里》（凤凰卫视）

……

图2-3 《绿皮车——终会到达你的那一站》
（资料来源：《南方周末》）

为了打动人心、启发人心，媒体必须有非凡的视角、新鲜的想法。

2018年，在纪念四川汶川地震10周年之际，人们关注那个曾经让人痛彻心扉的地方。时间流逝，那里的一切都好吗？各大媒体和自媒体都在寻找角度和故事。更多的报道从人生、命运切入，用一个个平凡而感人的故事描述10年间汶川的心路历程，唤起读者和观众的共情，如《南方人物周刊》的《5月12日里的10年》、人民网的《汶川十年重拾人生》、国际在线的《回访汶川地震部分当事人：告诉世界，我们很好》、华龙网的《汶川地震十年，亲历者说……》等报道都从不同角度描述了地震后众生被改变的人生轨迹。

在全国的驰援下，今天的汶川已逐渐抚平伤痛，重新建设起一座美丽新城。一些媒体还采用了视频或照片的形式呈现灾后汶川的变化，如《解放日报》的《十年之后重访汶川　镜头记录十年间的涅槃重生》等。

有的报道则从社会现实的角度切入，引发读者另类思考，如《南方周末》推出"穿越汶川"特别报道，多侧面展现灾后重建的点点滴滴；财新网记者采访了汶川县委书记张通荣，回应网上关于"旅游景区""消费灾难"的质疑，张希望摘掉汶川"悲情"的标签。央视新闻则从中国防灾减灾日的角度切入，阐述正在不断健全、完善的地震应急救援体系，展现中国在应急管理方面的进步。

二、做出"独家"就是赢

（一）在"新、奇、深"下功夫

无论是中国的"春节"报道还是"汶川地震十周年"报道其实都是围绕"独家"展开的。"吃别人嚼过的馍没有味道"，做选题，就是要做出属于自己的独有的东西。

选题是内容的创意和创新，需要思维的敏锐和思想格局的开阔。具体地说，你能不能发现还没有被发现的故事？你能不能开掘人们都很熟悉却视而不见的价值？你能不能洞见人们对某一事物尚未清晰的感觉的后面是什么？最重要的是，能否寻求在"新""奇""深"三个方面同时突破。

"出新"：主题有新的发掘，表现形式有新的境界。可用六个字概括：新鲜、新颖、新锐。"新"，表现在不重复自己，不仿效他人，不落俗套，不拘一格。同是报道春节，《南方周末》选择绿皮车，《人民日报》选择海外华人的春节，搜狐网"数字之道"则推出《春节家族群落观察报告》，分析传统的春节与中国血缘宗亲群落的关系，突破了一般的"喜庆"思维。

"出奇"："出奇"并非"猎奇"，而是调动情理之中的奇思妙想。如"两会"期间，新华网围绕政府工作报告，推出创意微视频《跃然纸上看报告》，首次采用"三维立体书"的形式，对报告进行可视化解读。《人民日报》配合"两会"推出国家形象宣传片系列《中国一分钟》，在精彩的画面和铿锵的音乐的伴随中，将改革开放在各个领域发生的变化和成果在一分钟的维度里面展现。

"出深"：深度选题指报道深入事实肌理，致力于挖掘事件的主题及其关联因素，探究事件的原因、问题，或发人深思，或给人以启迪。

（二）发现、挖掘、设置选题

关于如何发现、挖掘、设置选题，这里提供几个具体的建议：

1. 在深入实际中找选题

深入基层、深入实际是激发选题灵感的源泉。记者应主动熟悉各种环境和群体，使自己的感受和思考能够阔视域、接地气，不凭主观臆想做选题。如针对人们当下关注的社会话题，在社区、校园、行业、领域等特定群体中展开调查，将收集的问卷进行信息的统计、分析和研讨，据此确认报道选题。

2. 借纪念日、节日的由头

同样的主题内容，在特定的纪念日或节日报道比在平日报道影响更大，传播效果更好。

抓住纪念日、节日的特殊时机释放新闻能量。利用纪念日、节日本身的价值，挖掘更丰富的内涵，如世界人口日，可设置人口与资源、流动人口、人口与环境、移民、人口性别比例失调等相关议题。节日、纪念日可以做大而重的选题，也可做小而美的选题。

3. 抓住各种会议、活动的时机

配合重大会议主题内容，策划相关报道，如配合世界互联网大会，可同步报道有关新媒体专题；配合世界气候大会，可组织南方北方极端气候调查；也可根据其宣传主题设置选题等。同时，也可以做一些相关的背景性报道的选题。

4. "点面结合"做选题

把顶层设计落实到基层实践。"上面"的政策信息、重要讲话、时政动态等都应成为媒体密切关注的报道方向。2013年，在中央城镇化工作会议上，习近平总书记提出"让居民望得见山，看得见水，记得住乡愁"，很多媒体迅速回应，以"点"诠释"面"，传递出利用家乡绿色资源复兴乡村的正能量。上海东方电视台财经频道设置了一档"乡愁经济"节目，邀请各路相关人士就乡村创客与民宿、乡村生态与环保等话题聚集智识，展开探讨。浙江日报报业集团全媒体新闻部则推出《一句话，让山水美如诗》视频专题片，表现浙江大地呵护故乡的山山水水，让绿水青山变成致富的金山银山。

5. 话题性选题和事件性选题

选择社会普遍关心的问题或话题，或拓展一个新的议题——通常，这是一个非常可行的选题途径。社会热点、亮点、痛点肯定是值得高度重视的选题方向。

　　对重大事件的报道选题，应考虑多元、综合的选题布局，在一个阶段内打好报道的"组合拳"。

6. 开拓行业性、地方性选题

　　鼓励记者在负责报道的熟悉的领域拓展选题，行业媒体的选题在行业的框架内致力于行业特色的选题创新，这是综合媒体记者不太敏感和不够擅长的，却是行业记者的优势。

　　地方媒体的选题可能要考虑如何嵌入区域元素，如何凸显地方烙印。2018 年，温州日报报业集团在"纪念改革 40 周年全球行"大型采访活动中，选派百名采编人员，行程上万里，报道了把商业做到全世界的温州人群体。该报道体现了独有的温州特色。

7. 让历史激活选题

　　拂去落满岁月的灰尘，从历史的回溯中掘出一番新意。央视的《第一放映室》以及凤凰卫视的《口述历史》《凤凰大视野》等注重史料的挖掘和梳理，以客观、理性的叙述给观众带来新知。《中国青年报·冰点周刊》曾设立"钩沉"的历史人物栏目，报道民国时期一些具有戏剧性命运的人物，很多鲜为人知的故事向读者打开了距离最近的昨天的精彩。

　　用历史关照今天，历史就能走进新闻。

8. 策划网络专题

　　自媒体、数据库、网站等汇聚了巨量话题性、知识性、社会性及其背景资料，信息维度极为开阔，经常徜徉其中，发现贴合的线索，形成网络新闻专题策划选题。

提示

　　新闻选题在一定的情况下是需要策划的，但"新闻策划"和"策划新闻"有各自不同的含义，后者往往与广告、公关活动密切相关，如主动制造新闻事件，并有组织有计划地进行炒作，以提高品牌的知名度、美誉度；或以"新闻"之名，介入事实过程，加入媒体自编自导的情节，以引起社会和媒体关注。"策划新闻"以功利的目的编织事实、肢解事实，背离了选题的初衷和新闻的基本原则。

第六讲　新闻报道的基本规则

新闻报道是一种特殊的、有选择的人工信息。在新媒体时代，媒体通过自己的载体，将每天的新闻信息包括文字、图像、视频、数字可视化信息等传递给社会公众，这些通过专业处理的人工信息又被称为内容产品。

在开放的新闻内容产品生产中，记者并非是唯一的新闻产品的提供者，但无论任何人、任何媒体机构，只要从事新闻内容产品的生产、传播活动，都要遵循新闻报道的基本规则和规范。

真实、准确、客观、全面、具体、平衡——这些新闻报道的要素贯穿于新闻采写活动中，它们是新闻写作的灵魂，是新闻表达最坚定不移的根基；它们使新闻成为新闻，成为新闻的理念和规范，并代表了传统的价值。

在传媒发生巨大变革的今天，这些新闻报道的要素依然是全球新闻工作者共同守护的基本原则，它们不仅是专业领域的第一引领，也是每一个职业新闻工作者、每一个传播信息的自媒体必须了解、必须遵循的新闻常识。

第一节　真实是新闻的生命

新闻真实是新闻现象和新闻活动最基本的要求，被视为"新闻的生命"，因为没有真实，就失去了新闻存在的基本条件，失去了新闻存在的一切可能，足见真实与新闻的关系是全局性的、根本性的关系。

一、"新闻真实"的涵义

中国人民大学新闻学院教授杨保军在其专著《新闻真实论》中定义"新闻真实"为"新闻报道与其报道对象（事实）的符合性及其符合程度"，即报道所反映的事实与事实本身相符。他认为，事实真实性是唯一的，没有多元。

新闻真实性原则是新闻报道必须遵循的最高原则，新闻工作者应尽一切努力，确保公众所接收的信息是真实可信的。遵循新闻真实性的原则是每个新闻工作者的职业信条。

新闻真实意味着所报道的事实必须是确凿的，信息来源是可靠的，记者是以事实为依据忠实记录事实的。这里主要包括两个方面：一是指"新闻的整体真实"，即构成事实的全面性和完整性的真实；二是指"新闻的具体真实"，即构成新闻事实的每个要素和每个具体环节的真实。通常，新闻报道对于真实性的要求是非常具体和严格的：

· 所报道的事实不能虚构，不能杜撰，不可无中生有。

· 所报道事实的信源必须可靠、确凿、权威。

· 所报道的事实应反映事实全貌，不可遗漏、删减重要事实，不可将新闻做"减法"。

· 所报道事实的环境、过程、细节、人物的语言和动作不能夸大渲染或断章取义。

· 涉及人物的心理活动，不能主观猜测，合理想象。

· 人物对话，必须是当事人所述，必须忠于原话，不可添枝加叶或移花接木。

· 任何急功近利、制造噱头的行为都会严重损害新闻的真实。

新闻的真实性不仅体现事实本身的两个方面的真实，还要判断事物的整体态势、演变逻辑是否符合事件本质的真实。没有孤立的事物，只有孤立地看待事物，事物总是处在与各种因素的纷繁复杂的关联中，这是真实的另一种含义，即从事物的相互的联系和影响中考察事物的真实。

真实，还有两条"铁律"，一是"宁可我不用，不可我不知"；为了验证事实在整体和细节的真实性，记者应尽可能地掌握与事件相关的所有情况，即使有些情况不一定要用在报道里面。二是"宁可不说话，不可说假话"；有时，尚未证实的事实或比较敏感的事实，可以选择暂不报道，但绝不能无中生有。

为了保证和珍视新闻的生命，新闻传播活动必须受到"真实"的硬性约束，任何制造虚假新闻、报道失真新闻，都严重损害媒体公信力，都是新闻的耻辱，在性质上皆构成渎职行为甚至违法行为。

二、虚假新闻践踏新闻的底线

我们不仅从理论上探讨"真实性"的重大意义，也须了解"真实性"在实践层面上各种复杂的情况，毕竟"新闻真实"是发生在新闻采写与报道的具体运作中。

虚假新闻指构成新闻的事实并不存在，但在文体和描述的形式上完全具备新闻特征的新闻。

上海《新闻记者》期刊从 2002 年开始评选国内专业媒体年度十件假新闻，并给予分析和澄清真相。2018 年《年度虚假新闻研究报告》中揭露的十件假新闻中的第一条是《重庆青年报》官方头条号新闻，该报道称就读于某高校的大学生张某因涉嫌利用专业知识破解彩票漏洞，获利 380 万元，被取消"保送研究生"资格并获刑。报道还详细地介绍了张某如何计算出博彩网站的漏洞，并晒出其与博彩网站管理人员的聊天页面。这篇"新闻"发布后，在各类社交平台上热传。《北京青年报》记者发现该报道没有事发的具体时间、地点、人名以及单位名称，且 3 张配图都是其他新闻事件的照片。更为蹊跷的是，配图中还留下"暗号"，指向一家名为"爱购彩"的博彩网站。报告指出，这篇报道从事件到图片都是虚构的，而通过报道"不经意"透露出的博彩网站网址是钓鱼新套路，不明真相的读者可能因此掉进陷阱。

这起假新闻案反映了当下新媒体环境对"真实"的挑战。不错，"假新闻"在社交媒体的表现最为"突出"。由于新闻意识淡薄及至对"真实"原则的漠视，一些信息的转发者、编辑者捕风捉影、肆意编造甚至无中生有，造成极其恶劣的影响。2016 年 4 月，国家新闻出版广电总局通报 15 家发布虚假失实报道的媒体，其中 13 家是社会媒体，而国内一些具有专业资格（依法取得了互联网新闻信息服务的资质）的大型网络媒体平台，在虚假新闻生产和传播中也经常推波助澜。

新媒体的技术条件为不实新闻、虚假新闻的肆虐提供了客观的便利，在人人都可发布信息、人人都是信息接收者的社交平台上，信息的形态是随意的、庞杂和密集的，信息的发布者是匿名的——这很关键，一些人可以趁机钻空子，毫无顾忌地造假而无须付出任何成本。

21 世纪的媒体环境构成对"真实"的威胁是世界性的。国外的社交媒体也出现谣言和假新闻，如在美国波士顿马拉松长跑比赛的爆炸案中，假新闻迭起，一个跑步的小女孩被描述死于爆炸案，但她的胸牌上却表明是参加某个城市的 5 千米赛跑；一张照片显示一个男子在爆炸现场跪下，手臂抱着一个女性，于是被解读为男子计划在跨过马拉松重点线时，向女子求婚，但女子已经遇难。真实的情况是：这名男子在终点线安慰一名受伤的女子，而不是那个被想象出来的令人心碎的故事。甚至大名鼎鼎的美联社和 CNN 为了抢"零时差"，也误信了这条假消息。

虚假新闻以新闻之名制造轰动，蛊惑人心，践踏了新闻的底线，愚弄了受众，也愚弄了媒体的公信力。对付虚假新闻，除了以法规加以惩戒，国内外媒体的通常做法是利用专业手段过滤信息，如进行谣言分析和谎言测试，检索、筛选网络信息并进行核实，同时尽快获得确切的第一手信息，使谣言和假新闻不攻自破。

三、多种因素造成"新闻失实"

失实新闻（也称失真新闻）一般指核心事实或个别的、局部的事实与真实的事实不符。失实新闻与虚假新闻有所不同，后者多为主观动机，蓄意而为；前者多为专业素养、经验、责任心、截稿压力以及外部因素的合力作用。

在《2018 年度虚假新闻研究报告》中，《鲁中晨报》"淄博从未进过长春长生生物生产的疫苗"的报道，就是一起核心事实失真的报道，后来家长出示"自己的孩子打的疫苗正是长春长生生物生产的"证据，导致媒体尴尬抱歉。据悉，这条虚假信息是记者从淄博市食品药品监督局获得，应该说是权威信源，但为何来自权威部门的信源也不可靠呢？这个案例告诉我们：任何单一信源都不能完全信任，必须用其他不同渠道的信源来印证。

报告中的另一个案例是关于重庆公交车坠江的报道。2018 年 12 月 28 上午 10 时 8 分，在重庆市万州区长江二桥，一辆公交车与一辆小轿车相撞，公交车坠入江中。《重庆青年报》官方微信公众号和《新京报》官方网站先后发布新闻称，事故系小轿车女车主逆行所致，众多社交媒体随即迅速转载。当天 17 时 46 分，重庆市公安局万州区分局官方微博在发布的第二次通告中称，经初步事故现场调查，系公交车在行驶中突然越过中心实线，撞击对向正常行驶的小轿车后，冲上路沿，撞断护栏，坠入江中。通告挽回了轿车女车主受到无端指责的"冤屈"。

在权威调查未回应前，媒体记者仅凭"据传"的道听途说就为事件定性，结果造成事件核心信息的失真。这个案例告诉我们：记者在任何情况下，都应保持对事物质疑的态度，不预测事实，也不轻信传言。对于不能确认的消息，如一起交通肇事的原因还没有调查清楚，记者可以引用有关的各方说法，给公众自己判断的空间，并告知："事件原因正在调查中。"

从外部因素看，由于事实本身的不确定性，一般地说，报道与全部真相总是有程度不同的距离。杨保军教授指出，绝对真实只能是报道追求的目标，在实践中不太可能完全彻底实现。"即使是实时新闻，也只能呈现事实的一部分。"他说："真实是一个动态的过程，对于复杂新闻报道，真实只能在过程中实现，事件的细节、事项在这个过程中一步步显露出来。但记者应努力达到阶段性的真实。"

记者采访报道事实的过程是对客观事实认识的过程，记者对客观事实的认知以及阅历、经验、能力、素养等都会直接影响对事实的判断和把握，例如，有时因没有辨别出事实的真相和假象，只描述了事实的表象，使事实偏离本质的真实。有时因个人倾向和主观判断，给报道事实带来因片面而失实的风险。

造成失实、失真的因素比较复杂，总体上看，职业态度是关键因素，工作责任感可以最大程度地规避不应出现的问题。媒体的公信力来之不易，一切新闻工作者须以职业规则规范职业行为，记者要对内容负责，编辑要对报道负责，媒体要对社会负责。

第二节　客观·平衡

一、客观：新闻的根本属性

新闻报道的事实是一种客观存在，报道者必须采用"客观陈述"的方法，才能真实地记录事实，不偏不倚地呈现事实。没有客观，就没有公正。

实事求是，不带偏见，公正、独立、无畏和善意地进行报道，这是全球新闻界贯彻"客观"精神的共同信念。"客观"是新闻的根本属性，体现了新闻的本质特征。

（一）"客观"的误区

试比较下面的一组句子内容——

○小路母亲证实，直到昨天，才领到救济款 200 元。灯光下，小路穿着一双烂了帮的鞋，两只大脚拇指伸向外面，看着令人揪心。站在一旁的小路的舅舅愤愤地说，本来救济金一年前就应该领到的！记者想不通：为何区区 200 元竟然也被扣压！？

□小路母亲证实，直到昨天，才领到救济款 200 元。灯光下，小路穿着一双烂了帮的鞋，两只大脚拇指伸向外面。站在一旁的小路的舅舅称，本来救济金一年前就应该领到的。

第一句，记者情不自禁地表达了内心的悲悯，并对事实进行评论。而客观的原则要求记者在任何情况下，都必须控制自己的"正义冲动"，摒弃激进的态度，避免公众因报道的情绪化而影响他们看到事实本身的清晰。

从效果上看，第二句能给读者留下联想和判断的空间，其不动声色的描述比记者跳出来直抒胸臆更令人信服。

再看下面的句子——

○记者在现场看到，这个营业大厅的一些不良商户出售假冒伪劣的化妆品和高仿名牌皮包。

只是"看到"，不能下结论，尽管有时记者凭着经验和直觉做出可能对的判断，但经验和直觉毕竟不能代替事实。没有进行调查核实，如何判定商户出售的化妆品是"假冒伪劣"？皮包是"高仿"？做出此判定的应是权威检测部门而非记者。如果获得来自检测部门的信息，那么应把句子改成下面的表述——

□记者在现场看到，这个营业大厅的柜台出售化妆品和皮包，据工商部门的检测报告称，一些不良商户出售的化妆品属假冒伪劣制品，名牌皮包属高仿制品。

在任何情况下，新闻报道都要以获得证实的事实为依据，不可主观臆断，伤害客观原则。

第三种情况是将事实放在是非、好恶的主观框架内，抓住适合预设的瑕疵，宣泄式介入事实。仅以下面的标题为例——

○《污染企业一招不灵，挖尽心思又出损招》

○《假慈善露出狰狞真面目》

○《不知悔改，还要死撑面子》

"挖尽心思""假""狰狞""死撑面子"都带有强烈的主观情绪，而事实在哪里？类似的表述方式尤其在社交媒体屡见不鲜，有一些自媒体在公共媒体空间毫无顾忌地使用攻击性、煽动性的侮辱人格的语言，沉浸于强势激进的角色。此现象之普遍，不禁令人惊诧！语言能表达一切，但新闻语言只表达事实；新闻表达正义，并非表达戾气。显然，这不是新闻的思维方式和语言方式。

客观，本来只是新闻与生俱来的属性，是新闻报道独有的特征，这是新闻的常识，无法想象"新闻"可以完全无视客观、无视常识，除非只是为了发泄狭隘的仇视。

（二）锤炼"客观"理性

通过上述三组案例及其分析，我们有必要强调"客观"作为新闻基本原则的坚定维护和贯彻。

客观，体现了新闻基本的思维方式和语言方式。在新闻报道中，无论是传统媒体还是社会媒体，当执守客观立场和客观态度，呈现客观的叙述基调和叙述风格。

媒体记者从业伊始，就应锤炼自己的职业理性，高度认知"客观"的要求：

- 尊重事实，不对事件进行主观臆想和揣测。
- 以事实为依据，不放大事实，也不粉饰渲染。
- 事实与意见分开，只报道事实，不介入事实，不阐述个人观点。
- 对事实的报道不掺杂个人情绪、情感。

客观，并非意味着记者对事实没有态度，没有血脉偾张的激情。业界形容新闻的客观性是"藏舌头的艺术"，即记者的倾向性隐藏在对事实及其报道的选择，并通过事实的表达隐蔽自己的意见。客观的使命就是让新闻的字里行间回荡着事实的力量。

有人认为，媒体提供的事实并不等于客观事实，它只是新闻事实。此话在某种情况下可能有一定道理，但我们要按照新闻的规则做新闻，新闻的规则决定了新闻事实是基于客观原则而报道的事实，不客观的事实是不能成为新闻事实的。

那么在新闻报道中如何客观地表述事实，我们将在第四单元第十二讲中做具体的阐释。

二、平衡：体现客观的表达方式

多元化是网络时代的一个突出特征，多元化的社会需要保持一种相对的平衡状态，在某种意义上说，"平衡"就是多元利益诉求的协调，也是贯彻客观原则的手段和方法。

（一）信息的平衡

新闻业中有一个古老的经验法则：在传播信息之前，记者应获得三个独立的信息来源以支持这个信息，确保信息的准确无误。

在访问过程中，记者往往会发现一个事件有多种版本、多种说法，这也很正常，每个人、每个单位都有个人利益和部门利益，都站在各自的角度发言，但都有局限性。为了避免一面之词，采访一个人，往往要采访一群人，包括这个人物的家属、朋友、同事等外围的人，尤其要重视那些持对立立场和异见的人。此平衡方法系"多源佐证法"，即一个信息应有多个消息来源证实，而不是依靠单一消息来源。

淄博疫苗的虚假新闻就是记者为单一信源付出的代价。在这个事件中，信息来源淄博市食品药品监督局显然说了谎话。在长春长生疫苗事件正处于舆论旋涡之时，与之牵连的山东食品药品监督部门出于部门利益的考量，并不一定愿意提供真实的信息。如果记者当时再跑一跑医院、问一问家长，会有助于纠偏，最终证实信息的真伪。

其实，无论信源来自何方，即使来自权威的政府部门，也须慎重。记者对所有信源的态度应是：相信但要核实。

（二）报道的平衡

报道的平衡有这样几种情况：在突出报道一种主要意见时，还要注意指出其他意见，特别是相反的意见；在突出报道一种主要因素时，还要顾及其他次要性因素。《人大禁外人上自习惹争议》（见图 2-4）报道中国人民大学主管部门发布校外人员来教室上自习的禁令后，引发校内外的争议；争议的双方，一个质疑一所名牌大学的开放性，一个要维护本校学生的利益。

图 2-4　《人大禁外人上自习惹争议》

（资料来源：《新京报》，2007-10-17）

为了全面、客观地了解情况，记者必须仔细倾听不同的声音。不同的说法可能提供新的线索，接近的说法也可能掩盖共同的东西，记者的职责就是走访有关部门和相关人士，记录不同的态度、意见和观点，告知读者一个全面的事实。

报道的平衡也指对同一事件的报道时，可选择不同体裁、不同的写法方法，调动不同的多媒体手段，以协调内容和形式的关系。

（三）理念的平衡

关于理念的平衡，笔者梳理了几条"语录式"思考——

解读复杂的事实，应考察逻辑关联；探究事实的原因，应关照历史背景。"平衡"表达了对事物的理解。

倾听民意，但不迎合民意；尊重威权，但不受制于威权。"平衡"不是"势利眼"，而是第三只眼睛。

忧患意识是可贵的，但悲情不宜弥漫在报道中，"平衡"有克制，避免陷入情绪的泥沼。

弱势并非因"弱势"而具有合理性，强势也并非因"强势"而具有真理性。"平衡"自有一把衡量公正的尺。

小人物的命运可以折射时代的变迁，时代的变迁也须用重大事件验证。"平衡"须在俯仰之间把握全局。

与"时尚"保持距离，对"流行"保持警惕，即使身处旋涡也不被裹挟。"平衡"的意义在于独立观察和判断。

世间事物多为斑驳杂色，并非非黑即白。"平衡"懂得没有至清的河水，没有单面的人性。

如果对罪恶不能奋起讨伐，那么对善良也不能真情拥抱。"平衡"有是非，不是无原则的"中立"。

第三节　准确·具体·完整

一、准确：关乎新闻的品质

最完美的表达都是最准确的表达。准确是一个非常重要的强调，它不仅仅指字、词、句和数据的准确，还包含表述的准确，即对事物做最精准、最精当、最契合作者旨意的表达。准确，关乎报道的品质。

新闻的真实与准确是就像媒体公信力的两翼，缺一不可。我们这样描述真实与准确的关系：真实是"事件真实无误，非虚构失真"；准确是"叙述严谨确切，无偏颇歧义"。

新闻报道极为重视新闻事实的准确表达，纵然事实是真实的，但不准确，仍然是失真、失实的。杰克·海敦坚信"准确性高于一切"，把"准确"提到新闻的至高无上的位置。

对媒体而言，"真实"和"准确"不仅是新闻报道制胜的利器，也是维护新闻公信力的法宝。准确是一种力量，可以把所有的妄念、传言击碎，建立"用事实说话"的理据。

（一）准确，即确切无误

从文字的角度看，由于新闻的文字是严肃的、公开传播的文字，要经得住读者和社会的检验，不准确的表述会给读者带来歧义或误解，甚至混乱。著名语文学家吕叔湘先生曾专门论述新闻报道的语言，认为"准确"是新闻语言的首要条件。请看下面的文字片段：

杨柳飞絮其实是杨树和柳树产生的一种雪白的羽绒状花粉，也就是杨树和柳树成熟的种子。产生飞絮的为杨柳雌株。根据多年物候观测①，北方的杨絮开始飘飞平均在 4 月 10 日，大约一周之后柳絮始飞，两者共同飘絮的时间长达半月以上。

杨絮和柳絮从哪里来，各自飘飞的季节和持续时间如何，上文从植物学的角度给予了解释，用词严谨、洗练。

9 月 8 日 8 时左右，位于山西临汾市襄汾县陶寺乡塔山矿区因暴雨发生泥石流，致使该矿废弃尾矿库被冲垮。截至当日 17 时，已发现 26 人遇难。

使用严谨的、确切的词汇和数据，报道灾难发生的时间、地点、原因以及伤亡数字，并且保证信源可靠。

准确地遣词造句是汉语文字书面表达的基本能力和要求，但新闻写作对"准确"二字格外敏感，比如不能使用"大概""很多""估计""差不多"等模糊词汇。

准确，即确切无误，每个信息都落地扎实，没有似是而非，没有模棱两可，没有模糊不清，没有夸大其词，没有理解上的歧义。此外，不能确

---

① 物候观测指对动植物生长发育现象出现时日的观测。

认的事实务必核准，无法确定的事实宁可舍弃。

（二）不准确的描述是报道的硬伤

在我们的文稿写作中甚至在新闻报道中，不准确的表述并非鲜见，因此，有必要重申"准确性"的报道规则，严肃认真地对待新闻报道的准确性问题。

不妨举几个例子——

◎警察勘查后，怀疑盗窃店内珠宝的犯罪者是熟悉情况的内部人所为。

"犯罪者"称谓不妥，只能称"嫌疑人"，此是法律常识。

◎祁连山脉位于甘肃省西部。

祁连山在青海省，此是常识性的地理知识。

◎分布在粤、闽、赣交界地区的客家人属于南方少数民族族群。

这个错误更明显。据史料记载，客家人的祖先源自中原，由于天灾和战乱等原因，客家先民从秦代开始南迁粤、闽、赣交界地区，形成独特的汉族聚落，并非当地少数民族。

◎"十二五"期末，我国人口增长率将达到13.9亿人。

"增长率"是以百分比的统计数据体现的，应将"人口增长率"改为"人口总量"。

◎于是记者仔细观察了一下路口的红绿灯设置，发现这个路口相对应的红绿灯是同时进行的，并且由于这里的右方车辆不受红绿灯的限制，好多车辆都逆向行驶，所以很容易导致交通瘫痪。

整段描述让人莫名其妙，难道红绿灯不是交替亮起吗？逆行和"右方不受红绿灯限制"有什么关系？读者弄不懂"交通瘫痪"究竟是怎样的状况及其原因。表述的模糊、逻辑的含混与"准确性"相距甚远。

还有一些因疏忽大意造成的低级错误，例如一个体育明星的照片做了封面，但名字写错了，荣誉变成一种羞辱；某报纸报道一次国际会议，标题是17个国家的代表参会，但配发的图片是16个国家。

忽视必要的查验、核实是造成不准确的主因。一个记者可能写的东西没有那么吸引人，可以继续努力，但是如果在"准确"方面出了问题，就不能原谅自己了。

二、具体：拒绝笼统和空泛

叙述事实不具体，这是同学们的习作中最容易出现的问题，比如应详实叙述，却一带而过；应具体描述，却只见一些形容词堆砌。此外，初学新闻写作的同学往往将事实的主观感受当成事实，而对事实本身的叙述却浮光掠影或粗线条概括，造成文章言之无物，这说明我们对事实的观察是不够细致的，对事实是缺少了解的。我们的笔端还没有建立一个"具体"事实的概念。

事实是各种具体的"料"组成的，没有"料"，内容就会空洞、单薄。要具体地叙述事实，须全力以赴地投入事实，尽可能地获得足够的事实材料。

（一）拒绝叙事笼统

具体的对面是笼统，笼统的内容多由于对事实笼统的了解。一篇报道写道："速8酒店深藏在闹市区，那描金绘彩的走廊、雕梁画栋的大堂、一笔一画的雕饰、一砖一瓦的堆砌都充分体现了当地人的生活理念和文化。"文字咋看似很具体，细看只是一排空泛的矫饰之词。走廊怎样"描金绘彩"？大堂如何"雕梁画栋"？"当地文化"需要用具体的建筑特点体现，而不是惯常的形容词。

再看看叙述同一事实的两组句子：

○大会设置的16场论坛，主题突出、特色鲜明、富有深度。

□大会设置16场论坛，涉及互联网经济、互联网创新、互联网文化、互联网治理、互联网国际合作等20个前沿议题。

16场论坛都是哪些主题内容，读者不希望看到笼统的评价。第一个句子罗列套话，是偷懒的写法。

○"我们已经启动了突发事件的应急预案。"成都市市长说。

□成都市市长表示，应急预案已经启动："全市30家医院已经预留了5 000张床位，以安置伤员。"

"应急预案"，如果不告知开展救援工作的措施，似乎更像一个行政词汇。

○他身负重伤，踉踉跄跄地挣扎着走出不远，便倒在血泊中。身后血迹斑斑。

□子弹穿过他的腹部。他踉踉跄跄地挣扎着走出50米，便倒在血泊中。

身后留下一串一元银币大小的血点。

"一元银币大小的血点"——如果没有细微观察，是写不出来的。客观的事实本来就是动感的、知觉的、细节的存在，细致入微的描写，能让受众更清楚地了解事实原貌。

（二）传递更充分的信息

"具体"是新闻的一种表达特征，但"具体"不是面面俱到，而是在需要的时候传递尽可能充分的信息。

○农业部将会同有关部门进一步加强我国农药残留标准体系建设，形成基本覆盖主要农产品的完善配套的农药残留标准体系。

□农业部将会同有关部门进一步加强农药残留标准体系建设，计划到2020年制定农药残留标准达到1万项以上，目前制定了387种农药在284种农产品中的5 450项残留限量标准，使我国农药残留标准数量比之前的870项增加了4 580项，覆盖了绝大部分的农产品和初级加工产品。

关于蔬菜水果的农药残留标准，公众关心的是究竟有多少农药残留，才能构成不安全的威胁，所以残留的限量标准是一个关键的信息。过去，我国在农药残留的农产品检测标准和数量都滞后于欧美、日本等发达国家和地区，近年正在加紧制定的农药残留标准体系，但只讲标准体系未免空泛，用具体的数字说明农药残留的限量标准数量是必要的。

（三）详述和概述

具体，不是所有的地方都要"详述"，而是有详有略。详，落点在需要展开的内容；略，落点在概括性说明的内容。详略得当，即详述和概述交替穿插于文中，有效地调控文章的疏密节奏。请看下面的概述性文字：

置身茫茫林海，很难想象，半个多世纪前，这里还是"黄沙遮天日、飞鸟无栖树"的荒僻苦寒之地。五十五载寒来暑往，一代代塞罕坝人忠于使命，艰苦奋斗，久久为功，在极其恶劣的生态环境中，营造出世界上面积最大的一片人工林。

详叙并非意味着冗长，而是停留在某个关键信息层面，加以展开描述：

在千层板林场马蹄坑营林区的山坡上，郭志睿告诉记者，由于坡度大，地质特殊，这里采用了石质阳坡樟子松容器苗造林这一方法。郭志睿解释说，这里土层十分薄，下面全是石头，需要先在山上凿出一个穴口，将穴内的石块清除整齐垒于坑下沿，以便积水，再客土造林。有时候，工人在垒石块的时候没能达到标准，郭志睿就会在山上和工人发生激烈的争执，"这种情况经常发生，我们不能有一点差错，否则就会影响这棵树的生长。"

概叙和详叙作为叙事方法，也是一个时长的概念，有人认为，叙述时间短于事件实际发生时间，就是概叙的写法；叙述时间长于事件实际发生时间，就是详叙的写法。

无论详叙还是概叙，都取决于主题表现的需要。

三、完整：全面呈现事实

（一）整体的完整

整体的完整是指某个事件的全面的呈现，包括事件的主干、事件的背景，开始、进展、演变、结果以及相关因素对事件的影响。前面说到蔬菜水果农药残留的问题，倘若报道不仅提供国内农药残留限量标准的信息，还提供国外农药残留限量标准的比较数字，那么公众对农药残留问题的了解就更深入、全面了。

旁征博引或补充说明的背景信息都能通过增加信息量，使事件完整。请看下面的文字：

1949年前，舟曲即有"藏区江南，泉城舟曲"美名。当地县志办主任邹卫东解释说，"藏区江南"指受嘉陵江最大支流白龙江滋养，两岸群山松可参天，绿意葱茏；"泉城舟曲"，指舟曲地下水资源极为丰富，县内泉水极多。例如三眼峪，即因著名的三眼泉而得名。

这段背景内容描述了舟曲地区曾经的自然环境，这个信息对全面呈现舟曲泥石流灾难事件是非常重要的，历史与现实的比照令人信服地解释了泥石流爆发的原因主要不是地质构造，而是来自人类行为对原始生态环境的破坏。

（二）阶段的完整

使事实呈现绝对的完整是不大可能的，只能说，记者的报道可以达到相对的完整或局部的完整。复杂事实有一个发生、发展的过程，报道须跟踪事件进程，进行连续报道，确保阶段性事实的完整。试以扬子江隧道报道为例——

昨天凌晨，南京扬子江隧道北线因出现渗漏临时封闭，给过江车主出行带来不便。隧道为什么会漏水？隧道结构还安全吗？昨晚8点半左右，南京市交通运输局发布最新进展，根据监测数据初步判断隧道整体结构安全稳定。根据专家建议，建设方正对漏水注浆孔进行封堵。目前，南京市交通运输局已布置对全市所有的桥梁隧道开展安全大检查。

这篇消息的导语将"扬子江隧道北线出现渗漏而临时封闭"的情况做接续报道，提供了有关部门发布的最新监测数据，说明隧道整体结构安全，同时说明目前正在积极采取的措施。这些信息回应了公众的关注。

那么采取措施后的效果怎样？什么时候通车？事关公众出行，大家还会持续关注。

南京市交通运输局 25 日早 5 时发布消息，根据专家论证会对扬子江隧道北线注浆孔漏水处置建议方案，隧道建设单位中国交通建设集团项目公司迅速组织人员、调配设备，对漏水注浆孔进行封堵。5 月 24 日 23 点 7 分，在多方努力下，漏水点处置完成，现场清理完毕。经 3 个小时观测，确认封堵可靠，具备正常通行条件。昨日清晨 6 点，扬子江隧道北线已全线开通，恢复正常交通。

隧道恢复通车，有必要说明对隧道漏水的处置和效果以及具备了怎样的通车条件，处置过程和完成时间、通车时间也都有清楚的交代。至此，一个公众关注的事件有了最终明确的结果。

完整，应特别注意相关事实信息是否有遗漏，尤其是不漏掉有价值的信息。所有信息是构成事实的组成部分，任何缺漏都会影响事实的清楚和完整。即使一事一报的实时新闻，也要有在"实时框架"内的完整，如 5W 要素一个不能少，事实的核心信息、关联信息和补充信息一条不能缺。

从某种意义上说，事实是难以做到绝对完整的，但我们可以做到在报道中不遗漏重要信息或有用信息，不滤掉一部分信息或刻意突出一部分信息，不删改、隐瞒信息，不将新闻做"减法"，那么至少可以避免事实的不完整。

单元强化应用任务 · 综合实训专区

综合习题区　　阅听习题区　　思考习题区

写作习题区　　简答习题区　　线上习题区

专题习题区　　阅读习题区

读书

专业学习资源参考

综合习题区

资讯

[专业与报道词条解读]

人文科学　社会公器　启蒙　网络传播环境　公共话题　点面结合
新闻专业主义　普利策新闻奖　徐宝璜　邵飘萍　范长江　大公报
范静宜　活字印刷　媒体公信力　媒介素养　舆论监督　科技伦理
新闻伦理　软广告　防火墙　有偿新闻　议题设置　选题策划　时政新闻
重大新闻　类比思维　逆向思维　一般事实与新闻事实　新闻价值
（新闻价值的）接近性　新闻线索　新闻敏感　新闻观察　新闻点

[国情与时事词条解读]

国家　国家治理　国务院组成部门　基层行政单位　事业单位　政协
民主党派　基础设施建设　公共服务　公共财政　法制与法治
市场经济与计划经济　社会转型　社会保障制度　取消养老保险双轨制
行政体制　中共十八大　山西大寨　"三公"消费　南水北调　青藏铁路
舟曲　平津战役　港珠澳大桥　温州　长江航运　供给侧改革　基尼指数
作家莫言和诺贝尔奖　欧盟和英国脱欧　G20峰会

讨论

[圆桌大家谈]

1. 各级地方行政四套领导班子指的是哪些机构？党委机构和政府机构有何不同的职能？

2. "祖国"和"国家"、"法制"和"法治"是同一概念吗？

3. "个体的社会化程度"指的是什么？你怎样理解在大学"要站起来四面张望"？

4. 你怎样理解新闻记者不能"小"、不能"私"？

5. 你怎样理解写作是一种"元技能"？评估自己的写作能力，谈谈如何通过4年大学学习有效提升写作水准。

6. 为什么说新闻专业主义在今天的网络时代仍然具有普遍的指导性和现实意义？

7. 从新闻伦理的角度谈谈某些自媒体的传播乱象。

8. 你认为传统的新闻采写要融合新媒体哪些元素？

9. 新闻学子为何要具备新媒体素养？媒介素养对新闻写作有何意义？

10. 你怎样理解专业学习的"全面精进"？你对本单元的教学课程设计有何建议？

辩 台

辩题：专业素养和媒介素养是不是一回事？

正方：我认为是一回事。

反方：我认为不是一回事。

表 达

1. 描述你对新闻的理解和选择新闻专业的理由。

2. 描述你的家庭和近亲族群的社会阶层。

3. 阐述你对网络时代"学习的智者"的理解。

4. 阐述你对碎片化阅读的理解和体会。

试就以上话题做口头表达。要求：

（1）具体、集中、真诚，避免东拉西扯或空谈。

（2）表达连贯、通顺，层次清楚。

图 问

1. 早晨 8 时 37 分，北京一处地铁站突然封门了（见图 2-5）。如果你在现场，会想到什么？会做什么？

2. 你平素会留意身边的一些不引人注意的细节吗？如图 2-6 所示，在某城区街头的一个公共汽车站，你发现了什么特别之处？

图 2-5　地铁封门

（资料来源：作者拍摄）

图 2-6　公交车站

（资料来源：作者拍摄）

观察

1. 以《周末看见》为题，小组完成一个文图并茂的课件，和老师同学分享。

◎周末到大街小巷、公共场所走走看看，细心观察周围环境，拍下有趣的镜头。

◎周末到学校的食堂、商场、图书馆、体育场等各处转一转，从中发现有趣的人、事或现象，并记录下来。

2. 观察校园周边的外部环境，道路、建筑、村镇、居民区、商业区、人群、公共设施、文化娱乐场所等，记录你感兴趣的场景、现象。

3. 寒假回家探亲期间，对你家乡的医院、学校、文化馆和图书馆、养老院、体育设施、公园、汽车总站、道路交通等公共设施和公共建筑做一番现场观察，看见了什么变化？发现了什么问题？有哪些感受？写一篇观察日记。

4. 到一家大型超市逛逛，看看人们在哪一类商品前围观最多，观察购物场景、氛围、人们的对话，注意商品属性、类型和价格，咨询一下商家的进货渠道，然后把看到的、听到的记录下来。

阅 听 习 题 区

读报

1. 阅读几份青年类报纸（可参考《中国青年报》《北京青年报》《上海青年报》《青年时报》等），分析和比较它们在选题、内容和风格方面的异同。你喜欢看哪份青年报纸？为什么？

2. 拣选和阅读几种都市类报纸，并从选题、风格、内容、表现方式的角度比较分析其异同以及特点。

3. 阅读时政类周刊，从新闻的角度分析杂志的新闻报道与报纸的新闻报道的不同。

4. 在报纸上分别选一条你最喜欢和最不喜欢的新闻报道，阐述喜欢和不喜欢的原因。

5. 阅读当日的党报和都市报，分析两份报纸头版头条的新闻价值，比较党报和都市报在报道内容和报道风格上的不同。

6. 关注"两会"期间有关民生报道的话题内容。试将这些话题梳理归类，列出一个话题清单。

7. 查阅报纸相关报道题材类型，填写下面的表格。

项目	类型									
	时政新闻	科技新闻	法制新闻	教育新闻	财经新闻	社会新闻	军事新闻	国际新闻	民生新闻	文艺新闻
报道标题										
发布媒体										
报道时间										

读屏

1. 纪录片

中国首部展示报人抗战的 6 集大型纪录片《一份报纸的抗战》于 2016 年 3 月在 CCTV-10 播出。该纪录片是我国第一部从新闻记者的视角反映

1931 年至 1945 年《大公报》如何参与、推动、见证中国抗战及世界反法西斯战争。摄制组在国内 17 个省（自治区）以及日本、法国、英国、缅甸等国家进行了大量实地拍摄。收看该纪录片，了解新闻人在国家民族危难之际的特殊贡献与担当。

2. 电视新闻节目

《焦点访谈》是央视的一档知名新闻评论类节目，该节目"用事实说话"，揭露社会生活中的丑恶现象，社会反响强烈。收看《焦点访谈》的某期节目，说说该节目如何体现新闻舆论监督功能。

3. 短视频

"一条"短视频每日推送一条有品位的原创资讯类短视频，每次 5~6 分钟，视频浏览量超 10 万，还拥有数量可观的订阅用户。"一条"短视频内容主要围绕国内外生活、潮流、文艺等主题词展开。观看"一条"视频，说说其选题的创意性。

思 考 习 题 区

判 断

1. 在下面的每组两个句子中，选择一个你认为更有新闻价值的报道线索，并说明理由。

A.（1）一个儿童因肺病而死亡。

　　（2）一个儿童因注射药剂而死亡。

B.（1）空气净化器产品质量国家抽查：近三成不合格。

　　（2）国家有关部门对国产空气净化器产品质量进行了抽查。

C.（1）介绍北京旅游景点。

　　（2）探寻古都老城门。

D.（1）大学生网购存在非理性消费现象。

　　（2）大学生要警惕网购陷阱。

E.（1）体育部主任王老师说，我校大学生要加强户外锻炼。

　　（2）体育部主任王老师说，我校大学生体能测试连续 3 年下降。

F. （1）黄河大桥一个志愿者组织拯救了十几个欲跳河轻生的人。

　　（2）黄河大桥上有人跳黄河自杀。

G. （1）著名汽车制造企业董事长会见汽车学院大学生。

　　（2）著名汽车制造企业董事长谈企业对大学生的聘用要求。

H. （1）接到骚扰电话怎么办？

　　（2）经常接到骚扰电话。

2. 比较下面的 4 组句子，理解"具体"和"客观"的描述：

A（1）火势非常猛烈，令人惊惧。

　　（2）火焰高近百米，浓烟滚滚，一度将正月十五的圆月完全遮蔽。

B（1）作为中国重要的优质商品棉生产基地，新疆生产建设兵团 2013 年大面积种植棉花。

　　（2）作为中国重要优质商品棉生产基地，新疆生产建设兵团 2013 年种植棉花 882.87 万亩，较上年增长 5.5%。

C（1）大年三十，记者乘坐的地铁车厢里面人影稀疏，显得很冷清。

　　（2）大年三十，记者乘坐的地铁车厢里面只有三四个乘客。

D（1）新建的风情园富有南国风情。

　　（2）新建的风情园椰树成林，花草繁茂，处处洋溢着南国风情。

E（1）昨夜一场罕见的狂风将校园里的许多大树刮倒了，有的树甚至被连根拔出！

　　（2）昨夜一场 7 级飓风突袭校园，路边的十几棵槐树被刮倒，4 棵直径约 30 厘米粗的杨树被连根拔出！

F（1）他是一个合格的中学教师。

　　（2）他毕业于师范大学本科，有 12 年中学从教经历。

G（1）南锣鼓巷是北京的一条古老街区。

　　（2）南锣鼓巷是北京一条有着 740 年历史的古老街区。

3. 判断下列表述，在括号内填入是否认同的标识（√认同；×不认同）：

（1）没有人关注的事实就不是新闻。　　　　　　　　　（　　）

（2）看到的不一定是知道的。　　　　　　　　　　　　（　　）

（3）"多源取证"也有信息纠偏的作用。　　　　　　　（　　）

（4）"新闻载道"指记者应努力完成新闻报道任务。　　（　　）

（5）对记者而言，"博"与"专"是矛盾的。　　　　　（　　）

（6）新闻的理念和报道规则也适用于新媒体。　　　　　（　　）

（7）"有偿新闻"是媒体市场化运营的必然选择。　　　　（　　）

（8）关注新媒体发展是关注时事的一部分。　　　　　　（　　）

（9）新鲜的事实并非都是新近发生的事实。　　　　　　（　　）

（10）在现场观察，记者应尽量隐藏自己的身份。　　　　（　　）

（11）媒介素养是指大学生应掌握网络运用的技能。　　　（　　）

（12）新闻并不关注企业本身，但企业兼并肯定是新闻。　（　　）

（13）客观，就是要求记者忠于事实又要超然于事实之外。（　　）

（14）媒介素养和专业学习没有关系。　　　　　　　　　（　　）

（15）新闻告诉你世界是怎样的，而不是告诉你世界应该是怎样的。

　　　　　　　　　　　　　　　　　　　　　　　　　　（　　）

（16）冲破常规思维的惯性，激发联想，是一种宏观思维。（　　）

阐 释

1. 阐述"事实"和"现象"的不同。

2. 你怎样理解"狗咬人不是新闻，人咬狗才是新闻"？

3. 一位著名时评人认为，新闻没有敌人。你如何理解这句话？

4. 新闻报道要求"报道和意见分离"，这里的"意见"指的是什么？

5. "首发"的新闻为何不一定都是最新发生的事件？

6. 你怎样理解"准确高于一切"？

7. 新闻人为什么要有"底线意识"？

8. 为什么说"客观"是新闻的根本属性？

9. 新闻报道要求具体描述事实，但也要避免文字臃肿，怎样把握分寸？

10. "新闻敏感"为什么是一种职业素养？

11. 如何发现没有被讲述的故事？

12. 独立思考对采访写作有何意义？

13. 为什么说在新媒体时代也必须遵循传统新闻报道规则？

14. 你怎样理解范静宜"头脑丰富，才能发现新闻"这句话？

分析

[材料与分析]

材料 1：扬州高中生徐砺寒骑着自行车上学，途中不小心剐蹭了路边停着的一辆宝马车。为了向车主道歉，徐砺寒在原地等了 20 多分钟，但车主一直没有出现。眼看快到上课的时间了，他便写了一张字条："尊敬的车主：我是扬大附中的一名学生，在今天中午的放学途中不小心剐了您的车，主要是一划痕及左后视镜，我无法及时赔偿，对不起！"字条后边还留了联系电话。没想到，刚写完纸条车主就过来了。说明情况后，车主笑着对徐砺寒挥挥手，让他赶紧去上学。徐砺寒这才如释重负地离去。

分析：扬州高中生徐砺寒的小故事曾在网上被万次量转发，分析该故事有何吸引力？背后的社会意义是什么？

分析：你认为这段文字中哪些信息是关键信息？

材料 2：改革开放 40 年中，全国超过 4 亿人迁离故土或长期流动，这是中国历史上规模最大、持续时间最长的人口迁徙。根据联合国的一项统计，中国 2014 年的城镇人口约 7.58 亿人，占总人口的 54%。预计到 2050 年，城镇人口将达 10.5 亿人，占人口的 76%，涨幅惊人。未来 30 年，庞大的中国农民及其农业人口将在城市务工、工业化和城镇化、发展农村生态旅游、农业经济多元化中寻求机会和出路。

人口迁徙与城镇化密切相关。城镇化，指一个国家和地区随着生产力的发展、科技的进步和产业结构的调整，由传统的乡村社会向非农产业为主的现代城市型社会的逐渐转变。城市化不仅是地理空间的概念，还包括生活方式、文化观念、公共关系、社会文明等现代化之内涵。

分析：虽然"人口迁徙和城镇化"是宏大议题，但与现实中的每个公民有着切身的关系。查阅相关的材料，并以具体的事例阐述你对中国人口迁徙和城镇化的理解。

[例文与分析]

发声购物袋帮购物狂"剁手"：付款前提醒你三思

据《文汇报》2015 年 11 月 25 日报道，这个世界有不少购物狂，往往在不知不觉间买了很多不需要的东西。英国三名女大学生有鉴于此，发明了"发声购物袋"，每当用户使用信用卡付款时，购物袋会发出声响："你是否真的需要这产品"或"你已超支"等句子，让用户"停一停"。

报道称，菲施勒、斯纳登及史密斯在邓迪大学艺术学院修读产品设计，三人设计了这款发声的咖啡色皮革邮差袋，男女皆适用。袋里装设一个感应器及发声器，在用户从袋中拿出信用卡付款时，提醒用户付款前三思，声浪还会愈来愈大，直至信用卡放回袋里。

发声购物袋由人手制作，三人花了数周时间安装声音提示系统，录音者则是她们的大学教授。菲施勒说："我们生活在一个消费主义社会，人们经常会愈买愈多。这个袋的设计目的就是要令消费者想想自己已有的物品，思考是否需要再多买。"然而三人暂时无意将购物袋当作商品出售。

思考题：

（1）发声购物袋这件事实为什么可以作为新闻加以报道？"新闻点"在哪里？

（2）指出报道中的核心信息、关联信息和补充信息。

（3）最后一句话是有用信息吗？为什么？

[热点与分析]

1. 过去的一年，在国际时事政治领域有哪些重大新闻"看点"？收集 2~4 篇相关报道，从新闻价值的角度做简要分析。

2. 过去的一年，在经济领域有哪些热度高的重大新闻事件及人物？收集 2~4 篇相关报道，从新闻价值的角度做简要分析。

3. 过去的一年，在社会包括文化、卫生、教育、民生等领域发生了哪些重大新闻？收集 2~4 篇相关报道，从新闻价值的角度做简要分析。

[报道与分析]

1. 拣选 1 篇你认为不靠谱的新闻，分析其事实是否失真？信源是否可靠？细节有何可疑之处？信息是否有遗漏等？事件和人物的逻辑是否经得起推敲？

2. 拣选 1 篇你认为不符合报道规则的新闻，分析其表述是否准确？是否客观？报道是否兼顾平衡？主要事实是否具体？

解读

2009 年 4 月 22 日，央视《岩松看美国》的系列报道中播出著名主持人白岩松在美国纽约州梦露小镇采访校车的现场报道《黄色的特权》，以下内容为采访的文字台本，阅后回答后面的思考题。

白岩松：美国纽约州的梦露小镇有大约 1.5 万人，我现在是在镇上的一个停车场里面，在我的前后左右有很多黄色的大车，每一辆车的上面都写着"school bus"，这 170 辆校车是用来接送梦露小镇 7 所幼儿园、3 所小学和 2 所中学的孩子们。在全美国每天有 50 万辆这样的校车接送约 5 200 万名孩子，从一个又一个家庭到一个又一个校区，这是一项重大的使命，也是一个让人感慨的话题。

白岩松：孩子由于有校车，每天会给家长节省出很多的时间吧？

家长一：是的。这非常好，校车就停在门口，然后把他们直接载到学校停车场。

白岩松：喜欢校车吗？

小孩一：是的。

白岩松：坐校车，你告诉我需要注意一些什么。

小孩二：必须要系好安全带，不能到处乱窜，在座位之间跳来跳去的。

解说：在过去 100 年中，美国校车已经至少运载了 5 亿人次，被称为是美国义务教育的标志符号。校车在送完孩子去学校后，便陆续回到了校车公司里。在这里，每天的车辆检查和维护接着便开始了。

白岩松：提到校车就不能不提到安全。2007 年 7 月 31 日，在明尼苏达州上有一个桥梁突然间坍塌了，而当时正是交通的高峰期，60 辆汽车掉进了水中，很多人死亡，很多人重伤，其中有一辆运送学生的校车也掉了进去，但是庆幸的是只有几个孩子受了一点点轻伤，大家安然无恙，这反映了校车的质量是绝对过硬的。

日常的维修和管理对保障校车安全十分重要。我现在校车公司的维修车间里，车间承担着所有校车的日常检验和维修。自校车制度出现之后，就已经牢牢地把安全放在了第一位。

克里夫（美国纽约州梦露学区运输部主任）：每天司机都要检查校车，这是安全操作系统中很重要的一部分。每天上下午换班之前，司机们检查好车辆并填写表格，保证检查无误。除了常规检查之外我们也做月检，每个月有专门的维修工人来检查。

白岩松：每个月都来检查，是抽查还是每个车辆都要进行检查？

克里夫：每半年进行一次例行检查，辆车检查的时间都要超过一个小时。

白岩松：这对你们来说会不会是一种考试？

克里夫：会的，我们将努力保证校车安全可靠，我们的机械师很负责，车检通过率很高，现在通过率已经超过95%。

解说：校车业是美国少数几个由政府严格规范和介入的行业，政府在其中涉入之深远远超过其他行业。其中，联邦政府负责制订校车的基本生产标准，以保证所有出厂校车都能达到严格的安全水平，而这些标准每年都会根据实际情况进行修改和补充。

克拉茨克（美国公路交通安全管理局规则制定副行政官）：5个月前，我们还在进行一些研究，希望设计出防止校车剐蹭事故的措施。

解说：更为日常的控制则来自各州政府。各州要具体负责校车的拨款、执法、监督等各项事务，同时也会出台更为细致的校车生产标准。目前，有超过500部校车法规被各州记录在册，这几乎使得校车每一个零件在生产时，都具有远高于普通车辆的安全性能。美国的校车也因此有着"武装到牙齿"的说法。

麦克（美国学生运输协会负责人）：在这两个车架滑轨之间的油箱有很厚的钢来保护，如果有东西撞到这个钢板，油箱的油不会溢出，不会着火和爆炸。另外一个很重要的方面是，在校车的设计过程中，底盘是远离地面的，比一般的车要高，所以如果后面的车撞到校车后面这个很坚硬的保险杠，撞击程度是很小的，但对后面这辆车的损害更大。更多的时候你会看到后面的车会冲到校车的下面。

解说：为了让孩子更安全地过马路，校车上也必须安装特殊的指示装置。

麦克：孩子们下车，校车停住后，这个过路闸门就打开，孩子们在路边等候，校车司机给他们一个手势，孩子们从闸门前边走过，这样校车司机就能看见孩子们过马路的全过程，然后闸门再收回。

校车司机：孩子们，听着，你们现在要做的是，把个人物品都留在车上，就好像真的发生了车祸，需要大家紧急撤离。雅各布、麦克斯，你们俩当我的助手好吗？我会先下去，助手紧跟在我的后面，一次下一个人，每一个人都先坐下，然后滑下去，谁也不许从车上跳。

解说：这是梦露小镇的一所小学在举行校车紧急事故演习。美国的孩子自从上幼儿园开始，就要以各种方式接受培训，学会如何安全乘坐校车，如何在各种突发情况下保护自己。

白岩松：我刚才看见你们在帮助其他同学，为什么选择你们？

小孩一：如果他们在下来的过程中摔到了，我们可以帮助他们下车。因为我们坐在校车最后的位置，或者司机觉得我们能做得很好。

校车司机：谁是坐在前排的？你后面还有人吗？所有人都出来了，对吗？

马修（美国纽约州梦露学区北主小学校长）：这是我们学校实行的一个项目，在幼儿园和一年级、二年级实行，每年春天一次、秋天一次，还有各种不同类型的演习。

校车机器人：孩子们，你们记得我吗？我叫什么名字？

孩子们：校车伙计。

校车机器人：我想看看你们怎样避开危险区，到那边去，校车伙计也会跟你们一起过去。

克里夫：我们发现孩子们都知道规则，但是如何让他们想到去遵守规矩，这是最难的。

校车机器人：现在，我们在什么地方？

孩子们：危险区。

校车机器人：（因为）你们站在那儿，校车司机看不见你们，对吗？

克里夫：对我们来说这是挑战，但我们必须向孩子灌输这种（安全）思想。就像种粮食一样，几年后才收获，他们慢慢长大，会成为合格的乘客，我们这些年看到了成果。

校车机器人：每个人都举起手来，比划一下过马路之前的手势，等司机给大家一个手势（才能过）。好，现在我们开始过马路，我们走到马路中间的时候要做什么？向两边看，对，我们要向两边看。好，现在大家都回到安全区，谢谢。

白岩松：校车上有这样一个"STOP"的标志牌，当校车停下来，司机就会将它展示出来，这个时候迎面而来的汽车必须停下，校车后面的车也必须停下，如果校车后面的车超越校车就是严重违章，会对肇事者给予非常严厉的惩罚。所以校车的安全不仅靠校车的质量本身，还靠法律的约束。

白岩松（问等待校车的司机）：你必须停下来等校车过去，你怎样看待校车的特权？你认为必要吗？

等待校车的司机一：是的。这是一个交通法律，我们必须要遵守。

等待校车的司机二：这个规定很好，为了孩子的安全，应该让整个交通为校车开路。

麦克：年纪小的乘客认知能力没有那么强，有时候意识不到有危险，有时候不能判断对面来车的速度，所以就让校车有停止交通的能力，孩子下车的时候就不用担心对面有没有车。

克拉茨克（小镇校车司机）：之后拿出我的司机手册，在这些框里打上钩，说明车辆没有问题，可以开车，我准备好了，等他们坐好，把门关上。

解说：克拉茨克是这个小镇上一名普通的校车司机，每天送中学生到学校后，再去接小学生上学。今年是她开校车的第32年了。32年里，她陪伴着镇上的许多孩子，上完小学、中学直至成年。

克拉茨克：在我很小的时候就乘我叔叔开的校车上学，长大了我也成了一名校车司机。我们建议各州做出规定，要求校车司机每年进行至少一周的培训。从如何使用车辆到如何判断紧急情况。因为有很多这种情况，比如12岁的孩子会觉得在校车里站着和伙伴们说话是很酷的事情，校车司机们学会了处理这些情况，如果孩子们站着就把车停下来。

工作人员：早上好，校车公司，我能为您做些什么？2508号中心，丽莎，雪莉的妈妈刚打电话来说雪莉今天早上不去学校了。

解说：在宣传片中，制作者尝试向公众透露一种温情的校车文化，而美国的校车司机也大多为女性，因为女性比男性更加细心谨慎。

白岩松：你觉得想要做好校车的司机，最重要的是什么？

校车司机一：首先必须有耐心，你的情绪要很稳定，必须爱孩子，喜欢开车。

校车司机二：这里很多人都参加相关课程的培训。

白岩松：发挥作用了吗？

校车司机三：是的，因为小孩很容易发生事故，有的孩子会在车上生病，有的孩子会被撞伤。有时我们要扮演家长或护士的角色，只要情况需要。

解说：现在，美国的校车已经实行了完全的商业化经营。一般由各州政府的教育委员会规定路线，招标拍卖经营权，与中标的私人校车公司签订合同。由于校车的运营非常稳定，因此校车公司只要加强安全服务，遵守合同，就能有不错的收入。

美国每年生产4.6万辆校车，加上相关的修理、配件制造，形成了每年有150亿美元产值的"校车产业"。这是美国校车得以存在和不断发展的一个重要原因。而这些用于校车的经费，由各州政府和下面的地区政府共同负责。

约瑟夫（美国纽约州梦露学区教育部门主管）：我们的校车经费由两部分构成，纽约州负责57%的经费，州政府会从交通预算里给我们拨款，剩下的经费来自本地居民。

解说：据统计，美国政府平均每年要为一个正常孩子坐校车支付520美元，为特殊儿童支付2 400美元。这些费用如何支出，要由纳税人共同决定。

克里夫：作为负责人我每年要做预算，每年要购置多少辆新校车及零件、更换新轮胎以及要储备多少，要在校园里建多少与校车相关的设施等。预算呈递给纽约州的纳税人，他们每年5月要举行投票，如果觉得我们做得好，费用预算也比较低，他们就投赞成票，使我们能按计划执行。

解说：今年，受到金融危机影响，政府各种预算都在缩减。如何既节省费用，又保持校车的正常维护和更新？这是各地教育部门都要面对的问题。

白岩松：毕竟校车公司依靠政府的很多投入，在目前金融危机的情况下，你会不会有一些担心？

克里夫：是的，我们总是会担心的，我们要给他们呈递一个合理的预算，让他们觉得既保证孩子的安全，也有效地利用了他们的资金，因为那是纳税人的钱，我们不能浪费。

白岩松：下午，我身后的这所中学就要放学了。110辆校车已经聚集到了这里，他们将把放学的孩子们送回他们父母的身边。一天的学习和工作就要结束了，黄色的校车将日复一日地陪伴着所有的孩子成长。当我们要告别这个话题的时候，突然会有一种感觉：校车一方面在运送着每一个孩子，另一方面也在运送着温暖和责任。

思考题：

1. 白岩松的提问有哪些可圈可点之处？采访内容可分为几个部分？

2. 简述该直播节目怎样从不同侧面展开对美国校车安全的信息收集和现场呈现的。

3. 将校车产业纳入由政府规范和介入的行业而非私人承包，有何益处？

4. 阐述《黄色的特权》中"特权"的意义。

简 答 习 题 区

关注

1. 什么是国家农业补贴？了解国家农业补贴项目及其相关政策，国家近年有哪些重点支农措施？

2. 我国从 2020 年开始，在长江流域重点水域实行为期 10 年的"休渔"。你认为"休渔"将对生态、生活、社会心理带来怎样的影响？

3. "五一"国际劳动节已经成为大多数国人的旅游小长假，有人认为"劳动"的时代已经过去了，有人则建议恢复劳动节的劳动纪念性质，你怎样看？

4. 据美国财经媒体 CNBC 报道，欧盟监管机构已经对 Alphabet 旗下谷歌部门处以创纪录的 43.4 亿欧元（约合 50 亿美元）反垄断罚单。由于全球超过 80%的智能手机安装谷歌安卓系统，谷歌涉嫌非法迫使智能手机制造商安装谷歌的应用程序和服务，扼杀了与其竞争的应用程序和服务。你怎样评价欧盟的处罚理由？

围观

1. 苏州一些公务车悄然换装，两侧前车门上白色实线框围住"公务用车"4 个醒目大字，方便了公众对"公车消费"的识别与监督。对苏州公车改革的这一举措，各界支持与质疑声音同在，你怎样看？

2. 一个大型体育馆经常举办展览、展销等商业性活动，从中收取场地费。有人认为，体育馆是为市民提供体育锻炼的公共场所，从事营利性活动不符合其公益性质且挤占了有限的体育场地。但体育馆方认为，场馆要维护日常运营开支，利用大厅空间搞展览，主要用于运营补贴。目前部分场地没有被占用，所以并未改变公益性质。对上述说法，你更倾向于哪一方？

3. 深圳地铁在全国首次设置"女性车厢"，由此引发社会争议。你对此持怎样的观点？你认为在拥挤的一线城市，地铁是否应设置女性、老弱病残专门车厢？

4. 网购"双 11"已成为一场盛大的全民消费狂欢节，美国《福布斯》曾这样评价：这是全世界最大、最繁忙、最重要的购物节。在商家以各种手段营造的消费主义氛围中，尤以经济基础薄弱的年轻人最为活跃。有关数据显示，中国大学生的人均年消费能力已达到近 2 万元，年消费总额达到 6 000 亿元，超过全国城镇居民人均可支配收入水平的 50%。对以上消费现象，你怎样看？

5. 2017 年 9 月 30 日，在北欧智慧城市博览会上，北欧部长理事会秘书长 Dagfinn 表示，"社会互信"是成熟的智慧城市的黄金资产和最重要的基石。你如何理解"社会互信"？

现场

1. 天气晴好，报社派两名实习生前往某工程建筑工地了解施工情况。在发现施工现场停工后，两人返回报社。编辑认为他们并没有尽到责任，你觉得编辑的批评对吗？为什么？

2. 一群来自西北的大学生，利用寒假到经济发达的苏州、上海、昆山等地的电子厂打工。如果你在火车上与他们邂逅，希望了解哪些信息？

3. 省假日旅游办公室负责人日前表示，"十一黄金周"平稳度过，"旺而不乱，平安有序"，假日 7 天，全省重要旅游景点没有发生旅游安全事故。你认为该信息有没有新闻价值？为什么？

4. 1986 年 1 月 28 日，美国"挑战者号"航天飞机升空爆炸解体，当时，全世界的摄像机都对准爆炸的瞬间，只有一个人转身将镜头对准人们惊恐的表情。后来这张照片成为唯一获得新闻摄影奖的现场照片。你认为这张照片获奖的理由是什么？

伦理

1. 参加"大学生新媒体新闻报道大赛"的团队以一个虚构的故事制作了一个短视频并获奖，你如何评价其报道过程和结果？

2. 校报记者小吴将用于报道的照片背景换了，编辑拒用，但小吴认为，这样做是内容需要，你认同他的说法吗？

3. 一则新闻被过滤了某些敏感信息，作者认为这造成了事实的遗漏和失真，但编辑认为有些话可以不说，只要不说假话，就不算失真。你认同谁的意见？

4. 在"淄博从未进过长春长生生物生产的疫苗"的虚假报道中，记者负有一定责任，但提供虚假信息的信源是否也应承担相应的责任？

5. "14 岁的中学生王成在餐厅就餐时与人口角，遂用座椅砸向对方头部，导致对方头部重伤，医院抢救无效死亡。"这段叙述中有何不妥之处？

6. 一个自媒体微信公众号发布文章，标题有"性器官"词汇，但文章里讲的是旧社会妇女裹小脚的事。你是否认为这类套路仅仅是"偷换概念"？

7. 记者准备采访一位刚刚逝去的名人的家属，但在与其联系前却犹豫徘徊，最终还是放弃了。你觉得记者应该放弃这次采访吗？

8. 某娱乐记者偷拍了某明星在健身房与教练的"暧昧"动作，照片上传网上后，该明星以"侵犯个人隐私"向法院起诉，但记者以"公共人物可以让渡一部分个人隐私"为由给予反驳。你支持哪一方？

9. "7·23"温甬线高铁撞车重大追尾事故发生后，铁道部新闻发言人在回答记者提问时说："不管你信不信，反正我信了。"引起舆论的质疑和抨击，分析这句话的问题在哪里？

10. 某地发生 PM10 重度雾霾天，一个自媒体"小编"将关于雾霾形成原因的过往文章进行归纳整合，在网上发布。如何评价该"小编"的报道？

专 题 习 题 区

选题

[选题与问答]

1. 为什么说选题是内容创意？

2. 审时度势对选题有何意义？

3. 实时新闻、突发事件是否需要做选题？

4. 举例说明什么是独家选题？

[选题与分析]

1. 阅读和比较《南方周末》头版的 3 篇深度报道，分析每篇报道的选题特点。

2. 央视文化类节目《见字如面》总导演关正文在接受记者采访时称："节目采信的标准是提供给观众值得看的东西，是否具有话题性，是否能激发大家的感受和思考。"观看某期节目，说说《见字如面》的选题思路。

3. 一家地方电视台在春节期间播放了一场由单位内部工作人员及其家属举办的节目，引发观众的质疑。你如何评价该电视台的策划？

4. 校报主编为"周末好去处"栏目策划了 3 个选题：

（1）同学们都很喜欢的一家甜品店

（2）参观农业嘉年华展览

（3）乘坐旅游小火车去八达岭看红叶

你更喜欢哪个选题？为什么？

[选题与设计（1）]

1.《羊城晚报》联合人民网强国论坛推出的全国"两会"预热报道《我有问题问总理》，已有 87 万人次参与，网友提问 3.7 万条，排在第一位的是养老社保，第二位的是教育和医疗，提问最多的人群是工人和农民。根据这项统计，讨论和确认两个选题。

2. 阅读《中国环境报》或登录中国环保网，阅读报道和收集相关资料，小组讨论后，策划一组可操作的环保选题。

[选题与设计（2）]

1. 根据编辑意图，为校报的栏目设计 2~4 个选题：

（1）校报"服务资讯"栏目：编辑定位是为同学们提供实用的日常生活资讯服务，包括交际、出行、健康、购物、旅游、就业等信息。

（2）校报"学习版"：报道专业前沿动态，倡导研讨思考之风，设置师生互动栏目，为同学们提供交流学习方法、分享学习体会的平台。

（3）校报"社会广角"版：向校园打开的社会窗口，鼓励大学生关注时事、关注社会。该版面聚焦社会热点话题，每期刊发一篇特别报道。

2. 根据同学们提供的校园动态信息，选择和确定新闻选题，并说明选取的理由。

（1）校领导看望在腾讯网实习的学生。

（2）腾讯网实习学生谈岗位实习感受。

（3）抖音玩到深夜。

（4）读书日：采访知名作家，谈网络时代的阅读。

（5）某同学被骗传销黑窝，惊险逃脱。

（6）学校新规：挂科4门以上，本科降至专科。

（7）志愿者协会的一次公益活动。

（8）午睡时间，有窃贼从窗子进入女生宿舍，盗走桌上的手机。

（9）校园流浪狗增多，如何管理。

（10）参观工业遗址公园。

（11）考研还是工作，采访应届毕业生。

（12）创客空间：IT创业学友调查。

（13）因调换宿舍发生冲突，辅导员进行了调解。

（14）某同学获全国大学生广告艺术设计第一名。

写作习题区

写练

[人物与描写]

1. 对下面表现人物个性特征的词语进行具体的描写，每段描写不超过50字：

潇洒英俊——

能言善辩——

善解人意——

不拘小节——

粗鲁专横——

争强好胜——

温和有礼——

2. 下面3组词汇分别为同义词组，为每个词汇组成一个在特定语境中使用的完整的句子，注意区别词汇之间词义的差异。

（1）死亡；逝世；遇难；牺牲；病逝；夭折

（2）逃跑；逃窜；逃逸；出逃；奔逃；逃亡

（3）抵达；到达；运达；送达；运送；输送

[观察与描写]

1. 在十字路口观察人流、街景，截取某个"点"进行描述。

2. 如果对某人印象深刻，试描绘其具有个性特征的外貌、言谈举止、表情、动作。

3. 用20分钟观察幼儿园小朋友就餐、游戏、学习的场景，描写你看到的细节。

[视听与写作]

1. 收看一场年度颁奖典礼的现场直播，反复收看两次，边看边听边速记。根据记录材料写一篇有具体内容的实时新闻。

2. 收看全国"'两会'记者会"现场直播，要求边看边听边速记（因为有问答的中英翻译，所以记录时间相对充足一些），然后当堂完成一篇信息充实的会议消息。

[命题与写作]

1. 以《高考前夜》为题写一篇文章，通过对高考前夜的场景、对话、动作等细节描写，反映你在高考前夜的状态，要求用第三人称。

2. 针对课堂上玩手机的现象，写一篇《课堂"低头族"怎样抬起头》的时评。

3. 以《我的"网事"》为题，写一篇文章，体裁不限。

[现场与写作]①

1. 校报征集《开学季·我们怎样度过大学四年》的文稿，请你组织采访不同专业的新生，以口述笔录的形式整理成文。

2. 开学季，校园内各种社团的招新火热，写一篇现场专访。

3. 采访参加校园招聘会的同学和招聘单位，收集招聘会的有关材料，写一篇报道。

4. 利用寒暑假了解你所在城市或乡镇幼儿园、小学校车的情况，采集有关的数据信息、事件信息、图片以及现场采访信息，并将素材归纳整理，形成调查文字。

5. 春节回家探亲，观察你的家乡发生了哪些变化，人们热衷做些什么事情，亲属们热议哪些话题，记下所见所闻、所思所感，写一篇春节返乡

---

① 因未学习写作课程，同学们先练练笔，采写的文章最好请任课老师评阅。

笔记。

[选择与填空]

1. 将最具表现力的某个动词填在括号里：

（1）春节往往是农村赌博高发期，有些参赌人员输光钱财，极易（　　）盗窃、抢劫等次生犯罪。

A. 引起　B. 引发　C. 发生　D. 产生

（2）一辆大货车冲下高速路，警民（　　）救援。

A. 全力　B. 积极　C. 合力　D. 大力

（3）一周内连续发生四起森林火灾，（　　）了有关领导森林防火意识淡薄，防火措施不到位。

A. 暴露　B. 揭示　C. 反映　D. 说明

（4）中国自古志书（　　），通志、史志、风物志、名胜志扬名国内外。

A. 发达　B. 繁荣　C. 繁多　D. 通达

（5）瑜伽可放松身心，调节内分泌循环，控制和（　　）不良情绪。

A. 调理　B. 调节　C. 改变　D. 改善

（6）近日，海淀公安分局西三旗派出在所在辖区内，（　　）了一个以养生排毒为由诈骗老人的 10 人团伙。

A. 铲除　B. 捣毁　C. 摧毁　D. 拘捕

（7）在这个 1 200 多亩的园子里，他们孤独地（　　）176 种、上万株珍稀植物。

A. 维护　B. 守卫　C. 守护　D. 守候

（8）熊熊大火至少有 30 米高，空气中（　　）着物品烧焦的呛人的味道。

A. 弥漫　B. 散发　C. 充斥　D. 充满

改写

1. 查阅《慈母山发现百年引水渠 确认由外国传教士开凿》（《重庆晚报》，2008-12-8）相关历史资料，了解重庆慈母山教堂、法国传教士等相关史实。根据这些背景材料，写一篇资讯性文章。

2. 将《黄色的特权》采访台本的文字整合、梳理，用第三人称写一篇介绍美国梦露小镇校车运行情况的文章。

3. 将下面的概叙句子改为详述（可选择其中一项）：

（1）同学们都很喜欢王老师的授课，他并不鼓励大家得高分，但是大家的成绩都不错。

（2）终于拿到驾驶证了。回想学习开车的经历，还真有几次有惊无险的场面。

（3）回家的路是这样熟悉，又是这样陌生。

（4）搬家时发现有几件东西买来就没有用几次，有的搁置在那儿已经几年了。

4. 将下面的详述文字改为概述：

走在回澜阁长廊上发现，不少女游客或小朋友都喜欢买海鸥食，游客们时不时将食物高高抛向天空。海鸥的眼睛都很尖，只要一看到食物，都用风一般的速度冲过去，一眨眼的工夫就将食物吞入腹中。在奥帆中心，情人坝北侧码头处，不时有上千只海鸥成群欢叫着从帆船顶端飞过，引来游人阵阵尖叫。"帆船和海鸥加在一起，这风景太美了，帆船之都到处都能给人大海的感觉。"从德州来青岛旅游的高先生夫妻俩被奥帆中心的美景吸引了，"我们常来青岛，正是这些可爱的小家伙，让青岛的大海更加有活力，青岛沿海一带也变得更漂亮了。"漫步在情人坝长廊上，可以看到不少海鸥在大坝两侧自由飞翔，飞累了的海鸥会落在停泊码头的游船桅杆上休息。从距离五四广场海岸较近的礁石到奥帆中心东侧海岸，到处都能见到这些快乐的海鸥，让情人坝更显浪漫。

修改

1. 改正下面句子表达不当之处：

（1）这次外语演讲比赛中出现的不仅仅只有英语，更是出现了日语、韩语小语种。

（2）诺贝尔物理学奖的获得者杨振宁是中国人。

（3）企业方面将提供专家定期到学院进行专业实操指导及讲座。

（4）当她镇静地控制轮胎往右边开时，不料摩托轮胎失灵，便直接撞上了老人。

（5）张凤庆曾在小城的一个事业单位做电工，10 年后，他离开这家企业去了深圳。

（6）警察怀疑盗窃珠宝的犯罪者是熟悉情况的商场内部人所为。

（7）当选手拿出韩国偶像的帅气图片时，同学们不禁发出唏嘘表示喜欢。

（8）武汉地铁开通之后，带动了武汉4大商圈的发展和地铁覆盖面积经济的增长。

（9）公公住在隔壁，老人的全部家当是两床绸面被子和裹着报纸当枕头的红砖 。

（10）这些损失对于经济条件不错的室友可能不算什么，但对于我是十分心痛的。

2. 从新闻报道规则的角度分析下列语句存在的问题：

（1）寒假回家，我拜访一位最敬重的中学老师，他给我讲了许多做人做事的道理。

（2）当晚，一位醉酒的客人与酒店老板发生争执，记者判断可能是客人不肯付费。

（3）记者通过调查认为，引起火灾的主要原因是管理上的疏忽。

（4）该县卫生局结合行业实际，深入贯彻十九大精神，开启卫生与健康事业新征程。

（5）记者看到医院虽然空间狭窄，但前来求诊的病人流量却非常大。

（6）听说专项行动开展3个月了，共侦破各类食品犯罪案件有上千起。

线 上 习 题 区

线上 1

1. 网上查阅中国"南水北调"工程的全面情况，以此为例分析网络如何转载和整合报媒新闻报道资源，且以链接的方式将内容层次化、聚集化。

2. 在视频网站选择观看你喜欢的短视频节目，说说为什么喜欢这档视频节目。举例分析某些粗制滥造的短视频。

线上 2

1. 在老师的指导下，开展报（校报）网融合探索实验。创建《写作在线》微信公众号，作为发布写作作品、交流写作心得、分享写作经验的平台，可设置"采访手记""文稿点评""文萃园地""阅读新知"等相关栏目（仅供参考），定期推出原创新闻报道以及各类精彩文章，鼓励师生互动点评。

2. 创立《今日观察》线上工作室，组建一个有独立思考精神的、建设性的言论平台。工作室聚焦校园内外热点事件和热点话题，提倡选题和内容关注当下，贴近实际，客观理性，针砭有当。

线上 3

1. 数字阅读

（1）阅读《新京报》"剥洋葱 people"微信公众号的新闻报道内容。

（2）阅读《南方都市报》微信公众号的新闻报道内容。

2. 访问网站

（1）浏览国内环保网站的网页内容（包括政府、科研机构和大学、企业、行业协会、民间组织等），了解环保领域最新资讯和发展趋势。

（2）登录政府政务网站（包括中央政府门户网站、市地级地方政府网站），了解政府网站履行职责的业务系统和信息发布、在线服务的功能。

3. 寻找线索

（1）浏览某政府部门的网站，在相关内容和数据中，发现一条有价值的信息。

（2）试在贴吧、论坛或微信朋友圈里面寻找一条有新闻价值的线索。

阅读习题区

前方

来自前方记者的声音带着既新鲜又充满实战硝烟的气息。得失经验、采写洞见、切身体会，让我们倾听更真实的、睿智的报道意见，触摸时代跳动的脉搏，让新闻课堂更接地气。

[记者手记]

记者要有敏锐的头脑

贺少成 车辉

（**编者注**：《为什么 2 元钱的救命药没有人做?》从多地记者为一名白血病人寻找廉价药的故事入手，展开深入追踪报道，剖析廉价药难觅的"老大难"现象。《工人日报》记者贺少成、车辉介绍了该报道从策划、采写到传播的全过程。该文转引自 2017 年 4 月 1 日中国记协网）

请扫描二维码阅读

传媒

[名词术语解释]

大众传媒传播介质　媒体转型　传播渠道　线性传播与非线性传播
传统媒体　新媒体　市场化媒体　自媒体　社会化媒体　全媒体
社交媒体　垂直媒体　交互平台　新闻网站　门户网站　"两微一端"
新媒体矩阵　通讯社　新华社　中新社　财新传媒

[讲堂]

<h1 style="text-align:center">我对媒体转型的再思考</h1>

胡舒立

（**编者注**：胡舒立，知名媒体人，财新传媒创办者，财新传媒社长。财新传媒作为以报道、期刊、网站、视频、图书等多层次业务平台构成的财经类新媒体机构，致力于为各界精英提供准确、全面、深入的新闻和财经资讯服务，且以原创报道和深度报道见长，在业界颇具影响力。本文为胡舒立女士在杭州 2016 年中国全媒体高峰论坛的主题发言，文字略有删削）

请扫描二维码阅读

读书

1.《论法的精神》，［法］孟德斯鸠著，欧启明译，译林出版社，2016

2.《国富论》（又名：《国民财富的性质和原因研究》），［英］亚当·斯密著，郭大力、王亚南译，译林出版社，2011

3.《新闻学原理》，［美］卡斯柏·约斯特著，王海译，中国传媒大学出版社，2013

4.《美联社新闻报道手册》，［美］杰里·施瓦茨著，曹俊、王蕊译，中央编译出版社，2014

5.《全球新闻传播史》，李彬著，清华大学出版社，2005

6.《新闻报道策划》，第 2 版，赵振宇著，武汉大学出版社，2015

7.《新闻理论十讲》，陈立丹著，复旦大学出版社，2008

8.《不与流行为伍》，曹林著，中国发展出版社，2013

9.《摸摸河对岸：（大参考卷）》，南方周末编著，上海书店出版社，2011

10.《捍卫常识：中国新闻时评精选》，宁二著，南方日报出版社，2013

11.《东方历史评论（第 8 辑：不忘记被遗忘的鲁迅）》，许知远主编，东方出版社，2015

12.《中国文脉》，余秋雨著，长江文艺出版社，2013

13.《芙蓉镇》，古华著，人民文学出版社，2003

14.《三体》，刘慈欣著，重庆出版社，2008

15.《城记》，王军著，生活·读书·新知三联书店，2003

16.《沉默的大多数》，王小波著，陕西师范大学出版社，2009

专业学习资源参考

政府部分网站

请扫描二维码阅读

第三单元　采集新闻

单元理论通识任务·采集新闻

文本是否精彩，是从采访开始的。

"采访"二字有采风、采录、访问、考察之意，是采集信息最重要的途径。采访以新闻报道为目的、以调查和访问为主要方式，是一个复杂的社会活动过程，也是在一定时间内完成的、以了解客观事物和获得新闻素材为目的的特殊的调查研究。

采访是新闻写作的源流，没有采访就没有写作，也不会产生报道。采访，在很大程度上决定报道质量，在新闻稿件中出现的一些问题，追究起来其实多源于在采访中的疏漏和不足。

身在新闻一线，记者们积累了丰富的经验，在一场接着一场的采访战役中也有自己的"打法"。采访有规律，但没有统一的规制，在具体的实践中，须因人因事而异。本单元主要探讨新闻采访的一般规律和方法，同时增设了适应网络时代多维度信息采集的内容。

第七讲　采访决定报道

采访，是记者的日常工作。采访的目的是获得报道的素材，媒体永远需要活色生鲜的新闻。

成功的采访需要经验、机会、关系、个人素养、技巧等因素的支持，此外，采访还需要"跨学科"的学问，比如心理学。作为人的行为和心理活动的一门独立科学，心理学研究个体的情感现象、认知过程和个性倾向，解释人的行为动机，采访者需要懂一点心理学，有利于对世态人情有更深入的体察。采访也与公关学（公共关系）关系密切，公关学专门研究组织与公众之间、个体与组织之间的沟通、协调之行为、方法和规律，以增强双边的信任与合作，而采访就是与人交流的社会活动，一种人际交往，所以，采访者还须掌握一点公关的技能。

无论实践层面还是理论层面，采访都是一个专业的操作过程，考验着记者如何有理、有度、有效地运用新闻的"话语权"。

美国哥伦比亚大学新闻学教授梅尔文·门彻先生在《新闻报道与写作》中列出成功采访的方法："一是细心准备，让自己熟悉尽可能多的背景；二是与消息来源建立起有利于获得信息的关系；三是提问与消息来源相关的问题，引导消息来源开口讲话；四是认真倾听并观察。"

这也是本讲要探讨的内容。

第一节　采访者和采访准备

一、场景中的信息采集

现场采集的信息都是扎实的第一手信息，通过采访会获得丰富回报，也为报道提供更多选择。采访者在采集信息过程的状态、认知、方法不同，直接影响获取信息的质量，并体现在写作内容中。

让我们来分析、比较两篇同一题材的新闻内容：

（一）分析《河南洗碗工》（标题为编者改后）

洗碗工在北京

临近大年三十的前两天，刘阿姨为了买回乡的火车票起了个大早，大概 6 点就已不见了踪影。待她回来已经是上午 9 点 30 多了。由于网上订票等缘故，没买到票，（没说清楚）她很乐观，（啰嗦）笑着对另外一位阿姨说："没事儿，到店里我让厨师长帮我在网上查查去郑州的加车。"（引语）

打完出勤卡，她就直奔厨房找厨师长，说火车票的事，大概（不要用口头语言）过了几分钟，她高兴地从里间出来，说："厨师长答应帮我了，说不定今年可以和以前一样按时回家过年了！"

买火车票的阿姨叫刘爱鱼，今年 55 岁了，可人挺精神，穿着也挺时尚，面孔白皙，一点不显老。身高 160 厘米。（无用信息）2010 年夏，她随妹妹一家人来的北京打拼，妹妹一家人在海淀区打工，她则在北京五道口一家西餐店当洗碗工。

与她聊天得知，她和同寝的另外一位阿姨（老乡）都是在京洗碗工，并在同一家西餐店上班，每天"早 10 晚 10"，中间有 2 个小时休息时间，"一个月工资 2 400 元，活也不是太重，吃的也好，就是下班晚了。"（表述不当，缺少细节）

我问刘阿姨是否想家，她说："想，怎么不想，老公一人在家种地，家里还有一位 80 多岁的老母亲没人照顾……"（引语）说着她的眼睛红了。

"那你的子女为什么不抚养你们吗？"（提问不当）她回答说："我就一个伢儿，他老婆生小孩时到长大，我都没帮上他们什么忙，再加上他也有一大家子要照顾，所以我就不用他给钱，我现在还可以再工作几年挣些养老钱，不想增加他的负担。"（引语）说到这里，她已潸然泪下。

像刘阿姨这样的洗碗工在北京非常之多。不仅如此，在全国各地更加普遍。（表述不当）祝愿他们平安回家，春节愉快。

这篇短报道的人物、故事和场景的选取具有一定现实意义，但从总体上说，故事平淡，内容单薄，粗略的描述在沉甸甸的主题上面泛泛掠过，而那沉甸甸的东西打开后，里面的东西太少了！下面我们具体分析一下稿件明显的不足：

1. 标题《洗碗工在北京》逻辑上有误，"洗碗工"不是一种固定的社会身份，改《河南洗碗工》较妥。

2. 多处语法错误造成表述不当，语义含糊，字词也不简练。结尾突然来一段口号式议论，破坏了报道语境的协调。

3. 对人物挖掘的信息过少，如家乡在中原地区哪个县域乡镇，当地村民外出打工的情况，北京打工的多不多，一般从事什么职业，儿子儿媳为何没有出来等。这些背景信息对表现北京的河南务工者的生存境况是有价值的。

4. 缺少有关"洗碗工"的工作信息，洗碗的程序和劳动量、洗碗的设施和条件等后厨的工作情况，其实一般读者都不知晓，应有适当的了解和必要描写。

5. 没有抓住人物主要特征来写，比如55岁出来打工是一个比较例外的现象还是普遍现象，是否可以从这个点切入，收集相关数据信息，作为文稿的背景材料。

我们"挑拣"出的5个问题，其中4问题都发生在采访过程中。这篇写作之所以"飘"，是由于缺少"料"，料不足是因为采访不足，料不足造成内容过于单薄。显然，没有足够的写作素材，就不能构成比较饱满的人物故事。这道理，如同巧妇难为无米之炊。

（二）分析《浙江修鞋女》

同样写在北京的农村女性务工者，我们不妨再来看看另一篇——

浙江修鞋女

11月末的午后，北京的气温常常降至零度以下。寒风凛凛中，骑自行车的我发现脚上的鞋子坏了，很难再骑下去。我把自行车拖到三环路的一盏路灯下，那里有一个姑娘正用她粗粗的手指笨拙地缝补着一双鞋。聊天中得知她叫周楚娇（音译），来自浙江省温州市周岙乡，今年20岁，到北京已有9个月了。（记者的叙述）

自中国1979年改革开放以来，农村人纷纷涌进北京，希望能有机会赚更多的钱。年轻人离开家乡，期盼着过上比在田地里耕田更好地生活。而很多来自南方的米农，在首都北京变成了街边小贩、木匠、保姆或者修鞋工。

按照中国传统观念，最好的保姆来自安徽，最好的裁缝来自江苏，而最好的木匠和鞋匠则来自浙江。这些年来，这一传统又在年轻人中复兴起来。兄弟姐妹、街坊邻里组成一支支小小的队伍，来北京寻求发挥特长的机会。（这段文字解释了浙江修鞋女来北京闯荡的背景因素。这个修鞋女孩应是改革开放最早抓住机遇的浙江人的缩影。）

今年早春，周楚娇把父亲的缝纫机装进行李包，和同村的两个姑娘一起坐上了开往北京的火车。（背景信息）

然而，她过去几个月的经历似乎破灭了她的梦想。北京市政府为了控制农民工进城潮，对外地进京人员颁发营业执照采取了严格的限制措施。（记者的叙述）"我在市工商部门没有关系，所以他们从未考虑过给我执照，"周楚娇说道。（引用语）没有营业执照，她只能在市郊的路边做生意，因为城管人员很少到这里查抄无照商贩。（记者的叙述）"有一次，我被抓到了，还交了一元罚款。他们警告我说，如果下回再看到我，就要没收我的缝纫机。"（引用语）周楚娇的身边是一台缝纫机、一个鞋匠架，还有一摞鞋跟鞋钉。由于顾客不多，她每个月大概能挣 150 左右，其中一半要支付在北京的生活费，包括饮食、住房，还有做饭取暖的燃料费。（记者的现场观察）

她修鞋的价钱已经比有执照鞋匠要的价格便宜，但还是有很多顾客和她讨价还价，为 5 分钱、1 角钱争执不休。每每碰到这种情况，周楚娇最后总是妥协，（记者的叙述）"好吧好吧，就这个价吧。""这种事情其实很常见。不少年轻人总是喜欢挑我手艺的毛病，"周楚娇说。（引用语）

来北京之前，她花了 10 天的时间从哥哥那里学会了修鞋。（背景信息）"修鞋其实不难，谁都能做，"（引用语）她说道。她老家的村子只有 1 000 人口，但大部分年轻人都在北京或内蒙打工，做木匠、泥匠或鞋匠。她村里有 10 个女孩都在北京修鞋。（背景信息）"我在这儿挣的钱的确比在家里挣得多。但这里的生活却很无聊，也很辛苦。我没法按时吃饭，也没法睡在暖和的屋子里，"她抱怨道。（引用语）每天早上 9 点，她支开修鞋摊，下午 5 点收工。中午她会在附近的小饭馆吃一顿便宜的午饭，晚上则在租住的小屋里用煤炉煮饭。（记者的叙述）

还在浙江老家的时候，她和村里其他的年轻姑娘为一家外贸公司制作棉质假花。那时她 1 天挣 2 元钱。（背景信息）"我来这里一个目的就是想看看首都北京。现在，我已经看够了，特别是城里人的傲慢。"周楚娇说。（引用语）我问她，家里是否需要她挣钱，"不需要。我存下的钱是结婚用的。邻村的一个小伙子明年春天娶我过门"。（引用语）她不好意思地回答，圆圆的脸颊变红了。这时，一阵夹杂着尘土的风吹过，扫过她梳得整整齐齐的头发。（收束恰到好处）

　　《浙江修鞋女》的作者是清华大学新闻传播学院的李希光教授，当年他在中科院读研究生，一次因修鞋邂逅了来自温州的修鞋女孩，他们一边修鞋一边聊。当晚李希光用英文打字机敲出了这篇报道，第二天送到《中国日报》发表了。

　　20世纪80年代初期，有着经商传统的浙江人率先抓住了改革开放的机遇。在修鞋女孩的村子里，勤劳又能吃苦的村民们纷纷到北方寻找致富的机会。《浙江修鞋女》穿插了当事人提供的背景信息，生动反映了中国改革大潮在广大农村发生的震荡及其给村民带来的命运的转机。

　　《浙江修鞋女》穿插了大量引语、细节描写以及现场观察，使人物状貌真切、鲜活，一个淳朴的修鞋女孩跃然纸上。

　　《河南洗碗工》和《浙江修鞋女》同样描述北京外地务工者的生活遭际，但《浙江修鞋女》的故事清楚、完整，信息丰盈，内容饱满，主题突出。这篇报道与其归功于文笔，不如归功于作者的现场采访，虽说这个采访只是一次街头偶遇，但作为新闻人，不能放过在任何场景及其任何可能的发现，李希光老师就是在一个非常偶然的、局促的环境里，在一个寒冷的、路灯凄清闪烁的傍晚，抓到了可能被忽视的新闻线索，进而在对话、观察中，完成了细致的信息采集。

　　新闻报道，最有价值的信息来自现场采集。现场采访一定要走心、细心，主动积极，全身心投入，这是获得采访成功的保证。只有拥有更多的采访素材，才会令笔端游刃有余。

二、准备的功课

　　去采访吗？要带着东西去，脑袋里的东西。

　　采访，是信息采集的同义词。要在有限时间内获得最多的信息，必须提前做好准备。凤凰卫视著名主持人吴小莉在总结自己的采访经验时说，做一场"自己尽兴、嘉宾舒适"的访问，需要前期做大量的准备的功课，每一个成功的问答都是功课的累积。

　　采访准备有两种：临时准备和平时准备。

（一）临时准备：不打仓促之仗

　　某记者采访省林业厅总工程师："黑龙江大、小兴安岭的林场是何时禁止采伐的？"那么，这位记者没有事先查阅有关部门的政策、规定吗？本来期望这位总工提供更有价值的信息，却可能被对方认为孤陋寡闻。

某记者采访小说《狼图腾》的作者姜戎："我拜读了您的大作，请问'图腾'是什么意思？小说中的草原狼是真实存在吗？还有，这本小说是否属于'知青文学？'"这些查查资料、看看书就可以找到答案的提问基本没有意义，不知提问者是否"拜读了大作"，或者是否对小说有较深入的理解，如果没有这个阅读思考的准备，提问难免浅薄。

据悉莫言获诺贝尔文学奖后，拒绝了很多采访，问及原因，莫言坦言：如果没有读过作品，只是在网上搜索一下，张口就问，又有什么意思呢？

"张口就问"，表面看，可能由于缺少经验，不够成熟，实质上反映了工作态度和专业素养的问题。《新京报》记者曹雪萍采访华裔女作家严歌苓，请看她问了什么：

——"《少女小渔》《扶桑》《第九个寡妇》《一个女人的史诗》这些代表作多以女性为第一视角，这些形象的共性和个性是什么？"

——"和别的作家不一样，你的文字十分注重强烈的画面感和视听感觉。这和你学舞蹈有关吗？"

这个记者必定是了解一些严歌苓的经历，阅读过作家的若干小说作品，并有自己的思考和见解，提出这样的问题也会赢得对方的尊重。

上面的案例告诉我们，采访前的准备是采访必不可少的环节，只有做认真、周密的准备，才会能保证较高的采访效率，取得预期的采访效果。那么，我们要做好哪些临时准备的"功课"呢？

1. 首先，要有一个基本的采访目标方位，明确采访的重心和范围。事先知道了多少情况、不知道多少情况和还需要了解哪些情况，确定哪些信息来源，采用什么采访方式，都要心里有数。

2. 对采访对象及其相关工作要有一定了解，如果涉及的人、事比较错综复杂，必须和编辑充分探讨，做出评估。此外，要研究背景材料，并通过信源资源、外围采访获得更多信息，以确保在核心采访中掌握主动权。

3. 如果不熟悉采访涉及的领域，必须事先做好相关的资讯，至少了解行业的发展现况和趋势，掌握一些常识性知识，以便于和对方交流，也使自己的提问能够问到点子上。

4. 较重要的采访需要制订采访计划。采访计划是记者事先对采访的基本思路和事项安排的详尽说明，使采访准备更周全，有利于督促、指导采访任务的执行。

5. 安排约访事宜。与相关部门、相关人员的联络、配合等事务性方面的准备不可或缺，任何疏漏都可能影响采访的效果。

凡事不打无准备之仗，没有准备的仓促上阵是绝对要避免的。采访前的准备越充分，采访越有把握，采访的成功率越高。

（二）平时准备：积累很重要

一次成功的采访，固然来自临时准备工作的充分，更得益于平时的准备。

平时准备是为了通过点滴积累，推促专业成长。思考的积累、经验的积累、信源的积累、能力的积累，一个优秀的记者是从平素的积累走向优秀的。

对于平时准备，这里提供几点建议：

1. 善于沟通 积攒人脉

如同搞销售的人离不开客户资源，记者的工作离不开人脉资源。广交朋友知天下，记者应是善于在社交场合斡旋的人。"与消息来源建立起有利于获得信息的关系"，这种关系不是世俗的、功利的人情关系，而是记者与信源之间良好的工作互动关系。

从各行各业的朋友那里获得丰富信息是获取新闻线索的重要途径，一般情况下，记者都拥有属于自己的通讯录，便于社交联系。记者的通讯录是记者采访的信源资源，在很多情况下，都会派上用场。

重视保持长期的联系，人脉是靠平日逐渐编织起来的，不要给对方一种"有事才找我"的印象，平时不要忽视节日问候、短信往来、喜事分享、病房探视等感情联系。

2. 建立稳定的广泛的工作联系

记者都有自己具体负责报道的某个领域，即"跑口"。比如你跑环保领域的"口"，新任环保部门的领导是谁，应在第一时间知道，并争取有机会结识。高官并非高不可攀，其实接触起来都很平易近人。重要的是，政府部门是取得核心信息的权威部门，记者应和该领域所辖的各级公务部门及其联络人保持密切的、稳定的工作关系，及时了解环保动态和政策。此外，还应熟知环保领域知名的专家学者、社会团体以及国内外民间环保组织等，经常沟通各种情况。

3. 成为某一领域的行家

长期"跑口"的记者，应对所报道的某一行业、领域有相当程度的了解，甚至成为该领域的行家、专家，这是记者最迫切的业务提升。如负责环保的"口"，至少应了解垃圾分类、清洁能源、水质污染、环境激素等基本环保知识，熟悉该领域的各种情况，而采访对象也乐于和这样的记者建立互动、互信的关系。

4. 关心时事 研究问题

作为一个记者，平时应关心时政局势，研究宏观趋势，研究社会问题，研究动向和变化，研究舆情，使自己的专业素养不断提升。平时应有一定的阅读量，培养自己敏于思考、勤于思考的习惯。

5. 建立个人数字资料库

个人数字资料库可分为素材库和作品库（个人作品和选摘作品），它们会为你的新闻写作提供有效的帮助。

将平时感兴趣的和有价值的各类信息、文章、数据、图片、照片、视频、音频等归纳整理，保存归类，建立个人的视频资料库、音频资料库、图片资料库、文字资料库、数据资料库和作品资料库，为不时之用。

平时准备和临时准备应是这样一种辩证关系：平时准备得好，临时准备才更有把握；平时准备欠缺，临时准备充分，采访会很顺利，但从整体上说，难以进入更深入的访谈境界；平时准备得好，临时准备欠缺，则基本上不能实施采访。临时准备应基于平时的准备，但平时准备不能代替临时的准备。平时准备是夯实基础，临时准备是校准发力。成功的采访得益于两种准备都准备有素。

第二节　采访的类型

依据事实的性质，我们可划分出以下四种采访类型，即事件采访、问题采访、话题采访和人物采访，每一种采访类型都有明确的目的指向。

一、事件采访

新闻事件具有广泛的社会现实性，一般多发生在某个时间段，具有一定的时效性。虽然事件性质和类型不同，但涉及的部门和人可能较多，采访过程须深入细致。事件采访的目的是弄清事实原委，了解事情的因果关系，报道事实真相。

北京市某社区一条街上的路灯4年没有通电，居民多次投诉都没有解决。为了弄清原因，北京电视台记者先找到北京市城市照明管理中心，对方表示，该小区的路灯产权不在管理中心，而在小区物业管理部门，并告诉记者：房地产开发商在路灯设施建设完成后没有移交照明管理中心。记者来到物业管理处，负责人否认路灯产权之事，"这不是我们管理权限"。那么开发商为何没有将路灯设施移交给城市照明管理中心呢？开发商代表的解释是，这条路是市政路，我们把路灯设施建设好了，然后只负责代征费。不过现在我们要移交，他们也不接收。城市照明管理中心则表示，移交要达到北京市规定的标准，不接收的原因是施工质量不合格，又称开发商没有按照规定交付通电费。记者再次来到物业管理处，负责人称，小区有配电室，但没有提供对外市政照明的先例，并透露国家电网公司有一个路灯处，负责市政路照明，但开发商要向其交付300多万元的相关费用，才能单独接电。"开发商不愿给那么多，提出给20%。"

居委会向记者证实，此前召开过部门协调会，开发商欠市政费用，所以验收不了。记者又一次拨通开发商的电话，对方说："（路灯）接不上电，不是我们的问题，费用不能出。"

"路灯不亮"的实质问题是那种常见的部门利益纠纷，这里，记者只是事件的调查者和报告者，而不是在双方中"选边"。不过，作为电视新闻，记者在此次调查过程中涉及的基本信息、核心信息尚不够清晰，如城市照明管理中心履行的职责是什么？和国家电网公司是怎样的隶属关系？还应核实查验开发商向其支付300多万元是什么费用？有无相关规定和"明码标价"？"通电费"和"代征费"是什么概念？此行业用语、行规应向公众解释明白。此外，问题最终怎样得到解决和是否得到解决，还应有接续报道。

电视新闻稍纵即逝，某些信息的遗漏不大容易被看出来，如果在印刷媒体上报道，则会清楚显现而令读者质疑。印刷媒体的文字总是比较苛刻。

事件采访经常面对错综复杂的情况，当事人基于个人或部门的利益维护时，并非都说实话，有的人说些套话敷衍记者或编织利于自己的言辞；有的人躲躲闪闪，环四周而言他；有的人主动合作，只是想通过记者报道其希望公开的东西，有的人即使在被证明的错误面前，也总会下意识地遮掩、回避。因此，当我们向对方传递善意的同时，确实需要一点甄别力，甄别真话与谎言、真情与假意，既不被表象蒙蔽，也不被对方的理由牵着鼻子走。

二、问题采访

问题采访指寻求对某一问题的解惑、解疑、解答的访问。记者带着问题和针对问题而来，这些问题带有社会关注和社会争议的特征。问题采访的针对性很强，采访对象一般选择能够对问题做出权威解释的专业人士、文化人士和政府官员，因此，采访往往带有解惑的色彩。

在问题采访中，有些问题是新锐的，有些问题是隐藏的，有些问题只是人们模糊感觉而从未清晰表达，记者须不断锤炼感受问题、挖掘问题的能力。此外，对问题及其背景应有一定的了解和研究，在采访中可以结合自己的理解把问题问清、问细、问准，通过采访，找到问题的症结所在、问题产生的深层原因和解决的途径。例如近些年食品安全一直是困扰百姓生活的热点问题，其中也包括对五花八门的食品添加剂存有芥蒂和疑惑，为此，《新京报》记者采访了中国工程院院士、中国食品科学技术学会副理事长、北京工商大学校长孙宝国，这位香料和食品添加剂专家在采访中对食品添加剂做了科学的解释，以期帮助公众端正认识。

三、话题采访

话题采访与问题采访是交集的，事实上，很多社会问题也同时是社会的公共话题，不同的是，话题涉及的范围更广泛，涉及民生的问题更多。人民网"强国论坛"2018 年"两会"调查，列出民众关注"十大热词"：反腐败、社会保障、教育改革、医疗改革、脱贫攻坚、住房制度、改革开放、环境保护、乡村振兴、依法治国。其中，反腐和社会保障最受关注。调查指出，在连续 16 年的"两会"调查中，"反腐"议题 7 次成为最受网民关注的热点，2018 年再度蝉联热词榜的榜首。

当某种社会现象达到普遍性的"级别"，便成为有价值的公共话题。话题是新闻的透视点，充满了事实的喧嚣，反映了现实的冲突。有社会热度的话题恰如层层涟漪，能够一波一波地搅动社会情绪。

对于话题采访，记者在采访前一定要熟悉话题、研究话题，将话题放在时代的背景下加以关照。

四、人物采访

人性的复杂决定了记者不能轻易地将采访对象做好人和坏人的划分、

善人和恶人的判别、先进和落后的结论。人物采访要认识人性的多面性，深入人物的内心，探究人物的思维逻辑、行为逻辑的根源。

做人物采访，首先要对该人物的基本情况有一定的了解，包括其经历、职业、事业、人生经历和转折、性格爱好和家庭背景等；如果采访对象是一位名人，还应阅读其著述、回忆录以及有关报道；如果采访的内容与对方的职业有关，那么需要了解对方从事的领域，最好懂一些该领域的专业知识、行业术语以及相关信息等，使对方在一个心理适应的语境中，更乐于和你交流。

了解人物与其所处环境的关系是必要的，家庭环境、社会环境对一个人的影响和塑造非常之大。家庭、年龄、性别、地域、职业、教育背景等不仅仅是简历，也提供了可能导致人生差异的主要因素，其中的教育因素往往起决定性作用。

把握一个人物，要远看，也要近看。在面对面的采访中，要注意观察人物的音容笑貌、举止言谈、情感流露，这些细节能够表现出人物的个性特征。同时，应尽可能记住对方的原话，特别是有趣的、个性的、与主题关系密切的原话，可作为报道中的直接引用语。

每个记者都希望对方能够谈及更多深层次的东西，提供更多的新鲜的"料"，但《南方人物周刊》记者林珊珊的经验是："采访人物时，不必要求对方去回答记者想问的东西，他想说什么就让他说什么，我对他说的话都比较感兴趣。这时就给了受访人一个很自由的表达空间，让他很舒服，如果这时再去问一些东西，就很容易得到信息了。如果没有前期的'浪费'，就很难有后期的精华。"

对人物采访应明确：你要采访的是这个人的一生事迹，还是这个人的某段经历或这个人的某个侧面。一个人的性格有多个"面"，哪个"面"是闪亮的？哪个"面"是有故事的？一个人一生做很多事情，哪件事情决定了他的人生走向？一个人对你说了很多话，哪些话是不需要放在报道里面的？

你要考虑从哪个角度报道这个人物？这又是一个问号。

给自己出这样几道题，并且尽量把问题回答得圆满，如此，就会对人物采访更有把握。记者和编辑都不愿意看到这样的结果：辛辛苦苦采访后，采回来的却是一堆提取不出新东西的"大路货"，写出来的稿子可用可不用，让编辑发愁。

第三节 采访的方式

在互联网时代，传统的采访手段融入了现代科技元素，采访方式灵活多样，可大致分为两大类：第一类是线下采访，即现场采访，第二类是线上采访，即网络采访。线下和线上彼此进入，互相补充。

一、现场采访的常用方式

现场采访即采访者和被采访者在特定场景中所进行的面对面的沟通对话，是一种"古老"的传统采访方式。虽然在普遍使用互联网的今天，大家越来越适应社交平台上的互动，但是直接、直观的面对面更有利于建立互信气氛，有利于抓取更多的细节。在今天，现场采访仍然是一种被广泛运用的效率高、效果好的采访方式。

（一）一对一采访

最常见的采访方式。在固定的场景中建立问答情境，但不是僵硬的一问一答，也隐含双方的交谈互动。成熟的记者基于对事件议题的熟谙和较深刻的认知，能够将对话引向更高的探讨层面。下面的对话是记者采访一位琵琶演奏家：

——有没有想过将琵琶和诗词结合起来做演奏？

——有想过的，这在我们预期范围，将来有可能会将中国传统诗词和琵琶演奏结合起来。因为我们知道，艺术一定是综合体，中国的国乐也是，它其实不只限于琵琶艺术本身，它应该可以将诗词融进来。

由于记者有一定的艺术造诣，两个人互动默契，采访对象非常乐于和记者一起深入到话题里面。

一对一采访有较强的谈话性，很多记者善于把握时机，将采访带入交流、讨论的境界，颇像一些电视中的谈话节目，传递给公众的不仅是新闻信息，还有话题带来的文化价值信息。

（二）体验式采访

俗话说，听过不如见过，见过不如亲自做过。世间有些特殊的事情除非亲自体验，否则很难感同身受。在这一点上，隐形采访和体验式采访拥有共同的特性，记者都是在新闻发生的源头亲历、亲见、亲闻，直接触摸真相。不同在于：体验式采访是公开身份的采访，即记者以采访者和当事人的双重身份直接参与采访对象的生活、工作，并将现场考察和切身体会融为一体。体验式采访为记者的亲身体验，报道内容更真实、自然；同时，体验者注重个人视角，更容易看到被忽略的问题。

体验式采访需要事先做好选题，确定采访对象、采访地点、采访时间，以便和相关部门联系接洽。深入实际，脚踏实地，网络时代的体验式采访是业界充分肯定和大力提倡的。

（三）外围采访

外围采访是一种普遍采用的、有效的采访方式，通过与事件关联的外部环境关系侧面了解情况，有时能够获得意外的核心信息。广西南丹重大矿难事件发生后，时任《南方周末》记者的陈海和其同事赶赴现场，他们去南丹矿上找人，去身在旋涡的政府找人，空耗了不少时间，而当时全国各路媒体记者都云集南丹，掘地三尺挖猛料，报纸、电视、网络每天有大量信息报道。陈海决定另辟蹊径，拓宽采访渠道。他们分析了可能会开口的外围因素：一是政协和人大中退休的领导，这些人对当地的官场、矿业比较了解；二是当地的文化精英，熟悉本地情况，并可能持独立判断。于是，他们采访了一位正直的县人大副主任，又通过一本《南丹文学》找到了县文联主席，并从该杂志曾发表的锡矿老板黎东明的报告文学中，寻到了当事人的人生轨迹。报道的思路就此打开了。

《南方周末》原记者余刘文认为，熟悉一个陌生的采访环境很重要，新手采访往往直奔主题，但效果不一定好。余刘文每到一个地方采访，总是习惯买一张当地地图，查看地理位置，记住一些地名，也找来地方志翻翻，或登录当地网站。他说，对事实有了相当了解，采访才有相当谈资，对方也不敢俯视你、轻视你。

外围采访是记者经常采用的方式，采访对象的朋友、家人、亲戚、同事、同学等可提供大量有价值的信息，即使采访对象拒绝见记者，也有可能通过这些相关人士写出一篇精彩的报道。

（四）座谈会采访

座谈会采访即采用召开小型座谈会的形式，进行一对多（两个人以上）的集体采访。由于被访者是多人且常常是各方代表，便于在单位时间内获得较大信息量。座谈会采访可减少被访者的拘束，其交叉式回答利于相互之间的提示和活跃思路，容易形成讨论的氛围。

运用座谈式采访需要做好充分准备，包括取得地方部门的支持配合。

（五）采风式采访

"采风"一词带有浪漫色彩，通常以"文学采风""摄影采风""旅游采风"等多见。"采风"源自隋代古诗，为采集民谣之意，后延伸为深入民间、体验民俗等。采风式采访一般多见以集体组织的方式进行的参观和采访相结合的媒体宣传报道活动，有明确的采访主题、采访路线、采访地点和采访对象，采访地域宽阔。如 2013 年 5 月 26 日举办的"美丽乡村浙江行——全国知名网络媒体采风活动"，报道当地的风土人情，以宣传和提升浙江乡村旅游的知名度。

采风式采访也包括非组织个体对特定领域或地区的随机访问、民间走访，并融入个人视角的观察和感受。

（六）回访

许多曾经在社会产生广泛持久影响的重大事件、重要当事人在媒体报道的若干时间后，人们仍然对其后续演变及其人物命运怀有"欲知"的兴趣，如甘肃正宁校车事件发生后，当地市、县两级政府决定将购置公车的资金用于购买校车，如今那里的校车运行情况如何？如当年考入清华大学的 16 岁神童，如今人到中年，事业和生活怎样了？公众希望了解他们曾经关心的人和事在目前的结果。如果记者能够始终关注，那么进行适时回访报道是有新闻价值的。

（七）驻地采访

指记者在固定的采访地展开一定时间的采访活动。在采访地驻扎一段时间展开采访通常要具备一定的条件，如活动范围比较固定、有确定的新闻线索或新闻现场、持续进行的重大新闻报道等。驻地采访有利于深入观察现场，扎实开展调研，一般效果较好。广义的驻地采访应包括长期驻扎在地方开展报道活动的各级记者站。

（八）隐性采访

隐性采访也称"卧底"，指记者隐瞒身份和目的、以非记者角色深入事件内部采访。在一些特殊情况下，有些问题的调查不便或无法弄清楚事实真相，记者可假借相应的身份亲历场景，明察暗访，直接获得第一手材料。但对于这种采访方式，业界一直存有争议，一般认为，当公众利益大于由隐性采访带来的当事人的利益损失时，可考虑采用暗访的方式，但不宜普遍倡导。

"卧底"并非都是针对事件调查的一时之策，有时为了事实需要，记者甚至长时间融入一个具体的环境里，深度体验角色的遭遇、经历及其真实状态。美国《时代周刊》的专栏作家、60岁的芭芭拉·艾伦瑞克博士为了了解那些缺乏专业能力的人如何靠微薄薪水生活，假扮一个老年无业女性，从租房开始，然后找工作、当服务员，忍受恶劣的生活环境，"真刀真枪地把自己置于一个底层的状态"。芭芭拉发现，连续高强度的体力劳动消耗了大部分思考能力，当人的体力透支到极限后，教养甚至善良都会消失不见，最后只剩下原始的恶。

抛弃舒适生活和资源，长期在底层体验生活，恐怕不是多数人能够做到的。芭芭拉·艾伦瑞克博士的"卧底"示范了一种坚韧不拔的职业精神。当调查的目的是高尚的，那么"卧底"不失为一种诚实地发现和验证事实的方式。

二、突发事件的现场采访

突发事件具有不可预知的特殊性，来得突然，来得紧急，让所有的人措手不及，而媒体一旦获知情况，必须做出快速反应，派出的记者要像战士听到冲锋号，立刻冲向前沿阵地展开采访。哪里突发灾难，哪里就有记者！

对突发事件的信息采集，记者要充分利用现场的短暂时间，敏锐观察周围环境，迅速找到目击者、当事人和了解情况的人，尽可能地采集详实的信息，并当场核实清楚。

（一）央视记者采访黔江特大交通肇事现场

报道灾难现场，电视直播更直观。突发事件的电视现场报道汲取了文字现场新闻采访报道的要素，在表现方式和手段方面又突出了视觉新闻的特点。

下面的采访内容来自央视记者在重庆黔江特大交通肇事现场的报道。

解说：昨天凌晨2点50分左右，重庆市黔江区境内发生了一起特大交通事故。一辆载有33名乘客的双层卧铺客车，在行驶到黔江境内的沙弯大桥处时侧翻，造成人员伤亡。我们的记者连夜赶往重庆黔江，经过7个多小时的长途跋涉，于 19 日深夜赶到了出事现场。撞坏大桥护栏，摔落到距大桥 80 多米的山坡上，造成 27 人死亡，4 人重伤。（这段解说类似消息的导语，先交代清楚事件的 5W 要素。"解说"是服务于电视画面的电视语言，其作用在于跟进和配合画面，解释和说明记者的现场采访；"解说"是声音的文字，负责解释事实的逻辑关系，说明事件的前因后果，且与现场的声音、影像共同组成电视报道的内容。"解说词"相当于文字消息中记者对主体事实的叙述包括背景材料的穿插）

记者：这个警戒带是从什么时候开始设置的？（提问从"警戒带"的细节切入）

执勤交警：今天（4 月 19 日）凌晨 3 时交通事故发生之后立即设置的。

记者：那您在这里的工作任务是什么？（从事件的外围开始调查）

执勤交警：一个是保护现场，二是指挥过往车辆安全通过。

解说：据了解，发生事故的三湘牌卧铺客车是 18 号晚上 7 点从重庆发往黔江区的，车牌号为渝 H00182，属于渝运集团黔江分公司。19 号凌晨 2 点 50 分左右，这辆客车在行驶到香山隧道至狮子峰隧道之间的沙弯特大桥处时，突然冲出大桥。（概述事故发生过程，说明基本情况：时间、地点、始发站和终点站、车牌号、所属单位）

记者：当时车子是从哪个方向过来？（采访现场交警负责人，弄清事故的来龙去脉）

蒋晓明（重庆市黔江区公安局交警支队政委）：由隧洞向重庆方向。

记者：然后怎么样了？（追问）

蒋晓明：由于当时雾大，路面湿滑，下了雨，车速较快，驾驶员踩了刹车。刹车之后车子发生侧滑、颤抖，行至距那里大约 15 米的地方，车的左前轮就接触了路边的拦马石，左前轮上了拦马石之后，车子发生侧翻，侧翻过后就从那个缺口冲了下去。（由交警支队政委说明事故发生过程和细节，会比较可靠）

解说：记者在现场看到，在长约 300 米的沙弯特大桥的左侧，大桥被撞断的 13 根护栏形成了一个长约 33 米的缺口。（用数据精确描述现场观察场景）

蒋晓明：它由于侧翻过后有冲力，滑行的这段时间把栏杆都撞坏了，然后掉下去的。

记者：我看这个栏杆撞得很低，全都撞倒了，是不是说明当时的车速比较快？（观察发现）

蒋晓明：应该说是由于它车速较快，冲击力把它冲下去的。（关键信息：在雨天路滑的情况下，车速过快）

解说：记者在人行道上发现了一道又深又长的划痕。站在桥头向山坡下眺望，记者看到，坠落的汽车几乎已经变成了一堆废铁，山坡上到处散落着床铺、乘客的行李和客车的零件等。遇难的尸体到处都是，最远的尸体距离在18米左右。（描述记者亲眼所见的惨烈的事发场景）

解说：事故发生后不久，接到报警的黔江区公安局指挥中心迅速组织公安、交警、消防、武警、"120"急救等救护力量赶赴现场进行先期救护。40分钟后，400多名搜救人员也全部到位。（事故发生后当地的援救情况）

记者：车里的人多还是车外面的人多？（继续追问）

杨昌武（武警重庆市总队第五支队参谋长）：车里面人多。

记者：外面能有多少人？（继续追问）

杨昌武：外面有13个人左右。

记者：当时你们救护的时候，最困难的是什么？（追问抢救的具体细节）

杨昌武：缺少起重工具，人压在里面无法救出，后来消防支队官兵采用气割机，将车体切割开，然后我们武警官兵和公安干警一起把人员救出来。

解说：据了解，这辆核载35人的客车，当天实载33人，其中两人在彭水提前下了车，躲过一劫。而车上其余的31人中，有27人不幸遇难，其中包括两位客车司机，另外还有4人受了重伤。（核实伤亡人员数字）在黔江区中心医院，记者见到了这位从安徽来的幸存者。

幸存者：很快的，也就是刹那间就掉下去了，真的，我就感觉好像翻了几个跟头，我第一反应就是出车祸了！

记者：当时车厢里大部分人是不是在睡觉？

幸存者：对，应该是这样。（对幸存者的采访不可缺少，可了解到当时更为真实的细节）

解说：目前，其余4名伤员的病情仍然较重。这位年仅4岁的小男孩还处于浅度昏迷状态。据了解，本来小男孩是由妈妈带着去重庆看病的，没想到却遭遇了这场灾难。虽然他幸存了下来，但他的妈妈却在这次车祸中永远离开了他。（陈述具体案例）

遇难者的亲属大都已经赶到现场，遇难者遗体也全部被送到了殡仪馆，黔江区还成立了20多个善后处理工作小组，将对死者家属开展"一帮一"的安抚。（说明遇难者的善后处理情况）虽然这次事故的善后处理工作进行得比较及时，但这20多条生命的逝去还是给各自的家庭带来了无法弥补的伤痛。尤其是仅仅一周前，四川省阿坝州境内刚刚发生过一起特大交通事故。同样是客运大巴车，同样是翻下山崖，同样夺去了20多条鲜活的生命。那么，惨剧到底是怎么发生的？到底谁该为这些逝去的生命负责呢？（简练的评论文字）

主持人：现在关于这起特大交通事故的原因有没有一个初步的调查结果呢？

记者：最终结果没有出来，但是已经有两方面的初步认定，一是当时下雨，巴车从隧道到桥面之间有一个湿道和干道的临界点，车到这里产生侧滑；二是由于司机在隧道内超车速度过快，而且又到了湿滑的路面上，造成司机控车不稳。（现场记者连线电视台直播间，主持人和现场记者互动，向公众说明事故原因）

此次灾难现场直播前因后果清楚、事实呈现具体而全面，报道结束，又重申一周前发生的类似事件，沉痛反思，强化悲剧的教训。

（二）灾难现场如何抓取细节

到达灾难现场的记者应尽快弄清哪些细节是重要的，通过现场的细心观察和提问，及时抓取细节材料。在上面的现场直播中，许多细节的抓取是很到位的。

细节能够准确反映事件发生原因的关键环节，能够准确描述事件发生过程的关键情节，是现场新闻不可或缺的核心信息。如一起化工厂爆炸事件，记者要详实描摹现场的气味、烟雾、建筑毁坏的场景、人员伤亡的情景、消防和施救的场面、嘈杂慌乱和交通拥堵，尤其注意一些容易被忽略的、但需要特别关注的细微之处。此外，现场要问清楚爆炸发生的具体时间和地点、与周围住宅建筑的目测距离、爆炸冲击产生的伤害等。同时，也应注意到爆炸现场中的人们在短暂的异常情况下的行为、举动和话语。报道中的生动细节的拼接，不仅还原了事件现场，还带来了故事的冲击力。当然，我们这里强调的是有用的细节，而非远离主题的细节，无用细节只能造成文字堆积。

近些年，我国交通事故多发，媒体多见有关交通肇事的信息和报道。在一般情况下，在突发交通事件现场应注意收集以下信息包括有用的细节

性信息:

1. 基本信息

基本信息为事故发生的准确时间、准确的地点和位置;该地点和位置的名称以及必要的精确测量;始发站和终到站及其名称;肇事车辆情况(类型、功能、牌号和所属单位);乘客情况(人数、性别及年龄特点);核载和实载的准确人数等。

2. 核心信息

核心信息为准确的伤亡人数和其中的重伤人数、事故发生的原因。

3. 现场观察信息

现场观察信息为记者观察事故现场及其描述。

4. 引用的信息

记者一般是事后赶赴现场的,对事发过程及其场景不了解,更无法判断事故原因,因此记者必须通过采访当事人、现场交通管理人员和执法人员、目击者获得报道需要的信息,其中涉及重要的信息如事故发生过程、事故细节、事故原因等需要直接或间接引用被采访人的一些原话。

三、网络采访

除了传统的现场采访方式,利用网络应用服务设备和社交平台进行线上采访也已经为记者普遍采纳。网络采访指采访方式和工具的数字化,采访工具主要包括电脑和与其相连的硬件设施,记者借助网络工具实施采访,并在此基础上完成电脑打字和传输,实现了新闻采写过程的无纸化。

网络采访突破了空间限制,将采访范围扩大到世界每一个角落,记者可以迅速、及时地到达无法到达的任何地方,极大地提升了采访效率,而采访成本却很低廉。网络采访使采访方式有了更多的选择,在现实中,有些采访对象拒绝接受面对面方式,更愿意通过电子邮件或线上交谈,这在公众人物中比较常见。

网络采访要求记者熟悉网络环境,掌握网络采访的各种工具的应用。

(一)网络采访的数字工具

第一代网络应用服务系统发端于 20 世纪 90 年代,如 E-mail(电子邮件)、iTunes 播放器、BBS(论坛)、Netmeeting(网上会面)、ICQ(寻呼机)、IRC(聊天室)等。随着社交媒体和移动网络的迅速崛起,连接 PC 电脑端的服务系统似乎不那么"流行"了,但作为常用的采访工具依然有效地运用于网络采访中。

1. E-mail（电子邮件）

电子邮件利用网络的通信手段交换电子信件，是互联网上最早信息传递方式。采访者可通过电子邮件联系和访问采访对象，也可接收来自各地传来的文本、照片、音频和视频信息等。电子信件的速度在分秒实现，传递快捷高效。

2. Mailing List（邮件列表）

邮件列表是互联网最早的社区形式，也是互联网上非常有用的工具之一，主要为志同道合的人提供信息交流、讨论和寻求帮助的平台。邮件列表由专人管理和发送邮件，系统程序自动将邮件发给所有用户成员共享信息。每一个邮件系统的用户都可根据自己的兴趣和需要加入不同主题的邮件列表，订阅由别人提供的分类多样、内容齐全的邮件列表，成为信息的接收者；或创建邮件列表，成为一个邮件列表的拥有者，管理并发布信息。一般的电子邮件的发送都是"一对一"或"一对多"，邮件列表中可以实现"多对多"通信。

3. ICQ（我在找你）

1994 年美国洛杉矶西北部发生大地震，听闻消息的第一时间，旧金山一家媒体要求记者立即赶赴 400 英里外的灾区采访。女记者黛博拉·克罗薇素向网络求助。她发现一个公告板上有几个洛杉矶的网民也在线上，便对他们进行了在线采访，在没有离开办公室的情况下取得了第一手地震现场的材料。事后得知，克罗薇素使用的网上交流工具就是 ICQ（I seek you），克罗薇素也并不是那天唯一利用在线方式进行采访的记者。

ICQ 是全球广泛使用的即时通信软件，由 3 个以色列人开发，旨在实现人与人在互联网上直接、快速交流。ICQ 拥有语音聊天、视频聊天的功能，可以固定聊天范围和网友范围，如提示朋友和同事连接到互联网，通过这个软件相互交流，当你在线的时候别人也可以访问你的主页。在文件传输功能方面，可利用贺卡、语音邮件等 ICQ 插件发送贺卡和语音邮件，利用 ICQ E-mail 发送、转寄和复制电子邮件，为不同的事件选择声音以及配置打字的声音效果等。目前 ICQ 包含了对简体中文和繁体中文的支持，在网上可以下载，并支持 Windows、Linux、MacOS 操作系统。

4. IRC（因特网中继聊天）

IRC 是英文 internet relay chat 的缩写，用户使用特定的用户端聊天软件连接到 IRC 服务器，然后通过服务器中继与其他连接到这一服务器上的用户交流，所以 IRC 的中文名为"因特网中继聊天"。它是一个多用户、多频道的公共聊天系统，来自世界各地的用户只要连接到 IRC 服务器上，就可以进入一个"channel（频道）"，就某一个话题展开实时交流，即可以群体之间对话，也可以个人之间"密谈"。每个 IRC 的使用者都有一个昵称，有一个中转者 C 承担服务，将聊天者分散到各个服务器上，聊天者可任选一个服务器连接，并根据提示列表，加入感兴趣的话题内容。

5. Netmeeting（网上会面）

网上会面也称远程视频采访，是系统自带的网上通信部件，内置在 internet explorer 中，操作比较简便。除了具有发送文字信息的功能，网上会面只要配置麦克风、声卡，就可进行语音交谈，再配置摄像机，就可以发送实时的视频图像，声音、影像齐备；如果双方同时拥有数字视频设备，那么通话时彼此就可以看到对方，真正实现了网上会面。在"两会"期间，很多地方媒体记者利用远程视频系统，成功地采访了远在北京人民大会堂的家乡人大代表。

6. Newsgroup（新闻组）

新闻组是互联网提供的一项重要服务。在注册登录某一个新闻组服务器后，可以先下载它的组名（新闻组有许多命名和分类）列表，再订阅你喜欢的组。新闻组可传递各种格式的文件，可实时更新帖子和随时下载，也可以离线写帖、离线浏览。新闻组的数据传输速度与网页相比要快得多。

新闻组具有全球互联性，全球绝大多数的新闻组服务器都连接在一起，就像互联网本身。在某个新闻组服务器上发表的消息会被送到与该新闻服务器相联接的其他服务器上，每一篇文章都可能漫游到世界各地。据悉，国外记者使用新闻组的频率非常高。

（二）线上和线下取长补短

与传统采访方式相比，网络采访显然拥有无以比拟的优势，借助网络技术工具，采访变得灵活、便捷、高效，记者的工作更上一层楼，但是网络采访也存在明显的局限和不足。这些局限和不足恰好可以由现场采访来弥补，如民意调查式采访，其采用线上、线下相结合的方式进行，线上最常用的方法是问卷调查，可帮助记者在更宽泛的领域获取第一手信息；线下通常的方法是随机的个体访问，这是一种面对面收集信息的方法，旨在传递受访者的心声，但不是附和之声（须甄别重复、无效之意见）。问卷调查配合个体采访，有"面"有"点"，力求最大程度地客观地反映民意。

网络采访不能代替现场的采访，即使在网络时代，现场采访方式仍然是获取第一手信息的基本渠道，仍然是积极有效的采集信息的方式，因此应注意避免因过于依赖"网来网去"而放弃深入实际、深入基层，这不利于记者自身沉淀阅历和经验的业务成长，也容易导致新闻报道内容同质化。

事实上，在社会产生重大影响的优秀报道往往都是记者实地采访的独家报道，且大多出自纸媒记者之手。最好的新闻一定是跑出来的，不是敲出来的，正如人民日报社经济社会部主任江夏所言："无论网络多发达，也无法代替记者深入采访、抵近观察。在新闻发生的源头看到的、听到的，受到的感动和震撼是坐在屋里和泡在网上无法想象的。"

新闻记者当将网络采访和现场采访结合起来，取长补短，使采访发挥更大的效力。

第八讲　采访进行时

第一节　谁是采访对象

某报记者采访一个被劫持客机的乘客："您是乘坐这趟飞机的吧？飞机上有多少乘客？"飞机上有多少乘客？乘客通常不会关心这个问题，要获得这个信息不妨问问机上的工作人员。对记者而言，无论是乘客还是机上工作人员都是现场寻找的采访对象。采访对象也被称为信息源。在采访前，记者应设法弄清楚谁是能够提供情况的信息源。媒体获取信息源有一整套成熟的操作机制，并存储了丰富新闻资源，会在这方面给予记者们很多切实的帮助。

确定信息源是启动采访的前提条件。

一、信源

信息来源，也称信源，即事实的本源、来源、出处。信源是一个非常重要的概念，在新闻采集的一系列操作中，信源，始终受到高度重视。信源是一切新闻的来源，当围绕着信源展开发现和建立新闻故事的时候，记者、编辑们知道：信源在很大程度上决定着新闻的价值、新闻的质量和新闻的信誉，他们总是竭尽全力追求优质信源，独家的、准确和权威的信息是优质信源的特征。

信源分为两大类，第一类信源是记者直接获得的、未公开的信息，称一级信源。第二类信源是公开传播的信息，称二级信源。

关于信源，这里须强调几点：一是信源具有多源性，使用信源应慎重评估其可靠性。二是使用信源应注明其具体出处，不应笼统，不应匿名。三是对内部信源的保护关乎新闻伦理，国际新闻界一致认为，"线人"信源属于新闻职业的机密，媒体和记者有责任保护好"线人"。

（一）一级信源

一般情况下，我们可以确定的一级信息源如下：

1. 从采访中获得的信息

采访，是记者获取未公开信息即一级信源的主要途径。在面对面的现场采访中，记者可直接采集信息，不同的信源能够提供报道需要的第一手信息，包括目击者、当事人，包括提供对立或不同意见的人或提供权威意见的专家学者等。所以通过采访获得的一级信源是丰富的，也是最有价值的。

当记者就在报道现场时，那么记者自己就是信息来源。记者通过观察、采访直接获得的信息自然为一级信源。

2. "线人"提供的信息

"线人"，也称"深喉"，即提供内幕信息的爆料者，能够为媒体调查带来关键的线索和核心信息，是记者获知内幕、了解真相的可靠渠道。"线人"是重要的一级信源，对记者的采访有必不可少的帮助。"线人"信源要匿名，这是信源性质的特殊性决定的。

3. "关系"提供的信息

一级信源是动态的、变通的信息来源，记者平时建立和积累的人脉关系、工作关系，是提供重要信息的来源。从一些长期保持的单线联系中，往往可获得更多的优质信息的机会。

4. 来自"新闻热线"的举报

对普通民众提供的新闻线索不可忽视，经核实，有时也可能抓住一条"活鱼"。

（二）二级信源

二级信源有两种情况，一是指向社会公众公开提供的各种信息，如公开发表的作品及其刊物、公开传播的新闻报道、政府部门公开发布的信息、机构组织公开的数据或报告、图书馆向公众开放的图书文献资料、企业公开的产品信息、法院庭审的信息公开查询等。对于公开发表的信息，记者可直接从相关渠道获取。二是指在特定情况下，记者间接获得的信息，但也是属于未公开的信息。比较下面的信源信息：

记者在这家家庭旅馆没有看到营业执照。（一级信源）

街道办事处负责人告诉记者，这家家庭旅馆没有营业执照。（二级信源）

记者从工商局了解到，这家家庭旅馆没有进行工商注册。（一级信源）

记者获得的转告性质的信源，指的是至少通过一人以上的传递，如外围采访的信源。

二、一堂课的讨论实录

在具体的操作中，如对某个事件的报道，为了获得真实、准确的事实信息，采访之前要确认信息源即采访对象。下面的对话是师生就一起校园事件展开的课堂讨论，也许会给你一定的启发——

教师：最近发现了什么新闻线索？

学生 1：昨天在校园的湖边有几个工人在施工，是在重新修筑护栏。

教师：这有什么新奇的呢？

学生 1：他们把旧的护栏拆掉了，其实，原来的护栏是铁铸的，已经很结实了。新的护栏仍然是金属的，但高了许多。

教师：安全起见吧。

学生 1：老师您说常态的事情如果有了变化就应该去注意一下。所以我就问工人师傅为什么要做新的护栏？一个似乎是工头模样的人说，一个月前就是在暑期，一个男生掉进湖里淹死了！我大吃一惊，怎么会掉进湖里的呢？对方说，可能是那学生一边看手机，一边在湖边走，不小心掉进去的。

众惊愕：真的有这事?!

教师：没想到，你只不过问了一句，就发现了一条大新闻！接下来你要怎样做呢？

学生 1：我想明天再去工地，详细了解更多的具体情况。

教师：你认为施工工人们是能够证实该事件真伪的可靠信源吗？

学生 1：……

学生 2：我听说这件事了，是从学生管理部的老师那里听到的。这个信源是可以证实一个月前发生的事情是真实存在的。

教师：是的，这个事件是真实的。刚刚开学，听说了这件不幸的事情，大家都很难过，很可惜呀！从新闻的角度看，这是一件大新闻，不可错过。虽然报道的时效性已经过去了，但我们可以假设要去了解这个事件的全部真相，那么我们去采访谁？要获取哪些信息呢？

学生 2：因为我想先从校方那里得到信息，所以要采访学生管理部部长，了解事情发生的经过。

学生3：还有，这个学生的基本情况比如姓名、专业，是哪一届的。暑期他为什么留在学校？都应该先了解一下。

学生4：目前的结论是玩手机不慎落水导致溺水身亡，那么这个结论是怎样被证明出来的呢？当时有没有目击者？

学生1：你说的意思是先要排除他杀和自杀……

学生2：那么我们应该去采访学校保卫部门。

学生3：是谁发现尸体的呢？什么时候发现的？谁报警的？怎么处理的？

教师：是的，一定要通过追问获得关键的信息。

学生5：老师，还应该有尸体检验报告，确认是溺水身亡。

学生6：我最关注的是手机，手机是在地面上发现的还是从水中打捞上来的，反正不太可能在尸体的衣服兜里吧。

教师：手机可能是一个重要物证。

学生7：手机捡到了，可以从手机中看到很多信息，比如时间、通话内容。

教师：这能证明什么呢？

学生7：能证明溺水时间，当时用手机做什么。

学生2：当时他在和女友通电话。

学生1：我认为我们应该去采访他的女朋友，时间就对上了！

学生3：等等，他个子有多高？一定很高，护栏在他腰下几厘米的地方，才会翻到湖里。

学生2：可惜没有目击者。要采访发现尸体的人，听说他是校园的保安人员。

学生1：我认为应该采访学校的保卫部门，他们一定是知情的。

学生7：我觉得还应该采访溺水者的女友，来证实他与女友通话的时间和落水的那一刻。还有……我在想，女友对突然中断通话有什么反应。

学生7：你还是要抓住手机不放。

学生8：还有溺水者的室友、同学、老师，了解溺水者身前的一些情况。

学生5：我认为没有必要，离主题有点远了吧。

学生4：因为大家也想知道这位不幸溺水的同学平时是怎样的人，性格、学习、平时的表现。

学生2：他暑期留在学校做一些兼职工作。

学生 8：还有家长，老师，要不要采访家长呢？

教师：我们非常理解家长的心情，如果采访家长，需要特别慎重，而且不能拍照片。好了，以上同学们对该事件的采访事宜进行了深入的探讨，大家发言踊跃，值得给一个大大的"赞"！（同学们鼓掌）

采访，一定要清楚，你要什么东西和怎样得到。某个事件要由不同的采访对象互相佐证，而不是只听一面之词。现在，就请发现这条新闻线索的同学在黑板上一一列出该事件的采访对象即信息来源。

教师：（在黑板上写出一行大字：采访对象＝信息来源）

学生 1：（在黑板上写出采访对象的身份以及和溺水者的关系）

○学生管理部负责人——代表校方负责学生日常生活管理

○学校保卫部负责人——代表校方负责校园安全及学生安全管理

○学校某保安巡逻人员——最早到达现场发现溺水同学的目击者

○介入调查的公安局人员

○学校其他保安人员——先后到达现场的证人

○和溺水同学一起参与暑期工作的老师和同学——先后到达现场的证人

○溺水同学的辅导员

○溺水同学的女友

○溺水同学的室友

○其他关联者

……

教师：非常详细了，谢谢这位同学。采访，在明确采访目的的前提下寻找可靠的信源，以获取全面的、确切的事实信息。那么现在，我们是否可以通过这个不幸事件汲取一些教训，并且通过报道给予大家一些警示呢？

学生 2：老师您提醒了我，这样的案例可能不止在咱们学校发生。我看报道有人骑自行车看手机时撞上摩托车，还有人开车打手机电话，出了车祸。

教师：我们固然离不开手机，但也不能不分场所、时间，尤其是在一些不安全的地方更要节制使用。你们说是吗？

众学生：（点头）

……

第二节　采访的过程

现场的价值需要我们再一次强调：尽管互联网带来采访方式的多元和便捷，但现场采访仍然是采集新闻、获取独家素材的重要途径。本节内容通过分析现场采访流程和过程，探讨如何有效地利用和强化采访的技巧。

一、采访的六个环节

（一）约见

约见是个细致的活儿，是采访的第一个环节，约见不成功，采访就无法进行。没有法律、政策规定接受媒体采访是公民义务，人家可以接受采访也有权利不接受采访。因此，采访前总是面临两个问题：如何让对方接受采访和对方拒绝采访。

1. 如何让对方接受采访

名记者可借助自己或单位的名气，获得约见的便利。对于更多的普通记者以及实习记者，除了借助媒体提供的资源，可试试常规性方法，如采访企业、机构的有关人士，应与采访对象所在单位的宣传部门取得联系。很多企业尤其是国际背景的公司、大企业以及正规的机构办事讲程序、讲计划，不会接受没有事先约定的来访。对于你的采访请求，通常他们会要求上传一份采访提纲，以了解你的采访内容和意图，之后才能决定是否接受采访。采访提纲应尽量具体并体现对方接受采访的必要，因为部门负责人和重要的受访人物可能都要看。

约见官员、专家或知名人士，最好事先混个脸熟，最合适的机会是会议，记者要主动和对方联系、交谈，争取对方对自己工作和职业有更多的了解。其次是酒席宴请的餐桌上，在这种场合里，大家都比较随和，容易接近，记者可趁机建立熟人关系。约见某个特定人物时，由于你在对方眼里是陌生人，所以，如果能够设法借助人脉关系在中间加以引荐，会取得超出预期的效果。此外，顾及对方的感受，在细节上给予对方良好的印象，如尽量避免中午、夜晚休息时间打电话、发微信。

2. 对方拒绝采访怎么办

对方在和你的初次联络中，感到你对他和他的工作一无所知，觉得之间的对话可能不会在共同的层面上展开而浪费时间。这种情况说明自己的准备工作不到位，须在"准备"上下功夫。如果没有准备或准备不充分，最好不要急于约见。

当对方认为你所在媒体的影响力比较小，对是否接受采访犹豫不决时，你不可轻易放弃，须陈述利弊，晓之以理，用诚意打动对方，也可用迂回方式针对性地展开游说，或可等待机会"伺机行动"。

如果采访对象是关键信息源，在权衡接受采访的利弊后，基本采取拒绝态度，那么须设法寻找关系，用间接的方式从外围突破，这一招还是很有效果的。

一般情况下，重要人物是难以约见的，不妨利用社交媒体寻其踪迹，但追踪不如拦截，最好的机会是在会议期间或公共场合，用"拦"的方式让对方不好意思拒绝，当然，这种情况应事先做好准备。

（二）沟通

在采访的特定语境中，沟通既是一种心理行为，也是人际关系的学问。

1. 见面

见面的第一时间和第一印象很重要，双方都在互相打量、互相探视。第一次见到采访对象，目光不要游移，要用善意的目光对接对方的目光，握对方的手应该是有力的，以示信任。

有的记者"不拘小节"，如随地吐痰、约见迟到、把受访者的姓或职务叫错了；还有的记者戴一副墨镜和受访者说话或说话大嗓门……种种细节疏忽会引起对方心理不适，甚至反感。

如果意识到第一印象没有建立好，这个记者必须使自己有更出色的表现来消除对方的不良感觉，这使得采访的成本提高。

严格地说，记者是"公知"，是一个社会活动家，与人的交往应表现得有修养，言辞、行为、举止、态度、衣着都须大方得体，且在细节上体现出对他人的理解和善意。

2. 搭桥

尽管记者的身份容易令对方消解一些陌生感和疑虑，但要对方信任你，还需要一个"由生人到熟人"的微妙的心理调适过程，即"搭桥"。"搭桥"的作用在于通过启发诱导，沟通双方坦诚对话的通道。桥通了，交流就畅达了。

突破对方的心理防线，不妨找一个对方愿意接受的由头——"我在您的微博中看到……""最近拜读了您的著作……""最近您获得了一个奖项……""听说您正在从事一个新的研究……""我也曾经在这个领域里工作，正好想请教您一个问题……"让对方感到你对他（她）有一些了解，也很尊重他（她），便拉近了心理距离。

记者开场说什么很重要，用幽默的话语或一句玩笑开场，会营造不错的效果。如果有共同的兴趣或相似的经历，也不妨以此为沟通的由头。一般情况下，女性记者往往比男性记者更具亲和力，同代人之间更易于沟通。其实每个人都愿意倾诉自己，如果有一个合适的倾听者。可见记者的语言、姿势、表情、态度都是"搭桥"的"部件"。最好的"搭桥"是顺势、自然，且注意"搭桥"的时间要尽量短，以尽快进入正题。

3. 互信

在很多情况下，现代人更在意和记者建立互动、互利的关系，这种关系须建立在互信的基础上，优秀的记者都是建立互信关系的高手。《南都周刊》首席记者季天琴认为，记者不要急切地想要从采访对象那里获得什么东西，对方会自有判断，并不希望看到记者表现得过于功利。"当我们两个单独的个体坐下来交谈的时候，私人化的交流和体验还是很重要的，让对方感受到你的真诚其实是最重要的。"她说，双方走近的时候，记者在观察对方的同时，对方也在观察记者，所以很多东西是藏不住的。

在《新京报》首席记者张寒看来，采访的过程是两个人对等的信息交换的过程，而不是记者想写一篇稿子，就单向地要从受访者那里得到什么。"这种交换不是利益的交换，而是心理的碰撞。"张寒说，"记者应该把自己呈现给对方。"

两位记者的经验可能提供了一种新的采访范式：在开放的时代，人际关系走向简单和现实，在特定的现场语境中，朴素的陌生人的角色正在消解，记者须褪去记者身份的光环，与对方相互认同、相互打开，而真诚永远是沟通的基石。

（三）对话

1. 平视

坐在记者面前的人——或地位显赫的人物、或辛苦谋生的民工、或青年或老年——不同身份、年龄、遭遇的人，在记者眼里都只是采访对象，没有尊卑之分、上下之别，都须给予平视的目光，因为采访者与受访者是一种平等的关系。

平视是一种采访姿态。平视，就是即不仰望，也不俯视。平视的目光里应传递平和与理解，以倾听和点头表示或关注或赞同，不可对对方的谈话没有反应。

有的记者进入受访者的办公室左顾右盼，目光带着新奇，见到大人物，又受宠若惊，过分谦恭，那就不是平视而是仰视了。

2. 把持

"把持"，指记者对采访分寸和采访过程的控制力。这种控制力一是表现在记者对个人情绪、情感的控制；二是表现在恪守"平衡"与"客观"的尺度，不卑不亢，保持与采访对象即不疏远也不亲近的"距离感"。

3. 节奏

在采访中，有时可能会出现两种极端情况，一是采访对象过于强势，记者可能被对方的故事吸引，却没有觉察，无意中跟着对方的思路走，偏离了采访的主题；二是记者过于强势，按捺不住表达的冲动，说的太多，喧宾夺主，使对方没有更多说话的机会。这两种情况都会令采访的节奏失控。

对于面对面的采访来说，节奏就是紧凑和充分。控制节奏的主动权在记者手里，记者始终是采访过程的驾驭者，无论在何种情形下都应始终掌控采访的节奏，让采访的话题沿着既定的方向运行。

（四）变通

采访中会出现始料不及的情况，这种事情是经常发生的。比如从对方的陈述中发现新的线索，那么事先设计的问题清单可能就派不上用场了，必须做出随机应变的调整；比如在双方互动中，激发新的灵感，就应迅速改变话题方向，及时抓取独特的信息；比如采访过程发现更值得关注的问题，就需要考虑是否改变原来的采访思路。

《人民日报》海外版记者叶晓楠曾经采访美籍华人学者、夏威夷大学哲学系教授成中英，作为著名儒学大家，成中英被认为是"第三代新儒学"和"海外儒学研究"的代表人物。叶晓楠开始准备的问题是关于儒学在现代社会中的地位和应用，但在听过成中英的演讲之后，她立刻修正了采访提纲。成中英教授为了让更多人了解儒学、传播儒学付出了半个多世纪的努力，请他谈谈如何向外国人讲儒学、如何在国外传播中国传统文化，或许是一个更有意思的话题。果然，当她在采访中提出新的问题时，老先生把原定20分钟的采访时间主动延长到了一个半小时，一直聊到夜里11点。

同是谈儒学，国内很多学者都可以深谈"关于儒学在现代社会中的地位和应用"的问题，但从儒学的海外传播这个视角切入，更切合成中英"海外儒学研究"学者的特定身份，更有新意和独特性。对读者而言，外国人如何解读儒学是一个新奇的事情，他们也有兴趣了解。

这个事例说明，事前确立的采访角度和主题并非一成不变，随着深入的采访，可能会发现更有价值的东西，那么就要毫不犹豫地调整原来的计划。

（五）记录

采访结束了，看看收获了多少"料"？除了脑子里记住的"料"，有多少记录下来的"料"？现在的采访都是录音、摄像帮忙，笔录很少了。其实必要的人工记录还是要有的，现场速记一些重点，可作为报道有用的提示。速记什么？这里不妨列出一个"清单"——

· 记要点、疑点（疑问之处，一定要记清楚）。

· 记录容易忘记的数字、称谓、时间和地点、人名和地名等。

· 记录对方的原话尤其是富有个性的原话。

· 记录有趣的细节。

· 记下随时产生的想法，因为稍纵即逝，过后就往往想不起来了！

现场速记，可采用缩写、略写、简写、连写、符号代替等方法便于记下更多的东西（速记的文字记号要自己认得清楚），重要的地方应做标记或标注。在户外的现场，笔录最好站着记，新闻发生地来不及提供那么多便利，尤其是突发事件现场，站着记录便于随时行动。

随着电子科技的发展，各种采访装备越来越先进，越来越袖珍：笔记本电脑、手机都有录音功能，录音笔携带方便。无论哪种记录方式，最终都要进行文字的梳理、分类。提请注意的是：所有信息记录要完全，重要的、核心的信息不能遗漏，这非常重要，因为这些"料"都是第一手的，将成为报道的主体事实。

（六）结束

采访中的双方都感到谈得差不多了，时间也在预计的范围内，记者体面告辞，这是比较正常的结束。但有时由于问和答都拖沓一些，预计的时间被拉长，对方开始不安，身体不断变换姿态，眼神也散了，而记者感到还有问题要问，对方推脱说，还有其他事情要处理，改日再谈吧。这种情况说明采访该结束了却没有结束，记者就会显得很被动。

当时间接近尾声，记者应适时地、恰到好处地结束采访。结束时可用概括性的提问请对方做一个小结式的前瞻，如最近的事业进展、人生规划以及打算等；也可巧妙地转入轻松的话题，问候几句对方的家庭、孩子，在融洽的氛围中让采访圆满地画上句号。

柴静曾谈到她的一个采访场面：

我们坐在工厂的办公室里，刺鼻的二氧化硫味道，摄像师用衣领掩着鼻子。我问这位老总：

——"工厂的排污是达标的吗？"

——"是的"

——"有没有非法排污？"

——"没有"

——"那我们在这儿闻到的强烈味道是什么？"

——"我没有闻到什么味道。"

——"您是说您闻不到？"

我靠着椅背，歪着头，挑了一下眉毛。他的脸抽了一下："我的鼻子，嗯，没有您那样灵敏。"

我笑了一下，节目结束。

何须再问，采访的收束须果断利落。

二、提问的策略

一位同学去某地支教，与当地留守儿童——一个6岁小女孩对话：

——"小朋友，你长大了最想做的事情是什么？"

——"去找妈妈。"

——"是不是很想念你的妈妈？"

——"是的。爸爸说我出生时妈妈就去很远很远的地方了，那个地方叫天堂。我长大了就去天堂找她。"

这位女生差点儿掉下眼泪。两句提问，意外地了解到小女孩的家庭处境。

采访，基本以问和答的形式展开，但绝不是常人表面上看到的一问一答那么简单。如何问和问什么，除了有事先的准备为你注入底气，还受到心理、情感、场面、氛围等诸多临时因素的影响。可以说，这个过程是一个紧张思考的过程，是一个探寻心灵的过程。

美国著名记者杰克·海敦认为："新闻事业是跟人打交道的行业，大约有百分之九十的新闻是部分或全部以访问——也就是向别人提问题为基础写成的。"我们前面列举的采访方式尽管各有不同，但都是以"提问"为主要特征，以"问题"为采访纽带的。

（一）提问与问题

提问是一种能力。你提出怎样的问题体现了你对此次采访的内容有多少理解，央视"新闻调查"栏目原记者、主持人柴静认为，记者的理解有多深，提问才能有多深。

"问题"是提问的动力，记者通过提问将采访引向浅层或深层、左面或右面、远处或近处。好的问题能够在较深和较宽的层面引领对方，令他（她）说出更多的真情实感。

提问和口才没有太大的关系，但是"问什么"却在很大程度上取决提问者的认知和阅历。与其问："您从事这个行业 40 年了，有什么感受？"不如问："您从事这个行业 40 年了，过去和现在有什么变化？"因为第一个问题让对方有"一言难尽"的压力，而第二个问题可能是对方不曾认真面对的、新的东西，能激发对方的思索。

香港凤凰卫视女主播吴小莉曾经采访过许多政要、学者，她说，采访不是秀场，提问需要专业，采访中真正的重点是"你问了什么问题，得到了怎样的答案，这对社会有什么影响"。

记者代表谁提问？显然是代表身后的公众，问的是公众共同关心的问题，而非个人、媒体感兴趣的问题。公众关心的是坐在记者对面的这个人"如何"和"为何"，记者须通过采访回答公众关心的事情。既然代表身后无数的公众提问，记者应清楚公众想知道什么、应知道什么。

不要刻意追求"问"的技巧，要追求"问"的锐度和厚度，这取决于你能否抛出独特的问题，让对方有兴趣且产生"聊点什么"的冲动，取决于你的提问是否点中对方的心理穴位，使其认真地对待。有一次，姚明出席新闻发布会，有一个外国记者向他提出一个犀利而敏感的问题："你认可别人说你是中国代表吗？"姚明回答："中国这两个字不是任何一个个体可以代表的，每一个人身上都有闪光点，我们应该发掘更多的闪光点去完成中国这个词，而不仅靠一个或者某几个人去说这就是中国，这太苍白了。"

可见，问和答的境界不仅仅记者"问"出了什么，还在于对方"说"出了什么，在于对方自内心而发出的深入的、有见地的言说。好的提问能够激发对方的潜在思考力，进而传递给公众更多的真实而饱满的个体信息。

我们在采访的实践活动中要避免两种倾向：一是问一些泛泛的问题："您的感受是什么？""您有什么体会？""对这件事，你是怎样看待的？"等不过脑的提问，连对方也会感到无趣；二是不要先入为主，带着事先想好的框架去到采访对象那里获得答案，僵硬的问题无法点燃对方的热情回应，直接影响采访效果。

避免上述两种倾向，就要像前面讲到的，要带着思考和问题去采访，要做好准备的功课。

（二）提问中的倾听

倾听，即全神贯注地听。少讲多听，不打断对方，不与对方争论，不否定对方的说法，不对事件表态（记者不是裁判员），让对方有安全感和受到尊重。

倾听，能听到对方说出的精彩。比如有的采访对象讲话俏皮幽默，有的采访对象语言富于个性，这些时而蹦出来的鲜活的语句都是不可复制的，也不是可以从网上寻觅得到的。

倾听，要一边听一边理解，一边听一边判断。一是注意观察对方的表情、态度，判断有否在和你兜圈子，是否撒谎或在取悦于你；二是从对方的叙述中了解事件的发展过程，映现事件的清晰脉络；三是从对方的只言片语中听出弦外之音，听出疑点或捕抓到新的线索。

（三）感官的配合

如果说提问有时借助直觉，那么当记者置身某个特定的现场环境，还应有感官、感觉的配合，如丝绸的手感、油菜花的颜色、美食的芳香、房间的装饰、狂风海啸的声音、尸体烧焦的味道……使听觉、嗅觉、视觉、触觉同时调动起来。

柴静在做沙尘暴的新闻节目时，镜头里跟着采访对象走到苦水井边，刚站下便问："这水能喝吗？"回到北京，编辑部负责人瞪她："你爸不是中医吗？中医讲望、闻、问、切，你急什么？你能不能先看一看、闻一闻、听听水声，让镜头里的水气涌一涌再问呢？"

其实，这正是调查的技巧。"这水能喝吗？"对方答"能喝"或"不能喝"，都不能证明这水是否能喝。要判断这水是否能喝，仅靠直觉不行，还要借助听觉、嗅觉、视觉，甚至自己喝上一口。事物是有颜色、有声音、有味道的，让采访呈现事物本身的真实状态更具说服力。

（四）提问的规约

为了使采访有效率，采用什么方法提问，还是要因人、因事、因现场而定，但总体上要有一个基本遵循：

· 切忌啰嗦、绕弯子或东拉西扯。
· 明确、具体，让对方易于理解，不产生歧义。
· 不问太"硬"、太"冒"的问题，不问敏感的私人问题。
· 以平凡事导向主题，以小问题引向大问题。
· 提问的问题应是在对方能够回答的范围内。
· 不对相关的人、事做评论。
· 有针对性，切忌漫无边际。
· 控制采访过程的节奏，争取时间短，效率高。

三、追问的意义

海南某媒体记者向当地执法人员提问："今年的春节旅游旺季，三亚餐饮的'宰客'现象有所收敛，你们采取了怎样的管控措施？对于以往'执法不严'的问题，目前出台了哪些规定以加强严格执法？具体执行的效果如何？"海南三亚"宰客"的问题，公众都很关注，记者盯上执法管理的关键环节，连续提出 3 个问题，步步追紧，令对方的回答也不敢松弛。

追问是针对某个问题向对方持续提出疑问，将提问引向深入，引向细化。追问更具备"问"的力量，往往会斩获很多出人意料的、有价值的信息。

追问，有时不在预设的采访框架内，是一种现场即兴的提问，如在对方的应答里面发现某个感兴趣的"点"，或激发了某个探究的"点"，或发现某个疑点，应即刻追问，直到把这些"点"问清楚。追问体现了记者在采访现场的快速反应。

（一）通过追问，逼近事件真相

追问不是更换话题，而是从对方的回答中，机敏地听出"弦外之音"，听出需要跟进、需要挖掘的线索，并抓住不放：

——"这是什么意思？"
——"为什么会这样？"

——"然后呢?"

——"又做了什么?"

——"为什么会这样想?"

2004 年 3 月 23 日，17 岁的西安小伙子刘亮因体育彩票中奖，得到了一辆宝马车！这一天刘亮披红挂花满街巡游。可事隔两天，这位风光一时的小伙子却爬上了广告牌寻死寻活，原来发行彩票的人通知刘亮说，他的彩票是假的，宝马车不能给他！刘亮坚决否认。这就是曾轰动一时的西安宝马彩票诈骗案。

事件引起了社会各界的广泛关注。最大的疑点是：究竟谁在说谎？在此之前，央视记者多次赴西安调查该事件。《焦点访谈》在播出宝马彩票案的后续报道《西安宝马彩票案追踪》中，再现了记者现场调查如何刨根问底，令真相如剥笋一样被一层一暴露出来——

记者：按理说一个彩票开奖活动要接受很多环节的监督和管理。那么造假者到底是如何避过重重的监管去实施自己的骗局，造假者杨永明又到底是一个什么样的人？

贾安庆（陕西省体彩管理中心原主任）：他是一个发行商。

记者：那么发行商和彩票中心之间应该是一个什么样的关系？

贾安庆：应该是一种委托发行的关系。

记者：他能承担一些什么样的责任？或者说他应该承担一些什么样的工作呢？

贾安庆：按照国家体育总局和财政部的有关文件规定，他可以组织、宣传、销售，实际上就是作为销售商委托组织销售队伍。

记者：那么杨永明是体彩中心的工作人员吗？

贾安庆：不是。

李明华（陕西省体育局原局长）：杨永明是一个商人，绝不能给他规模销售主管的这种名义，他是被监管的对象。他不是国家公职人员。

记者：您所说的二次中奖的证明单是由杨永明自己来制作的？

樊宏（西安市体彩中心原主任）：二次中奖证明单是他那儿印的。

记者：有相关的一些保密措施，比如密码或者相关的一些防伪或者保真的标志在上面吗？

樊宏：没有。

记者：就是一张白纸打了几个字儿？

樊宏：白纸打的字，中奖证明单底下打的字。

记者：然后你们盖的公章？

樊宏：嗯。

记者：就拿这个东西来决定一个人到底是中46万元的宝马还是中到4万块钱？

樊宏：对。

记者：大奖的兑奖单到公证处封存的时候，是谁去封存的？

樊宏：是杨永明去的。

记者：加盖市体彩中心公章的时候，当时是谁拿着公章？

樊宏：杨永明拿着公章，带着中奖的证明单，到公证处去封存二次抽奖的信封。

樊宏：财政部规定，在兑奖这个环节是不允许发行商去操作的。

记者：实际上？

樊宏：实际上现在这个工作是交给杨永明了。

记者：当时为什么要这样去安排呢？

樊宏：因为杨永明在陕西发行了多年的彩票，也有一定的经验。当时在前期谈协议的时候，这块工作就主要是他来做的。

记者：你们有一个事先的约定？

樊宏：对。

记者：省体彩中心派出的现场两名工作人员，在现场行使怎样的监督权？

张永民（原陕西省体彩中心副主任）：全方位的，包括资金的累计、账户的建立，包括彩票的发放。

记者：应该说工作是非常具体的？

张永民：对，工作是很具体的。

记者：那么为什么整整六天的时间都没有发现兑奖的人不是市体彩中心或者是省体彩中心的工作人员呢？这合乎常理吗？

张永民：是不太合乎常理。

记者：你们在现场的工作真正地起到了应有的监督作用吗？

郭岚（西安市新城区公证处原主任）：现在看来并不是很好地起到了监督的作用①。

---

① 上述对话内容省略了"解说"部分。

在一步步的追问中，体彩管理部门、公证部门负责人不得不承认，体育彩票的监督和管理是失职的，对假彩票事件是负有责任的。受访的三位体彩中心负责人张永民、贾安庆、樊宏后来都因涉嫌体育彩票中的受贿、渎职而被究刑责。

（二）通过追问，还原场景和细节

大多数新闻事件发生时，记者都不在现场。但是，当读者阅读报道中感人至深的场面，却仿佛置身其中，可见可触。这反映了作者还原现场的高超的叙述能力，也反映了作者掌握了丰富详实的材料。采访中的追问，能够帮助记者获得还原现场细节的"料"。

张寒将记者的采访比喻成一幅"画"，受访者把这一幅"画"交给记者，记者发现缺了哪一笔，须顺着自己的疑问去追问受访者，和他一起把这幅"画"完成。有一次，张寒采访上海公交车火灾事故中的幸存者，对方说他是从窗户里爬出来的，张寒就问他："这个窗户有多大，你爬的时候有没有被卡住，卡住的时候那种状态是什么样的，有没有人推你一把?""如果问天气，我不会满足于对方给的一个形容词，我一定会问'那天有没有风，风有多大'，'那天的温度是多少，你有什么样的感觉'"。张寒说，很多时候，受访者会没有耐心去回答这些问题，因为他不明白你为什么问得那么细致。"这个时候你可以告诉他，这个情景对我来说特别重要。"张寒认为，对于场景化的细节，要尽可能通过提问来抵达细节的最后一寸。只有在不断的提问细化的过程中，记者才会意识到这些细节的准确性究竟够不够，是否违背了基本的常理。

还原事件的场景和细节要从几个方面提问，其中的关键细节须通过多问几个"如何、怎样"，来一一落实，及时更正某些事实的模糊不清或似是而非。

在针对人物采访时，追问要讲究一点方法，很多问题是涉及原因的，所以得注意：追问不是逼问，要有疑而问，因疑而问，不要把对方问到墙角。

第三节　案头工作

"素材"即用于写作的"材料"。

"我掌握了充足的素材，可以进入写作了。"不，采访后还我们必须重视后期的案头工作，尤其是篇幅较长的、复杂的写作，要对大量的素材进行整理，包括必要的补充、核实、订正、分析和研究，这个过程同样是采集信息的组成部分。如果你的稿件被编辑挑出较多的毛病，诸如详略不当、主次不明、结构混乱、内容冗长、事实有误等，往往与材料没有进行认真的整理有关。

整理材料的过程是"去粗取精、去伪存真，由此及彼、由表及里"的过程，是梳理思路、确认主题的过程，案头工作做得越仔细，写作的思路越清晰。

一、分析、整理材料

（一）你占有多少材料

你占有多少材料？这个问题在采写报道中是必须得到回应的。在今天的信息时代，记者占有材料的方式更加多元，信息的共享也使材料更加丰富。

在《南方人物周刊》记者林珊珊看来，占有多少采访素材都不算多。她曾做过的一个采访，收集到的素材约有十几万字，但到最后用到稿子里的也才1万字而已。"在现在所有稿子里，我很少会有'素材收集够了'的满足。"她说。那么是不是林珊珊收集了很多没有用处的冗余素材？其实，素材并非都要写进文章里、用在报道中，在对事实进行整体考察的时候，更多的材料可以帮助作者从参考、参阅的视角全面地认识事实、研究事实。试想，一个搜集10万份法庭记录的记者，和一个手头只有几份案件资料的记者，前者比后者的报道肯定更深入、更精彩。

"你占有多少材料？"是提问也是疑问，对每个记者都具有挑战性。材料是写作的"抓手"，写1万字的稿子，不可能只拥有1万字的素材，显然，这无法建构写作内容。在你的案头上，占有的材料越多，写作的把握才越大。

材料是记者采访的劳动成果，既然是劳动成果，那么所有能够占有的材料，得来全是费功夫的，都要足够地珍惜。

（二）给材料分类

但是，仅仅占有材料还不够，还需要驾驭材料的能力。驾驭材料的能力是指对材料归纳、理析、判断和提炼的能力。

一篇报道是由各种不同形态、不同性质、不同方面、不同作用的材料构成的。我们不妨做一个表格（见表3-1），将采访记录的材料分类放进去，看看我们占有了哪些有价值的素材。

表3-1　材料分类

采访类型	材料类型				
	基本信息材料	核心信息材料	疑问核实材料	现场观察材料	随机想法
事件采访					
问题采访					
话题采访					
人物采访					

艾丰将材料归纳为主体事实材料和辅助材料两大类，如图3-2所示。

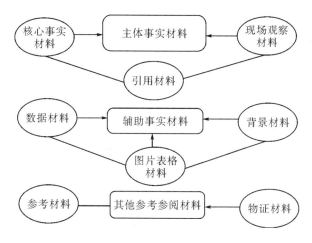

图3-2　材料分类

（资料来源：作者课件）

根据图3-2再做以下细分及阐释：

1. **主体事实材料**

（1）核心事实材料：表述新闻主题的核心信息材料。它们应是具体而详实的。

（2）现场观察材料：包括场景、场面以及环境气氛、情节、对话等材料。

（3）引用材料：直接和间接引用的材料；应选用表现主题的有用信息和个性化引语。

2. 辅助事实材料

（1）数据材料：用于补充主体事实的数字、数据、公式材料。

（2）背景材料：用于解释、说明事实的材料。

（3）图片表格材料：用于配合报道主题的材料。

3. 其他参考、参阅材料

（1）物证材料：在调查报道中应特别重视的物证包括书证（合同、法律文书、政府文件、银行票据等）、录音、视频等。口述材料的采信则须慎重（人证容易被胁迫和诱导）。

（2）参考材料：卷宗档案、报道、历史资料、微信或微博记录、监测记录、书刊等。

材料的归类不是机械的分类，不是技术性处理过程，而是梳理思路、整合素材和确定报道方位的过程，尤其在撰写复杂的长篇报道中，面对庞杂的素材，更需要归分材料的性质、功能和主次，筛选和明确报道的核心信息、次要信息和补充性信息，明确主题表达对材料的需要。

处理材料比较繁琐，而且看起来比较"笨"，但确实有助于思路的清晰和表达的精准。有时，在处理材料的过程中可能会有意外收获，比如发现一个更合适的切入角度，或产生一个新的很棒的想法。

（三）关于第一手材料

所谓第一手材料指记者亲眼见到、亲身经历的事实材料，具有很强的实证性，能够增强报道的真实、准确的力度，范长江曾说："报道的时候，别人提供的材料尽量少用，只能占三分之一，三分之二应该是自己的观察和积累。"此外，一些一级信源也属于第一手材料。

记者报道都非常重视第一手材料，特别是调查性报道、现场报道，其报道内容主要来自第一手材料。目击者和当事人提供的材料因其叙述具有"转告"的性质，且有时带有个人倾向性，不能作为第一手材料的来源。如果希望获得更多的第一手材料，照片、影像、档案等物证材料可能更靠谱。

第一手材料是稀缺的写作素材，当它符合主体事实的特征或成为核心信息时，更有着不可替代的价值。

二、核实材料

美国《纽约时报》的编辑在一条新闻中发现，一个叫苏保利的加拿大城市被描述为位于多伦多的郊区。编辑检查地图后发现苏保利是在多伦多北边 250 英里的一个地方。于是这个撰文的记者责怪联邦调查局提供的信息来源有误，但是编辑建议他再一次准确地去检查这个信息的来源。

为了确保新闻的真实、准确，对材料的核准、查验是一个至关重要的环节（关于"准确性"，我们在第二单元第六讲第三节中已经进行了详细的阐述），这里不妨列出一个核实清单——

· 核实信源是否可靠；

· 核实事件发生的时间、地点以及涉事的人物姓名、身份、职务等；

· 核实报道中的数字、数据，否则，"差之分毫，谬之千里"；

· 核实报道中的历史知识以及引用典籍、典故；

· 核实引用语；

· 核实相关行业术语的使用。

在核实材料的过程中，对某些可疑的、不能确认的材料须认真考察，适当处理，包括值得商榷的观点、没有出处的信息、不便传播的信息等。与此同时，对无用、无效、重复的信息要坚决剔除。当材料梳理出眉目时，还要考虑哪些材料单薄，需要充实；哪些材料缺漏，应及时补充。

"准确"是新闻报道的一项基本规则，我们在动笔写作前，在材料整理的环节，就要提前把"准确"落实到位。这项工作没有捷径可走，唯一的技巧就是认真严谨的态度。

也许我们做不到绝对的准确无误，且材料的核实是一件琐碎、耗时的事情，但无论如何，所有的努力都是为了不向"准确性"妥协。

第九讲　多维度信息采集

在信息时代，我们把材料称为信息，把新闻采访活动称为采集信息。信息的称谓也许更普遍地符合时代的特征。现代人具备信息资讯和获取的能力是学习、工作和事业发展的需要，通过各种途径获取和利用信息是采访写作的常态。

媒介即信息，今天，我们获得信息的方式已经发生改变，但是寻找真实、可靠的信息，仍然是新闻人最重要的目标之一。

《南方周末》原高级记者南香红认为，许多重大事件都包含着广阔的关联性，要获取涵盖事实的广度和深度的信息，"记者还必须把眼光放在一个广泛的区域里进行搜集。这个范围可能纵向深入到历史深处，横向旁及一切于之相关的信息"。能否达到这个要求，信息发达的互联网时代提供了更多的机会。

使用互联网这把双刃剑，我们当然要充分利用它的新闻之刃，在信息的海洋里破风斩浪。

第一节　开放的信息共享

毫无疑问，在网络的海量信息资源中，潜藏着新闻需要的有价值的、丰裕的信源，大量方便下载的文图、数据等通过硬盘、闪存和"云端"，被收纳存储。开放的资讯机制提供了信息共享的巨大空间，占有材料的途径扩展到多维度的信息采集方式，令采访的手段更加灵活多样，采访视域更加宽阔。

一、灵活采集未公开信息

从采访的意义上说，未公开信息包含了一级信源和独家信息，以及通过现场采访获得未公开信息（前面已经详细探讨）。但有时从信源那里获得的信息也并非都是记者期待的，况且，各种不确定因素都可能导致信息采集的"梗阻"或信息的失实，在这种情况下，可充分利用公共资源，采用更切合时代和环境的灵活方式变通方法、拓宽渠道。

（一）社会信息资源

未公开发布的信息大抵存于不同性质的组织机构的手里，除政府部门外，社会团体、企业、各种组织、机构以及个体都有可能拥有行业领域的研究、数据、文本和影像资料等内部信息，其中包括某个事件、历史、话题的有用信息，但因各种原因而没有公开发布。记者可根据自己的需求与上述机构联络和取得采集支持。此外，国内外公益性质的社会团体、机构一般愿意扩大自己的影响，对记者的信息获取要求也能够尽力而为。

（二）有偿信息资源

一些商业性质的市场调查公司、咨询中心、行业调研机构如"零点调查""百度数据中心""盖洛普"等，虽然它们会定期公布调查报告，但也可能有大量的未披露的调查信息，媒体可根据需要，采用用户定制的方式，购买其产品服务。

（三）政府信息资源

政府机构、部门指拥有立法、行政、司法之施政权力的层级机关和担任社会管理职能的各类部门。在现行体制背景下，各级政府拥有几乎所有领域的信息资源优势，政府信息资源指行政机关在履行职责过程和政务活动中以一定形式记录保存的信息，包括相关文件、情报、资料、统计数据、图表、文字材料、音像材料等。

我国政府掌控的各类信息资源，大量分散在各级各类部门中，但大多数信息资源尚未充分发挥效力。在浪潮汹涌的信息时代，整个社会对数据流通、共享的需求在迅速增加。2007 年 1 月 17 日，国务院通过了《中华人民共和国政府信息公开条例》（以下简称《条例》），次年 5 月 1 日开始施行，开启了各级政府公开信息的通道。自《条例》施行以来，媒体或个人寄希望于通过申请政府信息公开，获得未公开信息的资料，尽管申请政府公开信息并不一定顺利，但记者还是有必要去积极尝试。

（四）有关人士的支持

这里有两种情况，一是记者通过人脉关系获得鲜为人知的独家新闻资料；二是直接向信源索取，补充更多信息材料，如记者认为采访对象可能有条件提供，不妨说明报道的需求，取得对方理解，毕竟双方已经奠定了互信的基础。

无论是哪种情况，记者都要注意保护信息提供者（信源），向对方做出不透露私人信源的承诺。

（五）综合手段的运用

综合运用信息采集的方法，不仅效率高，而且效果好。

民国时期，广州形成了一条著名的"报馆街"。现今这条藏身于光复中路的报馆街还存有哪些报馆旧迹？在此之前，没有人能够肯定回答。广州《新快报》记者在现场踏勘中，发现在光复中路266号的2楼，一个民国搪瓷门牌幸运地保留下来，阳台的皲裂墙体上仍留有隐约可见的繁体字"声日报社"。籍此为线索，记者查阅了《新旧街道门牌对照表》以及《广东省志》《广州市志》等文献资料，初步确认从1925年至新中国成立初期的原《国华报》《越华报》《群声报》《中山日报》《民声日报》《中央日报》《南方日报》《广东日报》等几十家报社旧址。1947年就在光复中路工作的宣传部门老领导也提供了可靠证言。记者还特意走访了一位99岁的老报人，了解当年的办报场景和报纸运作；采访了古建专家，了解报馆的建筑特色……通过现场勘查、证据采信、文献查阅、人物采访、多源取证等方法，还原了广州百年报馆街，其报道《民国光复路：报馆街撑起广州报业半边天》被一些媒体和读者转载、收藏。

一篇优秀的原创报道一定离不开作者深入细致的信息采集、挖掘和求证。

二、更多的合作伙伴

（一）专业的合作

2014年1月25日，央视综合频道《晚间新闻》栏目启用了百度公司推出"百度地图春节人口迁徙大数据"（以下简称"百度迁徙"）技术；"百度迁徙"利用LBS定位技术，通过分析手机网民的定位信息，映射出人群的迁徙轨迹，进而用可视化的方式向观众直观、准确、即时地展现了春节前后5亿中国人口流动的整体状况、动态、特征和趋势。这档新闻节目引发了观众和各界的高度关注。1月26日，《光明日报》IT频道以《央视与百度合作展示春运：大数据记录回家的人》为题加以报道，并指出"这是一个有价值的创新"。

一张春节人口"大迁徙"地图，让公众用另一种方式来体验春运，也为普通人提供了认识大数据的机会。

此案例生动地说明：在网络时代，开放的新闻生产已经令新闻报道领域没有外界进入的障碍，一些互联网技术平台、专业的调研公司利用娴熟的技术手段抓取信息、处理数据的能力远超过媒体，而媒体拥有新闻资源强势，至少在大数据运作方面，双方有着更多互动共赢的机会。

当然，权重最高的还是内容的影响力。"我们视频"是《新京报》与腾讯视频合作的资讯类短视频，专门做"纯新闻"的《新京报》和拥有大流量支持的腾讯视频共同完成内容生产，2016年9月上线，一年时间生产了5 000多个短视频，仅腾讯视频播出平台就创下34亿次点击量。

在现实环境因素的共同作用下，传媒与社会组织、企业的各种合作既有互相需要，也能实现优势互惠互补。

（二）"众包"的途径

"众包"是什么？大家知道，外包是指单位机构把不擅长的业务转移给外面的专业公司来承办，如果外包是一对一，那么"众包"则一对多，"众包"通过互联网向外部公开招募的形式吸引众人智慧参与创新与合作，因此可能吸引成千上万提供解决方案的"接包方"。近年，国内新闻媒体开始积极尝试"众包"新闻生产模式，或设置开放新闻栏目和链接，或下达"众包任务书"，诚邀"公民记者"提供新闻信息，并将其文字报道、图片、视频等加以整合，成为报纸网络上不断更新的报道的一部分。

新华社"我在现场"新媒体客户端是在马来西亚航空HM370航班失联事件发生的当天上线的，其以"你见即我见"的理念"众包"新闻发生现场，这是一个非常好的创意，因为大多数新闻发生现场无法让记者恰好置身其中，事后的采访只能是碎片化的拼接。"我在现场"有定位的功能，用户可以把自己在定位现场的所见所闻直接推送到手机页面，及时地最大程度地还原真相。依靠现场的"公民记者"，"我在现场"用9个月的时间做了 3 245 个新闻现场，其中由新华社记者首发的占了不到三分之一，如图 3-3 所示。

于是，媒体从采集内容转移到筛选和分发用户的内容。"我在现场"联合创始人、新华社浙江分社记者章苒认为，"我在现场"要做的，不是去限定谁是记者，而是去限定新闻的生产标准，如用户实名认证、人工核实、技术把关、编辑内容等，降低虚假资讯的可能性和提升信息的可用性。

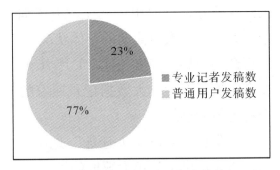

（a）哈尔滨大火现场发稿数

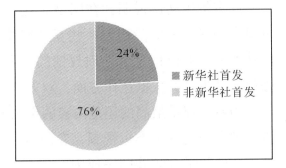

（b）3 254 个新闻现场

第二节　新媒体带来的机会

什么是新媒体？清华大学新闻与传播学院彭兰教授的解释是："'新媒体'主要指基于数字技术、网络技术及其他现代信息技术或通信技术的，具有互动性、融合性的媒介形态和平台。在现阶段，新媒体主要包括网络媒体、手机媒体及其两者融合形成的移动互联网，以及其他具有互动性的数字媒体形式。"

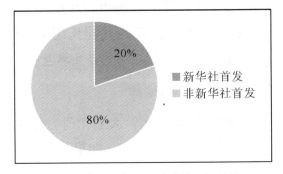

（c）点击量过千万的新闻现场

图 3-3　"众包"新闻现场

（资料来源：新华社"我在现场"新媒体客户端）

新媒体为获取信息带来更多的机遇。在喧哗的社交媒体中如何发现新闻需要的故事，如何借助网站和社交媒体拓宽信息的渠道，应是记者新的业务领域。

一、借力网站平台

网站是展示内容信息网页的集合体，具有大众化阅读、信息丰富、多媒体传播和整合度高的特点。网站不仅向用户提供多功能的网络服务，也是采集信息的重要来源。各类网站五花八门，这里只针对几种网站类型特点做概述性说明。

（一）政府网站

政府网站主要发布政府机构的报告、法规公文、地方动态、会议活动、财政预算、城乡规划、经济发展以及文（文化）教（教育）卫（医疗卫生）信息、历史地理、人口等信息和统计数据。各级、各类政府网站能够在一定程度上反映宏观情况，记者可通过政府公开信息的窗口，查询和获取一些需要的信息和数据。

由于政府部门及其组织机构的权威性，信源的可信度相对比较高。通常，来自政府信源的数据是新闻报道的主要数据来源，尤其是在数据新闻报道中，全面、可靠的大数据信息常常需要从政府部门公开数据信息中获取。

政府开放数据是世界潮流，在世界范围内，大多数国家的政府网站都公开信息，其数据量大，提取也简单。据悉，英国《卫报》数据新闻可视化制作在 2009—2013 年的 219 个样本数据新闻中，来源于政府及政府组织的数据就占到 50%。

（二）媒体网站

1. 传统媒体网站

传统新闻媒体拥有新闻登载资质的网站及其社交媒体平台，集中了原创的、专业的新闻报道，有关事件、话题、时事动态、人物及其评论、观点、探讨等应为记者持续关注的内容。经常浏览新闻媒体网站，便于及时跟踪相关新闻，了解各地报道动态，比较报道视角和发现增值的线索。

2. 大型综合门户网站

大型综合性门户网站每天发布五花八门的巨量信息，但新闻信息及其频道永远占据网页上的首要位置。这类网站 24 小时更新资讯，每日编发、转发新闻数以万计，用户点击阅读率往往是传统媒体的十几倍。

（三）非政府组织或机构网站

非政府组织（non-governmental organizations，NGO）是全球范围内非政党性、非营利性、志愿性和自治性的公民组织。据民政部和中国社会组织网的相关数据，截至 2017 年年底，中国有非政府社会组织 80.3 万个，其中认定的慈善组织有 916 个（据中华慈善总会发布的统计数字）；数据显示，在我国境内正式注册的境外非政府组织代表机构达 7 000 多个。

非政府组织涉及的行业领域非常广阔，包括环保、人权、经济、能源、文化、历史、公益、医疗、科研、农业、人口、公共政策、妇女儿童、家庭婚恋等，几乎无所不包。在国内知名度较高的如中国青年志愿者协会、宋庆龄基金会、自然之友、香港乐施会等都是大家所熟悉的非政府社会组织。

除此之外，中国还有 2 000 多个官方背景的、补充政府工作职能的行业组织归类于社会团体范围，这类社会团体和非政府组织不同，一般为国家财政拨款和事业单位编制，凸显中国行政体制特色，其中如妇联（中华妇女联合会）、侨联（全国归国华侨联合会）、文联（中国文学艺术界联合会）、作协（中国作家协会）、记协（中华全国新闻工作者协会）、贸促会（中国国际贸易促进委员会）、红十字会（中国红十字会）、中国扶贫基金会、中国残疾人福利基金会等。

上述比较大的组织机构一般都有自己的网站，经常发布独立视角的研究报告、新闻信息、行业评估、行业动态和活动、学术研讨、统计数据等。

联合国是世界最大的政府间国际组织，联合国官方网站（www. un. org）以开放的、开阔的国际视野，全方位提供世界信息，联合国新版中文网站在 2015 年正式启用。联合国数据库（http：//data. un. org）是世界重要的数据库，其资料丰富，分类详实，无偿使用，人类共享。

（四）企业网站

企业网站包括企业自建的网站、行业协会的网站以及政府工商管理部门建立的企业信用网。登录企业自建网站可查询该企业的产品、技术、管理、经营状况和财务数据等。企业信用网站提供企业信息查询系统，可查询企业信用和违规记录。

国内外著名的数据调研公司是专门和数据打交道的企业，如盖洛普民意测验、北京零点调查等机构，会定期提供可靠的、有价值的调查报告和数据（有时需要购买），经常为新闻报道采用。

二、拣选社交媒体的信息

社交媒体是个宽泛的概念，它是一个接连移动客户端的网络社区，由网民自发贡献、提取和创造新闻资讯，然后彼此分享和传播，其人性化的、开放的设定，颇受网民的欢迎，拥有非常高的客户黏度。当下，传统媒体及其新闻报道已经全面入驻社交媒体，新闻传播已经充分社交化。

活跃的社交媒体是现代人社交生活的重地，各类机构、组织、创业公司、社区都在利用这个传播大平台。对采集信息而言，网民出入的网络社区、微信朋友圈、微博客里面包含了大量社会信息，这对于记者发现线索是有价值的。但从整体上看，目前网络新闻信息生产过剩，且各种不良信息也以新闻面目在社交平台上抢镜头，其中充斥着大量未经证实的谣言、传言，因此，拣选社交媒体的信息应慎重甄别。

（一）微博/博客

博客（blogger）在进入中国的时候，曾经以一种自由和富于个性的写作姿态被视为网络时代精神产品的象征。博客使个人写作的网页成为社会媒体的一部分，使互联网进入个人传播载体的自媒体时代。2009 年随着微博（Twitter）的出现，博客又变成"旧"媒体了，但新浪博客的排名权重还是很高的，一项调查显示，驻中国海外记者经常阅读新浪博客。

与博客的长文章相比，微博的推文简短、即时和快速到达，便于分享实时信息，用户可通过客户端建立个人社区，随时发布所思所感。2010 年 8 月 8 日，甘肃省舟曲县发生了特大山洪泥石流灾难，1 510 人遇难。身在家乡舟曲的重庆理工大学大三学生王凯亲历这场灾难，他以"Kayne"网名用手机发出了第一条舟曲受灾的微博信息，紧接着，又对灾难现场和救灾过程进行"直播"。一时间，他的粉丝数量由 50 人暴涨到上万人，上传的照片、视频、文字成为灾情初期许多媒体报道的素材。

这一年的 11 月 15 日，上海市静安区大火的第一条消息也来自微博。此后，微博持续为公众及时了解火情提供信息，在上海媒体的火灾报道中受到格外的关注。

《南都周刊》首席记者季天琴曾经通过微博找到核心信息源，她说，从一条微博中还可以间接了解采访对象的个性倾向、生活习惯、人际关系以及活动踪迹等外围信息。

"调查记者没有什么诀窍，就是不断地很笨地'找人'。"财新传媒首席调查记者王和岩说。通过网络找人比较方便，网上搜索，不断翻页，且不断变换搜索词。一次，她在网上寻找当事人的一个战友，大概持续了两个星期找不到蛛丝马迹，有天晚上突然发现这个人在网上活动，就进入了他们的论坛和群，通过给博客留言、发私信取得了联系。

（二）微信

微信是一款集文字、音频、视频、图像、表情等多种媒介为一体的社交软件。几乎无时不在、无处不在的"全民皆微信"，其最突出的特征就是信息的"碎片化"，读者可以选择见缝插针的阅读、转发，信息的到达率几近百分之百。平时，记者可关注一些新闻传播类的微信公众号，《为什么2元钱的救命药没有人做?》的报道就是记者在一个公益微信群里发现的线索。

当前，微信已发展成为覆盖面惊人、信息传播迅捷的新闻发布平台。充分的社交化、移动化使更多的事件置于公众强烈的关注之下，极大拓宽了记者获取信息的渠道。

突发重大事件在微信平台上传播，会得到更加广泛的回应。随着事态的持续发酵，人们讨论一个又一个热门话题，或将自己的观察、经历、听闻等信息直接发布或转发，进而吸引更多的人争相跟进，信息出现爆炸性增长。遍布着大量丰富的报道元素以及公开身份的信息源，为记者追踪事件、抓取线索提供了极好机会。

第三节 "资料新闻学"

一、重视文献资源

（一）什么是文献

文献，通常被认为是图书、期刊、典章所记录知识的总和。我国国家标准的《文献著录总则》对文献的定义是："记录所有知识的一切载体。"这里的"知识"应体现文献的核心内容，载体则指"知识赖以保存的物质外壳"和"人工固体的附着物"。那么，除了承载文字符号的纸质载体，所有承载知识信息的胶片、声像资料、视盘、实物等载体也属于文献的范畴。

文献是人类知识宝库的组成部分，是人类社会活动中获取信息情报的基本的、主要的来源和手段。情报有多种释义，广义的情报泛指使用主体为某种特定目的，有意识地对多个领域的知识、信息、数据、事实进行劳动加工的产物。情报的本质是知识，人们通过日常的学习、工作、阅读、收看等活动吸收各类知识，这些被传递的、可以交流和利用的"各类知识"

都是人们需要的情报。

无疑，文献资源拥有独特的信息优势，据悉在台湾地区的新闻专业院系，一门"数据新闻学"课程也被称为"资料新闻学"，可见"资料"是一个蕴含丰富的特定新闻词汇。

（二）文献资源的高地：图书馆

图书馆是文献资源的高地，其宏富的馆藏资源都是社会公开信息，笔者认为利用图书馆资源对新闻信息采集非常重要，比如一些严肃而重大的报道特别需要配合史实、数据等背景信息以强化报道力度，一些解释性报道、综述性报道在很大程度上要依据科学严谨的文献资料来支撑和充实。查找旧闻、寻觅线索、探究悬疑、求证真伪，不能仅仅依靠百度搜索，还一定得去图书馆、资料室，那里提供可靠的、权威的史料，如历史档案、史籍、实证、原始资料、缩微录影、试听资料、全球数据……

重视和善于利用文献资源体现了新闻人的专业素养，也是必要的专业训练的组成部分。然而，文献资源在信息采集活动中往往被忽视，真正沉下心来整理研究资料的案头工作还是不够的。

图书馆分为国家图书馆、大学图书馆、地方图书馆、专业图书馆。中国国家图书馆是国家总书库、国家书目中心和国家古籍保护中心，馆藏实力和规模为亚洲之首。地方志文献是国家图书馆独具特色的馆内专藏之一，其整理、加工编纂清代（含清代）以前的方志资源，所存文献数量和品质极高。国家图书馆的"中国政府公开信息整合服务平台"是国内首个政府公开信息垂直搜索引擎，用户能够在一个窗口、一个检索界面一站式地搜寻并获取全方位的政府公开信息资源及相关服务。

大学图书馆的馆藏贴近师生研究学习的需求，注重与该大学的专业设置相关，学术性资源丰富。专业图书馆包括法律图书馆、艺术图书馆、建筑图书馆、服装图书馆、旅游图书馆、医学图书馆等，这类图书馆虽然规模较小，但对我们查阅专业知识很有帮助。

地方图书馆主要服务于当地读者。所有县级以上的地方政府都建有公共图书馆，馆藏拥有地方资源特色，尤其地方文献比较丰富。地方志书（省志、市志、县志）除介绍当地自然地理、历史、民俗、风物，还提供该地区的社会、经济、文化教育等信息。

图书馆的馆藏一般分为印刷馆藏和数字馆藏两大类。数字馆藏是用数字技术处理存储各种图文并茂文献的知识网络系统，它不但包含了传统图书馆的功能，还提供综合的公共信息访问服务。数字图书馆都配备有电脑查阅系统，读者通过检索关键词，即可获取需要的信息。在查找与报道方向、报道主题一致的相关信息时，可利用微博高级搜索工具进行精确查找，如"site"的使用——搜索政府网站的信息，在搜索框中检索关键词"site：gov. cn"即可；在搜索框中检索关键词"site：域名. com/cn"，可过滤一些无效的、被污染的信息。

利用图书馆文献资源应了解基本的检索知识，使用特定的检索词、检索指令和检索策略，从数据库中检索出需要的信息。信息检索需要有相应的技术和工具辅助，既可以请教图书馆工作人员，也可通过自学掌握检索方法。学会查阅、咨询、检索文献是一门知识技能。

二、充分利用数据库

新闻离不开数据的支持。既然"数据新闻学"课程也被称为"资料新闻学"，那么我们不妨从资料新闻的角度，探究如何充分利用数据库。

现代数据库也称在线数据库或网络数据库，是按照一定的数据结构组织、存储和管理的电子化文件的"仓柜"。作为一个庞大的、彼此独立的数据集合和数据处理系统，可提供给用户多种必要的存取路径及其应用服务。数据库的共享性可以满足各种用户对信息内容的需求。

建立在计算机存储设备上的数据库需要定期更新和维护，即对数据仓柜中的数据进行新增、截取、删削等，以保证数据的安全、可靠、增效。在网络信息时代，我国各行各业已经建立发展了多种类型的在线文献信息数据库，且已形成一定规模，成为提供增值服务的主要信息来源。

互联网商业巨头都建有自己的数据中心，如国外的谷歌、脸书、微软、亚马逊，国内的百度、阿里巴巴、腾讯等。谷歌推出了数据集搜索功能（g. co/datasetsearch），可以在任何地址开放的数据集中搜索，包括专业或个人网站、数字图书馆等，旨在帮助使用者快速找到需要的数据。数据集搜索功能与谷歌的学术搜索类似，后者是一个免费的网络应用，索引囊括了世界绝大部分学术期刊，但检索方法简便，比如用"作者搜索"，只将其姓氏添加到搜索字词中即可，如果使用作者全名加引号的操作符号，还可以进一步缩小搜索范围。

百度是全球最大的中文搜索引擎，公司下属的网络数据研究机构——数据研究中心每天响应数亿次的搜索请求，能及时、有效地收集网民检索的关键词信息，目前平均每个月推出两期行业研究报告，涉及 14 大类行业。

此外，很多知名大学、科研机构、媒体也都建立了自己的特色数据库，新华社多媒体数据库全面整合遍布全球的新华社新闻信息资源，存储了数千万条媒体信息，涵盖了中、英、法、西、阿、俄等语种。数据库以文字信息为主，包含图片、图表、音频和视频，其中图片库的质量和数量在国内首屈一指，仅收藏历史档案照片就达百万张，高清晰的专业新闻时事图片每日增加 1 600 多张，且因报道需求而广为采用。

国家统计局数据库是政府最大的公共数据来源，提供全面详实的月度、季度数据以及地区、部门、国际数据，拥有制表、绘图、数据地理信息系统，很多数据都有可视化图表。中国经济与社会发展统计数据库是目前国内最大的、连续更新的、以统计年鉴为主体的统计资料数据库。

此外，国内外还提供许多免费的数据库，详情可参阅本单元"专业学习资源参考"。

数据库无疑是新闻报道强大的、优良的信息资源，尤其是数据新闻在很大程度上依赖数据库检索，以便收集有用数据资料和进行大数据分析。

※　　※　　※　　※

信息时代所有文件、记录以及各类数据都以电子格式存储，新闻从业者如果不能掌握数字化信息技巧，如果不具备处理信息的能力，就无法获得原始信息、有用信息，也无法辨识无效的数据或社交操纵的数据。

在传统的传播环境中，谁最先发现新闻（线索）并进行报道，谁就斩获了独家新闻。那么在网络化、数字化的信息场域，谁最先淘出有价值的信息并进行报道，谁就斩获了独家新闻。

信息，始终为满足新闻报道需要服务。信息获取的便捷，使我们能够在利用、整合信息中，触发新闻灵感，进行新闻二度创作，如利用数据信息或背景材料构建一篇独立的非事件性报道。很多原创报道中的事实和数据都取自公开的信息，并获得广泛影响的传播效果，这并非得益于信息本身，而是作者对信息的敏锐发现、拣选和恰切使用，因此，处理信息的专业性是至关重要的。

单元强化应用任务·综合实训专区

综合习题区　看听习题区　思考习题区

写作习题区　应用习题区　简答习题区

线上习题区　阅读习题区

读书

专业学习资源参考

综合习题区

资讯

[专业与报道词条解读]

采访计划　外围采访　体验式采访　隐性采访　迂回采访　话题访问
采访突破　线人　多源取证　民意调查采访　心理暗示　独家报道
第一手材料　信源　一级信源和二级信源　案头工作　网络采访工具
众包　政府信息公开　印刷文献　志书　年鉴　数据库

[国情与时事词条解读]

公权力　医疗改革　国家基本医疗保障　社会保障体系　收入分配制度
文化创意产业　儒学　创客　国际自贸区　非物质文化遗产　公租房
农村土地转让　非盈利公益组织　非政府组织　政府间国际组织
《狼图腾》　广西南丹矿难　记协　文联　妇联　作协

讨论

[圆桌大家谈]

1. 你对哪位出镜记者的现场采访印象深刻？说说其值得称道的表现。
2. 记者在采访过程中应怎样处理和当事人、目击者、知情者的关系？
3. 法院卷宗是否属于公开信息？为什么？
4. 政府公开信息为何有利于国家现代化治理？
5. 卧底采访、体验式采访有何不同？
6. 第一手材料为何并不一定是权威的材料或主体的材料？
7. 如何确保信源的可靠性？
8. 怎样理解多维度采集信息？利用社交媒体采集信息有何利弊？
9. 说说你所理解的"众包"新闻生产模式。
10. 说说在你的采访经历中有哪些经验教训。

辩台

辩题："众包"方式可以代替现场采访吗？

正方：我认为可以。

反方：我认为不可以。

表达

1. 你是否幼年便随父母移居到外省的某个城市（区域），成为"新生代移民"。对现在所居住的城市做一个描述，说说"第二故乡"的见闻和感受。

2. 你所知道的有杰出贡献的中国科学家有哪些？简述他们的事业和成就。

观察

1. 早晨，到人气充盈的菜市场、公园、街道转一转，买菜、晨练、上班上学——观察市民一天生活的开始，找人聊一聊，将有趣的场景、片段、细节记下来和拍下来。回来整理材料后，写一篇报道。

2. 每次踏上回家的列车，不妨观察车站广场的周围环境，观察旅客候车大厅和服务设施等情况，写一篇火车站观察日记。

图问

1. 夏日的傍晚，在北京市远郊区靠近十三陵景点的路边，停靠了很多外地旅游大巴，游客下车后纷纷住进附近村民开设的小旅店。你觉得这张图片（见图 3-4）折射了当下怎样的趋势？这种趋势与民生、与经济发展有何关联？

2. 两台水泥搅拌机堵在商业步行街路口（见图 3-5），如果你在现场，除了给它们让路，还会做什么？需要找到哪里的信源？

图 3-4　外地旅游大巴

（资料来源：作者拍摄）

图 3-5　"庞然大物"拦在路口

（资料来源：作者拍摄）

阅 听 习 题 区

读报 1

1.《中国日报》主办的《21 世纪报》（21st Century）是一张普及性英文周报，提供国内外时事新闻、人物专访、特稿以及文化知识等。仔细阅读某一期报纸的版面内容，阅读后口述某篇报道主体内容，并阐述其报道特点。

2. 查阅近一年来中国重大环境执法行动的公开报道，然后在下面表格的空白处，依次填写相应文字。

报道标题				
信源（1）				
信源（2）				

读报 2

[中国新闻奖·报纸获奖作品荐读]

1.《环境执法"牙齿"越来越硬》（消息：第二十七届中国新闻奖文字消息一等奖），曹红艳，《经济日报》，2016-8-25

2.《创造港珠澳大桥的"极致"》（消息：第二十八届中国新闻奖文字消息一等奖），陈新年、廖明山，《珠江晚报》，2017-5-11

3. 《浙江为"最多跑一次"改革立法》（消息：第二十九届中国新闻奖文字消息一等奖），翁浩浩、何双伶，《浙江日报》2018-12-1

4. 《"直过"民族过得好吗?》（事件通讯：第二十六届中国新闻奖文字通讯一等奖），集体创作，新华网 2015-10-18

5. 《别了，白家庄矿》（事件通讯：第二十七届中国新闻奖文字通讯一等奖）张临山等，《山西日报》，2016-12-28

6. 《老郭脱贫记》（人物通讯：第二十七届中国新闻奖文字通讯一等奖），马跃峰，《人民日报》，2016-12-25

7. 《没有挡风玻璃的飞行》（新闻特稿：第二十九届中国新闻奖通讯与深度报道三等奖），郝蒙，《中国民航报》，2018-5-17

8. 《洄游中国》（新闻特稿：第二十八届中国新闻奖报纸副刊一等奖），张国，中青在线，2017-01-11

9. 《甘肃祁连山：问责风暴下的生态突围》（调查报道：第二十八届中国新闻奖调查性报道一等奖），薛亮，《中国国土资源报》，2017-8-28

10. 《新思想从实践中产生》（系列报道：第二十九届中国新闻奖文字系列报道一等奖），集体创作，《人民日报》，2018-9 至 2018-10

读屏 1

1. 电视国际新闻节目

凤凰卫视新闻主播卢琛主持的国际新闻《今日看世界》是一档深度谈话节目，通过嘉宾现场讨论的形式，聚焦国际事件，追踪来龙去脉。收看某期节目，谈谈卢琛的主持风格。

2. 电视访谈节目

同一事件或同一题材，不同记者的采访会有较大差异。收看"两会"期间的央视和凤凰卫视的电视访谈节目，比较分析两家电视台出境记者在"两会"现场的提问内容。

3. 纪录片

Home（《家园》），一部史上投资最大的环保纪录片，也是一部震撼人心的纪录片。其以 15 年筹备、游历整个地球、动用 8 000 多名员工和用了 21 个月拍摄完成。来自 50 多个国家的影像给人类的带来了这样一个信息：我们应认识到人类对地球的残酷掠夺，改变我们的消费模式。Home 的导演 Yann Arthus Bertarand（扬·奥尔蒂斯·贝特朗）从事空中摄影 30 多年，是著名的法国摄影师、生态学家和环境保护者。建议课余时间收看该纪录片。

读屏 2

[中国新闻奖·网络和电视获奖作品荐读]

1.《千年大墓 惊世挖掘——南昌海昏侯墓出土》（网络专题：第二十六届中国新闻奖一等奖），中国江西网，2015-11-4

2.《我们的更路簿——三沙属于中国的历史证据》（电视专题：第二十七届中国新闻奖一等奖）孔德明等，海南广播电视总台，2017-6-19

3.《大湾》（电视专题：第二十八届中国新闻奖国际传播三等奖），杜静等，深圳卫视国际频道传奇中国，2017-6-30

4.《中国一分钟》（短视频节目：第二十九届中国新闻奖特别奖）集体创作，人民日报客户端，2018-03-5

5.《两会进行时——人民网人民视频大型直播节目》（融合新闻：第二十八届中国新闻奖媒体融合类特别奖），2017-3-2

6.《海拔四千米之上》（融合新闻：第二十九届中国新闻奖融合创新一等奖），集体创作，澎湃新闻客户端，2018-11-19。

7.《一片叶子的扶贫故事》（网络系列报道：第二十九届中国新闻奖网络专题类一等奖），丁晓琴等，浙江在线，2018年10月开始播出

8.《新京报快评》（新媒体评论：第二十九届中国新闻奖新媒体品牌栏目一等奖），集体创作，"新京报评论"微信公众号。

9.《中东沙漠种植中国海稻获成功》（电视消息：第二十九届中国新闻奖电视消息一等奖），李化成等，山东广播电视台，2018-7-24

10.《独立调查》（新闻栏目：第二十六届中国新闻奖新闻名栏目一等奖），山东大众网

思 考 习 题 区

分析

[问题与分析]

1."身份标签"易成为引发围观和话题的"靶点"，试分析某一事件反

映此类现象的民众心理。

2. 记者华山在回顾抗美援朝的报道时说，如果有机会阅读司令部全面战况的报告，就会矫正由于直接材料的局限而带来的片面认识。试分析某种情况下间接材料比直接材料更全面、准确的原因。

[材料与分析]

小许同学用英语采访了在北京学习中医专业的美国留学生 Aileen。阅读下面的内容：

She is a Chinese Medicine Majorin

Xiaoxu（student reporter）：Would you like to introduce yourself？and what made you decide to come to Beijing?

Aileen（foreign students）：My name is Aileen Lozada. I'm from the U. S. and I'm a student of Beijing University of Chinese Medicine. I came to Beijing just because I wanted to travel, but after arriving in Beijing I realized what a beautiful and interesting country China is. I liked seeing the mixture of modern and traditional things. I also really enjoyed the community; everybody was very nice and friendly, so I decided to move to China. Then found a university that I was interested in.

Xiaoxu：which place do you like best in Beijing, and why?

Aileen：My favorite place in Beijing is Houhai. I like that place because it's a great place to walk around; there are also exercising machines, boats, souvenir shops, and lots of delicious snacks.

Xiaoxu：Do you enjoy life in Beijing? Were there any uncomfortable situations that happened to you? Can you share the things that made you happy in Beijing?

Aileen：I really enjoy my life in Beijing, which is very different from that in my hometown. But there have been a couple of strange and uncomfortable situations. I once ordered a take-out soup, and my soup was served in a regular shopping plastic bag. I was extremely confused and didn't know how to drink soup from the plastic bag, I eventually spilled it all over the place and was not able to have it. I have also experienced people staring at me because I'm a foreigner, which can sometimes be a bit uncomfortable.

Xiaoxu：No matter where you are in the world, there are always positive and negative things happening.

Aileen：A positive thing that has happened in Beijing is I've been able to meet people from all over the world, for Beijing is such an international city nowadays. Finally , I've been able to grow as a person because I have learned from Chinese people and their culture. Staying in Beijing is a life changing decision for me.

思考题：

1. 你认为此采访应突出什么要点？如果你是采访 Aileen 的记者，会提出哪些问题？

2. 对 Aileen 的采访有哪些不足？试做分析。

判断

思考下列新闻表述，请在括号内填入是否认同的标识（√或×），并阐述你的理由：

1. 当对方不愿意接受采访时，可以临时变通采访计划。　　（　　）

2. 一级信源都是可靠的、有说服力的。　　（　　）

3. 在报道中，除了"线人"之外，应说明信源的身份、姓名。（　　）

4. 有些采访对象更愿意把自己好的一面呈现给记者。　　（　　）

5. 采访中记录他人的原话最好能体现记者本人的倾向和意图。（　　）

6. 社交媒体的信息要通过验证，才能确定是否使用这个信息。（　　）

7. 现场照片比当事人的原话更可靠，可以成为事实证据。　（　　）

8. 为企业撰写软文也属于新闻报道。　　（　　）

9. 新闻资源就是新闻素材。　　（　　）

10. 最新发生的事件一定是新闻。　　（　　）

11. 深入现场采访就是体验式采访。　　（　　）

12. 新闻传播已经充分社交化。　　（　　）

简 答 习 题 区

围观

1. 某大学将多门课不及格或成绩没有达到要求的学生进行处理：18 名学生由本科转为专科，40 名学生留级，22 名学生被清退。教育部高教司负责人表示，本科有淘汰率是必然。你怎样看？

2. 有人使用购票软件网上抢票或使用医院挂号软件抢号，你认为是否公平？有关部门应默许还是应禁止？

3. 广东电视台以普通话代替粤语播出节目后，有当地居民认为，此举旨在推广普通话，限制地缘历史悠久的粤语方言，会削弱中国文化的多元性。你同意此说法吗？

4. 据中央纪委和国家监委网站报道，河北邢台市国资委跨省举报原陕西省郴州市政府长期拖欠其下属酒店巨额招待费。但有人认为，这是"历史欠账"，新官不理旧账。你怎样看？

伦理

1. 暗访即"卧底"的方式因涉及伦理问题一直受到争议，你认为记者在怎样的情况下可以运用"卧底"方式？试举一例。

2. 报社"新闻热线"接到某家超市售卖过期牛奶的匿名举报电话。记者到该超市核实，发现牛奶已售罄，超市负责人否认售卖过期牛奶。你认为记者在这种情况下要做什么？

3. 某记者报道一个荣膺国际奥数冠军的中学生时，穿插了该中学生日记中的文字（征得对方同意），但家长认为日记中的个别文字不利于父母的正面形象，不应绕过监护人而公开发表。你同意家长的说法吗？

4. 一位高考落榜生被冒名顶替达 10 年之久，此事在网上发布后引发广泛关注。有媒体将当事人的自述作为报道内容，你认为是否合适？

现场

1. 报社接到消费者举报，称某美容院进口的高端"激光嫩肤仪"是"三无"产品。假设编辑派你前去"摸清情况"，你打算用怎样的方式查验虚实？

2. 学校的某公选课很受学生欢迎，并且你也选择了这门公选课。你计划采访该任课教师。那么你打算了解哪几个方面的情况？如何与老师沟通？

3. 某记者按事先约定的时间采访交警大队队长，但赶到交警大队办公室，却被告知，队长凌晨 3 点带人去处理一起货车坠崖重大交通事故，现场在 20 千米外的山道上。你认为该记者如何应对突然出现的情况？

4. 迎接教师节，有两个采访对象候选者，一个是在专业大赛中脱颖而出的青年教师，一个是深受学生欢迎和爱戴的中年教师。你准备采访哪一位老师，为什么？

5. 你从公安部门获得某交通肇事的全部文字、视频、物证、影印材料，下一步你打算怎样做？

6. 一次灭火施救的现场，你要寻找和选择哪些信息来源？试列出一个信源名单，并指出哪些是核心信息，哪些是补充信息。

应用习题区

采访

[采访与准备]

1. 你的小组近期准备采访所在城市外来人口聚集地，试拟定一个详尽的采访提纲。

2. 某城市发生疫情，你的记者团队将做哪些采访准备？列出一个信源清单。

3. 近年来，国内气候反常现象持续出现，采访一位气象专家，设计 5 个采访提问。

4. 一家由民营运输企业承包的公交车，经常因司乘双方冲突遭投诉。为了弄清情况，你准备从哪里入手？

[采访与提问]

1. 下面的提问为何不够妥当？请重新调整提问方式。

（1）采访早恋女生：你为什么 16 岁就谈恋爱了？

（2）采访矿难现场的地方官员：我觉得这次矿难反映了管理的问题，您怎样看待？

（3）采访当事人：你不认为你刚刚的解释只是一种借口吗？

（4）采访患者家属：你们老家的乡镇医院是否实施医疗资源下沉？

（5）采访红十字会会长：红十字会的主要职责是什么？

（6）采访政协代表：请问参加这次政协会议有什么体会？

2. 确定信源和设计提问：

（1）如果要了解某个国家扶贫项目、资金发放和使用情况，你用什么方式、通过哪些途径获得信源？

（2）参加小学同学聚会，注意到熟悉的同学有的变得陌生了，有的经历了人生重大转折，你想从中发现不同寻常的故事。那么你准备用怎样的提问方式打开他（她）的心扉？

（3）回家探亲时，发现家乡的一条主干道竣工了，但宽阔的路面没有设计人行便道，人们步行或骑行都与机动车并行，存在安全隐患。你认为这是值得注意的问题，打算找哪些部门、哪些人了解情况？

（4）参加国家知识产权局的新闻发布会，新闻发言人称，去年全市破获知识产权领域犯罪案件 1 729 件，各类假冒名牌产品涉案金额 3 亿余元。设计你的现场提问。

[采访与记录]

1. 课堂播放名人演讲录音，要求大家尽可能地记录一些重要的、关键的话语。可重复听两次，记录后，检查是不是有遗漏、有多少遗漏。

2. 收看一场新闻发布会，请同学们运用速记法做必要的文字记录；根据记录内容写一篇消息。

[采访与网络]

1. 用电子邮件的方式采访一位海外的朋友或亲属。请注意做好准备工作，包括联系接洽人、设计提问（问题）、背景材料的采集等。

2. 针对近期发生的事件，利用网络应用设备，联络、采访发生地的熟人朋友，请他们提供相关的信息，并整理归纳。

3. 在邮件列表社区，参加讨论组的互动，就其中感兴趣的邮件内容，发起话题讨论。

4. "知乎"是一个有特点的网络问答社区，网上联络一个"知乎"用户，以记者身份对他（她）进行一次交流式采访。

[采访与实践]

郭瑾（化名）同学是新闻专业大二学生，请阅读她的采访手记并回答后面的问题——

我的第一次采访

郭瑾

看了一眼介绍信，又仔细看了看采访提纲："我们医院没有什么可采访的，这么小的一个医院，谁知道？"医院院长不假思索又不耐烦地说。

当初我好天真啊，幻想着院长是一位和蔼可亲的老爷爷，戴着厚厚的眼镜，很有学问的样子，我有什么问题他都能回答。然而，眼前的这位院长——40 岁左右、微微发胖的中年男子坐在椅子上，正在不屑地于我的来访。而我，好像一个小学生，呆呆地站在桌旁，心里扑通扑通地跳……

现实和想象的反差如此之大，让毫无准备的我一下子掉进了冰窟窿里！

临近寒假，老师组织同学们开展"家乡基层医院调查"活动，我觉得老师的想法真好。"纸上得来终觉浅"，学了一个学期的采访写作课，终于有用武之地了！

当我迫不及待地走进兵团职工医院，傻眼了！应该找谁呢？找医生吧。一位医生看了采访提纲，委婉地对我说："这些事我也不是很清楚。"我没有听出他是在拒绝。"我们听院长的，院长同意了我就告诉你，我们尽量配合你的工作。"

我舅舅认识院长，带我去见他。于是就出现了前面的那一幕场景。虽然院长表现得不是很友善，但是我仍然"赖"在办公室不走，问他"我能问您几个问题吗？如果您觉得不方便也可以不回答的。"院长终于接受了我的采访。录音记录显示，采访全程 16 分钟！曾为这第一次的采访准备了好多问题，都还没有来得及问，就以院长的"就这样吧！我还有事"结束了……

一出来，舅舅就批评我："问问题的时候没有礼貌，全程板着张脸……"

反正至少采访了院长，调查也算完成了！我打算不了了之。正在这时，通话记录显示未接来电，还有一条短信，是老师发来的，她问我采访完成得怎么样？"不太顺利……"我支支吾吾，不知道怎样回复，说自己被羞辱、被拒绝，感到很委屈、很难过、很泄气？！

于是又去了医院的住院部。住院部的病房没有什么病人，显得空空荡荡。在 3 楼，七八个护士坐在走廊的椅子上专心玩手机。在 4 楼，我走进一间病房，房间里的老奶奶把我当成刚刚转院的病人的亲戚，聊了起来……

在住院部停留了一个下午，还和一位住院的阿姨交谈，我觉得这些来自患者的声音反映了医院很真实的问题，后来我舅舅无意中也讲了他在这家医院治疗的一件事，我把这些都作为案例放进了调查的内容里。患者和院长是从不同的角度反映基层医院医疗服务的现实状况的。向老师做了汇报后，老师肯定了我，还建议写成有现场感的 3 个小故事。

我想，我将不会忘记我的第一次采访。

思考题：

1. 此次采访有哪些值得肯定的地方，你认为郭瑾同学是否达到了采访目的？

2. 请你帮助郭瑾同学具体分析此次采访医院院长失利的原因。

3. 假设你是郭谨同学，要怎样取得采访的突破？

调研

医疗，是民生的窗口。医疗改革是民众强烈呼吁、热切关注的社会热点。利用寒假时间，组织开展基层医疗状况的调研活动。以居住地的乡镇或社区卫生中心为调研对象，形成一篇报道或调查报告。

此项目可申请学校寒假社会实践立项资金的支持。

具体要求和说明如下：

1. 做好项目活动的前期准备，包括录像收看、相关报道阅读，查阅相关背景资料等，使同学们对国内医疗状况有一个基本的了解。

2. 采访所在城市的医疗专家。

3. 拟定采访提纲，设计调查提问，并在此过程中充分展开讨论。

4. 在居住地进行采访的要求和建议：

（1）利用熟悉环境和人脉的优势，视具体情况采取预约采访、电话采访、网络采访、随机采访、抽样调查等多种方式。

（2）与地方卫生部门、基层医疗单位负责人联络，获取有价值的数据。

（3）采访基层医院和医生，了解农村"新农合"的政策和实施情况，了解基层医院的规模、日诊疗人数、医生人数和职级构成、医疗设备和医疗人才以及面临的主要困难等。

（4）采访患者，倾听来自患者及家属的声音。

（5）观察场景细节，拍摄现场照片，采集更多案例，记录采访原话，注意故事元素。

（6）及时整理素材，核实相关事实和数据，为写作调查报道奠定基础。

（7）建议每天写采访日记。

写 作 习 题 区

写练

[填空]

选择最有表现力的动词，填在句子中的括号内：

1. 一位小区业主（   ）将车停在小区门口，遭到保安的阻拦。

A. 企图　B. 试图　C. 妄图　D. 伺机

2. 昨日，国资委（   ）10 起国企贪腐案。

A. 通报　B. 通告　C. 通知　D. 告知

3. 据现场勘查，火灾原因系未燃尽烟花（   ）。

A. 引爆　B. 引入　C. 引起　D. 引发

4. 居委会通知，明天上午 8：00，本市口腔医疗专家前来（   ）。

A. 会诊　B. 义诊　C. 就诊　D. 问诊

[片段]

你是否曾经历灾难袭击，如飓风、暴雨、地震、泥石流、风雪、酷寒、高温、洪水、雾霾、沙尘暴、火灾、交通肇事等，试对那难忘的一刻做细节描写。

[故事]

用第三人称写作"个人亲历式"故事，标题自拟。以下选题可参考：

1. 兼职的故事

2. 手机的故事

3. 网购的故事

4. 路上的故事

[看图]

1. 在成都的公园里，一些树木正在被"注射"营养液，如图 3-6 所示。查阅相关资料，了解这种新型的"树木吊针袋"绿植处理技术。将素材梳理、整合后，用说明文字写一篇资讯性消息。

2. 辽宁盘锦大米驰名全国。盘锦为什么盛产水稻（见图 3-7），查阅相关资料，了解盘锦特殊的地质、地理环境，了解盘锦的水稻品种以及作为全国主要水稻种植区的历史、现况和未来发展，整合一篇背景新闻。

图 3-6　给树木注射营养液

（资料来源：作者拍摄）

图 3-7　盘锦稻田

（资料来源：作者拍摄）

采写

[采写（1）]

1. 校园采访不同专业的大四同学，了解他（她）们毕业后选择就业城市的意愿和倾向。根据采访的情况，以"口述实录"的方式完成一篇专访。

2. 你的同学参军入伍期满后，回校继续完成学业。你对部队生活有些好奇，采访他（她）在这两年的特殊经历，写一篇人物报道。

3. 有机会的话，和你的父母、亲属聊一聊，如果抓到有价值的线索，深入地问一问，尽量收集更多信息，写出一篇新闻稿。

4. 围绕"大学生媒介素养"的话题，线上采访一位专家，写一篇访谈。

[采写（2）]

1. 短视频、直播、游戏以及追星追剧已成为当下众多青少年的日常生活写照。和年轻而陌生的面庞混混脸熟，发现有意思的故事，完成一组青春系列人物采写。

2. 著名经济学家吴敬琏说："买房子不一定是刚需，买房子是欲望，但居住肯定是刚需。"在北上广这类繁华且包容的大都市，对于几百万来自外省的年轻白领来说，居住，是首当其冲的"刚需"。运用网络应用工具联系和采访你所在城市的白领，请他（她）们谈谈大城市打拼在"住"的问题上有怎样的经历和体验。整理素材后，完成一篇专访。

情境

[现场写作]

1. 收看央视"3·15"消费者权益日晚会，关注节目中曝光的某个企业及其产品，结合相关信息查阅，写一篇文字报道。

2. 观看一场篮球（或足球、排球、羽毛球等）比赛，然后写一篇现场新闻。

3. 2014年9月22日，国内外50多家媒体记者出席了在国家网球中心举行的"李娜退役新闻发布会"。观看当时的现场直播，完成一篇会议消息。

[模拟写作]

模拟一次新闻发布会现场。在清明节群众祭扫服务工作的新闻发布会上，北京市政府新闻办公室发言人发布了以下信息（倡议）：

◎平安祭扫。不烧纸钱，不使用冥币等迷信供品。

◎文明祭扫。尽量选择家庭追思、鲜花祭奠、集体公祭、社区公祭等文明环保的祭扫方式。

◎清洁祭扫。保持墓园环境清洁。

◎错峰祭扫。合理安排祭扫时间，减少交通拥堵。

◎提倡城市公益性安葬，如立体安葬包括骨灰撒海安葬、生态安葬等，这些是政府重点推动的。这些安葬方式每年都有增幅，如骨灰安葬，去年是2 700多份。从1994年开始到现在，20多年共举办了415次骨灰撒海活动，1.87万余骨灰投入到大海怀抱。

◎公墓价格规范。政府对殡仪安葬方面的价格实行相应的定价和监管。

……

要求：

1. 模拟布置"清明节群众祭扫服务工作"新闻发布会场景，由老师或一个同学担任发布会新闻发言人，每个学习小组选派一个成员作为参加发布会的各路媒体记者，并根据发布会的内容向新闻发言人提问，其中一个小组做拍摄、现场录音和笔录工作。

2. 对录音和笔录内容进行整理，完成一篇以《市民政局召开清明节群众祭扫服务新闻发布会》为题的消息。

3. 就"立体安葬"话题，写一篇报道。

改写

将本单元突发事件采访的例文《央视记者重庆黔江特大交通事故现场报道》改写成一篇文字消息。

修改

辨认下面句子中的语法、逻辑、用词造句等错误，并给予修改。

1. 当南京市红十字献血中心的医务人员从聂红苓的胳臂上轻轻抽出针头时，她作为首批最后一位南大献血的同学坦然地笑了。

2. 他语气平静，就像是初中生读课文，没有什么起伏。

3. 各国领导就进一步推进全球互联网发展与治理发表了重要主张。

4. 双井站也是一座换乘站，由于属于10号线的一期建设，受当时建设条件的约束，从它的土建结构来说，还是不能满足。

5. 二十二点后，机场候机大厅逐渐冷落下来。

6. 今年企业集团来我校招聘，但是在体能方面就有很多同学不达标。

7. 100名参训志愿者通过卫生救护知识培训，增强了对突发灾难、意外伤害及预防疾病的能力，同时也加强了对红十字的宣传，提升了大学生关爱生命、珍惜健康的意识。

8. 现场指挥中心按照现场抢险、医疗抢救、治安防控、后勤保障等方面组成工作小组，同步启动应急措施。

9. 在高校学生田径运动会上，刘秀以绝对的优势获得男子乙组5 000米和男子乙组3 000米障碍赛的双料冠军，两次站上最高领奖台，七年对体育运动的坚持，七年的辛酸汗水都被站在最高领奖台时的微笑掩饰住了，可属于体育的七年已经深深烙印在那颗不屈的心上，也正是这七年才成就了他自己。

10. 珠饰在沙捞越的各个民族中，图案、设计、风格和技术仍在蓬勃发展，并且每一个民族的风格都具有别样的特色。

线 上 习 题 区

采集

[在线互动]

1. 军训是走进大学的第一堂课。据悉，在我们的邻国日本，大一新生也有军训，不妨收集网上资料了解日本大学生如何军训。

2. 网上采集相关信息，了解德国柏林墙倒塌的历史背景。

3. 关注"90 后"毕业生就业情况，试用"众包"的方式获得信源和素材。

4. 利用网络即时聊天功能，就某个话题或事件，约请朋友一起上线互动。

[登录网站]

1. 登录联合国网站页面，检索、下载、保存你感兴趣的统计数据。

2. 用搜索引擎查询你所在城市公共服务项目、价格及其缴费情况。

3. 通过央行微博征信系统，查询你感兴趣的金融信用数据。

4. 就你感兴趣的问题访问盖洛普民意测验、北京零点调查等机构的网站，阅读相关的研究报告和数据，下载你认为有用的信息。

[文献检索]

1. 在中国新闻史上，有许多杰出新闻前辈如王韬、章太炎、梁启超、瞿秋白、邹韬奋、胡乔木等，查阅相关的新闻史料，编辑整理后，形成系列介绍文字。

2. 2017 年年底，美国总统宣布承认耶路撒冷为以色列首都，引发阿拉伯国家和穆斯林世界的抗议。查阅有关历史资料，了解这一地区冲突的历史渊源。

3. 年鉴是按年度连续出版的工具书，汇编了区域、部门或行业一年内的重要时事、政府公报和法规、统计资料以及企业名录、著名人物等。就你感兴趣的事情查询年鉴上一些实用的信息。

4. 有一些提供免费下载的公益性数据库（见第六单元"专业学习资源

参考"），如"国家哲学社会科学文献中心""数字图书馆推广工程"，不妨利用这一类数据库网站，收集你感兴趣的资讯、论文和报告。

5. 尝试个人记录检索。可选择一位商界或政界人士，尽可能查找此人的有关信息，如个人履历、受教育情况、家庭子女情况、房地产记录、个人信用和违法记录、个人财产记录、工作和事业成长记录等，根据上述资料写一篇人物（化名）简介。

6. 你对自己的家乡很了解吗？到图书馆查阅相关志书，了解家乡的历史、地理、经济、文化、人口等演变发展的脉络。

7. 查阅文献资料，了解中国近代"走西口""闯关东""下南洋"重大人口迁徙事件。

8. 北京古城墙始创于元代，建成于明代，沿用于清代至民国，历经 7 个世纪的洗礼。20 世纪 50 年代，古都的城墙城门被陆续拆除。图 3-8 展示的是位于北京崇文门的明城墙遗址，长约 1.5 千米。

图 3-8　北京明城墙遗址

（资料来源：作者拍摄）

了解老北京的城墙和城门的建筑规制、原貌、功能及其历史钩沉。查阅有关资料。

制作

1. 参加社会实践活动，一路观察、采访、记录，用微博（或微信）每天发布推文。同时，安排出镜记者现场采访，制作一个短视频。

2. 采访一位外教，制作一个时长 6~10 分钟的英语音频节目。为该音频节目撰写一篇英语解说词。

3. 全程拍摄一次有趣的采风（或旅游），制作一个短视频，要求根据内容嵌入同期声以及解说。

阅读习题区

访谈

互联网时代，传统媒体也能争取独家的"第一落点"
——专访《新京报》首席记者张寒

（编者注：张寒，《新京报》深度报道部副主编、首席记者，主要作品《隐秘"大师"王林的金钱王国》《诺奖后，高密的莫言效应》《从撞人到杀人——药家鑫的蜕变》等。本专访转引自《转型与坚守：新媒体环境下深度报道从业者访谈录》，采访者张志安系中山大学传播与设计学院院长、博士生导师，刘虹苓系中山大学传播与设计学院学生）

请扫描二维码阅读

前方

来自前方记者的声音带着既新鲜又充满实战硝烟的气息。独特经历、得失经验、采写洞见，让我们直接触摸时代跳动的脉搏，倾听更切实的、睿智的报道意见，让新闻课堂更接地气。

[记者手记（1）]
发稿前最后一刻，也不能放弃追问真相
秦珍子

（编者注：秦珍子，《中国青年报·冰点周刊》记者，任记者10年，代表作品《长夜的尽头》《拐点》《绝不让命运扼住咽喉》《老邦留下的渡船，谁来撑》等。该文转自《中国青年报·冰点周刊》2013年8月14日10版）

请扫描二维码阅读

[记者手记（2）]

《南方周末》记者谈采访

（**编者注**：该内容根据《揭开真相——〈南方周末〉知名记者报道手册》（谢春雷编著，浙江人民出版社，2004）以及会议发言整理。一部分记者已不在原媒体任职）

请扫描二维码阅读

传媒

[讲堂]

抛弃什么　保留什么　学会什么

——《华盛顿邮报》执行主编马丁·巴龙关于纸媒转型的思路

（**编者注**：该文系《华盛顿邮报》执行主编马丁·巴龙（Martin Baron）2015 年 4 月 8 日在美国加州大学河滨分校的演讲，转引自《新闻与写作》2015 年第 7 期，张宸编译）

请扫描二维码阅读

读书

1. 《文明的冲突》，[美] 塞缪尔·亨廷顿著，周琪译，新华出版社，2013

2. 《世界是平的》，[美] 托马斯·弗里德曼著，何帆等译，湖南科学

技术出版社，2006

3.《全球新闻记者》，第4版，〔英〕大卫·兰德尔著，邹蔚苓译，复旦大学出版社，2013

4.《创造性的采访》，〔美〕肯·梅茨勒著，李丽颖译，中国人民大学出版社，2010

5.《故事》，〔美〕罗伯特·麦基著，周铁东译，天津人民出版社，2014

6.《做新闻》，〔美〕盖伊·塔奇曼著，麻争旗等译，华夏出版社，2008

7.《怎样当好新闻记者》，〔美〕杰克·海敦著，伍任译，新华出版社，1980

8.《新闻报道与写作》，〔美〕麦尔·曼切尔著，艾丰等编译，中国广播电视出版社，1981

9.《央视新闻·内刊外读》，中央电视台新闻中心编，生活·读书·新知三联书店，2015

10.《南方报业采编经典案例》，杨兴峰编，南方日报出版社，2011

11.《看见》，柴静著，广西师范大学出版社，2013

12.《万历十五年》，〔美〕黄仁宇著，生活·读书·新知三联书店，1997

13.《美学散步》，宗白华著，上海人民出版社，1981

14.《好的孤独》，陈果著，江苏凤凰文艺出版社，2017

15.《哲学是什么》，胡军著，北京大学出版社，2015

16.《现代社会心理学》，周晓虹著，上海人民出版社，1997.

专业学习资源参考

常用数据库

请扫描二维码阅读

第四单元

报道新闻（文体和语体）

单元理论通识任务·报道新闻
（文体和语体）

从本单元开始即进入新闻写作了。采访和写作是两个思维系统。采访是写作的源泉，为写作提供构成基本内容的材料；写作是采访的成果，为新闻报道提供内容产品。

新闻写作者须了解新闻体裁的各种类型及其报道形态，并掌握各种文体写作的规律。从消息、现场新闻、通讯到集群报道、深度报道，本单元理论通识内容着重研讨新闻报道的文体样式。

文体的意义在于：当我们确定主题内容的时候，会找到那个最恰切的方式去表现它，让内容和形式达到协调统一，因此，在确定文体前，你写的是什么，你要表达的是什么，是选择文体的前提。

本单元第三讲还专门探讨了新闻语言的问题，文体是决定语言环境的主要因素，文体和语体之间是呼应的。同时，新闻写作对语体和语境有着特殊的要求。

第十讲　新闻报道文体类型及其形态

国际新闻业界将新闻文体划分为两大类：硬新闻（hard news）和软新闻（soft news），硬新闻通常指时事性、时政类消息，是时效性很强的实时新闻，内容多为题材重大的严肃内容，是新闻报道的主体内容，也是新闻的主要形式。软新闻指贴近生活的、轻松活泼、情感浓郁的新闻，具有趣味性、故事性和话题性，常用多种表达方式，一般时效性不强。

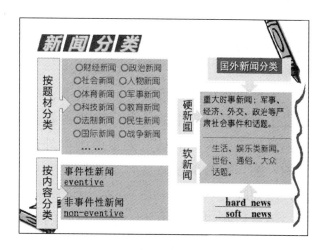

图 4-1　新闻分类

（资料来源：作者课件）

目前国外新闻媒体普遍使用四种文体类型，即消息、特稿、评论和深度报道，尤其消息文体有着更广泛的国际通用性。国内的新闻文体种类则比较多，划分更精细一些。

文体样式是在长期的新闻报道实践中形成的，体现了新闻人对新闻写作的理解，也反映了一个区域、一个国家文化表达习惯。

文体是承载内容和表达内容的形式，你所报道的内容适合用什么样的文体来表达，那么就选择什么文体。内容决定形式、决定文体，这就是文体与内容的逻辑关系。

在全媒体的传播环境下，文体好像是一个大箩筐，里面装着各式各样的体裁，从 140 字的微博到图片新闻、从实时新闻到现场新闻、从特稿到评论、从数据新闻到融合新闻、从系列报道到深度报道等等，各种文体样式都有适合承载相应内容的功能，但由于文体繁多，有些文体的边界可能是模糊的，相互的交集也经常出现。重要的是了解文体的特性以及文体之间的差异，才能更好地驾驭文本的写作。

本讲详实地介绍常用的基本的新闻写作文体类型。

第一节　消息

新闻，通常也被视为"纯新闻"的消息。消息是一种最广泛的、最普遍的运用的新闻文体，具有新闻的纯粹性和经典性，体现了作为"纯新闻"的标准形态。

消息通常以滚动报道、同步报道、抢发报道的形式快速传递国内外最近发生的事件，报纸的头版、电视的新闻频道、网站的首页，几乎都被这些消息报道充满。消息持续报道国内外的最新时事，让人们及时了解所关注的、感兴趣的事物，及时了解周围和更广阔的范围内发生的变化，足不出户就知晓天下事。

消息是新闻报道中主力的、核心的报道方式，是承载事件报道的首选体裁，也是中外媒体最常用、最活跃的一种报道形式。据悉，新华社每天发送新闻信息 8 000 多条，大多数是消息；美联社、合众社每天发稿 300 多万字，其中三分之二是消息。

毋庸置疑，消息是新闻写作中最重要的、最基础的写作，写好消息是新闻写作的起码要求。一个新闻工作者，必须掌握消息的写作要领，必须能够把消息写得很熟练。

一、事件性消息

我们所说的消息多指事件性消息。事件性消息也称动态消息或实时新闻，体现了显明的消息特征。

（一）倒金字塔结构

倒金字塔结构起源于美国的"南北战争"时期（1861—1865 年）。当时，为了及时发布人们时刻渴望了解的前线战况，战地记者在发稿时，总是把最重要的信息放在前面报道，以方便读者阅读，进而形成了先说结果、后说过程的"头重脚轻"式的倒叙结构，即"倒金字塔结构"。

倒金字塔结构文字简练，短小精悍，在消息写作中独领风骚百年，且一直延续至今，其根本的原因就在于它不可替代的优势：一是让读者在最短的时间内迅速浏览重要的信息——如果很忙，只看导语就够了！此外，它便于记者迅速发稿，也非常适合报道事态最新"动向"。

当然，如果事件有一定故事性，也可以选择金字塔结构，即按事实的发生、发展、结局的时间顺序安排材料，展开叙述。一般情况下，结尾就是故事发展的高潮。金字塔结构不是很常用，须根据内容的需要。

倒金字结构塔的原理即按事实的重要程度依次递减：导语—主体—结尾，核心事实包括事实结果放在最前面的导语中，然后用倒叙展开事实，结尾则补充主体事实信息，如图4-2所示。

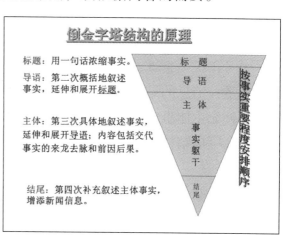

图4-2　倒金字塔结构的原理

（资料来源：作者课件）

导语：在倒金字结构顶层是标题，导语是标题的展开。导语文字简洁明快，开门见山，基本的使命就是将新闻事实主脉即主要的基本事实加以概述，并说明事件的5W和1H的基本要素——

When：何时

Where：何地

Who：何人

What：何事

Why：为何

How：如何

导语：要把核心的信息即事件的结果放置在前面，如一场围棋比赛，谁获冠军、谁是亚军，先要告诉读者；一场灾难，有多少伤亡人数、事故原因是什么，先要让读者知道。

主体：主体内容呼应导语，展开新闻事实，交代事实的来龙去脉。消息的主体部分一般都分出段落，使层次清晰。段落之间和行文中的衔接经常使用一些过渡性词汇，也可将其视为消息写作的专用介词短语，我们在写作消息时，应适时加以应用，如——

· 据悉，……

· 记者从……获知，……

· ……称，……表示，

· 据相关负责人介绍，……

· 记者看到，……

· 记者了解到，……

· 据……披露，……

· ……指出（强调、认为），

· 另据……报道，……

结尾：消息的结尾是一个独立的段落。对言简意赅的消息来说，结尾应能够补充主体事实，扩大新闻的信息量。

倒金字塔结构的消息具有鲜明的文体特点，其表现方式依循以下基本的规则：

· "时效"突出，发稿速度快。

· 主题集中，一事一报，基本要素（5 个 W 和 1 个 H）齐全。

· 结构比较固定、单一。

· 篇幅简短，概述为主，一般不做细节描写。

· 突出核心信息，叙述紧凑，用词准确。

· 强调客观性，使用第三人称，不使用限制性、修饰性词汇。

· 讲究标题的表现力，标题写作有特殊规律和特殊要求。

倒金字塔结构的这些要件构成了"news"的"标配"，同时也形成了相对比较固定的文体模式。

（二）抓取事实信息

事件性消息报道新近发生的某一事件，具有很强的时效性。由于事件始终是报道追逐的目标，消息的新闻价值取决于事件本身的性质和重要程度。1865 年 4 月 14 日，美国总统林肯遇刺，美联社最先抢发了这条大新闻：The president was assassinated and seriously injured in the theater tonight.（今晚总统在剧场遇刺，身受重伤）。仅 11 个单词，却震惊世界。1945 年 8 月 15 日重庆街头，《大公报》头版用超大号铅字"日本投降矣！"宣告抗战胜利，该新闻只有 5 个字，却力透纸背，响彻大地！

当然，这是两个非常特殊的事件，但也反映了重大事件是消息发布新闻的最佳载体和最好时机。在日常的报道中，新近发生的事件都是消息报道最为关注的，一起水污染事故、一场马拉松比赛、一场招聘会、一次追剿行动、一项工程竣工、一个名人去世——对事件的快速抓取是消息的突出特征。

一篇消息是由准确、有效的信息构成的。通常，一篇几百字的会议新闻，你会发现其中信息密集：会议名称、主办方、召开时间、地点、会议宗旨、参会人员、会议议程（重要的议程多着墨，次要的议程一笔带过）、会议发言（讲话的要点）以及描写会议气氛的寥寥数语，收束时也没有忘记补充对会议主题有用的信息。

不要认为消息这种"豆腐块"的写作只要按倒金字塔结构的"套路"写作就"OK"了。消息简短但不一定简单。我们来分析下面的两篇事件性消息。

[例文1]

估价60余万元的家具化为灰烬 这场火灾让人心痛

导语 本报讯 昨日，西安市南郊新小寨村的万邦家具厂突起大火，估价60余万元的600套家具在火灾中被烧毁。初步调查着火原因系工人吸烟引起。（用概括性语言叙述了火灾的起因、结果，交代事件的5W）

主体 据了解，火灾发生于上午9时许，当时厂房内外都堆满了各种木制家具和原料。10时许，市消防支队六中队到达火灾现场，但因厂内无消防通道，消防车无法靠近现场，加之无法确定电线是否断电，消防队员无法直接进入厂房灭火，只好铺设了两条300余米长的消防水管，从消防车上引水，分两组进行灭火。（具体说明火灾发生的时间、环境和消防人员灭火受阻情况）

结尾 中午13时许，燃烧了近3个小时的大火终于熄灭。记者在现场看到，该厂房外墙上都喷着防火消防标语，但厂房里没有任何消防设备；在厂房内，还有家具厂的工作人员在吸烟。（写大火扑灭，但现场发现两个重要细节——厂房墙上的防火标语和厂房内有人仍在吸烟，与火灾形成讽刺性反差，提升了主题价值。）

该报道虽然只有300字左右，但抓住了两个核心事实：一是无消防通道，灭火不力；二是火灾原因系吸烟引发，但现场仍然有人吸烟。记者以现场观察的实据，揭示企业的粗放管理而导致的责任事故。

[例文2]

七台河"11.27"矿难周年祭
李毅中质疑：为何还没人被究刑责？
《工人日报》哈尔滨11月22日电（记者王冬梅）国家安监总局局长李

毅中今天再次质疑：“11.27”事故发生快两年了，移送司法机关的 10 多名责任人，为何还没有得到处理？按照有关规定，移送司法机关、如何判刑等都应该向社会公布，希望早点把处理结果透明地公布。

（标题以李毅中局长质问事件的原话点明主题，导语展开李毅中的质问，开门见山，直接“端出”核心事实）

黑龙江省省长张左己表态：一定要记住“11·27”事故的教训，事故中该处理的干部已经处理，但造成矿难的主要责任人移交检察院后却还没有得到处理，逍遥法外，怎么得了？不能睁只眼闭只眼，要好好查！（事关重大，省级领导必须表态，以推动问题的处理）

2005 年 11 月 27 日，龙煤集团七台河分公司东风煤矿发生特别重大煤尘爆炸事故，死亡 171 人，伤 48 人。国务院调查组认定：这是一起重大责任事故。2006 年 7 月，经国务院常务会议研究，同意对东风煤矿矿长马金光、龙煤集团七台河分公司调度室主任杨俊生等 11 人移送司法机关追究刑事责任；同意对龙煤矿业集团有限责任公司总经理侯仁等 21 人给予相应的党纪、政纪处分。（倒叙，穿插事件背景，概述该起重大矿难和当时的处理情况，说明事件的前因）

今天再次提起那次事故，李毅中的眼圈红了。11 月 21 日，李毅中特意率领督查组到东风煤矿走访，在曾经发生事故的井口，他声音略显颤抖地说：“当年我就站在这里等待救护队的人员救出死难的矿工，心情非常沉痛。”（主体内容顺叙，交代何时、何地、何人、何事，描述现场，用“直接引语”过渡到下一段）

当李毅中了解到“11.27”事故中包括矿长在内的 11 名事故责任人还没有得到处理，他气愤地说：“我是事故调查组组长，有权利责问事故责任追究”。“事故发生快两年了，为什么还没有处理结果？”李毅中当即请黑龙江省副省长刘海生了解此事。随后，当地有关方面反馈的信息是：大家都觉得很奇怪，谁都不清楚怎么回事。（以上两段是报道的核心内容。当李毅中得知事故发生两年后还没有处理结果时，立刻责问追究，与标题呼应，凸现主题）

在今天督查组与黑龙江省政府交换意见时，李毅中指出黑龙江省安全生产工作存在“死角漏洞”等问题。比如，七台河市在“回头看”过程中，对规模以下小企业还没有进行补课；城子河瓦斯发电机组现场查看中，发现没有瓦斯浓度监控设施；东风煤矿瓦斯抽采率只有 17%，远低于全省平均水平。（安全检查发现"死角漏洞"。作为国有企业的东风煤矿不仅拖延处理矿难事故责任人，其生产现场仍存安全隐患。结尾的信息揭示了东风煤矿并没有认真吸取教训，补充了"责问追究"的主体事实）

导致 171 人死亡、48 人伤残的七台河东风煤矿矿难是一起重大的责任事故，当时几乎所有的媒体都进行了报道。两年后，国家安监总局局长李毅中回访事故发生地时得知：11 名矿难事故责任人仍然逍遥法外！李毅中拍案而起，明确下达追查指令。

20 世纪 90 年代，一些地方煤矿安全责任事故频发，据有关部门统计，在李毅中局长赴七台河的当年即 2007 年，全国发生大小矿难事故就达 148 起，政府管理层面不断强化煤矿安全监管。在这样的背景下，国家安监总局局长李毅中对"矿难责任人未被究刑责"进行追责具有重大的警示作用。没有对责任人的严厉惩戒，就不足以构成威慑力量，以深刻吸取事故教训。

矿难是一个重大新闻，对矿难责任人究责不力也是一个重大新闻，这篇消息曾获第十八届中国新闻奖"消息一等奖"。虽然文稿的写作难度不大，但现实意义突出，新闻价值含量高。这个报道案例让我们看到，事件性消息的精髓在于抓取怎样的事实，写作文采可能在次要。

这篇报道刊发后，引起社会各界热议。已经移交检察院追究刑责的人，被拖延长达两年不判，当地政府反馈的信息居然是"谁都不清楚是怎么回事"。可见地方官僚主义的低效、冷漠和熏深之久。公众发出进一步的疑问：是什么在阻碍正常判决？是官德还是执法不严？有没有违法违纪包庇行为？有关部门给出的理由是什么？是否一个"重视不够"就可以消解全部责任？如果李毅中没有来七台河巡视，那么刑责拖延是否会继续拖延？事关司法公正，事关社会正义，让人们掂出沉甸甸的分量。

据悉，此报道发出一个月后，七台河市新兴区人民法院对七台河"11·27"矿难案进行公开宣判，5 名被告被先行判决。但这起事件显然还有主题挖掘和报道的空间，媒体需要回应公众关注，进行深入调查和深度报道。

二、非事件性消息

非事件性消息是指具有阶段性、延缓性特征的新闻事件，如历史街区保护、长三角沿线经济开发、建设服务型政府、治理雾霾、医疗改革等，它们并非新近发生，但题材厚重，意义深远。先看下面的标题：

《城市更新提速迎接"大湾区时代"》（《南方日报》，2017-6-22）

《网游用户低龄化趋势明显》（《北京日报》，2013-4-23）

《中国东三省人口危机：每年净流出 200 万人 面临后继无人》（《21 世纪经济报道》2014-12-14）

以上报道标题完全不同于事件性消息的标题，它们围绕一个议题中心，在比较大的范围内反映事件之变化和趋势，具有宏观的视角。在内容的表达方面，它没有针对某个具体事件，也没有明确的行为主体，这和"一事一报"的事件性消息完全不同。非事件性新闻也有时效性，但报道的时间跨度可以在目前的一个阶段或一个时间段内，这是与事件性消息的高度时效性、鲜明的事件性显然又不同，那么，我们把这类消息形态称之为"非事件性消息"，它是一种常见的消息报道形态。

非事件性消息，报道的事件性较弱，话题性较强（对已知事实的报道或前瞻性的报道也属于非事件性消息）。如果说事件性消息通常是新闻发生的"召唤"，那么非事件性消息更多见于记者的主动发现，它更注重有价值的话题的挖掘，注重议题的设置。

在写作方法上，非事件性消息以叙述为主，穿插解释和说明，一般多用倒金字塔结构。非事件性消息包括解释性消息、资讯性消息、综述性消息、人物消息等多种类型。

（一）解释性消息

解释性消息的主题通常针对一个较明确的事件议题或公共话题，给予权威的阐释或事实的解读。

例如，近年国内的殡葬业发展很快，但一些城市公墓的墓地价格飙升，引发民众普遍忧虑。清明节前后，记者就大城市"高价墓地"的问题采访了有关专家，并将访谈内容以解释性消息呈现：

[例文]

专家反思高价墓地：莫把墓地当成房地产

本报讯（实习生 王梦婕）　　在殡葬业的"暴利链"中，公墓墓穴费用是一个主要"暴利点"。在一些城市，动辄数万元、数十万元的墓地价格已远远超过房地产的价格水平，令不少百姓发出"死不起"的慨叹。

4 月 14 日，北京大学非营利组织法研究中心主任金锦萍分析高价墓地现象表示："公墓是伴随城市化进程出现的，是城市必要基础设施的一部分。但目前，政府还将它看作'过渡性设施'，套用经营房地产的方式管理墓地。"金锦萍认为，这是出现高价墓地的根本原因，因此让公墓回归"基础设施"本色是遏制其"暴利"的根本途径。

据金锦萍介绍，当前虽然有《公墓管理暂行办法》等法律规定，但政府对公墓性质的认识长期"错位"，没有将公墓纳入城市发展规划当中。"由于基本不批公墓用地，公众需求难以得到充分满足。"她说，"加上土地供应方面非常不规范，现实中公墓用地的情况比较混乱，有70年使用年限的，有集体土地、林地和其他用地的，容易让人产生'过了这村没这店'的感觉，客观上也催生了哄抬墓地价格等投机行为。"

"如果把公墓看作基础设施，那么就应该总体上保证它的公益性，而非经营性。政府应该以'划拨'而不是'出让'的方式，保证这部分土地供给，而不以赚取出让金为目的。"她建议，政府应该把公墓看作城市"基础设施"，按照福利事业用地的情况划拨这部分土地，以提高对墓地的土地供给，只收取可供维持基本管理开支的费用即可，"降低公墓的成本价"。

金锦萍同时强调，保证公墓的公益性并不意味着排斥营利性公墓，而应该交给市场自由选择。"但是，国家应该在政策方面对二者有不同的制度安排，向非营利性公墓倾斜。""倡导公墓纳入城市规划，也不意味着大张旗鼓地扩大公墓面积。只要测算出能够满足80~100年基本需要的用地面积，再配合'可循环使用'的理念倡导，应该基本能够解决公墓的持续使用问题。"

此外，金锦萍认为公墓作为"基础设施"，长期来看还应发挥"城市公共空间"的作用。"公墓本应是怀念先人、传承文化的载体，是体验一个城市历史氛围的重要场地。"她提出，未来中国的公墓也可以效仿国外，向园林化、生态化发展，使公墓具有文化功能。"这需要政府的用心规划、监管和长期的文化引导。"

这篇消息在结构上以介词短语衔接、过渡上下文，在内容方面以专家的观点和意见贯穿，向读者传递了关于大城市"高价墓地"问题的专家说法。"高价墓地"这一公共话题不仅关涉公众切身利益，还引发社会普遍的诟病，这是一个值得抓取的社会关注点，清明节也是一个恰当的报道时机。

写作解释性消息，须注意两点：一是解释的事情要有一定的现实意义；二是解释者能够提出独到的见解，给人启发。

解释性消息在时效性方面，虽然没有事件性消息那样强调，但针对"当下"的一个阶段内发生或存在的倾向性问题，也须及时加以报道。如果延时过长，会削弱其新闻价值。

（二）资讯性消息

一些大众化的信息服务类的报道也是一种非事件性消息，一般根据有关资料整合编辑而成，主要提供关涉各种日常生活资讯，如——

《公安部公布十类电信网络诈骗手段》（《法制日报》，2017-8-14）

《关于体检，你看重哪些服务》（《新京报》2015-11-10）

《如何保护孩子远离侵害》（《北京晚报》2017-6-13）

《睡前不玩手机睡不着成失眠新问题》（上海东广新闻2015-3-19）

……

信息的实用性和服务性，是资讯性消息的突出特点。关注百姓身边的衣食住行，提供娱乐、家居、旅游、养生和健康、财产和人身安全、行业咨询等各类丰富的信息，内容贴近生活，贴近实际，贴近需要，一般都市报类的报纸、电视等都设置固定的专栏或专版。

时下，资讯性消息颇受欢迎，其"阅读点击量"可能远超过实时新闻，成为不可或缺的"新闻品种"。

（三）人物消息

消息，以报道事件为主，但某人的有价值的新鲜事也应及时报道出来。人物消息，顾名思义，就是用消息的形式写人物，具备消息写作的所有元素。

根据新闻价值中的"二元公式"，人物消息中的人物可以是大人物，也可以是小人物；可以是名人，也可以是常人。人物消息概述人物人生轨迹的某个侧面，文字简约。

［例文］

李娜登顶大满贯

本报北京6月4日电（记者许立群） 今夜，法国罗兰·加洛斯的红色球场成为象征中国胜利、中国奇迹的"中国红"。湖北姑娘李娜在网球运动的发源地为中国以及亚洲网球运动开创了新纪元。

北京时间6月4日晚，李娜以2∶0战胜卫冕冠军意大利选手斯齐亚沃尼，夺得法国网球公开赛女子单打冠军，象征着网坛最高荣誉的苏珊·朗格伦杯第一次刻上了亚洲选手的名字。

首盘比赛，李娜迅速进入状态，仅用时39分钟，便以6∶4速胜。

经验丰富的斯齐亚沃尼在第二盘背水一战，以更多样的战术变化给李娜制造了不少麻烦。双方比分胶着，直至战成 6 平。惊心动魄的"抢七"大战中，李娜打得自信、沉着、果断，将技战术发挥到了极致，一气呵成地连夺 7 分。

凭借本场胜利，李娜的世界排名将在下周升至第四，追平了日本名将伊达公子此前所保持的亚洲选手最高排名纪录。

三、综述性消息

综述性消息是一种特殊的非事件性消息类型，它针对新近已发生的较为重要的事件，回溯、检视事件的全过程，对其进行全局的俯瞰和总体的梳理。在笔法上，以概述和评论的结合为特征，不需要具体描写，但要把情况说清楚、讲明白。

综述性消息和评论有明显的区别，评论侧重于分析和论证，综述则侧重于评述，且对事件的阐述和解释是全方位的、综合性的。

我们来看下面的例文：

[例文]

马科斯执政 20 年
——贪污浪费盛行　贫富差距扩大

美联社纽约 1986 年 2 月 26 日电（记者查尔斯·汉利）　30 个月以前，有人射出了一颗子弹杀死了一个菲律宾人，今天这颗子弹又打倒了另一个人。对马科斯来说，他当政的不平静的 20 年的最后几幕是从 1983 年 8 月 21 日开始的，那天在马尼拉国际机场，马科斯的政治对手阿基诺被一颗子弹射中了头部，倒在地上。

人们普遍认为马科斯总统是罪魁祸首，而正是这次谋杀行动使人民对马科斯总统的义愤爆发了。

对菲律宾来说，马科斯时代是菲律宾逐步现代化的时期。马科斯政府开办了学校、修建了公路和电力系统。但与此同时，政府在许多项目上浪费了千百万美元，而且因为政府官员的贪污，又有千百万美元被盗走了。

马科斯搞建设"新社会"运动 20 年以后，菲律宾的贫富差距进一步扩大，资金严重短缺的经济远远落在其他邻国后面，同叛乱分子的斗争也长期不断。

马科斯是以一个反贪污腐化的政纲进行竞选的，而且他在就职演说中发誓："要在民众的帮助下，使这个国家重新成为一个伟大的国家。"但马科斯既没能改变原来的贪污腐化状况，也没能提供足够的就业机会。到 20 世纪 60 年代末，失业、通货膨胀和人民的不满情绪加剧了。1968 年，十几个以前的大学生，重新组织起先前已被取缔的菲律宾共产党，成立了新人民军，并坚持进行一场长期的农村游击战争。第二年，马科斯在被指责有舞弊行为的选举中获胜，赢得了他的第二个总统任期，随之一系列大规模骚乱震动了菲律宾。

1972 年 9 月 22 日，在马尼拉全城进行的一次大搜捕中，军队逮捕了大批反对派政治家、记者、学生和对马科斯的统治持批评态度的人，报社和广播电台被关闭。马科斯会实行军事管制的解释是：是为了防止国家被共产党接管。他废除国会，修改宪法，以延长他的总统任期。1973 年，菲律宾国民生产总值增长了百分之十。整个 70 年代，人均收入每年增长百分之三以上。但是，一些有背景的菲律宾人也在大肆搜刮民财，中饱私囊，经济的增长畸形化。

马科斯和他的顾问们一直鼓励发展以出口为目标的生产，他们依靠的是马科斯的亲朋好友私人控制的或政府控制的少数大企业。这些大企业效率低、经营管理不善、贪污盛行，令头重脚轻的菲律宾经济受到了 1979 年石油涨价"冲击"的严重打击。

在马科斯统治的时期，美国在菲律宾下的本钱比以往任何时候都大，美国的工商界在那里的投资约 20 亿美元。美国前总统卡特执政时期，由于批评马科斯侵犯人权，菲美关系曾一度冷淡。里根当政以后，关系又有所改善。在里根举行就职仪式的前三天，马科斯解除了在菲律宾实行的军事管制。

尽管马科斯仍然总揽大权，但是，阿基诺的被害突然改变了许多人的态度，近 200 万人拥上马尼拉街头参加阿基诺的葬礼。罗马天主教会和工商界中的很多人转而强烈地反对马科斯，许多外国银行对他们的菲律宾债权人的态度强硬起来。这次危机是菲律宾独立以来最严重的危机。由于工商界失去了信心，每天有 500 万美元的资金流出菲律宾，菲律宾比索一再贬值。马科斯政府宣布暂停偿付它的债款。

1984 年 5 月的议会选举打破了马科斯在政治上"战无不胜"的任何残存的幻想。在国内外持续不断的压力下，马科斯下一步的行动是把总统选举提前到今年 2 月 7 日举行，却导致了自己下台出走。

菲律宾总统马科斯下台是重大国际性事件。这篇综述用一个突发事件场景开篇，再引入正文。文章运用夹叙夹议的方式对马科斯"下台出走"事件进行了全面回溯，用大量的历史事实、数字盘点了菲律宾总统马科斯执政 20 年在政治、经济、社会等诸多领域的执政表现，揭示了导致马科斯最终下台出走的原因。

通过这篇例文，我们看到，新闻综述一般篇幅比较长，重视和依赖背景事实材料，所以在写作前必须占有大量详实、准确的资料，在收集、整合的过程中，还须注重资料的主次和条理。

综述性消息对整个事件的回顾是对"过去进行时"进行提取，但用"现在进行时"进行评述，评述始终围绕事实和依据事实，不展开主观性评论。

第二节　现场报道

正如一位资深新闻人所说，新闻的生命力和原创性都在现场。

"现场"是新闻发生之源，是新闻报道的"原创"之源，来自现场的信息都是不可多得的新闻报道资源。现场报道是根基深厚的传统新闻报道样式。

新闻现场，是指特定的、多种新闻要素交织的事实发生现场，是人和事关联的具体的场地、场景、场面、场所。

如果说写事件消息，记者不一定身在现场，那么现场报道则要求记者必须身在现场，现场新闻是记者在第一时间和第一现场报道的新闻。

离现场越近，离真实越近。在现场报道中，记者既是事件的目击者，也是事实的见证人。如果说，动态消息的信息多来自二级信源，那么置身现场的记者本身就是一级信源，现场新闻系记者通过自己的观察、采访和感受还原现场，还原事件原貌，使报道内容真实、鲜活、饱满，可读性强。

现场新闻，要描述现场。身在现场的记者要将现场所见所闻传递给读者，须忠实记录发生在特定现场中的场景、情态、气氛、细节等。现场新闻要求记者在最短的时间内采集最多的信息，并在截稿压力下快速反应、快速成稿。

一、突发事件报道

"突然发生"和"新近发生"在时间的概念和形态上是有区别的，"新近发生"是一个时间段的概念,"突发"则是在几分钟甚至数秒内的瞬间发生,且有具体的事件指向。

突发事件是区别于一般事件的独立事件形态,多指具有不良影响和后果的灾难性事件,一般包括自然灾难事件(地震、泥石流、飓风等)、事故灾难事件(主要由责任引起的生产、经营、交通、公共场所中的意外发生等)、公共卫生突发事件(食物中毒、疾病传染等)、社会突发事件(环境污染、群体性抗议等)。

突发性灾难事件具有明显的不可预见性、急迫性、危害性和危机性之特点,大多数情况下,无论是自然灾难还是社会灾难,突发的直接因素、间接因素可能被长期忽视,具有矛盾积累由量变到质变的潜伏过程的性质,发生绝非偶然。而重大突发性灾难事件往往造成环境(自然环境、社会环境)的剧烈改变,并产生严重后果,损害民众利益,危害公共秩序,冲击力大而引发社会震荡,民众心理创伤也会持续很长时间。

突发灾难事件具有重大新闻价值。在事件发生后,整个社会都在期待来自发生地的消息,我们在前面的"现场采访"一节中讲到,突发性事件召唤记者不失时机地赶到现场,不失时机地找到要采访的人,为新闻的"抢发"赢得主动。

显然,在突发事件的新闻报道中,记者的作用至关重要,记者的角色十分突出。此时,他不再是在聚光灯下穿梭的身影,而是听到"集结号"的战士,要在第一时间全力以赴投入报道战役。这的确是一个非常的时刻,要应对突发的种种不确定性,克服意想不到的困难,这对记者的意志力、敏捷反应和采写能量都是严峻的挑战。

突发事件尤其是重大突发灾难事件在开始阶段,贯穿着"快"和"变",报道必须应和着两个字的紧张节奏,以准确、快速的报道为使命,不断向公众提供实时信息。随着事态的进展,现场也在移换,报道须不断深入,要求记者编辑务必保持对事件密切的关注,抓取更多的细节,采集更全面的资讯,并调动高超的议题能力,通过解释性、综述性、评论性报道,透视事件和揭示事件,通过从不同角度、不同侧面的报道如访谈、专题、特稿、系列等形成报道集群,向纵向、横向挖掘和扩充。

同时,应避免报道失衡,如某城市遭遇暴雨袭击,城市陷入水患危境,各种救援的内容充斥报道,然而读者或更希望看到关于暴雨袭城的全面情况。某沉船事件伤亡数百人,沉船还在打捞,便有媒体报道"感动瞬间"

"英雄事迹"，然而公众更急于知晓事故原因和救援的进展，过于突出这类报道，会给人一种"表扬稿"的感觉，反倒削弱舆论导向的效果。有时，灾难的影响、灾难暴露和衍生的问题也许更值得关注，

一线记者须注意两个"回应"，一是回应公众的焦虑、疑问和关切，及时报告灾情，分析灾情，提供解释和观点（媒体评论）；二是回应事件进展中的动向、趋势、话题，建立报道的多维视角，让灾难在公众的多元解读中获得意义。

总之，思维的单向性会带来报道内容的同质性，媒体对重大突发事件的报道应有一种比较大的格局，突破宣传性思路，不仅跟进灾难，也要俯视灾难，研究灾难背景，研究灾难和人的关系，全方位地布局报道选题。

二、目击新闻·新闻速写

（一）目击新闻

目击新闻呈现一种"个人经历式报道"形态，如电影镜头般的场景，冲突激烈，情节紧张，细节丰富，这些因素所汇聚的"故事效果"，很能吸引读者的阅读兴趣。

目击新闻的新闻事件往往具有突发性特征。新华社驻伊拉克记者高山曾以第三人称（记者）报道一次恐怖袭击亲历事件，当时的现场情况紧急、险象丛生，观察就成了唯一的采访手段。在高山的笔下，大量的场面细节描写和动词的准确运用（注意划横线的动词），令读者感到如临其境、如闻其声。

　［例文］

地狱般的现场近在咫尺——巴格达大爆炸亲历记

新华社巴格达 10 月 25 日电（新华社记者 高山）　　10 月 25 日上午，巴格达市中心。两声巨大的爆炸接连响起，11 层高的曼苏尔饭店颤抖起来。记者所住的房间内立时烟尘四起，天花板坍塌和玻璃迸裂之声响成一片。

第一起爆炸发生在当地时间 10 时 30 分左右。当时，屋外阳光明媚，曼苏尔饭店楼下的街道上人员车辆川流不息。突然，一声沉闷的巨响打破了宁静，产生的震动如地震一般。记者根据经验判断，爆炸应该就在离曼苏尔饭店很近的地方，立刻起身去拿放在床头的照相机。就在拿到相机转身的一瞬间，第二声巨响响起，整个大楼剧烈颤抖起来，阳台的玻璃门爆裂，无数的碎玻璃打在记者刚离开的办公桌前。阳台上的卫星电话、办公桌上

的英文字典和地上的垃圾桶被气浪掀飞起来，记者也被气浪掀倒在沙发后。铝合金门框整个砸到墙上。记者的头顶碎石乱飞，天花板出现了3个大窟窿，落下的天花板砸在记者床上。楼道里传来其他房间的天花板和门窗倒塌之声，呛人的烟雾充满整个楼道。

记者和中国使馆人员以及武警雪豹突击队警卫小组的战士纷纷在烟尘中冲出房间。中国驻伊拉克大使常毅立刻把大家召集在屋顶最为坚固的门厅中，指挥大家采取自救措施。在曼苏尔饭店中餐厅工作的两名中国厨师跑到使馆求救。他们受了伤，身上沾满鲜血，大使夫人和武警战士立刻取来急救包为他们包扎。混乱中，记者给手中的相机换上长焦镜头，跨过倒塌的门框和遍地的玻璃碎片，跳到阳台上抢拍新闻照片。

映入眼帘的，是一片触目惊心的惨景：几十米长的一段街道上满是被炸毁的汽车残骸，巨大的烟尘直冲云霄，一些汽车在大火中燃烧，一辆SUV竟然还在火中滑行……汽车炸弹就是在曼苏尔饭店大门口附近爆炸的！

到处是四散奔逃的人群，而身穿各类制服的伊拉克安全部队士兵则和装甲车一起冲入爆炸现场。天空中，美军的"阿帕奇"武装直升机在盘旋警戒。四处有人在开枪，密集的枪声响了几分钟之久，一颗子弹从正在阳台上拍摄现场的记者眼前飞过。

大火熄灭后，记者看到爆炸现场到处都是人体残肢，人们在现场抢救伤员，救护车穿梭不息。据悉，接连发生的两起汽车炸弹爆炸造成至少132人死亡、512人受伤。中国驻伊拉克使馆和新华社驻巴格达分社所在的曼苏尔饭店遭受严重冲击。由于曼苏尔饭店对面就是巴格达省政府大楼，初步判定办公大楼就是爆炸袭击目标，而另外一枚汽车炸弹则在同一条街上的伊拉克司法部门前爆炸。

在不停按动快门的同时，记者也在寻找着熟悉的面孔。每次从这条街上出行，不时会有热情的伊拉克民众和记者打着招呼，路边哨卡的几名警察也经常高声喊着"萨地嘿"（阿拉伯语"兄弟"）或者"哈比比"（阿拉伯语"亲爱的朋友"）。在这场浩劫中，他们都还好吗？

（二）新闻速写

速写类似绘画素描，以流畅的线条粗笔迅速勾勒出事物的主要特征。

新闻速写，是记者在第一时间对某地某时发生的某一事件的片段式、概要式、速记式的报道，其类似"一瞥"或"掠影"，以"新、短、快、活"见长，善于抓取现实生活中难忘瞬间，集中描述事实的核心情景。

[例文]

第48届首都大学生田径运动会精彩一刻

百米最后冲刺　北大超越清华①

本报讯（记者孙立冬）　　5月15日下午，在第48届首都大学生田径运动会上，男子甲组400米接力赛中，最后百米冲刺，北大反超，技压清华。

14：00，男子团体比赛400米接力赛正在如火如荼地展开。在甲组男子400米接力赛中，清华与北大两个名校的运动员选手强强碰面，擦出400米接力的高潮火花。

赛场首道是清华大学有"小飞人"之称的吴凯，比赛开始后，"小飞人"于第一弯道百米首超一人；随后第二棒，清华、北大逐渐拉开距离，清华选手此时一直保持领先优势；第三棒距离曾有扩大，赛场赢局仍然偏向清华；第四棒，北大选手开始发力，最后关键的百米，在观众的喝彩与惊讶中，北大直追清华，并开始超越；终点线前，北大选手终于将对手甩在后面，一鼓作气，越过终点，全场爆发出热烈的掌声！

这篇新闻速写截取片段，描述细节，节奏紧张，扣人心弦。

新闻速写虽然篇幅短小，但选材很严，因为并不是所有的瞬间都有意义，而有意义的瞬间一定要写出精彩。

速写与特写有一定区别，虽然都是截取某个事物的断面，但速写的断面比较小，强调瞬间的动态的描写，节奏感强，简短精炼。特写的弹性比较大，断面的幅度不限，既可以是动态的事物，又可以是静态的事物，强调聚焦和展开，报道可长可短。

三、体验式报道

体验式报道是一种独特的现场报道方式，是记者在体验式采访的基础上写出的报道。体验式报道比目击新闻报道的记者多了一个身份：不仅是事件的记录者，而且是事件的当事人。

2018年5月，国家市场监督管理总局发布《餐饮服务明厨亮灶工作指导意见》，但很多餐饮企业迟迟没有执行。新华社新媒体中心"中国网事"记者随机选择了一家未执行明厨亮灶的北京致美斋饭庄（白广路店），前去应聘，被安排传菜工作，发现"即便是老品牌，其后厨的卫生环境也让人

---

① 选自学生新闻写作稿件。

吃惊。"根据实地亲身经历和亲眼所见，记者写出了《后厨藏着怎样的秘密？——北京致美斋饭庄打工记》一文，揭露了一些饭店长期无视国家餐饮卫生规定的后厨真相。这篇体验式报道获得第 31 届中国经济新闻奖监督报道奖一等奖。

体验式报道不仅写记者"看到了什么"，更要着墨于记者"做了什么"，突出行动和活动的描述，让读者跟随记者一起到现场了解事实。这样的报道真实、自然、接地气。

在国际盲人节之际，《重庆商报》记者为了了解盲人弱势群体的生活，进行了一次体验式报道，虽然只是几个片段，但向社会打开了一个特殊的民生窗口。

[例文]

记者蒙眼罩体验盲人生活 500 米盲道 6 次被车阻挡

"他们的生活没有色彩，但他们依然渴望拥有同样绚烂的人生。"今日是第 27 个国际盲人节，重庆市盲人协会主席魏旭川建议，为理解我市 29.2 万盲人生活的不易，大家闭上眼睛生活 1 小时，用切身感受唤起大家的关爱之心。昨日，记者蒙上眼罩，随盲人朋友一起，体验了一次"没有色彩的生活"。

无奈：盲道被机动车"占领"

6:30，记者来到盲人刘锐居住的沙坪坝区嘉陵厂一单位楼 10-1 的家中。据了解，刘锐 2002 年考入重庆医科大学后 1 个多月，视力突然急剧下降，最终只剩下微弱光感。8 年来，她一直都生活在"黑暗"中。为求生存，她利用自己失明前学医的优势，学习按摩，并在住家附近开了一家按摩馆。明天，她还将参加全国首届盲人医疗按摩医师考试。

7:20，记者戴上眼罩，准备与刘锐一同出门，去上清寺的市残疾人劳动就业服务指导中心参加盲人医疗按摩考试的考前培训。眼罩刚一套上，眼前一片黢黑的记者不禁伸出双手抓住刘锐。在她带领下，跌跌撞撞的记者花了 2 分钟才从她家的门口走到电梯口。刘锐说，她需要 30 秒，而正常人不到 10 秒就能走到。小区到车站大概有 0.5 公里，刘锐领着记者在短短 0.5 公里的盲道上离开了 6 次，因为拐杖告诉她盲道上有阻碍物。到达车站后，记者忍不住拉开眼罩，看见盲道上的障碍物全是停放着的机动车。刘锐无奈地告诉记者：每次出门，她都会在家再三祈祷，希望今天盲道上停放的车少点，但她几乎每天都非常失望。

伤感：语言上无意的伤害

等车时，突然一声童音清晰地传入耳朵："妈妈，你看，两个瞎子！"刘锐牵着记者的手明显地抖了一下，记者也有一些尴尬。刘锐有些伤感地说："虽然我们的确是'瞎子'，也知道人们喊'瞎子'时没有什么恶意，但我们仍不想听到这两个字，叫'盲人'更照顾我们的尊严。"

到达公交车站后，为能顺利上车，记者打开了眼罩。在"重见天日"的瞬间，记者深吸一口气，无意中感慨了一声："真好！"刘锐听后伤感地说："要是我也有这么一天该多好啊！"

希望：好想有只导盲犬

8：30，记者和刘锐赶到上清寺。走进教室，记者看见3位盲人正围在一台笔记本电脑前，在语音软件的帮助下津津有味地上网查询着一些中医资料。一位叫刘德智的盲人被同伴誉为"软件高手"。他向记者解释，电脑只需要安装一个语音软件便可帮助盲人上网。现在左邻右舍谁家电脑出了问题，都会请他上门检查。他说："那时的我是最愉快的，因为自身价值得到了体现。"记者再次戴上眼罩，在其指导下，真的成功地安装了一套软件，心里特别高兴。几位盲人告诉记者：其实他们也非常希望能帮助别人。

谈到希望，几人异口同声地说："希望能有一只导盲犬！"刘德智说："那样，我出去就不怕摔跤了，还有了一个伴……"

体验式报道的报道成本比较高，有时记者会去偏远之地体验生活，而且时间可能较长，所以记者必须能吃苦，能适应环境。此外，不是所有的报道都适合"体验"，要根据报道的性质和需要，且有周密的准备和谋划。技术的、程序方面的问题并不是很大的障碍，关键是要怀揣职业热忱，毕竟，在网络信息时代，迈出双脚，置身于基层一线生活中体会细微、磨砺身心，是难能可贵的。

体验式报道在写作中应注意这样几个问题：一是进入体验的角色，要事先有一个目标和题旨。体验过程可能是表层的、琐碎的，重要的是通过观察和感受，分析一个具体而微的生活工作场景可能反映了什么，揭示了什么。二是记者作为叙述主体，应掌握好"我"的分寸，不宜过多表达自己。叙述过程要注重细节的生动和信息的丰满。

体验式报道是新闻报道中比较稀缺的内容产品，期待新闻写作者能够以脚踏实地的精神写出优秀的体验式报道。

第三节　通讯（狭义通讯和广义通讯）

通讯是对事实展开的比较详尽的报道，是与消息完全不同的文体形态，如表4-1所示。

表4-1　消息和通讯的对比

文体	消息	通讯
时效	抢发报道，时效性强	有一定时效性，一般在事发后一个阶段内
内容	新近发生和变化的事件	有正面意义的、示范性的人和事件
报道主旨	事实意义和新闻价值	具有舆论引导作用，突出感召力和教益性
结构	倒金字塔结构为主	不拘一格
表现方式	简练，概述为主	文学与新闻之间，表现方式多样
风格	一事一报，客观简练	宏大叙事，详实展开，事件完整

通讯被认为是一种具有国情特色的传统报道文体，是介于新闻和文学之间的文体样式，具有情感性和形象性的文学品格，其笔法"外向"，字里行间洋溢着激情，格调高亢，语言铿锵，善于宏大叙事。在表现手法上，兼描写、说明、抒情或议论于一体，讲究结构变化，报道内容详尽、生动。通讯在写作题材、表达方式、笔法和风格上已形成一种既定的模式。

一、事件通讯·人物通讯

业界将通讯分为事件通讯、人物通讯、风貌通讯和工作通讯，此四类通讯即可列入狭义通讯的范畴，一般多发表于各级党报党刊。狭义通讯多配合宏观发展趋势、方针政策以及阶段性的宣传任务，致力于弘扬社会主旋律，强调正确的积极的舆论导向，以"正面报道"传递社会正能量。

事件通讯和人物通讯是狭义通讯中较常见的文体样式。

（一）事件通讯

事件通讯以事件为中心，选取现实生活中新近发生的、具有现实意义的真实事件，详尽讲述故事发生发展的过程，大量运用引语、细节和背景，比事件性消息容纳更丰富的内容。

事件通讯既可反映事件全貌，也通常截取某个事件断面或片段的事实，长篇通讯写作更注重谋篇布局，注重调动文学表现手法渲染环境气氛和刻画人物性格。

事件通讯的题材领域广泛，救灾驰援、助人举善、工程伟业、先进事迹……反映主流新闻媒体的报道视点。

事件通讯一般篇幅较长，在此不举例文，可阅读本单元习题专区"读报"中推荐的事件通讯作品。

（二）人物通讯

人物通讯是着力刻画人物、表现人物的通讯文体，以新近发生的人物新闻为中心，缘事而起，因人叙事，通常选取社会生活中真实感人的故事，或描述人物一生或片段的事迹。

人物通讯始终沿用典型人物的报道模式。"典型"是我们熟悉的一个词语，一个概念命题。典型人物在文学场域和在新闻场域的表达完全不同，文学场域的典型人物折射人性赋予的意义，新闻场域的典型人物则体现宣传感召意义。

写人物通讯要考察新闻人物事是否具有社会的教益性和示范性，那些情怀高尚或在社会各个行业领域做出突出贡献的人适合用通讯的形式，以表彰先进，树立楷模。

［例文］

彭妹娥：卖药要讲良心

50 岁的彭妹娥，头发的一大半已成银丝，讲话的声音嘶哑。然而，话语之间，她的脸上总能浮现让人信任的笑容。

彭妹娥是长沙市长沙县路口镇和通超市麻林商场药柜的药师，她说，因为常年经常说话，声带上长了一块息肉，压迫声带使得发音不正常。8月初她办理了退休手续，然而，这个陪伴了32年的药柜让她十分留恋，一个月内已经是第三次回到药店。来店里买药的顾客如同见到多年的老朋友，热情地同彭妹娥打招呼，许多顾客跑到她面前咨询。

彭妹娥经常说，老百姓讲究的是经济实惠，"他们赚几个钱不容易，必须对症下药，只拿对的药，不拿贵的药。"就在几个月前，一位来自长沙县城星沙的病人经人介绍赶到药柜，找彭大姐要了一服药，仅花了10元钱，"轻轻松松就搞定了困扰多年的疥疮"。此前，他在好几家大医院花了几万元都不见成效。像这样经济实惠、富有成效的偏方，彭大姐收集了几百个。几年下来，她把它们倾囊传授给徒弟们，没有丝毫保留。

彭大姐说，卖药行业，健康安全是"第一高压线"，绝对不能踩。病人前来，她不是盲目地推荐药，而是同病人细致交流，针对病情、身体情况，配最适合的药。每个月的 9 日、19 日、29 日是当地赶集的日子，这几天，药店里都是排着队等着找彭妹娥买药的人。如今，彭妹娥退休在家，也是电话不断，有的是徒弟打电话请教问题，更多的是顾客打电话问如何买药。

说起师傅，彭妹娥的徒弟、22 岁的女孩皮静脸上露出钦慕的神情："我要向师傅好好学习，发扬师傅的好精神！"几十年下来，药柜所有的工作人员都由彭妹娥手把手带出来。由她经手的药品，30 年间从没有出现过质量问题或安全事故。

一直在药店干，会不会觉得累？有没有想过自己开药店呢？对此，彭妹娥很坦诚，刚开始几年有很多人建议她凭借名气开个药店，挣的钱绝对比拿固定工资多得多。然而，起初是因为手里没有足够的启动资金，慢慢地，她爱上了这个工作岗位，就不再想那档子事了。

彭妹娥经常告诫徒弟们，卖药要讲究善心和良心：不能为了赚钱，让病人乱花钱；不能为了卖药，让病人多花一分钱。经常有医药供货商提出在药柜"上货"，利润可以分成，都被彭妹娥断然拒绝。她说，百姓的健康大于天，药柜的所有药都必须由正规进货渠道进货。公司人力资源部职工汤江说，外公、母亲都只从彭大姐手上拿药，而今自己和孩子同样如此，"彭妹娥配药，从来不以经济效益为依据，而是根据病情所需，而且她高超的配药水平让人不得不服。"

彭妹娥所在的柜组连续 20 多年超额完成销售任务。2011 年第一季度在周边有数家新增药店的情况下，她所在柜组的销售额突破 60 万元，同比增长达 20%。

彭妹娥只是小镇药店的医师，在认真地履行自己的职责，然而，在当下老百姓普遍反映"看病贵、看病难"的情况下，却足以映照出她的高尚医德。这篇人物通讯不仅具有感召意义，还具有明确的现实意义。

二、专访·特写

(一) 专访

专访属于广义通讯，是常见的报道文体，记者按照事先拟定的计划采访新闻人物，呈现即时的声音、影像或文字的对话现场。甘惜分主编的

《新闻学词典》对专访的定义是："对新闻人物进行专题访问的报道，具有特定的背景和强烈的现实性。专访的对象一般选择有代表性的人物，以公众关注的社会问题为谈话主题，写作上重谈话纪实。"

专访与一般意义上的采访不同，专访报道的目的就是专访本身，记者从后台走到前台营造新闻现场，并直接展现在受者面前，而通常的采访活动是作为采集新闻的重要手段，在报道发布时，记者是隐身在文字后面的。

专访具有独家价值，因为每个被采访者的谈话内容都传递出不可替代的独有信息，这是专访的特别之处。专访以被访者的谈话为新闻内容，有时也配合时实现场或背景资料。

以内容分类，专访有三种类型：一是以记人为主的人物专访；二是以记言为主的"意见专访"，即就有关问题请专业或权威人士阐释看法和见解；三是以记事为主的事件专访。

专访的文体形式多为一问一答式，即对话体。对话体当然不是简单的问答，成功的对话得益于采访者对话题的准确把握，得益于和采访对象的默契交流。在某种意义上说，专访就是记者用自己的知识经验与被访者的互动。

口述笔录的受访者多为事件的当事人、亲历者或亲见者，记者通过记录被访者的口头叙述，还原事件真相。口述笔录的专访形式多用于当事人的回忆或在特殊情况下采用。

专访的第三种形式是记者通过对受访者谈话的大量引用，以消息的形式整合成篇，很多解释性消息源于此，如前面的例文《专家反思高价墓地：莫把墓地当成房地产》。

（二）特写

特写，本是摄影、电影或美术的艺术表达方法，比如电影、摄影中的特写镜头，聚焦和放大某个富有特征的细节（人或物瞬间），并细腻呈现，其手法运用到新闻写作中，便成为新闻特写。

新闻特写借鉴了电影中的镜头感或摄影中的画面感，或截取某个事实中的横断面，或选择生动、感人的片段加以具体描述、细节刻画，并具备局部的完整性。这就意味着作者必须清楚什么是应该准确抓住的"横断面"或"片段"，怎样使它们获得最富表现力的再现。

特写，作者一般是在现场的。在特写的报道中，我们可以感受到记者观察活动的存在。有的特写将目击和感受结合，观察和议论呼应，以增加现场的感染力。《"飞天"凌空——跳水姑娘吕伟夺魁记》是《光明日报》记者夏浩然、樊云芳的人物特写，描述了中国跳水运动员吕伟在1982年新德里亚运会上夺冠的瞬间情景，其作为一篇优秀的人物特写作品广为传播。

她站在10米高台的前沿，沉静自若，风度优雅。白云似在她的头顶飘浮，飞鸟掠过她的身旁。这是在卡多拉游泳场的8 000名观众一齐翘首而望，屏声敛息的一刹那。

轻舒双臂，向上高举，只见吕伟轻轻一蹬，就向空中飞去。那一瞬间，她那修长美妙的身体犹如被空中托住了，衬着蓝天白云，酷似敦煌壁画中凌空翔舞的"飞天"。

紧接着，是向前翻腾一周半，同时伴随着旋风般地空中转体三周，动作疾如流星，又潇洒自如，一秒七的时间对她似乎特别慷慨，让她从容不迫地展开身体优美的线条：从前伸的手指，一直延续到绷直的足尖。

还没等观众从眼花缭乱中反应过来，她展开的身体笔直得像轻盈的箭，"咏"地插入碧波之中，几股白色的气泡拥抱了这位自天而降的"仙女"，四面水花悄然不惊……

如果说人物通讯写人物是"散点"，那么人物特写就是"焦点"，即截取人物活动的一个横断面，或定格某个瞬间，细腻刻画人物的动作、行为、表情、神态等富有特征的细节。

在1.7秒的时间跨度里，作者捕抓了吕伟凌空腾起的精彩刹那——"轻轻一蹬，就向空中飞去""空中转体三周""插入碧波之中"，作者用一连串精准动词展示跳水运动员轻盈似箭、潇洒自如的美丽身姿。

这段特写文字描写细致入微，文辞简练而富有文采，堪称美文。

三、通讯小品

我们在阅读新闻报道时，会经常看到一些笔法灵活的文体样式，如侧记、散记、札记、巡礼、纪行、小故事等，其共同的文体特征是：篇幅较短，结构精巧，清新活泼，兼具新闻与散文的特性，所以，不妨称其为"通讯小品"。但"小品"并非新闻报道的"调味品"，它们也是常见的文体样式，其风格和写作手法各异，丰富了媒体报道的表现形式，增加了新闻的可读性。

恰如量体裁衣，哪些内容适合用哪一类的"小品"文体来表达，应由事实本身来决定，且因在新闻的范畴，必须遵循"真实性"的原则，不可虚构。了解了各种"小品"类型的不同特点，就能够从容把握文体的选择。以下概括介绍"通讯小品"中常用的 5 种文体类型。

1. 纪行

纪行，记录赴某地采风的一路所见所闻所感，纪实性较强，适合有意义的、新鲜的短暂行程的报道。纪行二字一般都放在报道的标题中。

2. 小故事

多截取一个较完整的现实生活片段，以生动的叙述展开事实发生、发展、结果的全过程，以情节波折引人入胜，篇幅短小。

3. 札记

札记与日记、手记文体样式相似，多见于个人随笔式写真，行文不拘一格，适合碎片式、心得式的新闻观察记录。

4. 巡礼

"巡"为视察、参观之意，"礼"为尊敬、庄重之意。巡礼一般有特定的目的、特定的主题，多为各种正规的场景、观瞻、活动之记录，如艺术展巡礼、读书节巡礼等，非一般的参观记。

5. 侧记

侧记选取某个事实（事件）的某个侧面，展开情节、细节描述，适合表现特定场景、情境，是比较常用的报道文体。请参阅一篇侧记习作。

[例文]

琴音化蝶成绝响

—— 一堂新闻写作课侧记①

9 月 10 日下午，立德楼 305 教室飘出悦耳的小提琴乐曲。一首由盛中国演奏的小提琴曲《牧歌》为这堂新闻写作课带来了别样的开场。

广袤无垠的蓝天、白云，舒爽的微风掠过撒在草原上斑斑如银的羊群……柔美动情的旋律把同学们带进如诗如画的意境。

"大学生应懂得欣赏高雅音乐。"赵瀛老师说，她首先介绍了小提琴（violino）作为一种西洋管弦乐器已有 300 多年的历史。小提琴音色优美，接近人声，善于抒情，音域宽广，表现力强，从它诞生那天起，就一直在乐器中占有显著的地位，被誉为"乐器皇后"。赵老师还通过视频展示了小提琴和大提琴不同的演奏风格。

那么盛中国是谁？赵老师让同学们利用手机查阅相关背景资料。

---

① 选自学生新闻写作稿件。

在无数中国人的记忆中，小提琴是和盛中国这个名字联系在一起，是和中国音乐经典名曲《梁祝》联系在一起的。盛中国是中国交响乐团国家级小提琴独奏家，1941年出生于重庆的一个音乐世家。20世纪80年代，他多次受邀到世界各国举办专场音乐会，将一曲《梁祝》传播到海外，赢得广泛的国际赞誉。

"有些音乐是感官的娱乐，但高雅音乐需要用心灵倾听。"赵老师强调，"用心去听每一个音律节奏所表现的情景、所表达的喜怒哀乐。"

由盛中国演奏、夫人濑田裕子钢琴伴奏的小提琴独奏曲《梁祝》用精妙的音乐语言诠释了一个浪漫的、悲剧的爱情故事。热情而柔婉的旋律回荡在同学们的耳畔，每一个音符如泣如诉，时而低沉、时而明亮、时而凄美、时而欢快、时而风和日丽、时而暴风骤雨……宛若一段故事的起承转合、环环紧扣、高潮更迭，最终幻化成栩栩如生的两支美丽蝴蝶……

平时大家都只听流行音乐，而一曲《梁祝》让很多同学第一次走进一个新鲜的经典音乐世界，领略小提琴优雅的艺术魅力。

2018年9月7日，享誉世界的著名小提琴演奏家盛中国因病逝世，享年77岁。"最近两天，全世界都在关注一位音乐家的去世，中外所有媒体都以显著位置进行了报道，因为这是一个重要新闻。"赵老师说，"表达我们的哀思，以崇敬之心欣赏大师演奏的《梁祝》，也许是最好的方式。"

教室里顿时鸦雀无声。一曲"梁祝"成绝响，唯有琴音寄情怀！"同时我们也可以此为由头，写作一篇新闻，它应该是一篇记述本次课堂活动的侧记。侧记是通讯文体中的小品，我们上堂课讲过关于侧记的写作要领。"赵老师阐释了此次课堂学习的目的，"侧记是侧重事件的某一个面展开来写……"同学们终于明白为什么今天的课堂要听音乐。再一次倾听《梁祝》，感受又不同，内心似乎增加了更深入的理解。

接着，课堂观看了搜狐视频《文化之约》对盛中国夫妇的访谈。1994年盛中国和日本钢琴家濑田裕子结婚，20年来，夫妇一路相伴，琴瑟和鸣，珠联璧合的小提琴与钢琴合奏打动了无数观众的心。盛中国每年有100多场演出，他一生仅《梁祝》就演奏了1万多场。他们还多次举行义演，善款全部捐助中日地震灾区。从1987年开始，盛中国每年都去日本演出，并将演出所得的一部分赠给世界留学生作医疗基金，日本政府授予他"文化大使"的称号。

盛中国说，人是真诚的，艺术才是真诚的。"真正的艺术家能帮助人们拨动内心那根天使的琴弦。"盛中国将对艺术的理解和人生的阅历融汇在一起，让真诚随音乐流淌，让小提琴的韵律充满强烈的艺术感染力。在访谈的最后，盛中国寄语年轻人："每个人都有自己的梦，但是最重要的不是有梦，是要规划出实现梦想的每一步应怎么走。"

走出教室，意犹未尽，小提琴的优美乐音依然在耳边萦绕，那是从天堂里传来的《牧歌》……

第四节　三种报道集群

三种报道集群指连续报道、系列报道和专题报道，一般针对特定的重大新闻主题而展开的全面深入的报道，形成单稿不具备的报道规模和报道强势，并产生广泛的社会影响力。

三种报道集群在内容和形式的表现上呈现三种不同的报道形态，之间虽然有交集，但各自的特点还是很明显的。作为集群式报道，其选题方向、整体节奏和布局多由编辑统筹把握。

一、连续报道

（一）连续报道的报道形态

重大事件在报道后会不断发酵，公众急于看到"接下来会怎样"的演变。连续报道紧密追踪事件进展，持续报道事件的最新动态，使公众及时地了解事件进展情况，满足公众"未知、欲知和应知"的信息需求。

连续报道又称跟踪报道，指正在发生并持续发展的新闻事件在一段时间内的不间断的报道，其信息密集，报道更新快，时效性强。

图4-3显示了连续报道的形态：连续报道是在一段时间内完成的，构成连续报道的每个组成部分都是在不同的时间段上发生的，这就决定了记者须每时每刻密切关注事态的最

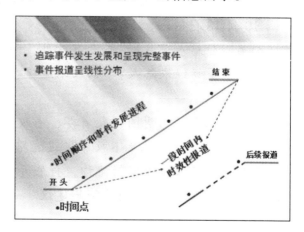

图4-3　连续报道形态

（资料来源：作者课件）

新变动，在第一时间抢发头条。

在时间的延长线上，连续报道的每篇报道都相互紧密衔接，且以时间为轴形成事件起伏的脉络。在时效上，电视、网络媒体的易传播特性让纸媒相形见绌，但报纸可以通过评论文章，将报道引向理性和深入。

(二) 小悦悦事件的连续报道

2011 年 10 月 13 日，在广东佛山黄岐广佛五金城，一个山东务工者的两岁女孩小悦悦相继被两车碾压，7 分钟内，先后有 18 个路人路过，但都视而不见，漠然而去，最终，一名拾荒阿婆陈贤妹上前施以援手。此事经报道，引发广泛关注，舆论的道德拷问震撼了社会良知，掀动了国内又一场舆情风暴。随着事件的发展、变化，记者每天的跟踪报道牵动人心：

10 月 14 日——

○被碾女童转到广州军区医院抢救。

10 月 15 日——

○官方拟奖励并加大宣传救人者。

○救人阿婆：没想过会出名，救人不是为钱。

10 月 16 日——

○佛山南海区检察院介入调查，表示将依法从快批捕、起诉小悦悦事件中的肇事者。

○女童被两车碾过追踪：两个冷血司机均已归案。

10 月 17 日——

○肇事司机：愿赔偿赎罪。

○广州某公司奖励救人阿婆 5 万元，并提供工作。

10 月 18 日——

○第八位路人现身："我没有看见，问心无愧。"

○记者采访绿衣路人："别人不敢碰，我怎敢碰。"

10 月 19 日——

○省委副书记朱明国代表省委、省政府前往医院看望小悦悦。

○网民建议以"见死不救罪"追究路人责任。

○广东省委政法委发微博称，将展开"谴责见死不救行为"大讨论，并就"见死不救"立法向网民征集建议。

10 月 20 日——

○女童父亲的代理律师罗德旭称，小悦悦父亲时常接收到海外华侨华人关切询问和资金援助。

○广州军区广州总医院再次报告，小悦悦全身多处脏器均出现衰竭，随时有生命危险。小悦悦父母已于 20 日凌晨在病危通知单上签字。

10 月 21 日——

○被碾女童小悦悦因抢救无效今晨离世。

○小悦悦父母起诉肇事司机。

……

从发生、发展到结束的一周内，媒体报道沿着事实的演进轨迹不断向前推进（期间，国外媒体也纷纷给予报道），新闻更新快，报道节奏快，时间、事态紧密衔接。在报道形态上，以精短、快捷的消息为主，并配发了大量社论、时评、专访、综述，加之自媒体的转发、互动和广泛传播，强化了报道的连续性效应。

连续报道侧重于社会关注度较高的事件，有时，某事件的演变周期会很长，但记者既然报道了这个事件就不能懈怠，要密切关注事态后续发展，及时报道最新动态。

二、系列报道

（一）系列报道形态

系列报道的"系列"指在一个阶段内，对同一新闻事件从各个侧面、不同角度进行连续的报道，力图表现事实发生、发展、结果及影响之全过程。系列报道一般有多个单篇报道作品组成，在记者完成每篇单稿采写后，由媒体分期（报刊、网页）、分时段（电视）推出。

系列报道多见于题材、主题和社会影响都比较重大的新闻事件，通常把多个单稿统筹在同一主题下，对新闻事实做系统、全面、有一定深度的集合性报道。

图 4-4 是北京的媒体组织开展"记者走基层"系列报道活动的图示，与连续报道不同，各篇报道错落有致地排列在时间和

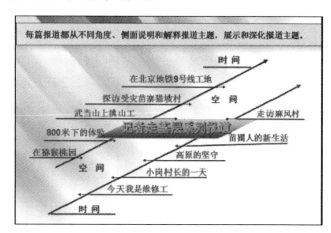

图 4-4　"记者走基层"系列报道形态

（资料来源：作者课件）

空间的轴线上，而非排列在某个时间段上，构成系列报道的每个单稿都是独立的存在，相互之间没有联系，但反映一个共同的主题。

（二）系列报道与连续报道的异同

1. **时效和落点**：系列报道与连续报道有很大的不同，前者的落点在对表现同一主题下的不同内容、不同时间的集中报道，呈现被切分的时空节点；后者的落点在对事件进程的不断更新，报道的持续跟踪，呈现事件按照时间顺序发生的直线延伸。

2. **单篇报道形态**：两种集群报道都有连续性的特点，但系列报道中的每篇报道都可以单独拿出来独立成篇，而连续报道的每篇报道只是反映事实一部分的接续报道，上篇内容与下篇内容紧密关联，无法单独拿出来。

3. **并列与递进**：系列报道以不同报道内容反映和烘托同一主题，每篇报道之间是并列的关系，时效性不强；连续报道则立足于一个突发事件，紧跟着事件发生发展的轨迹走，信息密集而紧迫，每篇报道之间为递进关系。

三、专题报道

图 4-5 "乡愁"专题报道

（资料来源：《中国青年报·冰点周刊》）

专题报道是以某个人物、某个事件、某个话题、某个纪念日为对象展开的专门报道，其内容丰富，主题集中，指向性强。专题报道可分为单纯型专题和组合型专题两种，单纯型专题一般为单个报道形态，针对一个专门的议题深入而详尽地铺设内容。

2017 年伊始，《中国青年报·冰点周刊》编辑部讨论了一个别开生面的选题：让报社的年轻的"90 后"记者利用春节回家探亲的机会，观察感受他们眼中的"乡愁"。

笔者至少给四届"90 后"学生上过课，他（她）们中的很多人自小就跟着打工的父母辗转于多个省市，有着"迁徙"

的童年记忆。在中国4亿流动人口的大背景下，打开并不沉厚的故乡情结，是一个新颖的视角。

这组"迁徙中的90后看淡乡愁"（见图4-5）专题报道集群见报后，引起了同代人的共鸣。

这组专题报道就是在同一主题下，由多个单稿组合而成的报道集群，每个单篇长短相近，风格相同，之间呈并列关系，又有内在的逻辑联系。

专题报道适于主题重大的题材，通常事件性较弱，议题性较强，尤其契合纪念日、节日的报道。组合型专题可运用多种文体形式，可灵活调动图片、影像、多媒体手段，形成整体报道规模，如图4-6所示。全国"两会"报道通常采用系列专题组合报道形式，通过切割报道角度，组合数篇报道集群。不过，这种规模报道对编辑们的选题策划更具挑战性。

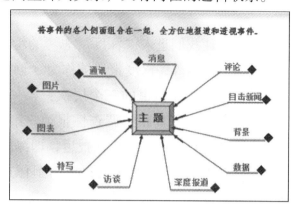

图4-6 专题报道形态

（资料来源：作者课件）

专题报道和系列报道都是在某个主题下展开的报道，具有一定的时效。两种报道方式交集比较多。有时，专题是一个大型报道的泛指，如系列专题报道，既呈现事件的延展性，又体现专题的纵横向度。

第十一讲　深度报道

现在，让我们进入"深度"思考的境界。

在西方新闻界，深度报道被称为"创造性报道"。美国哥伦比亚新闻学院的教材提出新闻报道的三个层次：第一层是直截了当的报道，第二层是发掘表象背后事件真相的调查性报道，第三层是在事实性和调查性报道的基础上所做的解释性和分析性报道，即深度报道。

《新闻学大辞典》对深度报道的阐释是："运用解释、分析、预测等方法，从历史渊源、因果关系、矛盾演变、影响作用、发展趋势等方面报道新闻的形式。"深度，不仅体现在事实的挖掘，更要善用背景材料，并调动作者的独立思考。广义的深度报道是指具有解释和揭示性、叙述元素多样的长篇报道。

深度报道的产生与二战后崛起的电视媒体密切相关。当电视以直观、形象的画面出现在公众面前时，没有人不希望在第一时间目睹新闻现场。报纸的权威地位受到严重威胁，一如今天的网络新媒体对电视、广播、报纸等传统媒体的冲击。于是，当时的美国 CBS、ABS 等广播巨头顺应时势，摇身变为全国性的电视网，许多人断言纸媒即将消亡。美国报人在此危境下，看到了技术的电视因"一过性"影像活动的局限而无法在报道的深度方面施展拳脚，他们找到了可以对抗电视新媒体的方式，一种可以充分发挥报纸独特潜能的表现方式：深度报道。

深度报道极大地拓宽了新闻写作与报道的领域，对事件的揭露与揭示、探究和解析，突破了一般性新闻报道的局限。至今，深度报道在新闻大舞台叱咤风云已有一百多年了。

1985 年，普利策新闻奖评选委员会增设了两个新闻奖项：解释性新闻奖和调查性新闻奖，确定了深度报道的两种体裁，也确立了深度报道的新闻地位和学术地位。深度报道也由此作为一种独立的、特定的文体为媒体广泛采用，强势地位于新闻文体的高地。

代表国内业界最高新闻奖项的中国新闻奖在 1990 年创办时，就设置了"通讯与深度报道"类奖项。

中国的深度报道始于 20 世纪 80 年代初，且一开始就带着改革开放扬帆启程的朝气。到 20 世纪 80 年代中期，中国的深度报道活跃一时，如报道云南鲁布革水电站实施现代企业管理的《鲁布革冲击》（《人民日报》，1987-8-6）、大兴安岭漠河大火的系列报道（《中国青年报》，1987-6-24 至 1987-7-4）、揭示人才浪费和探究人才机制的《命运备忘录》（《中国青年报》，1987-12-2）等，一系列深度报道散发着启蒙的热气，冲击封闭的观念，激发现实的反省。

深度报道的崛起是中国新闻事业向前迈进的必然趋势。报刊、电视纷纷以深度报道提升媒体品质，设立"深度"板块，招聘人才加盟。

传统媒体一直是国内深度报道领域的主力军，如财经领域的知名期刊《财新周刊》和《财经》月刊的深度报道，以其理性和勇气强化了深度报道固有的特质。《中国青年报·冰点周刊》《三联生活周刊》刊发的报道各自形成风格，成为业界深度报道的范式。

《南方周末》是国内唯一专注于深度报道的周报，其大量重磅报道给读者留下难以磨灭的印象，即使在新媒体的强势冲击下，这份周报仍然坚执深度报道的方向。

驰骋一线，追踪现场；纵观时势，洞察人性；激浊扬清，弘扬正义。深度报道以深度剖析问题，以深度警醒公众。曾经，它作为纸媒的文字力量抗衡广播电视，今天，这种力量仍然是抗衡网媒的核心竞争力。

深度报道根据内容和类型，可分为三种文体形式：调查性报道、解释性报道和特稿。

第一节　调查性报道

在深度报道中，调查性报道是一种特殊的、独立的报道文体。

一、独立报道真相

（一）调查性报道溯源

1."扒粪"运动与正义

调查性报道的历史源头来自美国 20 世纪初著名的"扒粪运动"。

南北战争之后，被解放的黑奴和数百万移民投入到机器化大生产中，美国经济高速发展。与此同时，企业垄断、劳资纠纷、食品安全等各种社会问题突出，松散的联邦政府软弱无力，还与贪官污吏沆瀣一气。其时，一些报纸的新闻记者挺身而出，对当时的社会和政治丑闻展开调查。1903年《麦克卢尔》杂志1月号刊载了林肯·斯蒂芬斯的《明尼阿波利斯之羞》、埃达·塔贝尔的《美孚石油公司史：1872年石油战》和雷·贝克的《工作的权利》3篇调查报道，揭露政界、企业界和劳工界的黑幕。1905年《柯里尔》杂志又曝光了不法商人在药物和食品里掺假的事件，直接促成确保食物和药物纯洁安全的法规法律。随后，越来越多的"揭黑"文章将触角伸向现实生活的诸多领域，这些文章的作者被当时在任的西奥多·罗斯福总统称为"扒粪者"。

从1903年至1912年的10年间，轰轰烈烈的"扒粪"运动激发了美国社会的正义良知，产生了广泛的、积极的社会影响，舆论监督的观念更加深入人心。之后，美国新闻报道的思维方式和技术方式发生了深刻变化，注重通过调查对事件进行剖析和运用背景材料对新闻进行阐释的长篇报道出现了，即我们前面讲过的调查性报道和解释性报道。其中最大的成就是《华盛顿邮报》对水门事件的报道，该报社的两位年轻记者经过22个月的持续采访、调查，揭露了一起令世界震惊的政治窃听案。水门事件的报道造就了现代意义上的调查性报道和调查记者。

2.《财经》杂志与央视"新闻调查"

业界普遍认为，中国的调查性报道始于1980年7月22日的"渤海2号"沉船事件报道。1979年11月25日，石油工业部海洋石油勘探局"渤海2号"钻井船在渤海湾迁移井位拖航作业途中翻沉，造成72人遇难，直接经济损失达3 700多万元，经媒体和有关部门的联合调查，认定是一起官僚主义瞎指挥造成的严重责任事故。8个月后，《人民日报》《工人日报》同时刊发报道，将事故真相公之于众。9月2日，事故的有关责任人在天津市中级人民法院的被告席上接受审判。

知名调查记者王克勤则认为，严格定义上的调查性报道当从1998年《财经》杂志的创办算起。《财经》与这个时期同样致力于揭露真相的中央电视台《新闻调查》一起将调查性报道定位在"捍卫公众利益""揭发黑幕""记者独立调查"三个核心要点。

以"独立、独家、独到"为办刊方针的《财经》开启了金融领域调查报道的先河。2000 年，《财经》发表《基金黑幕》封面文章，揭开了成立不久的国内基金管理公司的腐败黑幕。紧接着，《银广夏陷阱》的调查报道曝光了宁夏一个上市公司不但篡改财务报表、连生产线和海关报关单也造假的惊天内幕。《庄家吕梁》揭露了中国股市的种种劣迹。报道令各界反应强烈，促使高层痛下决心整肃金融市场。

央视"新闻调查"是在 1996 年开播，每期节目时长 45 分钟，节目定位为：正在发生的历史，新闻背后的新闻。"新闻调查"以记者的现场调查为呈现方式，以探究和揭露事实真相为基本内容，以理性、客观、平衡为报道原则，被誉为"对事实调查最详尽、对问题分析最透彻"的调查性新闻报道节目。

> **提示**
>
> 在媒体的某些运作中，出现一些并不着重于揭露真相而旨在剖析问题、提出批评和建设性意见、谋求社会共识的调查报道，如央视《焦点访谈》，其归类于调查性报道中的批评性、评论性报道。另一种情况是：有一些围绕特定议题以及展开相关调查和探讨的报道同样被视为新闻调查，且归类于调查性报道中的调研性报道。还有人认为，调查性报道不必限于对社会负面的揭露，其理由是：世间有黑暗也有阳光，有丑也有美，因此一定也有好的东西处于隐藏的状态，运用调查的手段挖掘和反映社会正能量的真相也须纳入调查报道的范畴。无论是批评性报道、调研性报道，都与调查性操作有交集或融合，重要的是，调查性报道要尊重其特定的属性。

（二）调查报道的特性

关于调查性报道，由联合国教科文组织（UNESCO）编写的《故事基础上的调查：调查性报道记者手册》的解释是："旨在曝光不为人知的重大社会问题，这些社会问题或者被位高权重的人刻意隐藏，或淹没在错综复杂的背景和事实之中显得模糊不清；因此做调查报道既要挖掘隐秘的信息，也要利用公开的资料。"[①] 美国调查性报道记者编辑协会（IRE）把调查性报道概括为："一种通过记者个人的新闻作品去揭发一些人或组织希望不为人知的重要事实的报道"，并指出调查性报道的基本要素，"调查由报道者而不是别人来完成；报道的主体包含某些对读者或观众而言有一定重要性的

---

① 这本手册有含中文在内的 6 种官方语言译本，并配有一份案例手册（限英文版），全面介绍了调查性报道的方法和技巧。

事实；其他人正在企图对公众隐瞒这些事实。"密苏里新闻学院的学者认为，调查性报道是"一种更为详尽、更带分析性、更要花费时间的报道，因而它有别于大多数日常性报道，其目的在于揭露被隐藏起来的情况"。而日本新闻学教授川岛保良认为，调查性报道"不是依赖当局发表的材料写报道，而是记者亲自进行调查，逼近真相；不像独家新闻那样只依靠到手的单个秘密材料，而是通过彻底的调查采访，揭示事件的整体情况"。

我们根据以上权威的阐释，将调查报性道归纳为以下几个特征——

·媒体独立完成，记者独立调查，报道的主题内容具有原创性和独家性特征。

·记者和媒体的主体意识强，主动寻找重大线索，注重现场采访。

·被调查对象隐瞒或掩盖了损害公共利益的重大事实，记者致力于寻求真相。

·报道周期较长，调查记者更需要专业水准、经验、眼光和心理承受力。

·强调一级信源，也利用公开的信息资料。

真相是调查性报道的关键词。什么是真相？央视"新闻调查"栏目的阐释是："所谓真相就是正在或一直被遮蔽的事实。有的真相被权力遮蔽，有的被道德观念和偏见遮蔽，有的被狭窄的活圈子和集体无意识遮蔽。""一种是内幕和黑幕，被权力和利益遮蔽；一种是复杂事物的混沌状态，被传统观念和认识水平遮蔽。"

在日常生活中，人们往往离事实很近，离真相很远。对调查性报道来说，事实并不等于真相。调查报道的目的就是揭开遮蔽，还原事实的本来面貌，警示、促进社会做出改进。

二、采访突破攻略

有经验的记者知道：一篇调查报道的完成，至少有70%以上的时间和精力是花在了调查的过程中。显然，调查性报道更依赖大量的、细致的采访。

不同于一般性采访，调查性报道所涉事件较重大、曲折，相互关联、作用的因素多，调查线索时隐时现，导致采访经常出现不顺利或者难以深入下去的困难，每个调查记者都曾经遇到如何突破采访瓶颈的难题。如何取得采访的突破，我们结合经验丰富的调查记者们的亲身实践加以探讨。

（一）从利益关联入手

《21世纪经济报道》首席记者陈小莹指出，不要让对方感到记者在索取，而是要让对方感到记者的采访对自己有利。能争取到核心信息源开口，在任何报道里面都是关键的指引。她以财经新闻调查为例：有些采访对象会权衡媒体报道对他或对部门是否有利，如果记者从对方的利益关联入手进行游说，就可能撬开对方的嘴巴，使其提供记者需要的东西。

诉诸情感不是对所有采访对象都有效的（对较感性的女性可能容易产生效果）。在更多的情况下，注意涉事人之间的关系，如果觉得利益纠结复杂，不妨画一张人事关系图，分析涉事人及其在利益链条中的关联点——

- ·涉事人：当事人、知情者、目击者、外围关联者。
- ·核心信源和间接信源。
- ·利益各方的身份、关系和冲突。
- ·受益者和受损者。
- ·幕后操纵者。

……

（二）寻求合作

国内外调查记者都强调调查采访的合作，尤其涉及领域较广、线索埋藏较深的大型调查，凭一己之力难以在短时间内完成，可招揽熟悉情况的、精力充沛的同道者（特约记者），共同实施计划、目标，并对合作者的工作和贡献给予认可（调查作品给予署名）。国外调查记者在这方面做得更专业一些。

利用社会资源可有效提高调查效率，减少采访成本。《南方周末》原记者邓科认为，社会关系是记者的第一生产力，记者应与人脉关系接洽，便于在调查中打通各种信息途径和管道。如果缺乏社会资源就拿不到核心信息，最终只能写一些见闻似的东西。财新传媒首席调查记者王和岩则建议，到一个完全陌生的地方去采访，应主动寻求当地同行的帮助，他们会提供一些重要情况，拓宽采访的路径。她还指出，记者要努力培养"线人"。为了和"线人"保持长期的密切合作，应帮助"线人"建立匿名和加密的联系方式，如果"线人"通过网络传输信息，无论是邮箱还是云盘，都应确保渠道的安全性，同时记者也要对"线人"及其报料进行评估。

（三）质疑与核实

调查的过程经常扑朔迷离，一个事实的说法往往有多种版本，尤其在没有"线人"、没有线索的情况下，记者须保持清醒的头脑，对采访中的每一个疑点特别是涉及核心信息的疑点咬住不放，缜密推敲。2002年12月山西省临汾市阳泉沟发生矿难，地方政府上报遇难矿工人数8人（依据相关规定，矿难死亡8人以上要报省级部门），煤矿在没有任何手续的情况下将遇难矿工遗体全部火化。央视调查记者曲长缨觉得事有蹊跷。带着疑问，他深入矿区，设法弄到了遇难矿工的通讯录，并开始了历时半个月、行程3个省的调查追踪，最后查明这次矿难事故死亡30人，瞒报人数22人。其后，央视《焦点访谈》和《新闻调查》分别播出"追踪矿难瞒报真相"和"死亡名单"的一线报道。

曲长缨被评选为年度"中国记者风云人物"。评委会对他的评语是："在曲长缨的身上，集中地体现了记者最基本的最重要的素质：不断地质疑并不断地核实。"

（四）重视证据

调查性报道需要建立在扎扎实实的调查研究之上。科学的调研方法要从公正、可靠的文件和资料入手，不带任何偏见和先入为主。有经验的调查记者都会重视物证、人证及其案卷，确保证据之间互相支持，逻辑推理上无懈可击。

数据资料对于外围取证很关键，财经记者陈小莹指出，在调查某些企业的经营情况时，可以通过工商部门获取企业与往来客户一些重要数据。资料越丰富，越能形成独立的、合乎逻辑的判断。她强调，关键是要判断核实的渠道可信度有多高。

财新传媒首席调查记者王和岩也认为，如果调查涉及复杂的公司企业利益，获取工商资料非常重要。对于涉案的调查报道，通常通过委托律师查询可以获知，但似有较大不确定性。公安、检察院、法院、律师等都是可能获取司法材料的途径，不过官员或国有企业高管贪腐属于职务犯罪，其侦查是在检察院的反贪局，所以，在很多情况下，政府部门是获取资料的主要途径。

事实的曲折和采信的严谨，这倒是和司法部门的调查情状有些相似，最多的交集是立足于证据，但查清事实的过程，对于新闻调查是公开的，对于司法调查是保密的。

（五）长期关注与跟踪

有时，一篇深度调查报道并非短暂的几日、数日之役，而是记者长期关注、调查的结果。记者的跟踪调查是指在首发报道后，继续关注该事件及其领域（行业）的发展动向，收集大量情况和证据，一旦出现事件的异变，能够再次掌握报道的主动权。

2013 年年底，康泰生物乙肝疫苗事件发生后，财经媒体《每日经济新闻》随即刊发了《深圳康泰 20 年股权变更 成就"隐形富豪"杜伟民》的报道，向公众描述该公司作为国内乙肝疫苗行业龙头企业 20 多年的发展轨迹，而在这之前，该报记者关注生物制药领域已有 4 年时间。

2014 年 12 月，内蒙古自治区高级人民法院经再审，判决 18 年前被判处死刑的呼格吉勒图无罪，使冤案得以昭雪。在此之前的 2005 年，新华社内蒙古分社记者汤汁发现内蒙古呼格吉勒图案存在重大错判线索，坚持不懈调查、报道长达 9 年，有力推动了问题的解决。为表彰汤汁秉持职业良知、坚守社会正义的精神，新华社为记者汤计记个人一等功。

三、调查记者

在现实与丑恶面前，在揭露真相的荆棘中艰难跋涉中，调查记者除了要具备采访突破能力，还须具备坚持不懈、吃苦耐劳的意志力和抗打击、抗挫折的心理承受力，以强大的内心无畏地面对真问题。

2017 年 1 月 16 日，《新京报》调查记者独家调查天津静海区独流镇制售假冒品牌调料问题，发现此地聚集的造假窝点多达近 50 家，每年产值以亿元计，造假历史长达十几年。记者历时两个多月卧底调查，乔装进出，串起天津独流镇制售假调料的确凿证据链，揭开了当地监管放任的黑幕。在舆论的广泛关注下，天津政府有关部门迅速组成联合调查处置组，一举端掉 7 处制假窝点，25 人因生产、销售伪劣产品罪受到法律制裁，15 名监管责任人被严肃问责。

调查性报道主要针对损害公众利益的行为，一些既得利益者会本能地抵制，或设置障碍，或使出手段顽强地阻挠，增加了事件的错综复杂性，因而，调查记者经常走在混沌的灰色地带，经常困于正义的风险与压力。

原《南方都市报》记者陈峰在接受人民网记者采访时，谈到当年采写著名调查报道《被收容者孙志刚之死》调查取证的困难："涉及公检法的案件调查最大的问题是很难拿到确凿的证据。但是事实不扎实的话，最后很有可能惹出麻烦。在这个时候，家属的单方面说法、投诉人的回忆是否可靠也是个问题，很难找到旁证。"他指出，"调查中要特别注意任何一方的信息都是单向度的、被过滤的，必须了解不同人的不同说法，才能不断接近事实真相。"

说到真相，原《中国青年报》深度报道部主任、资深调查记者刘万永说："过去，我们挖到一个料，拿到一些证据，就会认为自己挖到了真相，拿到的东西就是事实的全部；但现在，说到真相的时候，会越来越沉重，越来越慎重，我们不敢轻易说我们拿到了真相的全部。"

调查记者是事件调查和报道的主导者、见证者，负有严肃的报道责任。因而，调查报道对调查记者的专业素质、采写能力的要求较高。首先，调查记者必须是一个调查能手，熟练运用专业的调查手段和调查方法。此外，调查记者须具备案头研究的素养，善于在大量的资料、文件、卷宗、数据中找到历史与现实、事实与因果的关联。

当调查记者的经验积累到一定程度，拥有多少新闻资源似乎已不是关键所在，分析思考的能力帮助记者抓住主要矛盾，厘清事件的内在联系，解开纵横交织的利益环扣，为事实真相呈现一个清晰的、无可辩驳的逻辑链条。

调查记者当然还要具备较强的写作能力。对于调查报道的写作技巧，《南方周末》的编辑总结为"四化"：主体事件化、事件故事化、故事人物化、人物性格化，精妙地点出文笔斑斓的路径。"四化"体现了深度报道的叙事特征。《三联生活周刊》主编则对"好稿"提出三个要求：硬采访、有见识、好故事，并强调：成就一篇深度报道往往需要全景式的观察、细节的挖掘、事实的洞察，以及逻辑叙事与情感叙事的碰撞与平衡。

调查报道的写作同样不介入和评论事实，但记者并不是隐藏在文字后面，而是站在事件的前沿，记者的调查足迹如"记者在……""记者看到……"等字句经常出现在报道中，引领读者一起见证"不断接近真相"的过程。

鉴于调查性报道的广度、深度和难度，媒体要比其他新闻报道投入更多的人力、物力资源，记者也要比一般的采访报道付出更多辛苦，但调查报道应是一个记者能够写出的最重要的报道，能够体现所能达到的专业水准。

业界指出，目前调查记者人数在全球范围内都有减少的趋势，据悉，目前我国的调查记者可能只占到记者总量的千分之几，而且还在流失。调查记者人数的减少受到大环境的影响，如纸媒生存窘困、生产周期长、社会调查壁垒高等因素的制约，大众快餐阅读方式、浮躁的社会心态也不利于调查报道的生长。同时，国内对调查记者的鼓励和有效的保护机制一直未能建立起来。

第二节 解释性报道

2002 年 4 月 15 日，一架国航波音 767 飞机在韩国釜山金海国际机场降落时撞山，128 名乘客罹难。国内外密切关注这起重大空难事件。适时，《三联生活周刊》刊发一封读者来信，信中称，上网了解国航飞机失事的详情，却只看到了上百条的后续消息和间接信息。这位读者写道："我并不想知道波音 767 的发动机和起落架长什么样，我只是想看到一篇对事件的全面描述。"

这封题为《我不需要"更多"》的来信打动了很多媒体人。编辑们深信，公众早已不满足单一的消息报道，也厌倦了铺天盖地的不靠谱的碎片信息，他们需要的是完整的、充分的、被深入解读的事实，对自己有启发的事实。

一、新闻需要解释

（一）什么是解释性报道

新闻本来就具有解释、评价事实的功能。记者有报道新闻的责任，也有"解释新闻"的责任。世界上有很多事情需要解释，媒体有责任让公众不仅知其然，还要知其所以然，呈现给公众"一个在分析和评述中获得意义的事件"。

在国际传媒业界，更为常见的深度报道是解释性报道，它是深度报道最重要的报道样式。

解释性报道是一种追究事件动机（why）的报道，通过对事实真相的描述，对其生成环境、社会影响、发展趋势等进行分析和评述，阐发其对社会和民众生活的意义，从而揭示真相与表象之间的深刻联系。

现代社会变化迅速，事件多发，且错综复杂，当社会大多数成员还达不到"对事实深入思考"的层面时，媒体仅仅真实地报道事实是不够的。人们需要思考的指导，需要意见和观点，以帮助他们理解和判断事实。解释性报道须满足公众对信息的深层需求。

解释性报道的魅力就在于通过解释，给予受众启发和教益，使作者的思考成为更多人的思考。

具体到一个事件的"解释"，它要求解释：

· 事实怎样发生和为什么发生，还将向哪个方向演变。

· 事实与其他社会因素如何关联和相互作用。

· 事实揭示了怎样的问题。

· 事实对社会心理和行为产生什么影响。

· 事实呈现了怎样的历史价值和现实意义。

· 事实已知的结果和可以预测的结果。

……

解释性报道中的"解释"既是新闻报道本身，这种解释必须以事实为依据，具有严密的论证性、严肃的科学性，这种解释必须具有洞察、揭示和前瞻性预测的特征。所以，"解释力"体现了解释性报道的创造力。

（二）背景、关联与解释

2011年6月发生的"郭美美事件"曾引起社会强烈反响。当时，媒体对该事件已经进行了广泛报道，《三联生活周刊》以封面故事的方式推出《郭美美戳破了什么》《红商会运行：商业利益与慈善信用的双输》《郭美美事件"演进史"》《红会与红商会：管理控制的中国现实》《现实版的郭美美》5篇系列解释性报道，从不同侧面剖析事件"与其他社会因素如何相互关联和作用"，阐释现象背后的深厚背景，揭示郭美美事件的本质。

背景事实，是解释性报道的重要组成部分，背景材料的运用对深入的解释不可或缺。

《地下水砷污染危及近2 000万国人》是《中国青年报·冰点周刊》的一篇解释性报道（见图4-7），作为专业性较强的环境报道，描述了砷中毒的发现和症状，画出了中国地下水砷污染风险地图，阐述了国家改善水质的努力。文

图4-7　地下水砷污染危及近2 000万国人

（资料来源：《中国青年报·冰点周刊》2013-9-25）

章的现场采访贯穿了中国医科大学公共卫生学院教授孙贵范对砷中毒进行

的科学阐释，并提供了中外专家及研究机构提供的科研信息、实验分析数据和研究成果等背景材料。

报道的文字收敛、客观，并没有直接鞭笞污染企业及其监管者，而是在科学考察和研究的背景支持下，将砷中毒地方病的成因、分布区域、危害和后果以及防治措施等令人信服地呈现在读者面前。

（三）解释性报道不是评论

解释性报道和评论有相似之处，都是用夹叙夹议的方法说理，但解释性报道的"说理"在于一种客观阐述和判断，使一般的读者更易于理解事件，并非意味着记者可以用个人视角去评论这个事件。

把解释和评论截然分开，这其中的分寸怎样把握呢？杰克·海敦在《怎样当好新闻记者》中引用《纽约时报》星期日版前主编莱斯特·迈克尔对解释性新闻的阐释："解释是以充分的背景为依据的客观的加工过程，其中有一部分是评价。而发议论是一种受论点和感情影响的主观加工过程。解释是新闻的基本组成部分。"

南京大学新闻传播学院杜骏飞教授在其著述《深度报道原理》中指出："解释性新闻的'解释'是有其特定含义的。这个解释主要是用相关事实来解释，而不是用观点来解释。解释性报道的作者依然尊重新闻报道用事实说话的原则，作者的观点和倾向性始终隐藏在事实的背后。"他认为，解释性报道和新闻评论根本不是一回事，新闻评论的解释是"作者用观点和推理进行的解释，个人特征鲜明，有浓厚的主观色彩"。

二、解释性与趋势性报道

"趋势"是我们常用的一个词语，趋势代表了事物发生、发展的方向，还没有形成结果或结局。"趋势"往往隐藏在熟视无睹的或悄悄发生的变化中，当它偶然发生时，就已蕴含了某种必然的性质。"趋势性报道"通过对某个人、某个现象、某个事件的调查及其背景的考察，发现共性的普遍的倾向，进而前瞻性揭示社会发展的必然性。学界将此种报道形态称为"趋势性报道"。

"趋势性报道"高度关注可能演化成为社会趋势的事物，我们举两个例子：

其一，东莞的制造业又发生普工、技工"用工荒"，新生代农村青年不再愿意去工厂、去流水线，那么他们到哪里去了呢？有关调研数据显示，他们集中在大城市打工、开店或从事保安、中介、快递等各种商业服务活动。那么，此种现象是否值得注意？有哪些社会心理、经济发展、城镇化进程的关联因素？

其二，随着智能手机和互联网的快速发展，短视频越来越受到用户欢迎，无论是传统媒体还是新媒体都将视频作为重点发展业务，那么视频新闻是否将成为未来网络新闻传播的主要方式？

解释性报道的写作需要翔实和丰富的背景材料、足够的样本和确凿的数据，通过对事实做出有理有据的解释分析，预测事物的演变方向、发展趋势。

用事实解释"趋势"的写作报道应掌握以下要点：

· 说明形成趋势的代表性事例

· 阐述趋势中的当事人（受益者和受损者）及其感受

· 解释趋势与其他社会因素的关联和作用（如对国民心理和行为方式有什么影响及其引发的连锁反应）

· 解释趋势的发生原因及其发展演变

· 解释和分析背景事实

· 专家对趋势的解释

· 有关人士对趋势的解释

……

那么，根据你的观察和感受，在你生活学习的范围或工作的领域，是否注意到某个具有趋势性的事物呢？

第三节　特稿

一、精彩地报道事实

（一）什么是特稿

业界认为，特稿的本质是一种新闻纪实，它用文学手法来写作，但永远是在事实的基础上向读者娓娓道来的一种叙述方式。鉴于特稿文体的特殊性，特稿写作，是可以带入主观描述的，这一点很早就被业界认同。在许多获得普利策新闻奖的特稿作品中，都可看到作者介入事实的主观色彩。

在诸多优秀的新闻作品奖项中，特稿体现了最优美、最深刻的文字创作。1978 年，普利策奖增设了"普利策特稿写作奖"。

普利策评奖委员会对特稿获奖的要求是："除了具有独家新闻、调查性报道和现场报道的共有的获奖特质外，特稿主要考虑高度的文学品质和原创性。"从中反映了特稿具有显明的文学叙述特征。特稿是一种借助文学表达手法对事件进行详细、深入、富有感染力的报道，除了具有很高的文学性和创造性，还有一定的文化意义和现实意义。

特稿区别于除通讯之外的其他报道文体的一大特性是：记者在报道新闻时可以像作家那样把自己融入文章当中，注入自己的感受和激情。在普利策新闻奖的作品中，有一部分获奖作品是用第一人称写成"个人经历性报道"的特稿，且受到鼓励：只要有可能，记者就应深入到事件现场，并成为新闻报道的一部分。

西方业界习惯于将特稿称为叙事性写作（narrative writing），对于新闻文体的划分并不很严格，有时把除了纯新闻和评论之外的所有文体也都归为特稿，无论是重大的事件还是休闲的话题，都会出现在特稿的题材领域，篇幅也可长可短。在我们国内看来可以加以区分的各种文体样式，在他们那里很多都可以划进特稿范畴。

特稿是西方新闻报刊上主要的新闻体裁之一，大致分为三类：

· 新闻特稿（news feature）

· 人物特稿（personal profiles）

· 趣闻特稿（human interest feature）

"文学品质和原创性"令特稿拥有更广阔、更独立、更自由的报道空间。近些年，特稿已经成为国内媒体一种重要的、常用的新闻报道方式，我们看到的特稿篇幅一般较长，醒目地占据着大幅版面、多屏页面，许多写作能力较强的记者都喜欢这种束缚少且能够发挥才华的文体样式，因此特稿在题材类型和内容表达上面，作者本人的素养、知识积累和经验的因素更突出一些。

原《南方周末》高级记者南香红创作了很多有影响的优秀特稿作品，对特稿写作颇有心得，她认为："对于一般报道来说，可能准确快速地表达事实是第一要素，而对于特稿来说，必须在准确的基础上达到完美、丰富、多色彩和多向度。"

这种"多色彩、多向度"应指特稿写作形态多样、涵盖题材广泛、细节精彩、具有多场景和多画面性组合等特点。

写特稿，讲求内容的生动和饱满，对写作有更高的要求，如果你有文学写作的经验，那么，它们完全可以派得上特稿写作的用场。

（二）新闻特稿

精彩地报道事实，这是新闻特稿的使命。无论是写人还是写事，特稿以文采见长，这是显而易见的。但同时还须强调：作为新闻报道文体，特稿不能超越新闻真实的范畴。作者仍然需要从客观的角度看待人和事，且不可以有任何虚构。关于特稿和文学之间的关系，南香红说："特稿是具有文学色彩的新闻，但必须与文学划清界限。"她认为，"真实，是特稿最重要的不可缺失的本质。在真实与文学之间，新闻应该选择真实。"

相比于人物特稿、趣味特稿，新闻特稿的题材领域更为宽泛，除了事件性、话题性、社会性新闻，重大突发事件也常常使用特稿体裁。

2017年6月14日凌晨，伦敦西部一栋27层的公寓大楼发生大火，火势猛烈，几乎蔓延到了所有楼层。5个月后，伦敦警方向外界公布，伦敦格伦费尔塔公寓大楼火灾遇难者人数最终确定为71人，所有的遇难者都已找到。

《你，看到杰西卡了吗?》是上海澎湃新闻刊发的报道该事件的新闻特稿，前面的几段文字是这样写的：

这个小姑娘，12岁，身高5英尺（约1.52米），披着一头卷着的长发，爱笑，有着一双又大又漂亮的眼睛。她的照片，连同一连串的电话号码，被打印在无数张纸上，被贴在地铁站门口的墙上、小商店的门上、电话亭外的玻璃上和位于人行道边上的栅栏上。

爱笑的杰西卡不见了，消失在6月12日凌晨发生的那场著名的伦敦大火中。她所居住的格内费尔大楼整整烧了10多个小时，火势才控制住。尽管英国媒体谨慎地报道着死亡人数，人们仍普遍猜测这个数字会很大。从最初的死亡6人至12人，再到17人……

据BBC最新消息，英国警方宣布，伦敦西部格伦费尔公寓楼大火中的58名失踪者"预计已全部罹难"。此前，英国官方宣布这场大火已经造成至少30人丧生。

媒体称，这栋大楼建于1974年，是这个在全英国最富有的伦敦切尔西区建给穷人住的廉租房。据悉，此前曾有120户人家住在这里。去年这栋楼进行装修和改造后，住户增加到127家。

……

《你，看到杰西卡了吗?》是一个设问式标题，也是一个意象性的标题，它不是在找人，是在倾吐大火的悲情、人性的悲情。大火吞噬了几十条生命，但作者选择了一个可爱的 12 岁小姑娘，更易唤起同情，更富于悲剧感。这个华体结构式的开头，颇能吸引读者把文章读下去。

这篇报道用文学的语言和文学的表达方法报道一个真实的、重大的灾难事件，只是我们看不到事件，只看到故事。将事件故事化是特稿的表达手法。

新闻特稿，一般篇幅都比较长，尽管我们不提倡长文章，但有些事件需要比较宽阔的文字空间，故事内容和意义才能完整呈现。这篇报道的前半部分是灾难的细节描写，后半部分是严肃的背景分析，前面的这几个段落，文字虽简练，却融和了描写、议论、叙述和背景穿插，体现了特稿借鉴文学多元结构、多元组合的叙述方式。

显然，《你，看到杰西卡了吗?》是一篇充满情感张力和逻辑张力的特稿。

新闻特稿的故事性和话题性很强，因此事实的"优选"很突出，用一句很直白的话：你抓到了什么样的"事儿"，它有趣吗? 它不寻常吗? 它让你痛、让你思吗? 它让你感动或不安吗? 无论哪个题材领域，你一定要有一个好的故事，无论这个故事是有关全球变暖还是一宗"家暴"。

三、人物特稿

与人物通讯相比照，人物特稿呈现出完全不同的气质。

人物特稿属于人物类深度报道，对人物的深入的解读，使其拥有更多元的视角和更开阔的表现空间，打破了窒息灵性的文体束缚。

（一）媒体关注的"人物"

什么样的人物为新闻报道所关注呢? 现代媒体所遴选的人物及其报道高度凝聚了人物所代表的时代性，镜子般地映照着社会进程。

美国著名周刊《时代》（*TIME*）杂志每年年底评选封面年度风云人物。自 1927 年开始，它就受到了全球的广泛关注，其评选的标准是："选出对新闻和人们生活影响最为重大的人，无论这个人是谁。"

如图 4-8 所示，中国广州《南方人物周刊》以"记录我们的命运"为办刊宗旨，以"平等、宽容、人道"为理念，表现那些"对中国的进步和我们的生活产生重大影响的人，在与命运的抗争中彰显人类的向善力量和深邃驳杂的人性魅力的人。"

人民出版社主办的《人物》杂志将报道人物锁定为"当下中国有重大影响力的人物"，强调文本的优美和深度，触及人物的内心悲喜和情感。《人民日报》主管、主办的《环球人物》则秉持"以人物记录时代"的理念，突出全球视野，着重报道各个领域的高端人物。

《广州日报》"今日人物"栏目对人物选题的原则是:"公共性;热度效应;紧扣社会脉动;大众关切。"要求人物故事有足够的新闻性,有深刻的内涵。栏目重点报道的几类人物是:热点新闻事件中的人物;有新闻的名人;有故事的小人物。

在新闻人物报道的长廊,《中国青年报·冰点周刊》留下了浓重的墨迹。"冰点"以人物特稿见长,首选"在各个领域有突出表现和独特表现的人物"

(二) 特稿笔下的"新新人物"

人物特稿擅长从人性的角度透视现实,以人物故事作为"新闻点"解读社会,以细节、冲突、动作、行为表现人物性格。《中国青年报》的"冰点人物"经常报道普通人和弱势群体的非常故事,写出小人物的命运感和时代感,但也注重那些有着独立、坚定的精神追求的人。《科学界派往课堂的代表》通过讲述北京一所重点高中的化学老师王笃年培养学生自由探索和独立学习能力的故事,表达了"冰点"的"新新人物"理念:社会进步发展需要无私和辛勤奉献的"老黄牛",更需要勇于创新、"离经叛道"的改革先驱者。

关注小人物的遭际、关注普通人的命运,类似的题材似乎成为一些媒体的主流报道视角。但在《智族GQ》杂志报道总监何瑫的笔下,《帝吧风云》《粉丝帝国》《爱情猎头》等人物特稿却将目光聚焦被称为网络"原住民"的"90后""00后"这一代年轻人身上。何瑫认为,他们很可能是一股更加值得关注的力量。互联网将年轻的新生代群体变成了一种新的物种,他们的生活方式、思维方式、价值观等都迥异于主流社会,这个群体是值得深究的

图 4-8 人物报道专刊/
杂志封面示例

社会现象，但还没有得到充分的记录与挖掘。

对人物的不同发现和不同角度的表现，使我们看到更具人性化、个性化的人物风景：热点人物、话题人物、新锐人物、特殊人物、悲剧人物、不普通的普通人物等，展现着时代"新新人物"的多面性和丰富性。

（三）人性、个性和社会性

一个人的行为逻辑总是能够折射出其个性与性格倾向，他在人生的每个关口的选择，也是这个人和别人不一样的个性在起作用，现代的时尚表述叫"情商"，但个性在天性的范畴，情商则具有社会的属性。

个性的形成又与其成长环境包括家庭环境、教育环境、社会环境息息相关。任何个体都不可能独立存在，他一定会与周围社会环境有着千丝万缕的联系，人物报道应深刻地表现人与环境的关系。据悉，在《南方人物周刊》的封面人物报道中，75%的封面人物以新闻事件为切入点，通过事件中的人物故事反映环境因素的主导作用。

中国社会转型期的剧烈变化带来新闻人物资源的丰富性。为什么写这个人？往往是因为这个人身上某种超越普遍经验的思维和行为能够引起我们的兴趣。人物特稿非常强调对个体命运、个性精神的描摹，这和其他很多新闻体裁中的人物报道不同。"非典型性人物"也许以更接近人间烟火的姿态，传递社会的症候和状貌、时代的风向和变迁。

人物的命运沉浮一定是构成故事过程的所有"部件"。人物写作须致力于讲好以"人"为焦点的故事，他们遭遇了什么，有过怎样的挣扎，他们如何改变，得到或失去了什么……真实地书写"人"的矛盾、变化或成长。在特稿写作的人物长廊中，我们看到了人物报道的多种方式、更多可能。

当人物的叙述立足于"人"的主体地位，人的本质的底色映射出各道光束，不同的光束就是人的某个面，就是新闻的某个点，光束无论照亮别人还是灼伤别人，都对社会有不同的解读意义。

三、人物写作的几个问题

读完一篇人物报道后，你不妨掩卷沉思：这个人有没有特别的东西？你是不是喜欢这个人？你是不是为这个人的命运沉浮而感动、感慨？然后不妨再读一遍报道，探讨文章的主题、立意、布局和手法。

写人物报道不好把握，写长篇人物报道的难度更大一些，其难在对人性的观察和理解，难在如何通过人的个性的行为诠释人与社会、人与事件的关系。

下面我们一起来分析在人物写作中容易出现的倾向性问题——

(一) 人物为何"不吸引人"

写人物，若漫不经心或匆忙赶出来的东西，一眼就能看出来。但某个同学认真地完成了一篇人物报道，大家看了还是觉得"没有意思"，可能的原因：一是人物的选择问题；二是缺少对人物的理解；三是表达的问题。

写人物，要问自己：这个人是否激发了你的某种情感？你写这个人物，想要表达什么？对这个人的了解是否深入？要对人物怀有热情，你的人物才会有温度，如果作者自己没有被人物吸引或感动，也不能吸引和感动别人。《中国青年报·冰点周刊》主编丛玉华认为，特稿的写作不仅在于文字，更在于自己的抵达和进入。

写人物，在下笔前要心中有数：这个人身上的"新闻点"在哪里？要善于在事件中、日常中敏锐地发现新闻人物，发现某人身上的故事。如果写身边熟悉的人，不可以罗列一堆泛泛的或似曾相识的小事，要掘出"新"和"奇"的情节，小人物固然没有多少大事情发生，但小事并非意味着平淡，就是说，作者的立意要高于"小事"本身，高出"小人物"本身，才能够提炼出凡人小事背后的价值。

事件中的当事人、权威人士、热点人物、名人、不寻常的普通人都是我们捕捉的对象。此外，还要注意新闻的接近性，根据媒体性质和定位，选择年龄、专业、职业、心理、地域不同的人物对象。

(二) 如何避免"扁平"式人物

我们的人物写作中，最普遍的问题就是人物泛泛，给人一种似曾相识的感觉。人物做了什么、怎样做的，说了什么，罗织了一堆故事或事迹，却看不到人和环境之间内在的逻辑关联，也看不到人物个性光束的闪耀。有的人物好像是某个主题的案例，或为某个理念做注脚，甚至成为某种理念的化身。

"扁平"就是人物缺少"这一个"的独特性。无论是大人物还是小人物，都要写出人物的个性特点。"穿着背带裤的拉里·金今年已经71岁了，但他那独特的沙哑嗓音、眼镜片后透射出的睿智目光，仍使他独树一帜，屹然不倒。"这句话的描述，精确地抓住了拉里·金这个资深主持人独有的外在特征。

　　人物应有立体感，如果内容需要，可提供人物的背景、照片、日记、博客，有助于读者体会人物情感，理解人物的想法和做法。

　　单一的叙述手法是不可取的。为了避免平铺直叙，可充分考虑运用文学的表达方法，如以外貌、行动、细节、个性语言表现人物性格特征，以描写、陈述、对话和引语的巧妙穿插增加报道的跌宕起伏。有时，用他人的视角（如爱人、同学、朋友、同事、上司甚至社会名人）看待和评价人物，读者会感到更真实，还能增加人物报道的层次感。

　　写人物不能写成人物小传，有的人物报道从童年写到青年，再写到中年，究竟要突出什么，没有一条主线，没有聚焦点，笔下的人物自然"立"不起来，写作的常识告诉我们，即使是全景式的人物报道，也应有所侧重。

（三）不要给人物"贴标签"

　　写人物不要轻易给人物贴标签，诸如"无敌射手""传奇神探""歌坛巨星"等，这种渲染式的人物标题还是要慎重使用。其实，从同学们写作的文稿标题也可以看出"标签"的印记："自学成才张某青""辩论台上的演说家"等，带有明显的"先入为主"的主观判断色彩，把握不好就容易使人物"脸谱化"。

　　标签式人物标题既不一定能够得到读者认同，也不一定与事实的本质真实相符。他是不是自强，他是不是演说家，要用人物的表现说话，如"自学成才张某青"换成"张某青：小学文化出版三部小说"是不是更使人信服呢？至于张某青是不是自学成才，最好由读者来判断。

　　在各种公开场合中，或为作秀、造势的需要，给人物贴身份标签的现象并不鲜见。不管贴上去的标签是正面的还是负面的，在本质上都是主观评判。如果说这是一种下意识的习惯，那么让人联想到有些人比较喜好给人扣上一顶帽子，或强加于人的身份定性，这也是一种"贴标签思维"，不仅仅是写作文风的问题。

第十二讲 语体和语境

文章是由语言文字组成的，新闻是用简洁、生动、有活力的语言承载和表达的。语体，是研究语言本身的修辞学范畴，是指针对不同交际领域、不同语言环境选择使用的语言方式和语言运用手段。语境，是指文章特定的语言使用环境，以及读者对语言的直接感知和体验。比如使用第一人称和直抒胸臆是基于主观感受的记叙文语境，而新闻是基于"用事实说话"的语境，两者的语境不同，是因为语体形态不同。

语体分为口头语体和书面语体两大类，书面语体又分为公文事务语体、科技语体、政论语体、文学语体、新闻语体、网络语体等，各具不同的语言表达功能。新闻报道是一种特殊的文章类型，具有明显地区别于其他非新闻报道的语体特征。初写新闻要建立新闻意识，自觉拽住记叙文思维和语言的惯性，用新闻思维、新闻语言写新闻，这正是我们在这一讲中探讨语境和语体的意义所在。

语体和语言相生相伴，那么，新闻报道如何营造"用事实说话"的新闻语境？新闻语境和语言表现方式又有怎样的关系？让我们阅读下面的内容。

第一节 特殊规制的新闻语言

既然新闻有一定之规，就应坚持其基本规则和标准。新闻的语言是特殊规制的表达方式和语言方式，这是新闻特殊的属性和功能决定的，本节着重讲讲这些规则如何通过语言表达来体现和贯彻。

一、文体决定语体方式

一般情况下，文体是决定语言环境的主要因素，每个类型的媒体都有自己在文体和语体上的定位和风格。《新周刊》（广州）和《三联生活周刊》（北京）这一南一北两份时政类周刊，都以"时代的观察者和记录者"为己任，同类却不同质。《新周刊》面向城市白领、新锐青年，敏感、时尚，更具青春的不羁与活力，相对应的语言则犀利、幽默、调侃，就连新闻报道也不玩严肃。《三联生活周刊》的读者定位在知识阶层人士，致力于探讨时事新思潮、新生活、新趋势，更擅长从历史和文化的视角解读新闻事件，才思敏捷，语言知性、沉稳、练达。两个周刊的议题设置也各有侧重，《新周刊》的选题开阔多样，并注重选题适应新时代青年的思维和行为特点，篇幅以短为多；《三联生活周刊》则注重选题的思辨性和思想性，追求"对同一事件，说出不一样的东西"，篇幅以长为多。

两份周刊都各领风气之先，但迥然不同的性格决定了不同的风格，形成了各具特色的语体和语境。

语言环境中的话语方式又必定与文体方式相呼应、相协调。俗话说，"到什么山上唱什么歌"，文学作品和新闻作品所呈现的不同语体首先是基于文体性质的不同。每种文体都要求相对应的语体、语感和语境，这种要求是文体特点和表达内容决定的。

语体和文体之间存在的这种内在的逻辑联系，是在具体的语言运用上面体现出来的。消息的语言是叙述性和说明性的，是所有新闻语体的基础；新闻故事侧重情节描摹，调查性报道具有准确和不动声色的叙事风格，特稿讲求内容的深度和文字的精致……

我们来看一组分别用消息和特写对同一事件的报道。

［例文·消息］

广东九江大桥被撞垮塌

新华网广东 6 月 16 日电（记者 徐清扬）　记者从此间正在召开的新闻发布会上获悉，九江大桥坍塌事故中初步认定有 4 辆汽车坠落江中，7 名司乘人员和 2 名现场施工人员失踪。这是佛山市副市长邓伟根在新闻发布会上宣布的。

15 日凌晨，325 国道广东佛山九江大桥发生一起运沙船撞击桥墩事件，导致九江大桥桥面部分断裂，交通中断。

九江大桥位于西江主干道上，是连接广东佛山市和江门市，进出粤西地区的交通要道。

[例文·特写]

九江大桥垮塌惊魂一刻

6月15日凌晨4时许，曙色初起，吴斐慈驾驶客货两用车从家中出发。上了主路，透过车窗，看到九江大桥逐渐逼近。九江大桥于1988年建成通车，位于广东省南海与鹤山之间，跨西江两岸，是联结粤东粤西的重要交通枢纽，全长1 682米。虽然是凌晨时分，但桥上的车辆并不少。

吴斐慈进了大桥的收费站，停车，领卡。车辆重新启动时，桥面一如往常。她不知道，危险，正向桥下逼近。此时的西江江面，浓雾弥漫，百步之内，已难辨物。一艘满载河沙的运输船正在顺流而下，突然，它撞向325国道九江大桥23号桥墩……

瞬间，200米桥面坍塌。四辆过桥汽车、两名桥面上的工人随着桥面一同栽入湍急的西江。灾难突如其来。而对于经历其间的人来说，一念之差，生死两界。

同样报道大桥垮塌，《广东九江大桥被撞垮塌》作为消息文体，时效强，事发几个小时后即迅速报道，及时传递事件信息。《九江大桥垮塌惊魂一刻》作为特写则截取事件发生的现场片段，从目击者司机吴斐慈的视角切入，用真切、生动的细节聚焦灾难来临的瞬间，如电影镜头般地还原了"大桥垮塌一刻"。

再比较《广东九江大桥被撞垮塌》和《九江大桥垮塌惊魂一刻》两个标题：消息的标题直截了当，高度概括核心事实；特写的标题则凝练、醒目，富有文学冲击力。

二、语言和新闻语境

冷静客观的叙事风格体现在报道中每一个语句的运用。使用客观的语言是新闻报道最显著的语言特征，也是构成新闻语境和语体的基本要素。

(一) 叙述的客观方式

1. 用事实说话

央视《焦点访谈》新闻节目每次开播的第一句台词"用事实说话"具有振聋发聩的力量！"用事实说话"的理念和操作令该节目的感染力大大增强，使之成为央视的王牌节目。

什么是"用事实说话"呢？请看下面的两组句子：

○那是一只高大威猛的洋狗。

□那是一只重40千克、高1米的德国黑背，名字叫阿诺施瓦辛格。

第一句是对洋狗的形容性描述，是主观的感觉，读者却懵懂，不知是怎样的"高大威猛"。第二句则介绍洋狗的身高、重量甚至名字，用具体的事实表明洋狗的高大威猛。

○这家美容院使用了最先进的进口激光祛斑设备。

□这家美容院使用了以色列"飞顿"激光除斑设备。

"最先进的"是主观的空泛的评价，以色列"飞顿"这一著名品牌的事实才能够证明使用了最先进的进口设备。

"用事实说话"表明了新闻的客观立场，也表明了新闻报道对事实的执着。

下面的文字是《东航坠机事件——悲情航班MU5210》的结尾部分——

东航开通直飞包头的航班时间不太长，MU5210是东航在包头过夜的第三架飞机，根据东航与包头机场双方刚刚达成的一项协议：从2004年11月30日开始，东航在包头起飞或停经的飞机由包头机场负责检测，而在此之前均由东航公司进行安全检测。

传闻说，11月20日到达包头的东航公司人员只有罹难的飞行机组，却没有机务部人员出现。……

11月23日下午，对于记者提出的飞机在起飞前夜未检修的问题，东航处理此次事故的负责人拒绝回答。在24日下午的新闻发布会上，有记者再次提出此问题，李丰华（东方航空集团公司总经理）仍未明确回应。

"飞机在起飞前是否进行检测"是调查飞机罹难原因的最敏感的信息，关系到对东航维护能力和检测质量的质疑。根据飞机检测协议的日期，东航公司机务部负责夜停包头机场的MU5210飞机在起飞前的检测。记者沿着这条信息线索，又抓住了两条耐人寻味的关联信息。对信息的拣选反映了记者的倾向性意见，但是在三段叙述中，记者尽量隐去自己的叙述视角，以冷静的客观的语言，陈述或转述了信源，让读者感觉记者没有站在哪一方，而只是一个调查者、报告者。

"用事实说话"的事实是作者精心选择的、客观反映事实本质的具体的事实，"说话"可能蕴含了报道的某种倾向性，但事实本身具有无可辩驳的说服力。

"用事实说话"就是实事求是地反映事实，并用事实本身的逻辑说话，无关这个事实的结果。"用事实说话"是新闻人必须学会使用的新闻语言。

2. "他说"的视角

叙述视角，指由"谁"讲述看到的事情和经历的故事，如果"谁"是张三，那么叙述的视角就是张三的视角。请看《东航坠机事件——悲情航班 MU5210》中的一段叙述：

安昌荣想，肯定出事了。更让他恐惧的是，它不是在升高，而是在下降。它正穿过寂静无声的西北风，向他的办公室的玻璃窗俯冲过来。

飞机出事的瞬间，作者借用了目击者安昌荣的视角，即"他说"视角。

叙述视角存在一个"你说""我说"和"他说"之间的三者关系，"你说"是第二人称的视角，"我说"是第一人称的视角，"他说"则是第三人称的视角。新闻报道的"他说"是以记者身份和当事人身份的视角切换的写作，有时是记者作为旁观者的叙述，有时是第三人称"他"的叙述。

方圆2千米范围内，相当多的户外居民看到了飞机的异常状况。他们有的惊呆了，站在原地；有的好奇，追了过来；有的害怕，快步跑远。有的目击者说，最初还以为这是飞行表演呢。

这段文字是记者的视角。以第三者的身份叙述事实，即记者通过人、事物、环境状态的采访、观察，然后进行文本的叙事。

记者的"第三只眼睛"灵活运用了他人和记者的视角切换，比如你写湿地公园，有你的观察视角，但也不能缺少游客的视角——他的感受也很重要；你描述泥石流灾难现场，但瞬间发生的情况也需要"借用"目击者的叙述。

如果记者本人亲身经历现场，由旁观者变为当事人的叙述，这是记者的"我说"视角，可用"记者"称谓代替第一人称。

一个同学写商海成功打拼的父亲，里面有女儿、父亲、记者三个角色即"你说""我说"和"他说"。

记者采访的是每个女儿眼中的强人——父亲。女儿叫他"帅大叔"，还经常调侃他是"最不像老板的老板"。

在这个叙述视角中，"女儿"和"记者"的角色似乎没有厘清，如果加几个字，情况就变了：

记者采访的是每个女儿眼中的强人——父亲，这位父亲叫吴志，当记者的女儿叫他"帅大叔"，还经常调侃他是"最不像老板的老板"。

叙述的视角变了。女儿退场了，代之以"他说"的视角叙述她的父亲，而父亲也退场了，变成一个"第三人称"的名字。但是由于一开始就定位了"父亲"的身份，接下来的叙述就要把持住隐藏的女儿，但还要写出女儿眼中作为老板的父亲的故事和作为父亲的老板的故事，于是，叙述者由女儿的视角变成记者的视角，把父亲的故事当成别人的故事来写。

3. 使用中性词和陈述句

新闻语言具有陈述性和记录性的特征，在用词方面应避免使用形容词、副词等带有明显主观判断色彩的修饰成分，尽量使用中性词，少用褒贬词，因为中性词便于把握事实的本位信息，褒贬词则直接表达了作者本人的主观倾向。

比较下面的两句话：

○ 一个 30 岁左右的男子拎着空酒瓶摇摇晃晃走在路中间，行人都避而远之。

□ 一个十足的酒鬼拎着空酒瓶摇摇晃晃走在路中间，行人都避而远之。

"30 岁左右的男性"——"30 岁""男子"都是中性词，"拎着空酒瓶摇摇晃晃走在路中间"是用中性词客观描述此人醉酒状貌的陈述句，"十足的酒鬼"（副词+形容词），则是主观的嘲讽、贬斥了。

新闻报道的叙述应尽量使用陈述句、陈述语气，"陈述"的功能在于实事求是地传递事实的本位信息，以客观地还原事实原貌，与之对应的是少用或慎用感叹句，因为感叹句往往带有强烈的主观情感色彩。

《永不抵达的列车》的结尾是这样写的："新华社发布的消息称，截至 25 日 23 时许，这起动车追尾事故已经造成 39 人死亡。死者包括 D301 次列车的司机潘一恒。在事故发生时，这位安全行驶已达 18 年的司机采取了紧急制动措施，在严重变形的司机室里，他的胸口被闸把穿透……"

作者平静地叙述了司机的最后一刻——"他的胸口被闸把穿透"——没有感慨，没有修饰词，一个简单的陈述句，但能够调动读者对一个可怕场景的全部想象力……

（二）通俗、简洁与动词的运用

除了准确的特性，通俗和简洁也是新闻语言的基本要求。

1. 新闻语言的通俗性

忙碌的现代人经常用零碎的时间看新闻，或一边吃饭一边看电视新闻，或一边处理手头的任务一边看手机发来的短讯。火车、地铁到处都是"低头族"，你让他看新闻时查阅词典是不可想象的。所以，新闻报道必须是用最通俗、最简明的语句写出来的，确保普通人的经验能够对内容的直观、快速的理解。

通俗的语言就是简单、明确、直截了当的语言，但不是日常生活的口语，不是"大白话"（"引用语"除外）。通俗的语言仍然是新闻书面语言，因此，为"通俗"起见，报道中应尽量少用专业术语，无论是描述某种复杂疾病的病理，还是描述自来水厂的过滤工艺，都须记者用准确的、人人都能看懂的语言呈现给受众。法官、律师、学者、科技工作者、行业人员使用的专业名词或专业用语，记者应将其"翻译"成通俗的语言。

通俗，须注意不要滑向庸俗，"俗"是大众化的，"庸"则表现出趣味不高、浅薄无聊，显然与新闻语言格格不入。

2. 简洁不等于简短

简洁是良好的写作文风，但简洁不等于简短。短文不一定简洁，长文不一定就是冗长，长有长的需要，关键看怎样的内容和怎样的表达。报道一定是有长有短的，能做到全文"减一字不可、加一字不妥"，才可堪称简洁。

可以试试使文章简洁的方法。之一：删除可有可无的、表意重复的字、词、句、段。之二：能使用主动语态，绝不使用被动语态，被动语态会增加字数，拉长句式。之三：删除某些不需要的修饰限定性词汇。

删繁就简，就好比园丁剪枝，删剪多余的枝杈，让树干醒目而突出。

简洁不是为了追求文章短，就像用短句不是为了写短文一样。有的稿子很短，里面却有不少需要删掉的词语。一篇习作写道：

一个寒气逼人的冬夜，晶晶和小姨在小区的停车场，碰到一外卖小哥，他只穿了一件带有公司 logo 的薄薄的冲锋衣，小眼睛，圆脸，个头不高。他过来问路，但她们也不清楚，只好无奈地看着他的单薄身影消失在漆黑的夜幕里……

外卖小哥在冬夜的窘迫反映了年轻的外来打工者群体艰辛谋生的场景，"薄薄的的冲锋衣"在这个具体环境中是必要的，因为它与"寒气逼人的冬夜"有着反差的意义，但"小眼睛，圆脸，个头不高"则没有必要描写，是无用的细节。

无用信息是指与主题无关、与所表现的题旨内容无关的信息，新闻的语言一定是简明的、清晰的，任何无用信息都是新闻报道的冗余和赘疣，必须剔除，以消除文章臃肿。

3. 用短句叙述

新闻报道倡导使用短句，少用长句；倡导短段落，使层次清晰。短句子表达明快、清朗，节奏感强，读者阅读轻松。用短句叙述，还便于结构的跳跃。

短句简练，叙述朴实。有时，使用白描式的短句具有震撼心灵的效果。在网上看到一个发生在沈阳铁西区的故事片段，当时，上千家企业"关停并转"，百万工人下岗——

有一户家庭，夫妻双职工下岗，孩子尚在读书。就这么挨了几年。一天，孩子放学回家，跟爸爸妈妈说，学校要开运动会了，老师要求大家都穿运动鞋。可那时候，全家人勉强够吃饭，实在没多余的钱买鞋。

吃饭时，妻子开始了数落，怨丈夫没本事、没钱，鞋都买不起，娘俩跟着他只能受苦。

丈夫埋头，一言不发。吃完饭，丈夫放下碗筷，默默走向阳台，一跃而下。

故事戛然而止。说故事的人不动声色，看故事的人心里却卷起了巨大波澜。

这就是简而短的力量。用白描的笔法，用最朴素、最平白的短句揭示事实的蕴含。

4. 使用富有表现力的动词

"事实"经常处于一种进行时状态，动词在一个句子中，是描述事实的关键词素。每个句子都有一个或数个实体动词，结构成完整的句子，且细节描述生动真切，富有立体感。动词是句子中最重要的、最富于表现力的实词，是新闻报道中最活跃、最常用的词汇。

（1）拣选恰当动词，可简练、精准地表达事物情状——
离开付出 17 年青春年华的单位，一切清零。

（2）动词表现人物更多的"怎样做"（动作），而不是"怎样想"（思维），具有客观的功效——

伺服老人吃药后，又把孩子安顿睡了，已是深夜。她便去厨房把明日的早餐提前准备好。

三、慎用和活用网络语言

文明、规范、庄重始终是新闻的基本用语原则，但语言不是一成不变的，它总是随着时代的发展而发展，负有传播使命的新闻报道尊重语言的变化，并在汉语语言规则的框架内加以运用。网络时代，网络语言应运而生。那么新闻报道如何看待、如何使用网络语言呢？

（一）从"慎用"说起

新闻写作，使用词汇是敏感的。记得一位写作能力比较突出的女生担任当期校报的主编，她写了一篇评论，标题和内容里面都有"屌丝"一词，那是 2013 年，"屌丝"一词刚刚时兴，要不要在被称为"首席文字"的严肃的评论语境中使用，作为报纸指导教师，我质疑这个语焉不详又透射时代意味的"热词"。主编很激动地为"屌丝"争辩，似乎不能容忍一件很酷、很新潮的事情被横加干涉，虽然最终还是把"屌丝"舍弃了，但我觉得这件事可能不仅仅是一个文章用词的问题。

不错，我们是在讨论新闻语言，但语言选择的后面反映了如何专业地处置叙事的问题。须警惕一种新闻思维的误区：紧跟时尚并非意味着紧跟时代，追逐潮流也并非体现与时俱进。新闻有着独立的品格，绝不能与"新潮""时尚"为伍。年轻的新闻从业者热情、敏捷，但不必去跟什么、去追什么，而是对各种现象做深入的观察，做全面的思考，这才是新闻人应有的方式。

近年随着自媒体的广泛应用，网民创造的类似"屌丝"的词汇层出不穷，诸如圈粉、吸金、颜值、囧事、高大上、白富美、暖男、雷人、冻龄、爆棚、达人、顶赞、给力、牛人、黑客、闪客、尼玛、打脸、美眉、菜鸟、吐槽、酷呆、杯具、童鞋、爆款、男神女神、小鲜肉、大咖、小白、渣男、自嗨、逼格、盘他、杠精、人设……网络传播环境激发了网民大众在语言方面的想象力，也折射出走向娱乐化、庸俗化的文化生态及其价值取向。

在网络词汇中，有些"潮词"或轻佻浅浮，或撕裂原意，或刻意扭曲，或生造粗鄙、低俗的词汇，诸如此类的任意玩弄词汇的不负责的语言行为，已经制造了一堆新的语言糟粕，损害了现代汉语言的基本使用规范，污染了文化环境，我们必须说"NO"！

一些新闻报道中也出现了滥用网络词汇的语言现象，须引起特别注意。新闻文本以语言为载体，最讲究严谨、准确，因此在格调上不能轻浮，在用词造句上不能任性，除了特定语境，网络词汇在新闻报道中应慎重使用。自 2015 年 11 月，新华社先后发布了三批新闻报道禁用词和慎用词，针对网络用语也做出了相应的规范，为新闻报道用语提供了重要参考。

（二）再说"活用"

每个时代的语言都会打上鲜明的时代烙印，网络语言现象呈现网络时代的特征，自有其特有的网络时代的调性。在前面列举的网络词汇中，也不乏一些鲜活的词汇，如"冻龄""爆棚""给力""打脸""吸金""追剧"等，形象、生动、精确地描述了事物。类似的网络语言其实都是用最普通的词素加以颠覆性的拼接，但获得了出人意料的表达效果。

正如我们看到的，网络词汇正在向传统的语言领域渗透，一部分网络词汇已演变成为约定俗成的日常用语，包括一些网络"潮词"在新闻报道中，也越来越多地被"借用"，以增加文字的时代感和表现力。

事实上，不仅仅是网络话语的自成风格，一种个性化、调侃性的文字风格和文章调性早已纵横各类文坛，深得年轻读者认同。网络时代拓宽了文字语言表达的空间，作为新闻报道，了解变化的语言现象是必要的，也可根据文体和语境的需要适当引进，但前提是遵循新闻的基本语言规则。

第二节　借助文学的表达张力

新闻不可以是美文吗？这是一个很好的问题，等于记者问自己：怎样使我的报道更吸引人？

一台照相机，拍摄同样一个景物，第一个拍摄者直接对着拍照物按快门，这是一种效果；第二个拍摄者讲究光线、景深、角度、距离、色彩等，这是另一种效果。后者拍出的照片当然更精美。写文章也是如此。

文学加入新闻写作，意味着创造性地、富于想象力地组合字、词、句式，使内容更加精彩。那么这一节我们来探讨如何借助文学的表达张力写作新闻，让读者像阅读美文那样"悦读"新闻。

一、新闻与文学的"混交林"

某届新生入学时，班上的辅导员兴致勃勃地向我引荐一个女孩子，说她擅长写小说、散文。我看了她的一篇东西，文笔果然不错。良好的写作基础是一个记者的最大资本。然而直到课程结束，这女生写的新闻稿总是"三不像"，不像记叙文，不像散文，也不像新闻，她自己也为此苦恼。

这是一个新闻和文学的关系的问题。我对她说，要设法改变写作认知的思路，一是要理解新闻写作与文学写作是不同性质的写作系统，文学写作是个性化的写作，可天马行空，展开想象的翅膀；新闻写作是纪实性写作，以客观真实为基础，写作有一定的规则。二是理解"文采"是服务于新闻内容的，新闻报道的第一要义是事实，是这个事实而不是文采决定你的新闻作品的分量。三是不要担心才华被埋没。媒体报道需要各种类型的"笔杆子"，有文学才华的人不妨写通讯、写特稿，发挥自己的文学潜能。

《人民日报》副总编辑梁衡既是记者、编辑，也是作家，即写严肃的新闻报道和新闻理论文章，也写优美的散文，在其新闻职业生涯中，种下了一片丰厚的新闻与文学的"混交林"。"混交"中有区分，梁衡认为，新闻是信息，满足公众信息需求；文学是艺术，满足公众审美需求。"新闻是'事学'，文学是'人学'，有人无事不成新闻，有事无人不成文学。"其揭示了文学与新闻的本质区别。

新闻和文学都是社会生活的反映，但新闻是现实生活的记录，不容许一点虚构；文学则基于作家对人性的洞见，艺术地再现生活的本质真实。但新闻与文学之间是有交集的，人物传记、报告文学、纪实文学等都具有很强的纪实性，都强调可靠的史料、背景，强调细节和情节的推动，强调社会揭示的意义。无疑，新闻与文学之间的部分边界并非那么严格、那么清晰。

拥有文学写作能力是人的一份难能可贵的资历，试想，如果新闻报道不仅能够把事实叙述清楚，还能写得流畅、生动、精湛，必定使文章熠熠生辉，升华报道的境界，增强内容的吸引力。新闻完全可以是美文。

新闻写作依据主题的表达需要，可借助文学的修辞手法，调动文学的色彩、声音和形象，让文字更具有穿透力，更富于表现力。

汲取文学手法和文学语言须考虑文体形式，且要从主题和内容出发。比如事件性消息，必须关注事实本身，但标题可灵活借鉴汉语修辞方法。一般来说，写通讯、特稿这类报道，鉴于它们本来就是介于新闻与文学之间的文体，在不伤害新闻真实性的前提下，应重视写作的技巧、文采的充盈，但不要忘记，新闻作品的决胜因素始终和永远是：事实和真实。

有一段时间，我和那个女生经常探讨上面的话题，探讨新闻能够从文学那里"拿来"一点什么，她后来成为校报的主力记者，毕业后担任了一家地方电视台的编辑。

二、情境、意境和叙述手法

（一）文学语言的表现力

澎湃新闻有两条新闻标题，其一：《转角遇到爱》，写上海人民公园的相亲角，标题凝练、精妙；其二：《60年的数据告诉你：这是太阳流浪最久的一次》，反映南方阴雨连绵的天气，充盈着散文的诗意。

严格地说，新闻语言和文学语言是两套不同的语言符号系统，在叙事、绘景、写人、状物、抒情、议论的文字表达领域，各有不同的规则和方式。新闻语言具有客观、真实、准确、具体、通俗、简练、规范等语言特点，文学语言则体现出意象、想象、情境、灵性、多义、独创、精致等语言特色。

试比较下面两段文字——

○8月7日夜至8日凌晨，甘肃省甘南藏族自治州舟曲县东北部山区突降特大暴雨，持续40多分钟的暴雨引发三眼峪、罗家峪等四条沟系山洪冲泻，迅速形成长约5 000米的泥石流，将县城三分之一面积夷为平地。

□8月8日凌晨，在类似火车驶近的隆隆声中，养育了舟曲2 000多年的三眼峪沟，1 504万立方米泥沙与石头突然倾泻而下，偷袭了熟睡的县城。

第一段文字具体、详实，便于读者对事件有确切的了解。第二段文字生动、形象，能够调动读者的想象力。不同的语境令读者获得不同的阅读体验。

我们再来比较几组不同的语言表达方式：

○《中山音乐堂今晚举办诗歌朗诵会》

□《今夜，中山音乐堂飘出的诗》

你觉得哪个标题能够给人以美感的愉悦？显然，要使事实不仅真实地再现，还要动人地再现，这是第一个句子的效果达不到的。

再比较下面的三组句子：

描述一个年轻人抢座位——

○地铁的门刚一打开，一个小伙子立刻冲到人群的前面，进入车厢，坐在了左侧第一个座位上。

□地铁的门刚一打开，一个小伙子像一只泥鳅，"嗖"地穿过人群，冲进车厢，一屁股坐在了左侧第一个座位。

描述副局长被免职——

○事情经调查核实后，他被免除了副局长的职务。

□事情经调查核实后，副局长的仕途按下暂停键。

描述机会或运气——

○政策好，又处在风口上，就算是猪，也都飞起来了。

□政策好，又处在风口上，随便哪个摊位都生意兴隆。

比较之后，你觉得哪个句子更鲜活一些呢？

尽管"新闻与文学"尚存争议，但文学手法的调动和运用已经非常广泛，更多的作者将其视为新闻写作的重要手段。

文学语言是创造性的个性语言，有着强烈的感染力。在南香红的特稿作品中，读者可以感受到语言文采的魅力，感受到由文学锻造的丰沛的情感力量。

◎涪陵最繁华的地方曾经就是临水的街道，紧靠码头，随长江的曲折而弯曲着长长的石板路。它的样子陈旧而衰老、灰暗而潮湿，但长江的潮来潮往给它无尽的新鲜和活力。

在历史的光影下中默默行走着，谁也无法确切地说出它存在了多少年。随便问一个依着家门闲坐的白发老婆婆，她会告诉你，她就是在身后的老屋里出生的，她的儿女也在这里出生，正在堂屋里跑来跑去的是她的孙子。

◎地质学家告诉我们，大约在 4 000 万年前，长江是两条江，一条向东流，一条向西流，互相之间隔着一个巫山。喜马拉雅山的抬升使西去的长江无路可走，转而向东，冲决出了一个三峡，两条长江终于携手，惊涛滚滚夺峡而走。这仅仅是地质上的三峡对于长江的意义。

三峡的两边是两个平原——江汉平原与成都平原。这两个平原繁衍了各自不同但都很灿烂的古代文明——楚与蜀。三峡像一个巨人，一手拉着蜀文明，另一只手上是楚文明。它让两个文明把手握在一起，让它们彼此相遇。而其中的媒介，就是巴文明。

三峡的这一组系列报道运用纪实性和文学性交集的特稿写作方式，建立了不同寻常的语境和接近文学的阅读感觉，但特稿始终围绕着一个新闻话题展开。

《涪陵，老城最后的容颜》触摸着三峡库区腹地的千年古城涪陵即将搬迁的最后时光，写历史映照下的古城古街和古朴的居民，写出了沉厚而又温情的人间沧桑。《三峡，华夏文明的脐带》以拟人化的描写，追溯了三峡地质地貌的形成，以纵横驰骋的想象力，赋予了亘古长江史诗般的瑰丽。

（二）汲取小说的叙述元素

　　小说是独立完整的文学创作体系。小说博大精深，通过深入细腻地表现人生的冲突、人性的复杂，在更广阔的层面上反映社会生活，其高超的叙述手法令人物栩栩如生，令故事扣人心弦。我们都看过小说，想想：曾被哪部小说感动过？

　　一些同学平时的新闻稿件多见语句平浅，词汇贫乏，文章从措辞到句式、从叙述到描写，都缺乏巧妙、独特的表达。原因何在？主要原因还是平时的阅读和思考不够。在此，建议同学们平时多看文学书籍，尤其多看几本小说，对于提高新闻写作水平大有裨益。

　　小说，是作家极具个性化的创造性劳动。小说以人物、情节、环境为三大要素，通过叙述（叙述视角、叙述语言、叙事结构、叙述手段等）推进故事展开。

　　新闻写作尤其是长篇报道可汲取小说中那些有利于表现事实、有利于凸显主题的叙述方法，诸如倒叙、插叙、悬念、伏笔、跳笔、白描、细描、渲染等都可以用于新闻的叙述中，令文章波澜起伏，错落有致。

　　伏笔，顾名思义是在文章的前面埋伏一条线索，为后面的内容和情节做铺垫或暗示。也有人形容为搁置一个包袱，在文章后面再将包袱抖开。"伏笔"与"跳笔"的相同之处在开头都是一个段子描写，但"伏笔"不须跳跃，而是默默潜行，充分铺就，等待时机适时浮出水面，让某种暗示豁然开朗！伏笔不仅有助于推进情节发展，有时还能获得戏剧性效果。什么是戏剧性效果？简单地说，就是那些巧合的、可遇不可求的心理情境，挖掘戏剧性情节或细节，可令文字富于幽默感而生趣盎然。

　　事实状态的情节化和细节化是小说的基本特征。在叙事中最感人、最有价值的部分就是细节。细节描写是对生活中人物（动作或姿势、语言、神态或面部表情、心理）、场景的描绘或刻画，新闻写作中应重视叙事过程的细节，并善于用细节还原现场。请看下面的文字：

　　当他牵着马走到雅砻江边直奔吊桥时，不知怎的，青龙四个蹄子蹬地不肯走了。仅差十几米远，王顺友看到一队马帮上了吊桥，他想同他们搭个伴，便大声喊："等一等……"可他的青龙一步不动。正当他急得又拉又扯时，一个景象让他惊呆了：吊桥一侧手臂粗的钢缆突然断裂，桥身瞬间翻成九十度，走在桥上的3个人、6匹马全部掉到江中，转眼间就被打着漩涡的江水吞没了。半天，他才回过神来，抱住他的青龙哭了。

叙述视角是小说比较复杂的技巧。《380公里：一块煤的利益之旅》特稿是从大处着眼，从小处落笔的："北京市的居民们不知道，他们的供暖用煤与骡子在矿井下的工作有关。"然后从海淀区太月园小区供暖锅炉里燃烧的煤切入。这些煤从哪里来、又是怎样来的呢？作者让一块煤带着作者，并带上读者，踏上追根问底的"旅程"。这个新颖的叙述视角为描述一个与煤有关的现实图景做了合理的铺垫。

2008年，国内经济的迅猛发展带来能源的紧张，煤炭的需求量非常大，煤炭的供求牵涉社会各方利益。与此同时，煤矿超能力生产不断导致矿难，由此引发的安全生产问题也成为当年"两会"最为关心的话题之一。

在这样的背景下，作者回溯北京居民供暖用煤如何从山西大同市后所沟前进煤矿的黄土山坡上，被辗转运到北京昌平区南口镇煤炭集散地，再送进居民小区——380公里的历程。这个历程并非单一的运输历程，它伴随着作者的脚踪，在一个个具体的场景中，在对煤矿、矿工、煤老板、供应商的描述中，穿插了数据、背景信息以及点睛式议论。作者试图通过"一块煤"的经历，复原一条能源供求链条，折射能源、矿难背后的复杂的利益博弈，反映改革开放的中国"纷繁复杂、艰难粗犷的现代化进程"。

《380公里：一块煤的利益之旅》作为一篇兼具调查性和解释性的特稿，新闻性很强，但同时，也不着痕迹地融入了小说布局的精巧。

单元强化应用任务·综合实训专区

综合习题区　阅听习题区　思考习题区

写作习题区　简答习题区　线上习题区

阅读习题区

读书

专业学习资源参考

综合习题区

资讯

[专业与报道词条解读]

软新闻　硬新闻　事件性新闻　非事件性新闻　倒金字塔结构　解释性消息
资讯性消息　现场报道　体验式报道　系列报道　连续报道　深度报道
组合型专题报道　解释性报道　趋势性报道　调查性报道　特稿　叙述视角
白描　伏笔　意象　体裁　题材　文体　语体　语境

[国情与时事词条解读]

港珠澳大桥　三峡水利工程　重庆沙坪坝　沈阳铁西区　广东佛山
公益墓地　乡愁经济　长江江豚　楚蜀文明　美国南北战争　伊拉克
菲律宾　伦敦

讨论

[圆桌大家谈]

1. 消息为何是"纯新闻"?

2. 举例描述某些文体之间的交集。

3. "综述性消息"有何特征? 试举例说明。

4. 运用某个报道文体,应在采访之前还是在采访之后确定?

5. 你怎样理解"文字新闻是一种精度和深度的写作"?

6. "侧记"与"特写"有何区别?

7. 在报道中是文体先行还是主题先行? 为什么?

8. 新闻写作与文学写作有何本质区别? 新闻向文学借鉴的前提是什么?

9. 人物消息、人物通讯、人物特稿有何不同? 你在人物写作上有何得失?

10. 以一篇特稿为例,分析该报道如何借鉴文学多元表达和多元结构的叙述方式。

辩台

辩题：新媒体崛起，报纸会不会消亡？

正方：报纸不会消亡。

反方：报纸会消亡。

图问

1. 某大城市火车站内的乘客过道如图 4-9 所示。你觉得这张照片的"新闻点"在哪里？

2. 印有红色文字的搪瓷杯（见图 4-10）早已淘汰了，想一想如何寻找一个角度、挖掘一个故事？

图 4-9　火车站过道

（资料来源：作者拍摄）

图 4-10　搪瓷杯

（资料来源：作者拍摄）

检索

1. 抗战时期的西南联大被誉为"中国教育史上的奇迹"，采集有关西南联大的文献史料，了解西南联大的历史。

2. 你知道 20 世纪 50 年代的小人书、60 年代的画报、80 年代的朦胧诗吗？抽空去图书馆查询馆藏的这些印刷书籍，或许有意想不到的收获。

3. 中原河南是中华文明的重要发源地之一，历史灿烂，人文荟萃。查阅相关资料，了解河南有哪些历史文化遗产。

选题

1. 校报拟作"大学生志愿者剪影"的人物系列报道，主编请你负责组稿，谈谈你的选题思路和报道要点。

2. 关于"水"的话题很多：淡水资源、饮水安全、农业滴灌技术、水污染及其治理……组织选题论证会，策划"世界水日"专题报道选题。

阅听习题区

读报 1

1. 阅读一篇会议消息，分析会议新闻的写作方法。

2. 选择报刊发表的人物消息、人物通讯和人物特稿各一篇，比较三篇人物报道在选题、取材、主题、结构以及叙述风格之不同。

3. 阅读解释性消息和资讯性消息各一篇，阐释其作为非事件性新闻各自的表现形态。

4. 找到同一事件不同体裁的两篇报道，阅读和比较不同文体的写作特点。

读报 2

新闻作品荐读：

1. 消息

（1）《网游用户低龄化趋势明显》（资讯性消息），刘宇鑫，《北京日报》，2013-4-23

（2）《1445 种全新病毒科被发现》（动态消息），金振娅，《光明日报》2016-11-24

2. 综述

（1）《美国，谁在当主持人》（综述性消息），杨逍，《环球时报》2005-5-5

（2）《北京疏解非首都功能，调整经济和空间结构，走内涵集约发展新

路》，《北京日报》客户端，2019-9-25

3. 现场报道

（1）《爱国青年韩宠光特别的一天》（人物特写），王星，《南方都市报》，2012-9-26

（2）《驻村三日》（现场新闻），赵鹏，《人民日报》，2013-7-23①

（3）《我在青藏高原找化石》（体验式报道），喻思变，《人民日报》，2016-8-5

4. 通讯（事件通讯和人物通讯）

（1）《塞罕坝：生态文明建设范例》（事件通讯），武卫政等，《人民日报》，2017-8-4

（2）《一栋楼和一个县——追寻40年恒仁主政者的工作轨迹》（事件通讯），丁宗皓等，《辽宁日报》，2018-12-17②

（3）《心有大我，山一样的魏峨》（人物通讯），温红彦、吴储歧，《人民日报》，2017-7-12

（4）《索玛花儿为什么这样红》（人物通讯），张严平、田刚，新华社新华网2005-6-2③

5. 通讯（通讯小品和专访）

（1）《东京30年治堵启示录：疏优于限，规划胜于命令》（专访），邱瑞贤，《广州日报》，2011-3-1

（2）《上饶纪行——新时代之光》（纪行），李春雷，人民网，2019-12-02

（3）《品味进口博览会的文化味道》（巡礼），辛识平，新华社新媒体，2019-11-7

6. 集群报道

（1）《谷俊山贪腐案》（系列调查性报道），王和岩，财新网，2014-1至2015-8

（2）《天津港大爆炸》（连续报道），《新京报》，2015-8-14至2015-8-20

（3）《重走古诗路 思君下渝州——探寻重庆古诗地图》（全媒体系列报道），《重庆日报》，2017-6-5至2017-6-30

（4）《填海大跃进》（封面专题报道），周辰，财新周刊，2017年第42期

（5）《来自巡视一线的报道》（系列报道），王珍等，《中国纪检监察报》，

---

① 该新闻作品获第二十届中国新闻奖三等奖。
② 该新闻作品获第二十九届中国新闻奖通讯与深度报道奖一等奖。
③ 该新闻作品获第十六届中国新闻奖通讯奖一等奖。

2017-4-12①

（6）《汶川地震十年：悲伤之上》（封面专题报道）吴琪等，《三联生活周刊》，2018 年 19 期

7. 深度报道

（1）调查性报道

①《大连"被石油"再调查》（调查性报道），胡展奋，《新民周刊》，2010-11-11

②《京沪高铁 20 亿贷款变形记》（调查性报道），陈小莹，《21 世纪经济报道》，2010-3-22

③《起底王立军》（调查性报道），季天琴，《南都周刊》，2012-12-17

④《排污阳谋》（调查性报道），孔令钰，财新传媒《新世纪周刊》2014 年第 44 期

（2）解释性报道

①《陌生的外蒙古：探寻一个国家现代化之路》（解释性报道），段宇宏、周宇，《凤凰周刊》，2010 年 32 期

②《郭美美戳破了什么——红十字会危机与艰难的信用重建》（封面专题·解释性报道），《三联生活周刊》，2011 年 28 期

③《地下水砷污染危及近 2 000 万人》（解释性报道），宣金学，《中国青年报》，2013-9-25

④《两年一折腾——前门大街定位迷思》（解释性报道），刘宇，《北京商报》，2015-8-5

（3）特稿

①《涪陵：老城的最后容颜》（新闻特稿），南香红，《南方周末》，2009-7-15

②《青年魏则西之死》（新闻特稿），韩雪枫等，《新京报》，2016-5-3

③《电信隐形人》（人物特稿），赵何娟、于宁，《财新周刊》，封面报道2010-7-25

④《九号院的年轻人》（人物特稿），林珊珊、杜强，《南方人物周刊》，2013-8-27

⑤《科学界派往课堂的代表》（人物特稿），李斌，《中国青年报·冰点周刊》，2013-12-4

⑥《你上网来我放羊》（趣闻特稿），李斐然，《中国青年报·冰点周刊》，2013-11-27

---

① 该新闻作品获第二十八届中国新闻奖系列报道奖二等奖。

读屏

1. 电视新闻节目收看

（1）《新华视点》的电视版是新华社倾力打造的电视专题报道，每周一期，每期20分钟，其聚焦热点话题、重大事件，以调查和评论见长。收看某期节目，谈谈电视专题报道的特点。

（2）收看央视财经报道《经济半小时》2019年6月7日的连续报道——"谁在推高苹果价格？"试从电视媒体的角度阐述、点评该报道。

2. 数字新闻作品阅读

为增进数字阅读体验，"读屏"推荐两个网络媒体设置的非虚构写作栏目，它们分别来自新闻媒体网站澎湃新闻和大型门户网站腾讯：

（1）澎湃新闻·湃客·镜相——非虚构写作大赛作品阅读

澎湃新闻联合复旦大学和今日头条发起"澎湃·镜相"非虚构写作大赛（2019年1—4月），旨在挖掘极具价值的时代标本，培育优秀非虚构写作者，长期孵化非虚构佳作。大赛规定的选题和题材广阔，包括：职业故事，记述行业生涯的风雨冷暖；深度万象，关注众生群像与社会问题；家族志，观察故土人情在时代洪流中的命运变迁；个人故事，具有重大精神意义的生活经验；历史书写，打捞沉没的历史人事……任何对非虚构有兴趣的人，可基于自身经历、采访调查或文献资料完成这次写作。此次大赛每月收到海内外1 500多篇非虚构作品。

（2）腾讯·谷雨——非虚构写作作品阅读

谷雨是一个致力于支持中国非虚构（nonfiction）作品创作与传播的非营利项目，由腾讯网联合腾讯公益慈善基金会、陈一丹基金会共同发起。谷雨支持重要、严肃内容的创作与传播，耕耘中国故事，深度关注具有话题性、争议性的议题，具体可以从政治、历史、地理、科学等不同学科方向切入。

谷雨非虚构作品创作寻找文字确切的、可以印证的、具体而感性的真实，鼓励直面时代和生活内部的灰尘、纹理和质感，让不能发声者发声，使不能抵达的人群和被忽视的故事，被看到和被听到。

谷雨项目提倡专业、精确、深入的表达，有问题意识和知识密度，能够洞察趋势、揭示本质、体察人性，具有时代精神，并拥有对抗时间的力量。能够用有品质的语言、影像呈现复杂的现实，可以是文字（调查性报道、解释性报道、特稿)、影像等单一形态,亦可以是融合形态。

简答习题区

围观

1. 一位母亲在地铁车厢里哺乳,被认为是不文明行为,应制定相关规定明令禁止。有人说既然提倡母乳喂养,公共场所应设置哺乳间。你支持哪种看法?

2. 有政协委员提交《关于停止小学教师用手机微信和腾讯 QQ 对学生及家长布置和提交作业的提案》。说说"小学教师用手机微信和腾讯 QQ 对学生及家长布置和提交作业"的弊端。

3. 2016 年 6 月 23 日,英国举行脱欧公投。投票结果显示,51.9% 的英国人投票支持脱欧。那么欧盟是怎样的组织机构?英国为何要退出欧盟?试通过查阅相关资料给予解释。

伦理

1. 某校评选"最受学生尊敬的教师",因领导内定而非学生评选受到广泛质疑。是否报道该事件,编辑部认为此事比较敏感,不宜报道。你的意见如何?

2. 如果男女双方已经公开了他(她)们的恋人关系,记者在报道中应该用怎样的方式披露此信息而不必征得他(她)们的同意?

3. 一家报纸刊发了地震灾难中死亡者的图片和家属哭泣的图片,你认为这样做合适吗?

4. 某自媒体报道一个 17 岁男孩因白血病去世的故事,在监护人不知情的情况下,刊发了男孩生前的照片,引起其监护人的不满,该自媒体解释:是为了悼念这个阳光男孩才配发照片。你是否同意这个说法?

思　考　习　题　区

判断

思考下列新闻表述，请在括号内填入是否认同的标识（√或×），并阐述你的理由：

1. 连续报道就是将新的信息连接起来报道。　　　　　　　（　　）
2. "关注点"就是记者感兴趣的事实的报道点。　　　　　　（　　）
3. 灾难新闻报道的目的是推进社会如何防范灾难和解决灾难。（　　）
4. 文体样式决定着新闻标题的方式。　　　　　　　　　　（　　）
5. 新闻写作就是将有价值的信息变成报道文字。　　　　　（　　）
6. 媒体没有报道的新闻事件就等于事件没有发生。　　　　（　　）
7. 新闻资源就是可以报道的素材。　　　　　　　　　　　（　　）
8. 选择什么文体取决于事实适合什么文体形式表达。　　　（　　）
9. 调查性报道是记者独立调查的报道。　　　　　　　　　（　　）
10. 特稿属于纪实性的文学作品。　　　　　　　　　　　（　　）

阐释

1. 举例说明新闻写作与记叙文写作有何不同。
2. 新闻体裁和新闻题材有何区分？新闻写作为何要了解和掌握文体知识？
3. 举例说明文体和语体之间是怎样的关系。
4. 普利策新闻奖设置专门的"解释性报道奖"和"调查性报道奖"的意义是什么？
5. 举例说明为什么事实不等于真相。
6. 田野调查和新闻调查有何不同？具有调查特性的文体就是调查性报道吗？
7. 举例阐述新闻（报道）、解释（解释性报道）和意见（评论）的不同。

8. 解释性报道与解释性消息中的"解释"有何不同？

9. 为什么说纸媒的深度报道仍然是抗衡网媒的核心竞争力？

10. 你怎样看待"网络流行词"？如何理解新闻报道慎用网络词汇？

分析

[文体与分析]

1. 拣选你喜欢的通讯小品，并分析其文体的写作特点。

2. 读一篇纪实文学，再读一篇特稿，体会其中的差异。

[报道与分析]

阅读下面的消息，完成后面的解题：

周五晚上，一架美国喷气式客机在洛杉矶国际机场与一架 sky west 短途飞机相撞，造成飞机起火。据官方消息，已有 12 人在这起事故中丧生，24 人受伤，21 人失踪。

记者在失事现场看到，橙色的火焰从飞机机身直冲上天，浓烟像巨大的柱子一样盘旋在机场上空。透过警车、消防车和救护车的灯光，飞机残骸的轮廓依稀可见。

来自旧金山的乘客、23 岁的莱尔斯惊叹道："这种场面简直让人难以想象。"

解题：

（1）分析该消息的倒金字塔结构。

（2）阐述其现场描写的特点和必要性。

（3）说说结尾的引语有何作用。

[习作与分析]

1. 阅读本单元例文《琴音化蝶成绝响——一堂新闻写作课侧记》，分析该习作在立意、角度以及文章结构的特点。

2. 阅读下面的习作，完成后面的解题。

不要让你的生活变得毫无意义！

见到 Cartor 时，他和记者想象中的差不多，高大的身材，不拘小节的性格，很随性。在他听不懂中文的情况下，学生记者们提问时，他也很认真地在听，值得点赞。

Cartor 51 岁，出生于法国的一个小镇，有 5 个兄弟、6 个姐姐，其中，有个姐姐在 16 岁时因酒后驾车而丧生。之后，父母离婚后又分别再婚。Cartor 的生活阅历很丰富，从事的行业也很丰富。年轻时当过厨师、海军、演员，也在报社工作过。在来中国前，曾长期担任新加坡一家国际公司的机械工程师和建筑施工监理。这些看起来毫无关联的经历都曾发生在 Cartor 身上。他充实和积极的生活以及很多有趣的经历，都来自他年轻时并不稳定的职业。"不要选择那些安全稳定的工作，不要让你的生活变得毫无意义，要趁着年轻多去闯闯。"Cartor 建议年轻人，"如果你选择同一份职业，你可以尝试到不同的城市去上班。"

Cartor 去过许多国家和地区，2008 年来到中国，认识了现在的妻子。Cartor 离过一次婚，他无奈地告诉记者因为没有时间陪妻子和孩子，一个礼拜 7 天，他就有 6 天在工作，而且还经常到国外出差，夫妻之间交流太少，他没时间关心他们。她和前妻育有一男一女，离婚后孩子跟着妻子。

Cartor 会一点点中文，会用中文打招呼，一些基本的日常用语对他而言已经不是问题。他还去过中国的很多地方，如大连、上海、天津、广州等，并且在那些城市都工作过一段时间。当记者问他对中国的印象，他说："中国有死刑，法国没有，一个人杀了人，顶多在牢里关个几年、十几年，然后就会放出来，中国则更倾向于'杀人偿命'。"

思考题：

（1）你认为这篇人物消息的写作有何不足？

（2）如果你是采访 Cartor 的记者，希望了解什么？侧重点应放在哪里？你认为这篇人物消息还可以从哪个方面进行深入开掘？

（3）文中有没有无用信息，为什么是无用信息？

（4）修改文中的语法、逻辑毛病。

[材料与分析]

阅读和分析下面两段关于基层治理的内容。

1. 全国优秀县委书记、原湖北巴东县委书记陈行甲在接受记者采访时说："瑞士是标准的山区，且与巴东纬度差不多，但瑞士那么发达，让人向往，在全球幸福指数排名中很靠前。我觉得贫困有三重因素：生产方式的落后、生活方式的落后、思想观念的落后。"

分析：你怎样理解陈行甲关于"贫困的三重因素"？

2. 记者问陈行甲：你认为，什么是县域治理的"牛鼻子"？陈行甲说："是地方政治生态，一定是！一个地方政治生态坏了，就会'一团麻、一团糟'，处处被动；而如果风清气正，就容易形成'顺风顺水'之势。治县，必先治政治生态、社会风气。"

分析：你怎样理解"县域治理"？什么是"地方政治生态"？如果你的家乡在县域基层，请你根据了解的情况谈谈当地的县域治理和政治生态。

写作习题区

写练

[看图写作]

1. 拥有一百多年历史的北京老字号"庆丰包子"（见图4-11）是京城规模较大的实施配送制的食品连锁企业。采集食品物流供应链管理大数据，分析未来食品物流的发展趋势，写一篇综述性报道。

图4-11　庆丰包子
（资料来源：作者拍摄）

图4-12　"煤改气"工程
（资料来源：作者拍摄）

2. 为推广清洁能源，北京在六环以内实施"煤改气"工程（见图4-12）。查阅相关资料，写一篇关于"煤改气"工程的解释性消息。

[线上采写]

1. 根据2015年"第五次全国荒漠化和沙化土地监测"情况，我国荒漠化和沙化土地面积分别占国土面积的1/4以上和1/6以上，成为最严重的生态问题。网上查阅有关资料，利用电子邮件采访生态环境专家。素材整理后，写一篇访谈。

2. 遍布全国的"三通一达"（申通、中通、圆通和韵达）的创始者来自浙江桐庐县山区，是浙江农民又一个"创富"故事。用线上线下结合的方式进行独家采访，完成一篇民营快递创业史的报道。

文体

[文体写作·故事]

用第三人称写作"个人亲历式"故事，标题自拟。以下选题可参考：

1. 周末的故事

2. 面试的故事

3. 学习的故事

4. 感人的故事

5. 难忘的故事

[文体写作·人物]

提供以下人物报道选题方向，写作文体不限：

1. 大学生志愿者

2. 校园名人

3. 外国留学生

4. 从事慈善事业和公益事业者

5. 创业者

6. 劳动者

7. "特别的人"（个性、见解、特殊经历）

8. 科学家

9. 职场的年轻人

10. 公共人物

[文体写作·消息]

1. 用倒金字塔结构写一篇校园动态消息，文字不超过 800 字。或针对某"校园事件"，完成一篇事件性消息，配发图片。

2. 用倒金字塔结构写一篇会议新闻，配发图片。

3. 路边烧烤不卫生，针对有的同学平时喜欢吃路边烧烤的现象，整理相关材料，写一篇资讯性消息。

4. 就当下某个公共话题采访有关专家，完成一篇解释性消息。

[文体写作·现场新闻]

1. 以《……的高光时刻》为题，聚焦瞬间的精彩，完成一篇特写。

2. 你曾亲历过一次突发事件吗？回忆和整理事件过程及其细节，写一篇现场报道。

3. 组织一次"干农活、知农事、体农情"的农业实践活动，完成一篇现场报道。

4. 组织参观一家制造企业的流水线，整理采访素材，写一篇现场报道。

5. 聚焦、截取校园文艺演出或体育赛事的某个场面、片刻，写一篇特写或新闻速写。

（1）文艺表演：文艺演出的某个精彩节目；

（2）运动会：中长跑、接力赛的最后冲刺；跳高、跳远、铁饼、铅球运动员的拼搏瞬间；

（3）球赛：篮球、足球运动场上的角逐。

以上每篇现场报道均要求配发场景照片。

[文体写作·体验式报道]

1. 你熟悉绿皮火车吗？虽然绿皮火车速度慢，条件比较简陋，但停靠许多小站，非常照顾底层民众的需求。不妨乘坐一次绿皮火车，写一篇体验式报道。

2. 据有关部门的报告，国内很多乡村小学因音乐、美术教师不足而无法开设艺术类课程。以志愿者的角色体验一次在乡村当音乐（或艺术）教师的经历，写一篇体验式报道。

3. 春节期间，在外务工的村民开摩托车回家探亲很普遍。不妨体验一段与他们一起开摩托车回家的路程，写一篇体验式报道。

[文体写作·通讯]

1. 将你参加过的一次有意思的社团活动或社会实践活动，写成一篇侧记。

2. 采访一个事件或一个人，写一篇事件通讯或人物通讯。

[文体写作·专访]

1. 采访来自西藏、青海、新疆等地区的少数民族同学，完成一篇以记人或记言为主的专访。

2. 以"新能源车的发展趋势"为主题，采访一位汽车工程师，整理材料后，写一篇访谈。

[文体写作·连续报道]

1. 针对校园或社会的某一突发事件，组织连续报道，要求配发现场照片。

2. 跟踪报道某项持续开展的社会实践活动或校园活动，辅以图片、图形、图表的配合。

[文体写作·系列报道]

1. 城市，当午夜 12 点的时钟敲出最后一声，在 24 小时营业的麦当劳，什么人还滞留在这里？什么人走进了这里？在深夜的麦当劳，与过夜的陌生人聊一聊，然后以口述笔录的形式，形成一组《夜访麦当劳》的系列报道。

2. 在春节临近之际，校报和新媒体记者团队联合组成"春运"多媒体报道团队，用 2~3 天时间到所在城市火车站进行实地观察、采访。"春运"多媒体系列报道任务如下：

（1）完成以《目击新闻：春运火车站》为题的现场报道，配发照片。

（2）挖掘春运故事，完成一篇特写或侧记。

（3）制作春运火车站短视频，拍摄车站内外场景、人物、氛围等，进行相关人员（旅客、工作人员以及春运调度中心负责人等）的采访。

（4）制作春运家庭短视频，跟踪报道某个家庭春节返乡，进行从工作岗位到居住街区、从家庭到家族、从候车大厅到火车站站台的场景切换拍摄，浓缩城市流动人口在中国"春运"特殊时间段的心态和状态。时长不少于 10 分钟，要求有一定情节，配合同期声和字幕。

[文体写作·专题报道]

1. 10 月 17 日是"国际消除贫困日"。中国改革开放以来，扶贫成就得到国际社会的高度赞誉。组织一次乡村扶贫调研活动，采访当地扶贫干部和村民，详细了解当地扶贫情况，完成一篇专题报道。

2. 在世界各国国民读书排行榜上，以色列国民读书量世界居首。4 月 23 日是"世界读书日"。读书与文明社会有何关系？与国家现代化有何关系？采集相关信息，策划一组"世界读书日·热爱读书的以色列人"的专题报道。

3. 以"父亲节"或"母亲节"为由头，策划一组专题组合报道。

[文体写作·调查性报道]

橘红，《本草纲目拾遗》中称其"治痰症如神"，对止咳化痰抗炎有良好的效果。小雯同学在广州街头一家自产自销的橘红特产专卖店购买了

"正宗"广东化州橘红药品，购买时发现内、外包装均无有效期标注，药店人员称：橘红存储越久，药效越佳。小雯又购买了正规医院药房的中成药橘红口服片剂，注意到上面都有清楚的有效期标识。学新闻的小雯决定以此为线索一探究竟。请有兴趣的同学帮助小雯共同完成调查，建议采访当地市场、制售现场、专卖店、医院、患者、有关部门等深入了解情况，写作一篇调查性报道。

[文体写作·解释性报道]

1. 题材：集装箱建筑

关于集装箱建筑，你了解多少？查阅国内外集装箱建筑应用于商用、工业、民宅、办公、别墅等领域的相关信息资料以及相关数据；了解集装箱建筑的环保性能、建筑特点和发展状况；走访专家、技术人员和企业负责人，了解集装箱建筑在解决城市临时居住方面有多少潜力及可行性，存在哪些现实障碍；集装箱在中国的未来发展趋势等。小组合作完成一篇解释性报道。

2. 题材：地下排水设施

地下排水管网系统被称为"城市的良心"。在中国的城市化进程中，一些城市建设"重地表，轻地下"，城市排水设施建设处于相对滞后的状态。查阅国内外城市地下水管网相关的背景资料，以某城市为例，构思一篇关于城市地下排水设施状况与建设的解释性报道。建议此前组织观看相关电视新闻报道，并采访有关部门和专业人士，以了解更多情况。

[文体写作·特稿]

1. 通过文献资料查阅，了解什么是民居；采访有关专家，提高对民居的认知。深入城乡，组织一次民居考察的采风活动，一个宗祠、一条古街、一座老院子、一处古民居聚落……仔细观察，详实记录，不要忽略文物或标识上的说明文字，并现场拍摄照片。此次报道要求采集相关历史背景材料，包括图片资料，完成一篇关于"民居"的特稿。

2. 在城市化快速发展的当下，国内几乎每个地市级以上的城市都积极地开发和建设新区。写作一篇所在城市新区建设的特稿。鉴于题材和报道规模，以小组为单位完成写作。建议：

（1）用一个拆迁的家庭故事片段（或镜头）开始，引入新区建设主体内容。

（2）参观所在城市新区规划建设的展览，并深入新区实地参观、考察。

（3）查阅相关资料和媒体报道，了解新区建设规划情况。

（4）采访城市规划部门及其相关负责人，了解更多技术性细节。

（5）与老师交流研讨你的写作思路，确定主题和写作重点。

（6）尝试运用文学写作手法。

（7）文字应不少于3 000字，行文中设置小标题。配发照片、图表。

3. 确定选题，安排采访，完成一篇人物特稿。

改写

1. 将本单元消息例文《专家反思高价墓地：莫把墓地当成房地产》缩写为不需要导语的简讯，文字不多于300字。

2. 将本单元现场报道例文《地狱般的现场近在咫尺——巴格达大爆炸亲历记》改写成一篇事件性消息。

3. 将本单元通讯例文《彭妹娥：卖药要讲良心》改写为一篇人物消息。

4. 将本单元侧记例文《琴音化蝶成绝响——一堂新闻写作课侧记》改写为一篇消息。

修改

1. 阅读、修改下面的两篇习作：

（1）2017年7月的一个午夜，二中队接到报警称辖区内省道两辆半挂车迎面相撞，两司机被困车内，中队接警后迅速赶往救援，到达现场时路面已经拥堵，我们不得已，手持数十斤的破拆器材，徒步数百米进入事发现场，现场两名司机当场死亡，附近停满围观车辆，两车油箱均已破裂，汽油泄露到附近地面，稍有不慎就会引起二次灾害，围观群众越过警戒线对车祸现场进行观看，甚至有人在现场抽烟，我们为了防止悲剧发生，抽调大量人手对现场进行管理，最终将遇害者遗体完整取出。

（2）上午，我们参观呼和浩特伊利集团液态奶生产基地。伊利集团的负责人热情接待了我们，在讲解员的带领下，同学们了解到简单的一盒奶，从奶源、包装、吸管等不一样的自动化、信息化、规模化于一体的液态奶生产过程，促进学生了解真实的企业运营情况，把书本上的知识运用到实践中来。同时我们对伊利乳业生产线管理模式企业理念等都有了比较深入的了解。特别是伊利人以始终如一的主人翁心态造就了具有高度责任心、竞争力和追求卓越的优秀品质，并为了让自身的优势发挥作用，伊利集团用实际行动为奶农提供资金支持并带动五百万奶农走上脱贫致富的道路。

2. 辨识下面句子中语法、逻辑方面的错误，并加以改正：

（1）他是一个大中型企业的中层领导。

（2）今年的产量比去年同期增长3倍。

（3）亭子庄位于城乡接合部，由于缺乏整体的规划和布局，导致分散、混乱，利益无法最大化。

（4）第一次从井水里打上水的我觉得特别神奇，于是它成了我夏天必不可少的解暑工具。

（5）这些大都市的表演团体在所到之处受到欢迎，也使其他地方的原本看不到舞台剧的人在访问大都市时，把看表演当作一次难得的机会。

（6）以简约而不简单为设计理念，表面上在做减法，内在却用最简洁的方式打造不可移动的设计，具有生命感，时代性的完整空间设计。

线 上 习 题 区

设计

1. 组织学习小组分别设计一个"众包"选题，并拟定一份任务书。完成后，师生共同评议哪个选题和任务书做得最专业、最能够吸引用户。

2. 你平时经常收听"喜马拉雅"的音频吗？喜欢哪些声音内容？就你所了解的"喜马拉雅"自媒体音频分享平台的运作方式，设计一个报道选题。

制作

1. 参与中国环境新闻工作者协会线上环保公益活动，收集公众参与监督环保的典型案例，制作一本电子杂志。

2. 采访在IT领域打拼的大学生创业者，制作一个视频节目。

整合

1. 一些"非主流"热词正在时代的舞台上活蹦乱跳。搜索网络"潮词"，梳理和归纳一些你认为可用于书面语的热词。

2. 国务院 App 客户端自 2016 年运行，首页包括要闻、总理、政策、地方等多个栏目，大数据丰富，政策资讯功能强大。查阅你所关心的领域或行业的最新信息，写一篇简讯。

3. 打开所在城市政府药品食品监督部门的网站，整合一些新鲜的信息，写一篇非事件性消息。

4. 国家网信办 2014 年 8 月 7 日发布《即时通信工具公开信息服务、发展、管理暂行规定》，阅读该规定的内容，写一篇解释性消息。

互动

2018 年 5 月 18—19 日，在北京召开的全国生态环境保护大会明确提出，加大力度推进生态文明建设、解决生态环境问题，开展一系列根本性、开创性、长远性环保工作，与此同时，由中国环境新闻工作者协会推出的"指尖上的环保"公益活动也在全国范围内启动。参加该活动的网民可通过个人微博上传蓝天、碧水、绿草等照片，并附加环保话题文字，激发公众爱护生态环境的热情。活动还包括通过"12369 环保举报"微信公众号，参与生态环境监督。

阅读中国环境新闻网和生态环境部微信公众号文章，了解国内环保生态形势，倡导同学们积极参加此环保公益活动。

阅 读 习 题 区

前方

来自前方记者的声音带着既新鲜又充满实战硝烟的气息。独特经历、得失经验、采写洞见，让我们直接触摸时代跳动的脉搏，倾听更切实的、睿智的报道意见，让新闻课堂更接地气。

[记者手记]

李盟盟事件的背后

牛亚皓

（编者注：2011 年 8 月 18 日，四川《成都商报》刊发记者牛亚皓《招生办忘记提交高考志愿，谁来赔她的大学梦》的报道。8 月 19 日晚，一条以"我要上大学"为标签的微博以 8 万的转发和 2 万的评论，高居新浪微博转发排行榜的榜首，《郑州晚报》《大河报》《新京报》《光明日报》、人民网、新华网等随即跟进报道。开封考生李盟盟事件一夜之间，由偶发地方性事件演升为全国范围内的热点新闻。牛亚皓，原《成都商报》记者，他将事件的采访经过写在自己的新浪博客上）

请扫描二维码阅读

讲堂

特稿之特

南香红

（编者注：南香红，现任《南方都市报》首席研究员，曾任《新疆日报》记者、《南方周末》高级记者、《南方都市报》首席记者。从事新闻记者 20 多年，凭借独特视角和高超的写作能力发表一系列富于思想内涵和文学感染力的特稿作品。本文系南香红在中国人民大学与《南方周末》联合举办的"南香红作品研讨会上"的演讲）

请扫描二维码阅读

访谈

报道本身比点击量更重要
——专访美国 IRE 执行总监道格·哈迪克斯

（**编者注**：该专访内容来自 2018 年 5 月 18 日腾讯网谷雨频道记者对道格·哈迪克斯的采访。道格·哈迪克斯曾任基普林格公共事务新闻项目总监以及美国俄亥俄州《哥伦布电讯报》调查报道主编，现任 IRE 的执行总监。IRE（Investigative Reporters and Editors）即调查性报道记者编辑协会，成立于 1975 年，是世界上最大、创立最早的调查记者组织，拥有 5 500 多名会员和相对完备的组织架构，旨在为全球新闻记者提供分享故事、新闻采集技巧和新闻信息的帮助。从 1979 年开始，IRE 每年都会评选优秀的调查报道作品，IRE 调查性报道金奖是与普利策新闻奖齐名的最高荣誉奖项）

请扫描二维码阅读

传媒

[讲堂]

边界消融与专业重塑
彭兰

（**编者注**：彭兰，清华大学新闻与传播学院教授，博士生导师，清华大学新媒体研究中心主任，是我国最早从事新媒体和网络传播教学和科研的学者之一。本文系她在《经济观察报》主办的"2018 美好生活创造者高峰论坛暨第五届新媒体盛典"活动上的主题演讲，文字略有删削）

请扫描二维码阅读

读书

1. 《新闻写作基础知识》，联合国汤姆森基金会编，新华出版社，1986

2. 《新闻写作教程》，［美］密苏里新闻学院写作组著，新华出版社，1986

3. 《新闻报道与写作》，［美］梅尔文·门彻著，展江主译，世界图书出版公司，2014

4. 《调查记者手册：文件数据及技巧指南》（第4版），［美］布兰特·休斯顿著，南方日报出版社，2005

5. 《新闻与正义：普利策新闻奖作品集》，展江译，中国人民大学出版社，2009

6. 《新闻报道新思路：新闻报道认识论原理及应用》，陈作平著，中国广播电视出版社，2000

7. 《新媒体写作教程》，喻彬著，中国传媒大学出版社，2018

8. 《调查性报道》，刘万永著，人民日报出版社，2015

9. 《南方周末二十五年文丛·大地孤独闪光》，李海鹏著，南方日报出版社，2011

10. 《深度报道原理》，杜俊飞、胡翼青著，新华出版社，2001

11. 《追寻现代中国》，［美］史景迁著，上海远东出版社，2005

12. 《通三统》，甘阳著，生活·读书·新知三联书店，2007

13. 《巴尔扎克中短篇小说选》，［法］巴尔扎克著，郑克鲁译，长江文艺出版社，2011

14. 《狼图腾》，姜戎著，长江文艺出版社，2004

15. 《人生海海》，麦家著，北京十月文艺出版社，2019

16. 《人类简史：从动物到上帝》，［以］尤瓦尔·赫拉利著，林俊宏译，中信出版社，2014

专业学习资源参考

国内部分知名非政府组织机构网站、
调研与数据发布网站以及知识类网站

请扫描二维码阅读

第五单元

报道新闻（新闻叙事技巧）

单元理论通识任务·报道新闻
（新闻叙事技巧）

　　写作不是对采访过程的记录，也不是素材的罗列，材料也不会自动分解为故事、片段、情节，更不会自动搭建结构顺序，只有通过创造性的新闻表达，才能完成文本写作。

　　"叙述"是新闻表达的主要形式，如何写出内容新鲜、表述准确、形式新颖、底蕴深厚的新闻报道？本单元理论通识内容将详实探讨新闻表达的基本要素和技巧，它们包括从构思到角度、从主题到标题、从结构到收束。此外，也会介绍在新闻报道中一些实用和常用的方法如引用、背景、故事化叙事、图像和图表等，对于新闻报道，这是基础的、重要的了解，也是基础的、重要的新闻写作技能。本单元会在每一个节点上深耕，希望你有所收获。

第十三讲　立意·角度·主题·标题

立意、主题、角度、标题是写作的重要元素，彼此之间又有着密切的内在关联。

立意是写作旨意，从某种意义上说，主题是文章的统帅，而立意决定主题的方向。主题是显性的，立意却是看不见的，只有在阅读全部文字内容后，才可以体悟作者的旨意。主题和立意之间具有思考的交集性，但有微妙的差异，只是很难精确测量。主题是一个具体的"标的"，文章要围绕着主题来写。立意是抽象的，它和文字的处理没有什么关系，而是体现在认知层面。

角度是在立意的过程中确定的，是对报道事实的侧重点和切入点的一种考虑，即从哪个角度写可以更深入、确切地表现主题，如果换一个角度来考虑同一个事件，那么反映的主题就不同了。恰切的角度能使主题深化，新闻价值增值。

新闻稿中，标题通常就是中心思想或体现了主题。古人论及文章，有"立片言而居要"之精见，恰合新闻标题的写作规章。"居要"就是提取事实的核心要点，然后提携全篇。"居要"就是揭示主题的"文眼"。

第一节　立意和角度

一、立"思想"之意

前文讲到《中国青年报》曾策划了一组"90后"记者春节回乡省亲的选题，侧重点放在家乡变迁，比如跟随父母从一个城市迁徙到另一个城市、乡村交通设施的日益完善、邻里乡人的心态、村庄的"空壳化"、农家乐和民宿等所见所闻所感。这里面有两个关键词：一个是"迁徙"，另一个是"改变"，都反映了农村社会在改革开放进程中的时代特征。那么，如果将侧重点放在童年的记忆（当然"童趣""童真"是可以有故事的），但里面如果没有挖出特别令人心动的东西，那么你可能写出的是一篇平淡的记叙文。

站得高一点，就会看得远一点。如果将童年放在时代背景的关照下，远比单纯地写童趣、童真更具主题价值。

说到底，立意，就是你要表达的东西放在哪个认知层面上，放在哪个价值的维度上。立意的高低决定了主题的深浅。

2016年在中国人民大学举办的"全国大学生新媒体创意大赛"中，获奖的作品留给评委们比较深的印象是：作品创意巧妙，技术精湛，但格局不大。具体地说，多是小清新、小奇趣，小情调，且局限于自我展示。作品一方面反映了大学生能够熟练掌握新媒体技术、技巧，另一方面也反映了大学生社会认知视野还比较局促。

个体认识的格局决定了报道的格局。在大赛的闭幕式上，中国人民大学新闻学院副院长周勇在演讲中指出，传媒学子应有家国情怀和社会担当，而不是沉湎于自我。他认为，所有内容产品的价值最终取决于格局。

立意，体现了一篇报道的整体构思，构思过程是一个精致的、富于创新性的思维过程。好的立意能够使主题更富于教益和揭示性，而文章的"肤浅"往往源于就事论事。

文本的魅力在很大程度上体现立意的创新。《南方周末》报道2010年海地地震，不仅描写催悲的灾难现场，而且描述了一个失败国家如何让海地这个非洲小国雪上加霜。通过探究失败国家的根源和特征，记者将地震灾难放在国家治理的背景下，令人信服地呈现一道"地球的伤口"——自然灾难和人为灾难的共谋恶果，这就比单纯的地震报道要厚重得多。

如何使立意"高"而非"低""远"而非"近""深"而非"浅"？如何让思想独立驾驭事物？抵达这样的"意境"，要加强内涵的修炼。唯有读书、学习、思考能够帮助我们避免肤浅。而思想，是需要积淀的。

在报道实践中，我们也可以运用一些具体的立意的方法，如报道前，对当下社会潮流、时政背景、发展趋势进行分析、审视，将其事件放在时代的背景下去关照，找到该事件的普遍性和典型性。在这个思考的过程中，你已经站到一定高度了。

立意有了，主题就有了，角度就有了。

二、报道的切入点

从某种意义上说，角度的切入方式是记者打开世界的方式，有时切口虽小，却能够"以小见大"。中国转型时代恢弘壮阔，日新月异，即有造桥、筑路、卫星升天的伟业，也有人性、人情日常的喜怒哀乐，后者同样记录了社会前行的履印。

图 5-1　一棵树的不同角度

（资料来源：作者课件）

新闻角度可以理解为记者在采访写作中认识、判断事实的着眼点和侧重点，体现了从不同视角了解事物的思维方法。如同一棵大树，它拥有不同的价值，我们侧重于表现它的哪方面的价值呢？或科研？或经济？或审美？或环保？不同的着眼点，具有不同的价值（见图 5-1）。这就意味着：若改变了报道的角度，就改变了报道内容，改变了报道的主题。

《工人日报》记者贺少成将新闻角度比喻为"一颗钻石"："它有很多的切面，你从哪个角度切入，它折射给你的光芒可能会不太一样。"角度即看事物的视角和报道事实的切入点。一个新闻事实，你选择从哪个角度切入，或者哪一个角度是最适合的报道角度，决定了新闻价值的侧重点，决定了报道的主题。

2008 年四川汶川发生强地震，当地一些校舍大面积倒塌，导致数千名中小学生遇难。舆论对建筑施工质量提出质疑。《21 世纪经济报道》记者选择从建设资金的角度切入，了解建设资金的使用对建筑质量的影响。这是他们擅长的领域，但也是人们很少注意的、容易被遮蔽的领域。记者在采访中，一是发现学校建设工程资金使用、校舍维修改造费用与地方财政的分配体系紧密相连，财力越弱的地方，教育资金被挪用的情况越严重，而匮乏的资金迫使建筑方偷工减料；二是发现城镇小学和村小校舍建设资金和维修费用来源不同，数额也有很大差别，前者远高于后者，说明学校建筑质量与地方教育经费、地方财政有直接关联。

再举两个校园报道的例子：小钱同学参加本市 30 多所大学组织的高校招生咨询会，许多家长带着高三的孩子前来咨询。活动结束后，校园记者们都及时发布了这次招新活动的消息，唯小钱的报道"另类"。她在现场看到一些家长代替孩子选择学校和专业，有的孩子愿意上外省的大学，家长说，不行，离家太远；有的孩子中意喜欢的专业，家长说，不行，这种专业将来择业困难。家长和孩子有分歧，当场争执起来。小钱说，争执的背后并非家长口口声声说的"为孩子好"，她认为，在选择学校和专业的问题上，家长应尊重孩子的意愿，家长不能代替孩子，只能提供参考性、指导性意见。

小钱本来是要写一条消息的，但这个想法使她找到了一个新的报道切入点。

在记者团队开展校园"网购热"调查中，设计的调查问卷是针对网购退货，负责人解释说，很多人都有退货的经历，尽管网购退货在购进货品中的比例较小。这项调查就是推促大家打开自己的购物记录，看看自网购以来究竟有多少次退货，原因是什么，退货的过程和感受如何。他认为，这项调查可以让同学们总结购物的经验教训，降低网购的盲目性。一般网购调查很少设计退货的选项，他们找到了不一般的"切入点"。

以上报道事例说明：由于看待事物的视角不同，主题的价值落点也不同。独辟蹊径是角度切入的要义。

第二节　主题增值

当读者拿出时间阅读报道，要使他们要能够从中获得有益、有趣或有用的信息。当你准备好事实的全部元素，并加以整合，必将从中提取一种意义，它叫"主题"。

主题是文章的内核，是作者通过对现实的观察和体验、对材料的分析和研究提炼出来的某种理念，即文章所要表达的主旨。主题是思考的结晶，既包含事物本身所蕴含的客观意义，又反映了作者对事物的主观的理解和评价。主题的挖掘和增值是指在已有的报道主题的基础上，开拓主题的深度和广度，提升事件的新闻价值。比如报道火山爆发，这是可以不断跟进的实时新闻，如果报道遇难者的故事，主题可因此而增值，如果报道火山对环境和气候造成的影响，又是一条为公众提供科普性知识的资讯性增值信息。

主题增值致力于主题的挖掘。在以下情况下可以考虑主题的增值，一是事件的主题比较单薄，报道流于表浅，可考虑调动表现的元素，使主题丰满；二是事件的主题潜含更丰富的信息，可考虑拓宽信源，延伸报道，增扩报道能量；三是事件的主题引发社会强烈关注，可考虑跟进报道，挖掘新闻线索，利用新闻资源，将报道引向深入。

我们一起来分析下面的三个主题增值样本。

一、内容如何不单薄

在著名的避暑胜地莫干山，民宿如雨后春笋般涌现。两位浙江的同学利用暑假考察了莫干山民宿，回来后，他们很有信心地展示考察的成果。《探访莫干山民宿》这篇文稿描述了莫干山民宿及其绿竹叠翠的环境，穿插了民宿主人和客人的采访，还拍摄了大量照片。两位同学写得很用心，最值得肯定的是不辞辛苦实地走访，获得了很多第一手材料。

莫干山的地理历史是怎样的？民宿是如何发展起来的？当地民宿数量和分布情况是怎样的？还有民宿位置、交通路线、价格等，是否可用图表的方式提供给读者一些实用的资讯性信息？我与两位同学讨论了"可能漏掉的内容"。

文章中提到民宿的个性化精致装修使之区别于客栈、酒店、农家乐等住宿种类，更能迎合高端消费者的需求，但莫干山民宿的价格动辄千元（每晚），客人入住率是怎样的？在采访中有没有发现一些问题？显然，单纯表现莫干山民宿的自然环境是不够的。

民宿是随着近年旅游业的兴旺应运而生的产物，发展很快，乡村民宿的优势在于借助得天独厚的自然环境。莫干山民宿的建设较早，在全国乡村民宿比较有影响，但是由于民宿投入过快过热，目前整体上已经供大于求。如果将国内民宿发展趋势的背景信息来关照莫干山民宿，会让读者了解更多。就是说，如果在原有的基础上进一步挖掘有价值的关联信息，不仅会充实原稿内容，也使主题变得丰满。

主题单薄，内容就单薄。《探访莫干山民宿》反映了在采访前还缺少必要的准备功课，即对中国民宿发展背景的了解和研判，这个"案头工作"的环节不能缺少，否则会局限思路，使立意停留在较平浅的层面。

二、新闻再生新闻

(一) 校园血案与精神卫生话题

2010年4月28日，广东省雷州市雷城第一小学发生凶杀案。33岁的犯罪嫌疑人陈康炳混入校园的教学楼，持刀砍伤教室里的15名学生和1名老师。同是这一天的上午，广东省南平市中级人民法院依法对杀害多名小学生的罪犯郑民生公开宣判，并执行死刑。一个月前，郑某窜至南平实验小学门口，用尖刀猛刺等候入校的多名小学生，造成8名小学生死亡和5名小学生重伤。法医调查结果显示：两名行凶者都是精神病患者。

行凶者的特殊身份引起社会各界的注意，在中国，究竟有多少精神疾病患者？他们的生活、工作和治疗状况是怎样的？人们开始关注一个长期被忽视的群体。

两起校园血案绝不是孤立事件，事件的背后涉及很多深层次的问题，如果仅仅报道校园血案，新闻肯定做减法了，这意味着新闻资源的浪费。

在上面的事件中，"精神病患者暴力犯罪"是新闻报道主体，暴力事件发生后，媒体挖掘与精神卫生有关的话题，通过不断提供事件之外更多的信息，延伸报道，使原来的报道主体获得增值。

(二) 报道主体增值

增值报道一：我国精神疾病患者群体庞大。

中国广播网2010年10月3日报道，卫生部发布的数据显示我国有1亿多精神障碍者，其中重症者1 600多万人。中国疾病预防控制中心精神卫生中心的统计显示，仅不足20%的重性精神疾病患者得到了有效治疗。

增值报道二：我国将改扩建公立精神病医院。

《新京报》2010年6月22日援引中国疾病预防控制中心的统计，全国平均精神科床位密度为每万人1.04张，平均每10万人才有1位精神科医师。卫生部原副部长尹力宣布增加精神卫生的投入，两年内全国将改扩建550家精神专科医院和综合医院精神科。

增值报道三：精神疾患将纳入医保。

2012年8月30日，卫生部等六部委发布《关于开展城乡居民大病保险工作的指导意见》，将全面推开重性精神疾病纳入大病医保，逐步完善救助机制。

增值报道四：一部《中华人民共和国精神卫生法》（以下简称《精神卫生法》）出台。

新华网 2013 年 4 月 30 报道，《精神卫生法》从 1985 年启动立法，到 2012 年终获通过。《精神卫生法》明确了非自愿医疗的概念、标准和程序，规范了精神疾患的鉴定制度。媒体报道称其标志着"被精神病"的终结。

由两起恶性事件引起，报道揭示了事件背后精神病医院和医生的严重匮乏，然后跟踪事件的动态发展，陆续报道我国将精神疾患纳入医保和出台《精神卫生法》。此时，精神病患者杀人血案不再是"看点"，而是沿着主题的方向继续拓展，不断深入，如此，报道的领域扩大了，增值的部分就产生了。

三、深度与广度的开掘

（一）《刺死辱母者》引发新闻爆点

山东省聊城市冠城县一民营企业主苏银霞向地产老板吴学占借款 135 万元，月息利率为 10%。苏银霞支付本息 184 万元和一套价值 70 万元的房产后，还欠下 17 万元。2016 年 4 月 14 日，在讨债者的催逼中，22 岁的于欢目睹母亲被侮辱，用水果刀捅死了辱母者杜志浩，并捅伤另 3 名讨债者。一审山东聊城中院以故意伤害罪判处于欢无期徒刑。

2017 年 3 月 23 日，《南方周末》刊发调查报道《刺死辱母者》，该事件触碰了三个敏感问题：母亲受辱、公权力放纵和不公判决，令举国哗然，一时民意汹涌，刷屏火爆，据清博指数系统日常监测，从 3 月 23 日 0 时到 3 月 27 日 0 时，"辱母杀人"相关的报道和文章累计 1 670 篇，总阅读量超过 1 151 万，网民评论达到上亿人次，涉及企业、金融、基层治理、司法、伦理等多个类别的话题。

媒体积极回应网民关切，通过不断挖掘事件关联因素，对事件进行多侧面、多向度的解读。3 月 25 日，《新京报》新媒体"快评"、中青在线、澎湃新闻先后发文，共同拷问"防卫的紧迫性"之法理；次日凌晨，《法制日报》微信公众号推出"辱母杀人案"一审判决书，政法"长安剑"推文表示，愿案情有一个兼具"法、理、情"的结局；新华社和人民网发表述评指出，回应人心的诉求，审视案件中的伦理情境，正视法治中的伦理命题，才能让人民群众在每一个司法案件中感受到公平正义；《人民日报》"侠客岛"微信公众号的一篇推文深度剖析于欢案一审失据："我们不赞同舆论干预司法，但是当刑事个案生成为社会公共事件时，它所带来的讨论，无疑具有启发民智的意义，甚至关乎我们对法治未来走向的信心。司法，不仅关乎纸面规则的落地，还关乎规则背后的价值诉求，更关乎人心所向，伦理人情。"此文获 1.4 万多条跟帖和 4 万多个点赞。

（二）主题的持续开掘与增值

成都《华西都市报》、北京新媒体集团官方网站"北京时间"、《北京青年报》和《中国青年报》中青在线先后刊发记者在聊城冠县的采访报道，起底聊城"黑老大"吴学占赌场"放水"、暴力逼债、称霸一方的发家史，披露民间高利贷行业兴起的前因后果。

财新网报道苏银霞的公司自 2015 年前后因经营困难四处举债，3 次不能履行法院判决而被列入"黑名单"；当日，上海《第一财经日报》记者通过检索中国裁判文书网发现，近 3 年由高利贷引发的各类刑事案件超 400 件，其中不乏因追讨高利贷致人伤亡的极端事件，指出血案背后，是地方经济下行带来的融资乱象。

因欠 17 万元被讨债人百般凌辱，小民营企业主面对暴力催债，为何没有破产保护，没有尊严，甚至处于没有人身安全的窘境？财新传媒在对中国政法大学破产法与企业重组研究中心研究员陈夏红的专访中，探讨了中小民营企业融资环境；凤凰财经"连环话"运用大数据统计和图形图表形式揭示《中小企业融资难才是导致于欢案的真凶》；《三联生活周刊》撰文呼吁法律加强对民间借贷者的保护；《华夏时报》记者查阅了行业背景，披露全国至少 60% 的钢企被洗牌退出了钢铁行业，济南地区钢铁产品价格比 2014 年 7 月下跌近 40%，而苏银霞的企业因钢价暴跌未能扛过钢贸产业的寒冬……

《"保护伞""关系网""腐败"——公权力与黑社会团伙沆瀣一气》，4 月 1 日《财新周刊》发表近万字特稿，全面、详实地记述了"于欢案"事发前后的过程，揭露了许多鲜为人知的人事纠葛及其细节，并对"于欢案"深嵌于政治、经济和社会环境的种种现象进行解读。

"于欢案"报道从各个侧面表现主题、延伸主题，不断拓展增值议题，开阔新闻景深，最终呈现事件背后完整而冗长的逻辑链。从 3 月 23 日《南方周末》推出调查报道，到财新的特稿报道，一周多的媒体密集发声形成规模报道集群，使主题获得了在深度和广度上的持续增值。正是以上最具信息密集度的关联因素，揭示了"于欢案"不是偶然和孤立的存在。由此可见，一个新闻尤其是重大新闻，可能会牵涉社会诸多领域，可以在多个层面开掘新闻，拓增信息，进而超越事件本身，给公众一个完整、深入的事件解读。

> **提示**
>
> 　2017年6月23日，《法制日报》记者报道"于欢案"最终审判结果：检方指控吴学占等15人九项罪名，主犯吴学占被判25年。于欢父母、姐姐等6人被分别判刑3~4年并处以罚金，20名公职人员因渎职、涉黑受到查处。2018年10月16日，《中国青年报》"海运仓内参"微信公众号推出以《20名公职人员涉黑被查　"于欢案"余波依然未了》为题的报道。

第三节　标题：立片言而居要

标题提取核心事实，反映报道主题，是内容的提纲挈领式概括，是文章的"文眼"，写作者对标题都格外看重。

新闻报道作为公开传播的文字尤其重视标题的写作。报纸媒体的新闻标题拥有成熟的写作、制作规律，是其他各类媒体制作新闻标题的源流和基础。

标题是强势信息，对于受众，具有重要的导引、导读的作用；对于报道，具有设置注意中心、揭示新闻内容的功能。俗话说，看书先看皮，看报先看题，读者看新闻习惯先浏览标题，再决定是否阅读正文。所以，标题的拟定必须考虑能够吸引和激发读者的阅读兴趣。但"吸睛"不能靠玩"噱头"，终究要靠写作实力。

由于标题对阅读的指向有决定性作用，所以，无论是传统媒体还是新媒体，编辑们都多在标题上下功夫，字斟句酌、润色、把关，不敢丝毫马虎。

一、新闻标题的基本形态

新闻标题是提炼文章主题内容的简短语句，这里且从语法现象、制作规则方面分析标题的表达形态。

（一）一个基本事实和一个完整的句子

相对于其他新闻文体，消息的标题更具新闻标题的特点，因此我们侧重探讨消息的标题。消息所有的新闻标题都是一个完整的句子。从语法的角度讲，它们都是一个或包含修饰语的主—谓—宾完整句式：

北京‖　　　［喜］　　　降　　　瑞雪。
（名词做**主语**）（形容词做**状语**修饰动词）（动词做**谓语**）（名词做**宾语**）

有时主语可以省略，但动词仍是新闻标题中不可或缺的核心要素。一般来说，没有动词不能构成完整的句子，而一个完整的句子代表一个完整的事实。

‖构筑　　　招商引才大平台。
（主语省略）（动词做谓语）（限制性名词词组做宾语）

（二）实题与虚题 单行与多行

消息的标题根据性质，可分为实题和虚题；根据内容，可分为单行标题、双行标题和多行标题。

小国乌拉圭胜诉国际烟草巨头（实题；单行标题）

（《环球时报》，2016-7-11）

这条单行标题具有陈述具体事实的"实题"特征，简洁、明确，一目了然。读者浏览其标题，就基本了解了核心信息。

如果事实内容较复杂，单行标题不足以概括事实，就可以考虑设双行标题。虚实结合的、多行的复式标题，传递的信息量更丰富。主标题配置引标题或副标题是最常见的双行标题形式，它们之间的关系多为虚实结合，引标题、副标题为虚题，负责帮衬实题主标题，将基本事实完整呈现。请注意：主标题要用粗黑大号字体，表明题旨，引标题、副标题用小号字体，表示补充。

中国志愿服务联合会昨天发布"志愿云"信息系统（虚题；引标题）

志愿服务记录将永久保留（实题；主标题）

（人民网 2014-11-25）

引标题提供事实背景或对事实做铺垫，进而逻辑地引出主标题。再看下面的标题：

明年底前再建 81 个公共停车场（实题；主标题）

主要分布在商圈、医院、景区周边（虚题；副标题）

（《齐鲁晚报》，2019-1-22）

此标题副标题是补充说明、注释验证主标题内容的。

（三）不同文体呼应不同标题

标题的表达方式与文体方式密切相关，在某种意义上，文体样式决定着新闻标题的方式，即不同的文体应有相对应的标题。

2009 年正月十五晚，坐落于北京朝阳区东三环的央视新址园区北配楼发生严重火灾。中外媒体都迅速报道了这场受到广泛关注的"央视大火"。这里摘选了几个不同报道文体的标题——

消息：《元宵夜央视新址工地突发大火》（中广网 2009-2-10）

特写：《直击央视大火》（《中国新闻周刊》2009-2-16）

深度报道：《再问央视大火》（《财经》封面报道 2010 年第 5 期）

评论：《央视大火还少几个被告》（南方网 2010-2-25）

消息的标题特征是突出的，这种一事一报的精短文体需要相应的标题制作规则。但是，显然通讯、特写、特稿、系列报道、深度报道等文体的标题与消息标题有很大差异，它们的篇幅较长，结构复杂，表现手法多元，标题可以不必拘泥"一个基本事实和完整的句子"，而更加灵活自如。

每种文体类型各有其写作规则和表达特点，标题需要呼应这个规则和特点。

二、标题是怎样炼成的

（一）特殊的新闻短句写作

在首届"国际瑜伽日"来临之际，某大学组织 1 500 余名师生集体习练瑜伽，并请印度驻华使馆瑜伽大师前来指导。一位同学写了一篇消息，题为：

我校举办国际千人瑜伽节印度瑜伽大师前来指导

经过几次修改，这位同学最终将标题改为：

国际瑜伽节　印使馆瑜伽大师亲临指导

千人瑜伽汇　体育场瑜伽健身场面壮观

运用对仗的双行标题，全景式描述了生动、新颖的大型瑜伽活动场景，比原来的标题好多了！

由于新闻报道对标题的质量要求非常高，在新闻写作中，拟定标题是一道难题，难就难在标题必须是一篇文章的"点睛之笔"。这一笔可不是轻易得来的，有时，为自己的文章命名一条标题，常常要挖空心思，甚至很多时候，文章写好了，标题还没影儿呢！但也不能否认，有时标题在一闪念之间产生，或者说"灵感迸出的火花"。这种情况比较偶然，且往往是笔力娴熟、厚积薄发的产物。

标题写作也被称为标题制作，因为标题是一种特殊的新闻短句写作，含有技巧和规律，也凝聚了作者本人的写作功力。那么，什么是好的标题呢？

·醒目：揭示主题，语言句式富于表现力和视觉冲击力。

·简练：言简意赅，语义精当、凝练。

·准确：表述无误，用词精准，切合题旨。

·新颖：精妙而不拘一格，创造性地营造故事语境，令人耳目一新。

·通俗：见题知意，明白易懂。

有了标尺，我们做标题就要尽量避免抽象、生涩、空洞、模糊。

（二）精心锤炼字、词、句

标题寥寥数语，提纲挈领式地表现内容，统领全文，其语言高度洗练，说它"字字珠玑"也并非过分，因此，我们写作标题一定要精心锤炼字、词、句，精雕细琢每一颗"珠玑"。从某种意义上说，标题不是想出来的，是锤炼出来的，是经过大脑无数次的打磨、锤敲，最终淬炼出来的。

1. 选取精准而强有力的动词

动词在标题中是关键词，醒目亮眼的好标题无一不是选取了精准、精当的动词。

巴萨客场 1 比 0 击败瓦伦西亚继续领跑西甲（虚题；引标题）

轰门20次　梅西一脚定音（实题；主标题）

（《新京报》，2011-3-4）

很多体育新闻的标题动感十足，如该标题的"击败""领跑""轰门""定音"——在体育记者的笔下，4 个动词形象专业、动感十足，将激烈争夺的赛场真实呈现出来。

2. 创造一个意象，让标题意味隽永

"意象"是一种文学表达方式，富有象征意义。象征，托义于物，将某个事件用生动的形象暗示给读者，给读者心灵的触动。为了避免标题的平淡、呆板，我们可以想象和创造一个意象，努力找到一个蕴含报道内容、表现报道主题的意象物做标题。

世界的伤口在"恶化"——海地地震全记录

（《南方周末》，2010-1-21）

7.5 级地震和 20 万人死亡，这个贫穷落后的加勒比海岛国震惊世界。用"世界的伤口在恶化"来比喻天灾加人祸，十分形象、恰切。

"中国激光照排之父"王选昨日病逝（实题；主标题）

天堂里也会有座丰碑（虚题；副标题）

（《新京报》，2015-7-10）

想象力平中见奇，副标题"天堂里也会有座丰碑"乃神来之笔，寓意王选教授发明激光照排技术对中国出版业的杰出贡献，永远被世人铭记。

急诊科女超人不和体制玩了

（《中国青年报》，2013-6-19）

"不和体制玩了"，大医院医生"玩辞职"，"调侃"中带着可爱的直率、庄重的无奈。记者择用当事人的话做标题，耐人寻味。

（三）借助修辞手段营造标题形象

拟定标题不仅要符合标题写作的基本要求，也要有审美追求。借助修辞手段营造标题的生趣盎然，可获得意外的表情达意之效果。

修辞，即对文章的用词、造句进行斟酌、推敲和修饰的技巧。我们在中学的语文里学过常用的修辞格如比喻、反诘、设问、排比、拟人、衬托、对仗等，可以在拟定标题中"拿来"，以增强标题的表现力。

1. 反诘

学校任务多，家长"被全职"？

（《新京报》，2015-10-19）

小学实施"家校合作计划"，家长参与的活动繁多，迫使家长常常越俎代庖，用"被全职"代替家长的感受，果然入木三分。反诘就是从反面发问，带有质问语气，隐含一种讥讽效果。

2. 对仗或对偶

昔日家中保姆　如今百岁母亲

你养我们的小　我们养你的老

（《中国日报网》，2018-1-2）

对仗或对偶就是两组字数、结构、意思相近或相同的句式对应排列的修辞方法。这个标题中的"小"与"老""昔日"和"如今"和谐对称，主标题又因是一个回环句式，读来朗朗上口。

3. 衬托

乍暖还寒，纺织业谋变

（《经济日报》，2013-1-11）

为了强调主体事物，用相关或相反的事物加以映衬，此烘云托月之法叫"衬托"。该标题中，"谋变"是事实的核心，用"乍暖还寒"形容我国纺织业遭遇供求失衡、经历行业蜕变的现状，凸显我国纺织业谋求新的发展路径的大变局。这个标题形象、凝练，令人称道。

4. 拟人

"灿鸿"今夜杀到　双休日风大雨大
（《扬子晚报》，2015-7-10）

一条预报台风的消息，一个"杀"字穷尽来势凶猛，极大地增强了标题的感染力。拟人，就是赋予物态以人性的情感、动作、语言等，使标题生动、形象。

5. 设问

设问是从正面发问，据事发问后，再回答。曾有一篇稿件的标题：《法定假日的历史渊源》，编辑将其改为《谁发明了"星期"》，陈述改成设问，标题立刻变得活泼、明快，激起了读者的好奇心。

三、镜鉴：标题错例分析

实事求是地说，在同学们的稿件中，好的标题实在不多。作为一种特殊的新闻短句写作，标题的强势信息特征决定了标题拟定的高难度、高标准，也因此成为写作全程中最容易出错的部位。标题出错是大的错，会严重误伤或扭曲主题和内容的表达，也给读者带来不悦的感受。这里，我们且对各种病句标题做一个大致的梳理，期望大家以此为镜鉴，提高写作标题的能力。

我们来分析常见的标题错例类型：

（一）语义模糊：《韩国希杰集团开设国内首家烘焙培训室》

"国内"是指韩国还是中国？正文内容显示，烘焙培训室是在中国开设的。这样的疏忽造成标题模糊不明确，非用词不当，而是字词锤炼不严谨。

（二）文题不符：《图书馆：不应浪费的资源》

文稿的主要内容是校报记者对图书馆老师的采访，后者介绍了图书馆馆藏、重点建设项目以及近期活动等，而读者流量少、文献资源没有得到充分利用的文字内容只是几笔带过。这种情况俗称"走题"。

（三）判断失误：《第三小学减轻教师不合理工作负担》

既然是"不合理"的，不应"减轻"，而应"取消"。如果是"减轻"

措施，应将"不合理"。这是逻辑判断的失误。

（四）自造词汇：《村民拆迁户抓签 场面沸辣》

什么是"沸辣"？作者描述混乱的"抓签"场面，临时创造了一个新词，但读者却云里雾里，难解"沸辣"其意。标题用语应自然合理，约定俗成，大家都能看得懂。

（五）产生歧义。这种类型的错误比较常见：

1.《离休干部孙梦岚从简办丧事》——这个标题令人费解，这位离休干部是为别人"从简办丧事"，还是别人为他"从简办丧事"呢？看正文，指的是后者。两者误差不是一般的大了。

2.《我国仅有 3 种转基因主粮作物安全证书未获批复》——标题字面的理解是，我国转基因主粮作物中，只有 3 种作物的安全证书未获批复；但正文的表述却是，我国仅有 3 种转基因主粮作物，其安全证书均未获批复。实际上只一字之差："仅有"和"仅有的"，但传达的信息性质完全不同。

（六）误改成语：《奥运女足赛分组抽签揭晓 中美挪同组操戈》

"同室操戈"是一句古代成语，"同室"指一家人或自己人，"戈"指古代的兵器，此成语喻自家人争吵动武，泛指内部争斗。中美挪是各自独立国家，怎可将"同组"替代"同室"？此牵强附会之标题说明作者并没有真正理解这句成语。

（七）网络用语不当：《爱唱歌的小白 6 个月出道》

网络语中的"小白"指"一张白纸"零起点，放在该标题中，读者可能以为小白是某个人。

（八）口号式标语：《做大做强文化传播》

这个标题也可以是墙上张贴的标语口号。标题要给人新鲜感，切忌空泛的套话和陈词滥调。

（九）以偏概全：《北大教授称美国教育一塌糊涂》

这个标题令人心生疑窦，美国教育发达为世界公认，北大教授武断地下如此结论？看文章内容，其实说的是教授指出了美国教育的某些问题。

（十）语意重复：《报纸滞销 销量节节败退》

滞销是产品卖不出去的状态，与销量节节败退有语意的重复。重复必然导致文字的冗余。

（十一）用词夸张：《"新闻"对"学前"辩论赛大放光彩》

唇枪舌剑的辩论场面纵然精彩，"大放光彩"未免浮夸；此语句的选择粗糙不精当。

（十二）搭配不当：《172条整改措施落实中央环保督察要求》

"落实"和"要求"不匹配，此外，只是"措施"，还没有实施行动，谈不上"落实"。动词"落实"改"回应"比较合适。

（十三）简化不当：《回天地区至中心城区公交通勤将省半小时》

不同于"北上广"，已经是一个约定俗成的特定词汇，"回天"（北京昌平两大外地人口聚集社区回龙观和天通苑）也是原地名词汇的省略或简化，但对于外省大多数人是陌生的，会带来阅读的困惑。

（十四）表述不完整：《苏州就流动人口上牌征求公开意见》

上什么牌？读者感到莫名其妙。其实该标题只是疏漏了一个"车"字，车牌。表述不完整导致标题不明确。

四、网络标题

（一）网络标题的特点

在标题的丛林中，网络标题是基于报刊标题的写作要求，在数字化土壤上迅速成长的标题新生代。网络标题携着网络的特性和网络的人气，在网络传播环境中风生水起，并形成自己的标题制作套路。

纸媒的标题是题文对应，尽收眼底，但网络的题和文大多是分开的，标题在主页页面，内容则只有在点击后才能进入浏览。题文分开决定了网络标题必须"吸睛"，因此网络标题都以易读的单行实题呈现，便于集中而醒目地展现核心事实。

《秦岭拆违建别墅引官场震动！陕西多人仕途被阻断 西安市市长辞职》

（《法制晚报》看法新闻App客户端，2018-11-9）

《中国"洋垃圾"进口禁令让英国无措：不能焚烧，又没能力处理》

（澎湃新闻，2018-1-3）

《海纳百川，何成纳百污：7 500个入海排污口，仅8%获批》

（《南方周末》绿色版微信公众号"千篇一绿"，2018-3-15）

网络标题明显地不同于纸媒标题，其主要特征是：一般字数较多，叙述比较接近口语化，更贴近大众；单行实题突出报道"亮点"，注重有效信息，不太讲究字词的精致。此外，网络标题更趋向灵活、个性化、煽情式表达，较多使用网络流行语言。

《颜值最高的轿车都在这了！想买的不要错过》

（长安知事微信公众号·知事图说，2019-1-13）

《打脸！三星关闭天津手机厂后，马上宣布了一件事》

（环球网国际新闻，2018-12-14）

《当代中国最重要的一次弯道超车：这一领域国内落后 300 年》

（智谷趋势微信公众号，2019-9-2）

鉴于上述因素，传统媒体的原文被转载在网络上，网络编辑一般都要将原标题进行修改，双行、多行标题大都需要精简，如——

合肥燃气集团修理员吴雄飞八年如一日（虚题；引标题）

小事做到底　服务送到家（实题；主标题）

可以改为：《吴雄飞上门维修八年如一日》，直奔主题，省去评述句的主标题，把原标题中的"干货"拎出来，使之更醒目、直观、易读。

网络新闻标题改变了传统报刊标题的样态，以适应网络媒体社交互动的特性，适合网络页面浏览。唯一没有改变的，是标题的重要性。

（二）"标题党"的滥觞

为了赢得高点击量、高转发率，大量网文标题急功近利，哗众取宠，用各种渲染手法不遗余力地制造"吸睛"效应，招来读者诟病，称其为"标题党"。

一个路人拖着一个印有某明星头像的宣传纸袋在街上行走，却变成《……明星在大街上被人拖行》的文章标题；经典童话故事《灰姑娘》被改造为《勾男宝典，身份卑微的我是这样勾引到王子的》。

把标题作为"卖点"，导致网络"标题党"现象频频，如故弄玄虚，动辄以"史上""惊现""大吃一惊""目瞪口呆""竟然是……"等耸人听闻的语词虚张声势、夺人眼球，打开正文，又与标题风马牛不相及，读者只有被诱骗的感觉。

相比于此类拙劣套路，有的标题倒是更"讲究"一些，如用诡异、反常事件诱发读者好奇：《一个小学毕业的保姆，月薪值 3 万》；利用人性窥伺心理编造他人隐私——《小三段位不够 上演狗血剧八卦》。

诸如此类的"标题党"不是文风问题，可期改善，也不是语病问题，可做修正。"标题党"是蓄意和刻意为之，其背后是商业利益的驱动。在某种意义上说，"标题党"是时代的社会病理在网络上的显现。

随着碎片化阅读的兴盛，网络"标题党"已成为一个泛指某些极端标题现象的专有词汇，一是指"良性标题党"，其以标新立异为目标，追求时尚的幽默型、炫酷型、搞笑型标题。二是指不择手段的"恶性标题党"，如一些低俗淫秽型、恶意炒作型、无中生有型标题，造成语言和文化环境的严重污染，是需要整个社会坚决抵制、谴责的。

第十四讲 结构的维度

盖房子要精心设计房屋结构，写文章要讲究谋篇布局。一篇文章结构搭建好了，心里就有底了。这一讲，我们来探讨文章的结构。

第一节 时空的逻辑

新闻总是围绕着一个事实，并呈现这个事实，让读者看到事实如何按照自身的发生、发展、演变到最终结果。为此，我们需要把诸多文字内容有序、合理、紧凑、巧妙地安排在一篇报道中，这就需要讲究结构的方法。

常见的新闻报道结构有我们熟悉的倒金字塔结构、金字塔结构，以及我们不够熟悉的沙漏结构、时空交叉结构、华尔街日报体结构，此外，并列结构、总分式结构等也经常用于各类文体的文章结构样式。结构也是一种内容的表现方式，选择哪种文章结构，仍然要依据文章内容的需要。新闻报道的结构是为表现内容服务的。

蒙太奇（montage）在法语中是"剪接"的意思，引入俄国后，专指电影的后期制作中，对镜头画面、声音、色彩诸元素进行剪切编排的手段。文字的结构从蒙太奇操纵时空的能力中获得启迪，通过叙事的组合、裁剪，完成时空的切换。因此，结构不是块状的列置，而是一种时空逻辑秩序，表现了文章的部分与部分、整体与部分的逻辑联系。结构，决定了事实表现的长度、宽度和空间维度。

一、外在结构和内在结构

结构，一般分为外在结构和内在结构。

（一）外在结构

外在的结构指搭建文章的基本"骨架"或基础框架，显现文章的基本脉络，通常体现在文章的整体部署，为内容的走向做出引导。布局报道的外在结构，首先要从材料的组织安排入手，即研究所采集的信息材料（素材），对材料和主题的关系、材料和内容的表达进行深入分析。作者在动笔前应凝思苦想，把形成文章的方方面面想明白、想清楚。思路清楚，文章才能表达得清楚。如果结构混乱，那么说明作者的思路还没有理清。

外在结构一般要处理好这样几个环节：

1. 构思和布局

统筹考虑报道的主题、标题、角度和文体形式，通盘考虑全文的连贯照应和叙述条理，协调基础框架的各种"部件"组装，如是否需要嵌入知识或历史的背景，是否需要表格、图形的配合等。

一篇文章是一个结构严谨的整体，它只表达一个中心思想，必须使内容集中、脉络清楚，这是结构过程中首先需要考虑的。使结构有变化又不影响层次的清晰，就要合理安排叙述顺序，明确先写什么，后写什么，厘清内容的主次轻重，厘清文章的整体脉络。

2. 设计小标题

承上启下的小标题是时空链条的"中转站"，长篇文稿需要用小标题分出大的层次，构成文章不同内容的组成部分。小标题除了作为标题的功能，它的更重要的作用是处置安排文章的逻辑顺序，建立文章结构的重要承接点。

（二）内在结构

内在的结构是指贯穿于全文的内在逻辑顺序，体现内容的表现方式。

1. 时序和过渡

内在结构要梳理结构的层次及其段落之间如何过渡、接续的问题，即处置时序关系。让我们从下面的例文片段中，体会作者如何精心安排时序和过渡，推动事实过程的展开——

近10年来，渔民慢慢发现，海蜇越来越小，各种鱼越来越少，过去活跃的青皮鱼、鲅鱼、油扣鱼现在几乎难觅踪影，而最受市场欢迎的对虾已基本绝迹。（描述：渔业资源走向枯竭的情况）

当地渔民喜欢使用小眼渔网，一网撒下去，大鱼小鱼全上来，渔民享受这种满载而归的喜悦。（回溯：使用小眼渔网加重过度捕捞，导致鱼类"基本绝迹"）

小眼渔网一直为韩国立法禁止，这也成为越界渔民频繁"犯规"的原

因之一。由于渔业资源告急，近两年中国也开始严格限制渔网网眼规格。（插叙：韩国立法和国内限制渔网规格）

船主刘会生感慨，污染严重和船多过度捕捞是导致渔业资源减少的重要原因，但相关部门的执法不严，也难辞其咎。（顺叙：采访个体船主，证实污染和捕鱼船只过多）

坐在《法治周末》记者面前的船主们纷纷抱怨，每年6月20日到8月20日的休渔期，本来就是为鱼产卵、小鱼孵化专门留出的种群休养生息期，当地却总有渔船在休渔期内就捕捞，而主管的渔业部门却坐视不理。更有甚者，船主们反映，有时渔业部门还告知船主，只要缴纳2 000元罚款，就可以在休渔期继续捕捞。（顺叙递进：采访更多船主，证实执法和监管部门对放任"休渔期"捕捞负有严肃责任）

造成我国渔业资源告急的原因是什么？记者的现场采访验证了渔民"过度捕捞"的各种现象和因素。上述内容片段根据主题需要，交替使用了顺叙（时间顺序）、倒叙（时间回溯）或插叙（时间迁移）的方法，打破线性叙述的呆板，使结构有变化又不影响层次的清晰。结构的层次清晰了，脉络就形成了，种种情节就可在脉络间穿行。

2. 关联词和"跳笔"

层次及其段落之间的过渡、接续需要建立时空关联点，这是逻辑顺序的节点。有时段落之间会用一个关联词或句子将上下段自然接续；有时它是一个空间的概念，运用文字跳跃的手法即跳笔，由一个叙述场景跳到另一个叙述场景，跳跃的幅度很大，请看例文：

河北正定塔元庄，冀中平原最普通的村庄之一。一个无言又长久的约定，却让它的名字有了沉甸的历史重量。（跳笔衔接）1982年至1985年，习近平同志先后担任正定县委副书记和书记，经常骑自行车来这里下乡。那时塔庄乡正在向温饱"跋涉"。

（跳笔衔接）2008年1月21日，习近平同志担任中央理论局常委、中央书记处书记不久，就把第一项出京下基层的地点定在这里。那时，塔元庄还在进行新农村建设。

（跳笔衔接）2013年7月11日，习近平总书记在调研指导河北省第一批党的群众路线教育实践活动中，两次来到这里考察。那时，塔元庄提出了提前奔小康的目标。

排比句式的3段概述文字，跨越了塔元庄30年，笔墨极省俭。

跳笔，是一种常用的段落过渡、衔接方法，有着超越时空的效果。虽然在文字表面上叙述忽而这儿，忽而那儿，但由于前后的逻辑关联紧密，却不使人感到突兀，因为它符合事物内在顺序的合理性。"跳笔"一方面体现了文章结构方式的巧妙处理，另一方面，根据文章的逻辑联系，段落之间的"跳"的幅度有大有小，形成文字内容的疏密有致。

3. 起伏和推进

事实过程由核心情节和关键信息形成内容的凝聚力，撑起报道的内在结构支点，它的文字须着力描述，行文中可灵活运用各种叙述方法，打破线性叙述的呆板，推动事实情节有声有色、合情合理地展开，形成内容表达的延宕起伏。

二、结构失当

我们的写作中常常出现结构失当的问题，不妨借此机会"拎"出来，看看在文章的结构方面容易犯哪些错误以及如何避免结构失当。

（一）不分段落，文字堆积

文章有段落，段落依据内在逻辑划分，这是写作的常识。有的习作通篇就是一个整块，没有"另起一行"，没有层次感，文字密密麻麻得堆积在一起，让读者感觉喘不过气来。改善的方法就是分出层次、段落。

（二）叙述失据，衔接不当

由于没有恰当地处置好时空顺序，前后缺少内在逻辑联系，内容主线模糊，读者阅读时会感到摸不着头脑。此外，用于段落之间起承转合的关联词或句子使用不当，会导致衔接不当，读者读起来疙疙瘩瘩不顺畅。这种情况需要对文章重新做通盘考虑和修改，可能要做反复修改。

（三）缺少叙述手段，结构呆板。

事件仅仅停留在被说明和陈述，看不到增加内容表现力的多元叙述方法，结构处置缺少变化和想象力。这种情况下要强化阅读能力，提升写作的领悟能力。

（四）疏密失调，结构松散。

疏密失调造成结构松散，主要体现在重点不突出，内容不紧凑，该着墨的地方不够，该一笔带过的地方又铺陈。这里强调：事实的叙述要遵循着主线展开；主题的表现要全力以赴；内容的部件要轻重有别、主次有分。

第二节　时空的布局

一、时空交叉的多重空间结构

一般地说，超过 3 000 字就应属于长篇新闻报道了。文章越长，结构的重要性就越突出。长篇报道信息量大，叙述全面深入，如何安排外部结构和内部结构，如何将材料科学合理地组合在一起，需要仔细梳理、推敲。所谓谋篇布局，正是写作长篇的第一要义。驾驭长篇报道，首先要驾驭长篇的结构。

事件重大，且事件发生的时间高度集中、短暂，线索重叠、复杂，事件变化、起伏——如果你准备写一篇具有上述特征的长篇新闻报道，可尝试用时空交叉的结构来布局你的内容工程。下面的特稿《永不抵达的列车》即采用了时空交叉结构，通过分析该报道，我们可从中理解长篇报道如何谋篇布局，时空交叉结构是怎样的一种结构以及运用了怎样的结构技巧。

请注意中间插入的分析文字，有的问题可是留给你来回答的……

［例文］

永不抵达的列车

7 月 23 日 7 时 50 分（以一个特定时间点设置小标题）

图 5-2　永不抵达的列车

（资料来源：《中国青年报》，2011-7-27）

在北京这个晴朗的早晨，梳着马尾辫的朱平和成千上万名旅客一样，前往北京南站。如果一切顺利的话，这个中国传媒大学动画学院的大一女生将在当天晚上 19 时 42 分回到她的家乡温州。对于在离家将近 2 000 公里外上学的朱平来说，"回家"也许就是她 7 月份的关键词。不久前，父亲因骨折住院，所以这次朱平特意买了动车车票，以前她是坐 28 个小时的普快回家的。（这个细节信息有何作用？是否可有可无？）

12 个小时后，她就该到家了。在新浪微博上，她曾经羡慕过早就放假回家的中学同学，而她自己"还有两周啊"，写到这儿，她干脆一口气用了 5 个感叹号。"你就在温州好好吃好好睡好好玩吹空调等我吧。"她对同学这样说。就在出发前一天，这个"超级爱睡觉，电话绝对叫不醒"的姑娘生怕自己误了火车。在调好闹钟后，她还特意拜托一个朋友"明早 6 点打电话叫醒我"。

23 日一早，20 岁的朱平穿上浅色的 T 恤，背上红色书包，兴冲冲地踏上了回家的路。临行前，这个在同学看来"风格有点小清新"的女孩更新了自己在人人网上的状态："近乡情更怯，不知即将所见之景是否还是记忆中的模样。"（以上这几段文字叙述大一女生朱平怎样踏上回家的路，这些叙述是否必要？与主题有何关系？）

（跳笔）就在同一个清晨，中国传媒大学信息工程学院的 2009 级学生陆海天也向着同样的目的地出发了。在这个大二的暑假里，他并不打算回安徽老家，而是要去温州电视台实习。在他的朋友们看来，这个决定并不奇怪，他喜欢"剪片子"，梦想着成为一名优秀的电视记者，并为此修读了"广播电视编导"双学位，"天天忙得不行"。

据朋友们回忆，实际上陆海天并不知道自己将去温州电视台做哪些工作，但他还是热切地企盼着这次机会。开始他只是买了一张普快的卧铺票，并且心满意足地表示，"订到票了，社会进步就是好"。可为了尽快开始实习，他在出发的前几天又将这张普快票换成了一张动车的二等座票。23 日 6 时 12 分，陆海天与同学在北京地铁八通线的传媒大学站挥手告别。7 时 50 分，由北京南站开往福州、途经温州南站的 D301 次列车启动。朱平和陆海天开始了他们的旅程。（这几段文字是写陆海天的，写他选择乘坐 D301 的过程，写得很具体，这样写有什么作用？）

后来，人们知道陆海天坐在 D301 次的 3 号车厢。可有关朱平确切的座位信息却始终没有人知道。有人说她在 5 号车厢，有人并不同意，这一点至今也没人能说得清。

几乎就在开车后的 1 分钟，那个调皮的大男孩拿起手机，在人人网上更新了自己的最新信息："这二等座还是拿卧铺改的，好玩儿。"朱平也给室友发了条"炫耀"短信：马上就要"飞驰"回家了，在动车上，就连笔记本电脑的速度也变快了，这次开机仅仅用了 38 秒。

D301 上，陆海天和朱平的人生轨迹靠近了。在学校里，尽管他们都曾参加过青年志愿者协会，但彼此并不认识。大一的朱平真正的人生几乎才刚刚开始。她加入了校学生会的技术部，在这个负责转播各个校级晚会、比赛的部门里，剪片是她的主要任务，还常常为此熬夜。一个师兄也回忆起，这个女孩出现在校园里的时候，不是肩上扛着一个大摄像机在工作，就是捧着一台笔记本电脑做视频剪辑。就像那些刚刚进入大学的新生们一样，这个长着"苹果脸"的女孩子活跃在各种各样的课外活动上，她甚至参加了象棋比赛，并让对手"输得很惨"。（划横线的句子意味着什么？作者为何要详细描述这个校园里的大一女孩？）

黄一宁是朱平的同乡，也是大学校友，直到今天，他眼前似乎总蹦出朱平第一次穿上高跟鞋的样子。可更多时候，朱平穿的总是在街边"淘来的，很便宜的衣服"。当毕业的时节来临，朱平又冲到毕业生经营的二手货摊上买了一堆"好东西"，"那几天，她都开心极了"。她平日花钱一贯节俭，甚至每个月的饭钱不到 200 元。这或许与她的家庭有关，她的父亲已经 80 多岁，母亲 60 多岁，这个乖巧的女儿总是不希望多花掉家里一元钱。（朱平的家庭情况有点特殊，在文章中做"顺便说明"有何必要？）

"车上特别无聊，座位也不舒服，也睡不痛快，我都看了 3 部电影了。"朱平在发给黄一宁的短信里抱怨。（出现朱平同乡黄一宁，通过黄一宁的视角写朱平有什么作用？作者为什么不惜笔墨来写朱平是怎样的女孩？）

在这个漫长而烦闷的旅途里，陆海天也用手机上网打发时间。中午时分，朋友在网上给他留言，"一切安好？"他十分简短地回答了一句，"好，谢。"（因陆海天和朱平在同一列车的轨迹，跳笔"跳"回和朱平不认识的陆海天那里）

在陆海天生活的校园里，能找到很多他的朋友。这个身高 1.7 米的男孩是个篮球迷，最崇拜的球星是被评为"NBA 历史十大控球后卫"之一的贾森·基德，因为基德在 38 岁的高龄还能帮助球队夺取总冠军。师兄谢锐想起，去年的工科生篮球赛上，陆海天的任务就是防守自己。那时，谢锐还不认识这个"像基德一样有韧性"的男孩，被他追得满场跑，"我当时心里想，这师弟是傻吗，不会打球就知道到处追人。"其实，在篮球场上，这个身穿 24 号球衣的男孩远不如基德那样重要，甚至"没有过什么固定的位置"。可在赛场内外，他都是不知疲倦的男生。他曾担任过中国网球公开赛的志愿者，"对讲机里总是传出呼叫陆海天的声音"。志愿者们在高近 10 米的报告厅里举办论坛时，也是这个男孩主动架起梯子，爬上顶棚去挂条幅。

学姐吴雪妮翻出了一年前陆海天报考青年志愿者协会时的面试记录。在这个男孩的备注里，吴雪妮写着："善良，任务一定能够完成。"甚至就在离开学校的前一个晚上，他还在饭桌上和同学聊了一会儿人生规划。据他的朋友说，"陆海天最讨厌愤青，平时从来不骂政府"。如果不出意外，他可能会成为一个记者，冲到新闻现场的最前线。而第二天到达温州，本应该是这份规划中事业的起点。（通过陆海天的师兄谢锐、朋友和学姐吴雪妮的视角写陆海天是怎样的大男孩有怎样的效果？）

高速行驶的列车上，有关陆海天和朱平的信息并没有留存太多。人们只能依靠想象和猜测，去试图弄清他们究竟如何度过了整个白天。"希望"也许是 7 月 23 日的主题，毕竟，在钢轨的那一端，等待着这两个年轻人的，是事业，是家庭。（这段划横线的文字表达了什么？前面的所有文字和这一段文字有何关系？）

7 月 23 日 20 时 01 分

人们平静地坐在时速约为 200 公里的 D301 次列车里。夜晚已经来临，有人买了一份包括油焖大虾和番茄炒蛋的盒饭，有人正在用 iPad 玩"斗地主"，还有人喝下了一罐冰镇的喜力啤酒。据乘客事后回忆，当时广播已经通知过，这辆列车进入了温州境内。没有人知道陆海天当时的状况，但黄一宁在 20 时 01 分收到了来自朱平的短信："你在哪，我在车上看到闪电了。"当时还没有人意识到，朱平看到的闪电，可能预示着一场巨大的灾难。

据新华社的报道，D301 前方的另一辆动车 D3115，遭雷击后失去动力。一位 D3115 上的乘客还记得，20 时 05 分，动车没有开。20 时 15 分，女列车长通过列车广播发布消息："各位乘客，由于天气原因，前面雷电很大，动车不能正常运行，我们正在接受上级的调度，希望大家谅解。"

有人抱怨着还要去温州乘飞机，这下恐怕要晚点了。但一分钟后，D3115 再次开动。有乘客纳闷，"狂风暴雨后的动车这是怎么了？爬得比蜗牛还慢！"将要在温州下车的旅客开始起身收拾行李，毕竟，这里离家只有 20 分钟了。20 时 24 分，朱平又给黄一宁发来了一条短信，除了发愁自己满脸长痘外，她责怪自己"今年的成绩，真是无颜见爹娘"。可黄一宁知道，朱平学习很用功，成绩也不错，"但她对自己要求太严了，每门考试都打算冲刺奖学金"。（从 20 时 01 分到 20 时 05 分、20 时 15 分、20 时 24 分——4 个计时精确的时间节点潜伏着紧迫的节奏，不断收紧的分秒正在向灾难逼近）

已经抵达温州境内的朱平同时也给室友发了一条短信："我终于到家

了！好开心！"这或许是她年轻生命中的最后一条短信。（这个细节为什么很有必要？）

10分钟后，（在时间节点上的至关重要的转折。核心的叙述内容开始）就在温州方向双屿路段下岙路的一座高架桥上，随着一声巨响，朱平和陆海天所乘坐的、载有558名乘客的D301，撞向了载有1 072名乘客的D3115。两辆洁白的"和谐号"就像是被发脾气的孩子拧坏的玩具：D301次列车的第1到4位车厢脱线，第1、2节车厢从高架上坠落后叠在一起，第4节车厢直直插入地面，列车表面的铁皮像是被撕烂的纸片。（前面一切的铺垫都是为了这一刻的到来。这一刻惨烈无比，这一刻惊心动魄！作者的描绘却不动声色，精炼而没有任何渲染）

雷电和大雨仍在继续，黑暗死死地扼住了整个车厢。一个母亲怀里的女儿被甩到了对面座位底下；一个中年人紧紧地抓住了扶手，可是很快就被重物撞击，失去意识……

附近赶来救援的人们用石头砸碎双层玻璃，幸存者从破裂的地方一个接一个地爬出来，人们用广告牌当作担架。救护车还没来，但为了运送伤员，路上所有的汽车都已经自发停下。摩托车不能载人，就打开车灯，帮忙照明。

车厢已经被挤压变形，乘客被座位和行李紧紧压住，只能发出微弱的呼救声。消防员用斧头砸碎了车窗。现场的记者看到，23时15分，（注意灾难发生后的每一个时间点）救援人员抬出一名短发女子，但看不清生死；23时25分，一名身穿黑白条纹衫的男子被抬出，身上满是血迹；然后，更多伤者被抬出列车。（引入现场记者的视角。灾难发生和施救情景牵动人心）

有关这场灾难的信息在网络上迅速地传播，人们惊恐地发现，"悲剧没有旁观者，在高速飞奔的中国列车上，我们每一位都是乘客"。同时，这个世界失去了朱平和陆海天的消息（回到主人公朱平和陆海天，展开主体内容的失联和寻找）。在中国传媒大学温州籍学生的QQ群里，人们焦急地寻找着可能搭乘这辆列车回家的同学。大二年级的小陈乘坐当晚的飞机，于凌晨到达温州。在不断更新着最新讯息的电脑前，小陈想起了今早出发的朱平。他反复拨打朱平的手机，可始终无人接听。

黄一宁也再没有收到朱平的短信回复。当他从网上得知D301发生事故后，用毫不客气的口吻给朱平发出了一条短信："看到短信立即回复汇报情况!"仍旧没有回复。因为担心朱平的手机会没电，黄一宁只敢每隔5分钟拨打一次。大部分时候无人接听，有时，也会有"正在通话中"的声音传出。"每次听到正在通话，我心就会怦怦跳，心想可能是朱平正在往外打电话呢。"可事实上，那只是因为还有其他人也在焦急地拨打着这个号码。

同学罗亚则在寻找陆海天。这个学期将近结束，分配专业时，陆海天和罗亚一起凭着拔尖的成绩进入了整个学院最好的广播电视工程系。这是陆海天最喜欢的专业，可他们只开过一次班会，甚至连专业课也还没开始。朋友们想起，在学期的最后一天，这个"很文艺的青年"代表小组进行实验答辩，结束时，他冒出了一句："好的，over!""本来，他不是应该说'thank you'吗？"（插入罗亚在寻找中对陆海天的回忆）

陆海天的电话最终也没能接通，先是"暂时无法接通"，不久后变为"已关机"。也就在那天夜里10时多，朱平的手机也关机了。

在这个雨夜，在温州，黄一宁和小陈像疯了一样寻找着失去消息的朱平。约200名伤者被送往这座城市的各个医院，安置点则更多，就连小陈曾经就读的高中也成了安置点之一。

寻找陆海天的微博被几千次地转发，照片里，他穿着蓝色球衣，吹着一个金属哨子，冲着镜头微笑。但在那个夜晚，没有人见到这个"1.7米左右、戴眼镜、脸上有一些青春痘"的大男孩。那时，陆海天就在D301上的消息已经被传开。朋友们互相安慰：陆海天在D301，这是追尾车，状况应该稍好于D3115。另悉，同乘D301的王安曼同学已到家。

人们同时也在寻找朱平，"女，1.6米左右，中等身材，着浅色短袖，长裤，红色书包，乘坐D301次车"。

追尾事故发生后，朱平的高中和大学同学小潘也听说了朱平失踪的消息。她翻出高中的校友录，在信息栏里找到朱家的电话。24日0时33分，她告诉QQ群里的同学，她已经拨通了这部电话，可是"只有她妈妈在家，朱平没有回去过"。（在这个时间点上通报了一个核心的信息）朱平的母亲并不知道女儿搭乘的列车刚刚驶入了一场震惊整个国家的灾难。"她妈妈根本不知道这个消息。"小潘回忆通话时的情景。朱妈妈认为，女儿还没到家可能只是由于常见的列车晚点，她已经准备好了一桌饭菜，继续等待女儿的归来。（在失联和寻找过程中不忽略任何细节）

（寻找的具体情况详实展开）凌晨3时许，黄一宁和小陈分头去医院寻找已经失踪了7个小时的朱平。他们先是在急诊部翻名单，接着又去住院部的各个楼层询问值班护士。广播仍然在继续，夜班主持人告诉焦急的人们，只有极个别重伤者才会被送往温州医学院附属第三医院和附属第一医院。而在那时，黄一宁根本不相信朱平就是这"极个别人中的一个"。在医院里，死亡时刻都在发生。

当黄一宁看到，一位老医师拿着身份证对家属说，这个人已经死了，他的心里紧了一下。有的死者已经无法从容貌上被辨识，一个丈夫最终认出了妻子，是凭借她手指上的一枚卡地亚戒指。

可朱平却像是从这个世界上消失了，谁也不知道她的下落。小陈最终走进附一院，他向护士比划着一个"20多岁，1.6米高的女孩"时，护士的表情十分震惊，"你是她的家属吗？"那时，小陈突然意识到，自己之前抱有的一丝希望可能成为泡沫。他从护士那里看到了一张抢救时的照片，又随管理太平间的师傅去认遗体。女孩的脸上只有一些轻微的刮蹭，头发还是散开的，"表情并不痛苦，就好像睡觉睡到了一半，连嘴也是微微嘟着的"。他不敢相信这就是自己的"包子妹妹"。但是，没错。他随后打电话给另外几位同学，"找到朱平了，在附一院。"黄一宁冲进医院大门时看见了小陈，"朱平在哪里？"小陈没说话，搂着黄一宁的肩膀，过了好一会才说，"朱平去世了。"两个男孩坐在花坛边上，眼泪不停地往下掉。小陈又说，"可能是我看错了，所以让你们来看一下。"黄一宁终于在冰柜里看到了朱平，她的脖子上的项链坠子是一个黄铜的小相机，正是他陪着朱平在北京南锣鼓巷的小店里买的。那一天，他们一起看了这条巷子里的"神兽大白"，"就是一只叫得很难听的鹅"。那一天，朱平炫耀了自己手机里用3元钱下载的"摇签"软件，还为自己摇了一个"上签"。

"你知道吗？我们俩都计划好了回温州要一块玩，一起去吃海鲜。可是看着她就躺在太平间里，我接受不了。"回忆到这里，黄一宁已经不能再说出一句话，大哭起来。（确认朱平死亡。追忆与现实的反差如此巨大，令读者泪下。为什么这段叙述富有感染力？寻找朱平和陆海天的内容为什么必须详尽？）

7月23日22时

（追溯）朱平是在23日22时44分被送到医院的（根据时间推算，距灾难发生时间点20时34分的两小时后），23时左右经抢救无效后身亡。21时50分，从坠落的车厢里挖出的陆海天，被送到了温州市鹿城区人民医院。据主治医生回忆，那时，他已经因受强烈撞击，颅脑损伤，骨盆骨折，腹腔出血，几分钟后，心跳停止，瞳孔放大；在持续了整整一个小时的心肺复苏后，仍然没有恢复生命的迹象，宣告死亡。

在 D301 次列车发生的惨烈碰撞中，两个年轻人的人生轨迹终于相逢，并齐齐折断。这辆列车在将他们带向目的地之前，把一切都撞毁了。（文章的高潮：朱平和陆海天死亡的信息得到确认）

天亮了，新闻里已经确认了陆海天遇难的消息，但没人相信。有人在微博上写道："我不敢相信也不愿相信！希望有更确切的消息！"直到 24 日中午，仍有人焦急地发问："你在哪？打你电话打不通。"也有人在网络日志里向他大喊："陆海天你在哪里？你能应一句吗！"那个曾与他在地铁站挥手道别的朋友，如今只能对他说一句："晚安，兄弟。"

朱平失踪的微博也仍在被转发，寻人时留下的号码收到了"无数的电话和短信"，一些甚至远自云南、贵州而来，他们说，只是"想给朱平加油"。这个圆脸女孩的死讯直到 24 日中午通知她父母后才被公开。就在 23 日 22 时左右，朱平家的电话铃声曾经响起。朱妈妈连忙从厨房跑去接电话，来电显示是朱平的手机。"你到了？"母亲兴奋地问。电话里没有听到女儿的回答，听筒里只传来一点极其轻微的声响。朱妈妈以为，那只是手机信号出了问题。（追述的一个细节。根据时间推算，是灾难发生的 90 分钟后，尚未获得施救的年轻生命的最后道别……）

似乎不会再有别的可能了——那是在那辆永不能抵达的列车上，重伤的朱平用尽力气留给等待她的母亲的最后一点讯息。

（跳笔）新华社发布的消息称，截至 25 日 23 时许，这起动车追尾事故已经造成 39 人死亡。死者包括 D301 次列车的司机潘一恒。在事故发生时，这位安全行驶已达 18 年的司机采取了紧急制动措施，在严重变形的司机室里，他的胸口被闸把穿透……（结尾提供了有价值的数据和细节）

《永不抵达的列车》用特稿形式报道了发生在 2011 年 7 月 23 日温州动车颠覆的重大灾难事件，以浓情的笔墨讲述了两个特殊身份的遇难者——中国传媒大学学生朱平和陆海天从互不相识的青春校园到最后殊途同归的人生轨迹。

报道将事件浓缩在 7 月 23 日一天的时间内（早晨 7 点 50 分到晚上 23 点），按照事件发生的时间顺序和背景活动的空间顺序展开情节跌宕、真切感人的描述。文章贯穿着两条并行交替的人物线索：一条是"背景"线索，即围绕两个大学生的学习、交往、情趣、个性，展开校园生活片段的描述；

一条是"主体"线索，即乘坐 D310 列车的两个大学生遇难和同学们的找寻过程。"主体"线索和"背景"线索交叉并进，构建了以时间为经、以空间为纬的时空交叉结构。

从文章的整体上看，"背景"和主体内容似乎没有什么关联，但正是这些分散的"意识流追忆"形塑了人物的丰满形象，构成人物命运的重要铺垫和烘托，绝非游离于主题。因为，没有曾经的意气风发的青春，就没有青春消逝的惨痛与悲怆。

这篇特稿以每个特定的时间节点作为贯穿全文的小标题，以凸显突发灾难事件的紧迫节奏。随着时间叙述向前推进，在"一声巨响"的灾难发生时，辅助的铺垫进入主体叙述：遇难和寻找。主体内容是详尽铺陈的，以顺叙为主，穿插倒叙和运用跳跃性笔法（跳笔），完成段落在时空维度中的过渡和衔接。

时空交叉结构是一种多线并行、更迭的叙述手法，呈现出一种错综复杂的叙事格局。由于打破了按时间发生发展的线性顺序状态，读起来可能感到"一下子这儿，一下子那儿"，似不够连贯，但这种"非线性"是依循着内在逻辑秩序的，它沿着主线的脉络，沿着多维的时间向度，建立了多重空间叙事结构。

在主题的表达方面，《永不抵达的列车》并没有写灾难的故事，而是致力于灾难中的人的故事。没有着眼于"一场震惊整个国家"的灾难本身的宏大叙述，而是截取灾难事件的横断面，从两个遭遇不幸的大学生切入，以点带面地透视了一起铁路责任事故给无辜个体带来的生命摧毁和巨大创痛。

二、华体结构 · 沙漏结构

（一）华尔街日报体结构

《华尔街日报》是美国知名的、重量级的经济类报纸，它的栏目经常发布对各种经济现象和社会问题的解释和阐述。为了增加经济报道的可读性，报社记者创造了以情景化、故事化开头和结尾的写作结构。美国著名新闻学教授卡罗尔·里奇对此结构的解释是：由于《华尔街日报》每天在头版刊登这种文章结构的"趋势性报道"，可以将枯燥的经济新闻写得生动活泼、通俗有趣，又不失大报风范，于是被业界称为"华尔街日报体"。

"华尔街日报体"（以下简称"华体"）是业界惯用的一种新闻写作方

法，其基本结构是这样的——

开头：提供一个与新闻主题关系密切的事例、场景或小故事，引发读者的阅读兴趣。

过渡：自然衔接，推展到主体内容，承小故事启大主题。

展开：主体内容的叙述、说明、阐述。

结尾：回应开头故事，告诉读者故事的结局。

"华体"结构适用于任何文体，一般来说，更多见于长篇的深度报道。

1. 《地下水砷污染危及近 2 000 万国人》分析

解释性报道《地下水砷污染危及近 2 000 万国人》是一个典型的华体结构，让我们将这个结构拆分开来看——

开头：叙述了内蒙古自治区孟克哈日根嘎查 47 岁的村民吴智强带着"怪病"四处寻医问药的故事：20 多年来，内蒙古自治区孟克哈日根嘎查 47 岁的村民吴智强带着一身"怪病"，跑遍了当地和北京的十几家医院。他手掌上长着密密麻麻、大小不等像老茧一样的肉刺。"这层'痂子'硬硬的，一拿东西就磨得钻心疼。"吴智强告诉记者。他身上也长了很多，黑的、白的、青的，"像花地毯"。

以吴智强的"怪病"开头用来解释、说明或反映主题的，这个开头必须能够合情合理地过渡到主体内容。

过渡：有关部门的数字显示，生活在地下水砷超标的高风险地区的中国人有 1 958 万人之多……

此为过渡句。用一个故事启动了一个重大主题。

主体：围绕主题，充分展开内容。主体部分的小标题分别是：

（1）中国地下水砷污染风险地图

（2）像中国这样幅员辽阔的国家，对每一口地下水井进行监测极其困难

（3）不同于人为造成的个别砷污染事件，地下水天然污染更具有普遍性

（4）"一开始，老百姓谁会想到自己天天在喝砒霜?"

新闻主体部分将真正的、重要的新闻内容推到读者眼前，开头的故事和人物就不见了。主体内容要集中、深入而有层次地展开阐述和论述，一般多用夹叙夹议的方式，全力推进和揭示主题。

结尾：回应开头的人物故事，描述吴智强目前的病情现状和命运结局：

但对于吴智强来说，砷已经摧毁了他的人生。如今，吴智强已经离婚，和母亲还有儿子住在一间20平方米的租屋里，靠低保生活。今年7月，他又去医院做检查，医生割下一块"肉钉"进行检测，告诉他病情并没有恶化，随后又加了一句："10年不喝这种水也不一定能好。"

将"躲起来"的人物和故事重新引进来，以前后照应。

2.《中国最大的游牧民族走下马背》分析

"中国最大的游牧民族走下马背"的题材宏大厚重。文章紧扣一个"马"字，用跳笔跨越时空，生动地诠释了古老的蒙古游牧民族走下马背这一重大历史转折。

文章开头描写了牧民那顺一家告别祖传三代的一副马鞍的感人场景，通过气氛、细节和引语的带入，视觉的画面感与鲜活的草原气息扑面而来，传递了在历史性的一刻，那顺一家质朴、复杂的感情牵动。

经过几个月的家庭争论，内蒙古东部阿鲁科尔沁旗牧民那顺日前终于将祖传三代的一副马鞍送到了附近的一家博物馆。

一大早，这个三代当过马倌的六口之家，人人身着别致的蒙古族服装，有如送女远嫁一般。全家人一个接一个，默默地用双手把嵌银的马鞍从头到尾仔细抚摸了一遍。那顺临走前还再三叮嘱工作人员把马鞍保管好。（场景及其细节描写）

"我把祖传马鞍放在博物馆，既可以永久保藏，还可以让后人世代记住我们是马背民族的子孙。"那顺说。10年前告别养马的那顺特别解释："不是我不喜欢马，是养马不合算了。有了拖拉机和摩托车干活，用不上马了。"（直接引语）

但那顺的故事并没有继续下去，一个好看的戏剧性情节戛然而止，来了一个大幅跳笔，从那顺家的蒙古包一下子跳到蒙古学家阿尔丁夫的书房。阿尔丁夫解释了马对于蒙古游牧民族的标志性意义，解释了这个民族为何被称为"马背民族"。

"过去几千年，马一直是蒙古族人不可须臾或离的最主要的劳动力。内蒙古地域辽阔，仅锡林郭勒草原，面积就相当于一个英国。"蒙古学专家阿尔丁夫说。没有马，牧民的一切生产活动就无法进行，蒙古族因此有"马背民族"之称。……

其后，文章层层递进展开，用每一个"跳句"衔接了从阿尔丁夫到内蒙古畜牧厅厅长于铁夫、从内蒙古旅游局副局长云珍龙到内蒙古自治区交通厅厅长郝继、从 76 岁的老牧民哈扎布到蒙古族音乐家宝贵等不同身份的人……

他们从各自的角度阐释了"'马背民族'为何走下马背",在时代变迁的时间和空间的节点上，演绎了中国最大游牧民族——一个浩瀚而悲壮的马背民族历史性终结的逻辑。

可见，华体结构主要用于综述性、评述性报道内容，诸如反映生态环境、工程建设、国企改革、国际争端这类重大题材的解释性报道，由于内容的严肃和主题的庄重，容易影响可读性。但"华体"结构从一个典型性的富有情感冲击力的情境故事入手，营造了一个吸引读者的语境。当情境故事与内容主体的宏观议题建立起必然的内在的逻辑联系时，读者就在情境中跟随了叙述，并意识到故事作为主题的验证可能具有的价值。

华体结构颠覆了时间顺序流动的常态，将开头和结尾的场景处置在时空交叠中，其处置方法是翻转的，先设定一个场景，再按照时间顺序展开内容主体，结尾再转回来去接应前面的设定，体现了一种文学性的叙述笔法。

（二）沙漏结构

沙漏，是一种测量时间的装置，通常由一个狭窄的连接管道连通上下两头圆状玻璃器皿；在上部充满沙子，然后观测沙子穿过管道流入下部所需要的时间。在新闻报道中，有些事件性新闻，把最核心的信息放在开篇和结尾两头，中间插入过渡，这样就形成了类似沙漏形状的两头大、中间小的结构，即沙漏结构（见图5-3）。

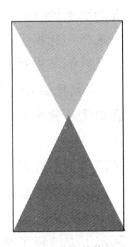

图5-3　沙漏结构

这种结构即倒金字塔结构和金字塔结构的组合叠加，报道内容一般都含一定的事实情节，其开头的部分与倒金字塔结构相似，通常把关键的、鲜活的场景片段放在前面描述，然后按照金字塔结构的时间顺序具体铺设、详实展开。

沙漏结构和倒金字塔结构有交集之处，但又有明显的区别，倒金字塔结构适用于快速传递最新发生的、单一事件的硬新闻，按照事件重要程度的顺序安排结构，事件结果放在前面，结尾做补充说明。沙漏结构则适用于故事性、纪实性事件的报道，开头点睛事实，引人注意，设置悬念，结尾增量事实，凸现主题。沙漏结构吸取两种结构在开头和结尾的强势方式，有利于表现事实的曲折、生动。

第三节　开收的技巧

开头和结尾是结构的组成部分，直接关照文章主旨的表达。当你决定开头怎样写的时候，已经决定了全文要怎样写。或者说，当你确定了故事内容的结构，那么第一句话就体现这个结构展开的意图和去向，仿佛是一首曲子，第一支音符奠定了歌曲的基调。

结尾要让读者感到故事收束自然，恰到好处，没有留下困惑或悬念，却耐人咀嚼，仿佛这一首曲子随着最后一个音符的散去，余音缭绕。

一篇文章的启动和收束在很大程度上影响着文章的美感和节奏。所谓"虎头豹尾"，顾名思义，指开头要瑰奇、醒目，引人注意；结尾则要简洁、有力，不同凡响。

别开生面的开头、别具一格的结尾都会带来妙不可言的旨趣。如何开头和如何结尾确实是需要讲究的。

一、开头激活题旨

万事开头难。文章的第一句话、第一段文字总是让我们百般斟酌。

如何使报道的开头富有感染力，南香红认为，新闻应该有一个平白朴素但意味深长的开头，也可能有意安排一个戏剧性的开头，总之它的开始不会像消息的导语一样，总是一个模式。

模式化的开头总是似曾相识——

本报讯　启明图书馆昨日在上航街开业，该图书馆有个独一无二的规定——只接纳从未发表的书籍，吸引了很多作者及读书爱好者赶来参加开业仪式。

这是一段常见的消息的导语模式，中规中矩。其实，消息也并非千篇一律的呆板面孔，在基本的框架下，可有灵活的表达方式。

本报讯　书架上只有40本书，并且你在其他图书馆找不到它们，也不会有批量新书补充到这里的书架上，这是因为昨日开业的启明图书馆有个独一无二的规定——只接纳从未发表的书籍。

"书架上只有40本书"的图书馆是怎么回事？设置悬念让读者好奇地读下去，原来这个图书馆"只接纳从未发表的书籍"。这是很新鲜的事儿，是吗？当今，一些有特色的、小众的著述因出版社经济效益而无法与读者见面，启明图书馆提供了一个让读者分享的空间。这样有意思的新闻何不用一种活泼的方式加以报道？

一个精彩的开头不仅使报道内容大为增色，还会磁石般地吸引读者。无疑，最好的开头应是新颖的、吸引人的开头。不过，与其追求完美的开头，不如追求多样的开头，尝试更多不同的开头的方法——

（一）开门见山，直奔主题

2014年7月，中央巡视组第二轮巡视启动，国家体育总局首次进入名单，体育反腐的风暴开始刮起。（《大陆体育反腐风暴》，《凤凰周刊》2015年32期）

（二）用说明文字做铺垫的导语开头

江苏河湖众多，水系发达，水域面积占国土面积的16.9%。全省有乡级以上河道2万多条，丰沛的江河湖泊资源和多样的水生态环境，是江苏的特色和优势。（《江苏"河长制"将写入地方立法》，《扬子晚报》，2017-6-2）

（三）用设问开头，吸引读者的注意

山西"9·8"尾矿库溃坝特大事故，目前已带走了200多条鲜活的生命，留下了许多沉重的问号：事故调查结果何时水落石出？事故中存有瞒报现象吗？事故调查将揭开哪些鲜为人知的黑洞？（《安监总局：山西溃坝事故调查报告预计两月内公布》，《北京晨报》，2008-9-18）

（四）用悬念开头，让读者急于了解发生了什么

"别动，把所有钱都掏出来！"当有人用枪顶住你的太阳穴，你是屈服还是反抗？70岁的葛老遇上了这样的事。（《70老人勇斗歹徒》，《沈阳晚报》，2014-2-10）

（五）用画面式场景开头

雨水淋湿了泗洪县仁远村的乡间小路。两个孩子在泥水中玩耍，为了御寒，他们穿了好几层衣服。在一间摇摇欲坠的房屋前，一位穿中山装的老汉抡着锄头，在一块大约20平方米的田地里耕作。今年春天这里将种植红薯。（《倡议与想象力》，《德国经济周刊》；中国网转载，2009-3-7）

（六）如果有一个好故事要讲，用内容的核心点题

问责，好似当头一棒，重重地打在了甘肃省各级官员的头上，就像笼罩祁连山的雨雪风雹。（《甘肃祁连山：问责风暴下的生态突围》，《中国国土资源报》，2017-8-28）

（七）以主人公的视角开始一个宏大叙事

从陈秉安家位于 14 楼的阳台望去，可以清晰地看到深圳蛇口的深港西部大桥。这座由深港两地合作兴建、于 2007 年投入使用的白色大桥，是链接深圳与香港的重要通道，在大多数时间里，桥上车流滚滚，一片繁忙景象。（《人民会用脚投票》，《中国青年报》，2010-12-08）

（八）一个散文式的开头

11 月 9 日，温泉县阿尔夏特河谷，隐在雾凇里的森林凝霜挂雪，向阿拉套山深处蔓延过去。那里是中哈边界，也是阿热达哈·艾山家的夏牧场。（《关山月照是我家》。《新疆日报》，2016-12-16）

（九）为事件铺垫的解说性开头

在陕西榆林与内蒙古鄂尔多斯之间，蛰伏着原本名不见经传的毛乌素沙漠。煤矿的发现，改变了这里的一切。如果不是可能储藏着约 19 亿吨优质动力煤，潜在经济价值上千亿元，陕西省侏罗纪煤田榆横矿区横山县波罗—红石桥煤矿就只是个地质概念。现在，它改变了一群人的一生，定义了赵发琦的整个中年。（《陕北千亿矿权案十年"斗法"剧终》，《财新周刊》，2018-2-5）

（十）用引语开头

"钱塘江尽到桐庐，水碧山青画不如"。早在 20 世纪 80 年代，浙江省桐庐县就以"瑶琳仙境"独领旅游市场风骚。（《桐庐：183 个美丽乡村串起童年老家记忆》，《中国青年报》，2013-12-17）

（十一）截取事件发展的中间部分开头

"'飓风 1 号'专案收网行动现在开始！" 3 月 1 日 12 时，广东省副省长、省公安厅厅长李春生一声令下，蹲守多时的便衣民警进入广州芳村茶叶批发市场某店铺内，将该店老板许某抓获。当时，许某正优哉地在店内喝茶。（《广东破获近年最大跨国网络电信诈骗案》，《法制日报》，2016-3-24）

（十二）也可以从故事的结尾开始

"全忠，2 月 14 日，咱们一家三口站台上见。"这是一本普通家庭日记本上的留言。这样的日记一写就是 23 年，用掉了 12 本日记本，留下 6 820 多条只言片语，长达 24 万余字。（《"见字如面" 23 年》，《工人日报》，2017-3-18）

二、结尾关照全局

结尾是事实叙述完成后的自然结束，但有的结尾往往用空洞的口号结束全篇："大会在热烈的掌声中胜利结束，大家决心以更优异的成绩更高昂的斗志走向光辉的未来！"似乎加一个光明的尾巴才更像结尾，这是思考的惰性造成的，而非经验不足。

倒金字塔结构是按照事实的重要程度安排叙述顺序的，那么收束时，会不会形成"虎头蛇尾"？其实，消息的收束不是把事情说完了就结束，也不是拖泥带水，废话说了一通才结束，更不是不动脑筋地搬来用一句套话、口号做结语（这是最常见的毛病）。那么，什么是好的结尾呢？一般的标尺是：兼顾整体，呼应开头；适可而止，恰到好处；巧思妙笔，不落俗套；言尽意犹，余音缭绕。

下面的文章结尾示例供参考：

（一）补充信息，使事件完整

经初步调查，造成事故的原因是豫 LA9301 重型半挂牵引车和豫 L9301 挂重型仓栅式半挂车严重超载，下坡途经案发现场时，制动失效导致事故发生。（《京珠北乳源段发生 5 死 4 伤特大事故》，《韶关日报》，2012-9-29）

（二）自然结束，收合利落

12 月 13 日晚当地时间下午 18：20，屠呦呦一行将乘坐 CA912 航班返回北京，结束此次诺奖之行。（《屠呦呦"诺奖之旅"行程精简 颁奖典礼座位号码公布》，澎湃新闻，2015-12-6）

（三）照应主题，丰富内容

他还有一个梦想，那就是挂靴之后能够进行一次月球之旅。（《贝克汉姆情趣多多，爱妻儿爱文身爱做家务》，《参考消息》，2003-7-31）

（四）营造情境，烘托主题

在接受记者采访时，张吉英对今年的销售前景充满信心。在她身后的店铺墙壁上，一把把印有"中国梦"图案的精美雨伞，就像一朵朵绽放的花朵，将店铺装扮得绚丽多彩……（《全球最大小商品城何以 30 年兴盛不衰》，《金华日报》，2016-5-16）

（五）语义隽永，蕴含丰富

从 1841 年 1 月 26 日英国远征军第一次将米字旗插上港岛，至 1997 年 7 月 1 日五星红旗在香港升起，一共过去了 156 年 5 个月零 4 天。大英帝国从海上来，又从海上去。（《别了，不列颠尼亚》，新华社，1997-7-1）

（六）倒叙式收束，完善主体

"汉语桥"由中国国家"汉办"主办，旨在激发各国青年学生学习汉语的积极性，增强世界对中国语言与中华文化的理解。本届比赛以"梦想点亮未来"为主题，于 7 月 12 日至 8 月 10 日在长沙举行。比赛一共吸引了来自 108 个国家的 146 名选手参赛，选手数量达历年之最。（《第十五届"汉语桥"世界大学生中文比赛收官》，新华社，2016-8-11）

（七）递进式收束，增加信息

目前，福耀集团已成为全球最大的汽车玻璃专业制造商，为奔驰、宝马、宾利、奥迪、通用、克莱斯勒、大众、丰田、本田、路虎等全球几乎所有汽车制造商提供汽车玻璃及产品解决方案。（《全球最大汽车玻璃单体工厂在美投产》，《福州日报》，2016-10-09）

（八）设问式收束，耐人寻味

在迁建之争以外，更值得注意的是，此次强暴雨降临舟曲带有偶然性，而整个甘南、陇南地区，以及中国多个地区像舟曲一样地质和生态恶劣的泥石流沟比比皆是。那么，下一个舟曲会是哪里？（《舟曲警报》，《财新周刊》，2010 年 33 期）

（九）引语式收束，点明题旨

"要使机器人在社会中的被接受程度更高，它们必须要有社会性，它们的行为应该是我们可以接受的，是符合社会准则的。"斯凯洛说。（《人工智能如何更"社会"》，《中国科学报》，2019-2-1）

（十）总结式收束，升华主题

为京津涵水源、阻沙源，一个立足生态、开放创新、绿色崛起的京津水源地将会生发更大效益。（《遥看一湾清水来》，《承德晚报》，2016-7-13）

第十五讲　新闻叙事的元素

第一节　报道中的"引用"

新闻报道中的"引用"即指记者直接或间接引用他人的话语。

当报道内容需要确凿的信息验证事实，当报道需要建立和补充新的信息，以反映和凸现报道主题，应使用引用的方法，即在内容中适时穿插"引语"。

引用，是一种最常用的写作方法，广泛地运用于各类新闻报道中。可以说，没有新闻报道是不使用"引语"的。引用，也是体现新闻客观表达的重要手段。

一、作为有用信息的"引语"

"引语"是报道中不可或缺的有用的信息，所以，不是对方所说的原话都可以拿来做引语的。在新闻报道中，记者要善于从大量呈自然状态的、重复的话语形态中加以提取，形成有价值的、简练的"引语"。

（一）当事人及其关联者的"引语"

更多的引语取自当事人或亲历者。他们以自己的亲身经历或所见所闻描述事件场景，证实事实的真实存在及其状态，信源可靠，信息真实，记者应注意记录、引用。

在灾难报道中，当事人、目击者的引语都可作为重要的证据信息，增加灾难的确定性和报道的现场感：

"车是瞬间掉下来的，一下子就灌满了水，我从破碎的窗子里拼命游出来，有人在岸上拽了我一把。"一位会游泳的幸存者连说带比划。

"引语"也可以提供补充主体事实的信息：

<u>大学的一位任课老师回忆说</u>："这个学生性格内向，平时不多说话，当时在班级里，他的成绩属于中上等。"

（二）权威的"引语"

权威的、专业的原话也适合在报道中"引用"，如果引语是用来解释事实的，那么说话者往往是熟悉特定领域的职业人或专家，使"解释"可信。也就是说，"引用"要巧妙借用权威人士的话语来传递一些核心信息、关键信息。

<u>报道援引机场发言人说</u>，所有乘客均为俄罗斯公民，机组人员是外国人。罗斯托夫机场因此次事故已暂时关闭。

机场发言人是代表机场一方发言的，拥有说明事态的权威性。

草场暴露在无情的风中。陕西东南部的巴彦淖尔在 6 年里被风吹走的沃土层有 5 厘米厚。<u>嘉峪关沙漠研究所指导员刘新民摇着头说</u>："这么珍贵的土层要三四百年才会形成一厘米厚。人们的确无法康复大自然一千多年才形成的沃土。"

西北自然生态的脆弱和严峻的荒漠化现实着实令人震惊，由沙漠研究所专业人员传递的数据信息是经过测定的，具有科学依据。

（三）个性的"引语"

个性，指个人不同于他人的思维和行为特征。在日常生活中，人们因教育、性格、职业的不同，在语言表达方式上也不同，所以"引语"应体现差异性。

一个养猪专业户说："这猪肥得溜溜圆，人到跟前都懒得动弹。"如果没有养猪的长期体验和经验，是不可能有如此真切、形象的比喻的。

再如形容一条崎岖不平的土路——

过路的村妇说："坑坑洼洼的，骑自行车就颠死个人儿！"

过路的基层干部说："晴天一身土，雨天一身泥。"

过路的学者说："如果下雨，这条糟糕的路会变得泥泞不堪。"

个性化"引语"符合人物身份特征，真实可信，透着清新活泼的气息。但是在一些报道中，有的引语明显与话语者的身份不符，且多多少少带有作者自己编织的痕迹。

二、"引语"的交替和转换

"引语"有两种：一是直接引语，用引号，表示讲话人的原话；二是间接引语，是对说话人的概述，不用引号，但引述的内容应与讲话人的原意相同或相近。

（一）"引语"的交替使用

直接引语和间接引语在报道中交替使用，可以避免直接或间接引语过长而造成的叙述沉闷。

诺贝尔生理学或医学奖评委让·安德森接受本报记者采访时说，得益于3位科学家的贡献，千百万人得到了对症治疗的药物，这一事件具有里程碑意义。（间接引用）他说："屠呦呦是第一个证实青蒿素可以在动物体和人体内有效抵抗疟疾的科学家。她的研发对人类的生命健康贡献突出，为科研人员打开了一扇崭新的窗户。"（直接引语）

这里须注意：直接引语的使用应慎重，因为是原话的引用，不可掺杂水分，同时，引语要恰到好处，不能过多，不然会拖慢叙述节奏。

在国家扶贫开发工作重点县安徽宿州市灵璧县，记者看到，在高速公路入口通往县城的连接线上，建设了长达8千米的景观大道。道路中间和两侧共有3排路灯，每盏路灯间距30米。路灯采用唐代宫灯样式，每盏路灯又附设十多个球形灯泡，富丽堂皇，近千盏路灯看上去气派十足。（现场观察）

路边一位饭店老板告诉记者，"路灯晚上七八点就亮了，一直到天明。晚上特别亮，比天安门的灯还要亮，还要好看。"（直接引语）当地群众反映，由于路灯用电量大，电网难以承受，晚上农村经常停电。（间接引语）

一名县政府工作人员告诉记者，每月电费就要20多万元，一年要"亮掉"约300万元。而该县去年的可用资金只有7亿元，目前建设负债达30多亿元。（间接引语）

报道一个国家级贫困县的奢侈，以记者的视角现场观察8千米长的景观大道，对"气派十足"的近千盏路灯进行了近距离的细节描述。记者还采访了了解情况的当地群众和县政府工作人员，从两个侧面了解到景观大道的用电量、电费和建设负债情况。这个段落由现场观察、直接引语和间接引语组成，并在行文中交替使用。

（二）"引语"的转换使用

由于被采访者的"原话"是呈自然状态的、口语化的，在变成可读的文字时，需要做合理的、保持原意的调理，将分散的、粗糙的原始信息加以整合，如有些"原话"需要选择性淘汰，有些"原话"适合直接引用或间接引用，有些"原话"则可转为内容的叙述和描述。

眼下，不是丰水季节。站在采桑湖大堤上，环顾四周，小湖星罗棋布，碧绿色的草地镶嵌其中。（现场观察）谢永宏说："这就是最典型的湿地。那些是蔍草。现在，成群的候鸟飞走了。涨水的时候，这里又是一片水面。"（直接引语）2007年开始筹建洞庭湖站。为摸清"家底"，他花了3年时间，带队跑遍了洞庭湖。（转换语）

这段文字的最后一句话是记者将当事人的话语转换为叙述文字。在采访中，采访对象提供的原始话语很丰富，记者不能把他们的原话一一地放在报道中，而是结合现场语境，把这些话语信息变成记者陈述的信息。这种表达形态在报道中也很常见。

如果记者不在现场——比如我们看到一些重大灾难报道，并不在场的记者为何如身临其境，向公众绘声绘色地描述呢？奥妙就在于他们巧妙地运用了"引语"的这种转换组合的方法，将当事人的叙述切换为报道者的叙述，也就是说，将可以作为"引语"部分内容分解到报道者的叙事中。

《东航坠机事件——悲情航班MU5210》发生在2004年11月21日8时21分，由包头市飞往上海的MU5210航班，起飞不到1分钟便坠入机场附近公园的冰湖里，机上47名乘客、6名机组人员全部罹难。坠机过程只有短短40秒，但作者却用了900字来还原灾难发生的惨烈瞬间。

40秒钟的坠毁过程发生了什么？作者采访了不下十几个人，有距离飞机最近的目击者、靠近爆炸地点的目击者、最早到达现场的目击者以及路人、当地居民等。根据目击者亲眼所见、亲身经历的口头描述，时间的碎片一点点拼接，关键的情节被聚焦、放大。

但900字不可能通篇都是"引语"，除了引语，大部分叙述都是作者对目击者叙述的转述，或者说，记者将所有的采访素材处置后，使自己成为信息源，不时地将目击者的叙述视角转换为记者的叙述视角，向读者进行现场描述，只是读者看不到"转述"的痕迹。

> **提示**
>
> "引语"是新闻叙事的常用手段,作为体现客观报道的重要方法,我们不仅要学会使用"引语",还要善于使用"引语"。初学写作者在使用引语方面,容易出现这样几个问题,一是"引语"冗长。可用"……说"置于中间,将长句断开,也可将部分句子用间接引语表达,或者转换记者叙述视角。二是"引语"不精。如果"引语"内容可用可不用,说明它没有传递重要信息,即失去了引用的意义。这种情况须重新提炼精要。三是编造"引语"。由于引语素材短缺而临时拼凑:揣摩当事人怎么想怎么说,再通过"合理想象",把人物从未讲过的话"移花接木",从而造成事实失真。这种做法已经踩到新闻底线,"引语"绝不能编造。

第二节　报道中的背景

一次,成都博物院展出澳大利亚国家博物馆收藏的树皮画,笔者在展厅里面欣赏时,间或看到介绍一些抽象画面的文字,但还是有点纳闷:这些树皮画来自专业的画家吗?为什么要在树皮上绘画?它们的价值在哪里?当转回展厅的开头部分,才发现一个巨幅电视屏幕正在播出澳大利亚原住民剥掉树皮、用自然颜料作画的现场采制的纪录片,缓缓展示这个国家的原始生态,下面的字幕则告诉观众:这些树皮画来自澳大利亚北部亚热带地区阿纳姆地的原住民氏族之手,收藏家在这里看到了这些树皮画艺术家,并收藏了参展的作品。文字还介绍了 Austrlias first peoples(最早的澳大利亚人)是在这块大陆上生活了逾 6.5 万千年的原住民和托雷斯海峡岛民。在欧洲人抵达之前,这里有 350 多个原住民部落。

这就是背景,它们为树皮画艺术展提供了充满丰富想象力的历史和民俗信息,观众看到的不是孤立的展出,而是展出及其关联事实的整体面貌,由此才明白了树皮画艺术的来龙去脉。如果没有这个宏大的历史背景的解说,树皮画艺术的呈现可能是片段的、割裂的、模糊的,观众不知道它们从哪里来,到哪里去,也就无法了解它们存在的价值。背景事实是全部事实的组成部分。

背景,简单地说,就是故事背后的故事,新闻背景就是新闻背后的新闻,有时,这个背后的故事和新闻也许更吸引人。

一、背景在新闻报道中的意义

背景可分为历史背景和环境背景，历史背景是指事实（或人物）自身形成的历史追溯，环境背景是指事实（或人物）与社会以及周围事物的关系。每一个事件（或人物）的背后都有被时间压缩的背景，只是时间的幅度有宽有窄；每一个事件（或人物）的背后都有被解释和映衬的背景，只是与事实（或人物）发生发展的关系有深有浅。背景，告诉读者过去和现在、昨天和今天是如何一脉相通的。

美国著名新闻学者迈尔文·曼切尔说：“不使用背景材料，几乎没有什么报道是全面的。忽视这个忠告的记者，他们决不能给读者和听众提供充分的情况。”背景性信息构成新闻内容中的背景新闻，是作为新闻事实（或新闻人物）的一部分嵌入新闻报道中的，它不是主体事实，但与主体事实交替叙述，自然转承，对主体事实进行解释、说明和补充。

（一）事件报道的新闻背景

一次在课堂上，分析《青龙桥火车站重新开放》的报道（见图5-4），一位同学迟疑地说出他的感受：“老师，我还是不太清楚青龙桥火车站是怎么回事。”其实，读者读了这篇报道是会有这个疑问的。那么该报道是不是有什么欠缺呢？好吧，让我们在文章的第二段后面加上一段背景材料。

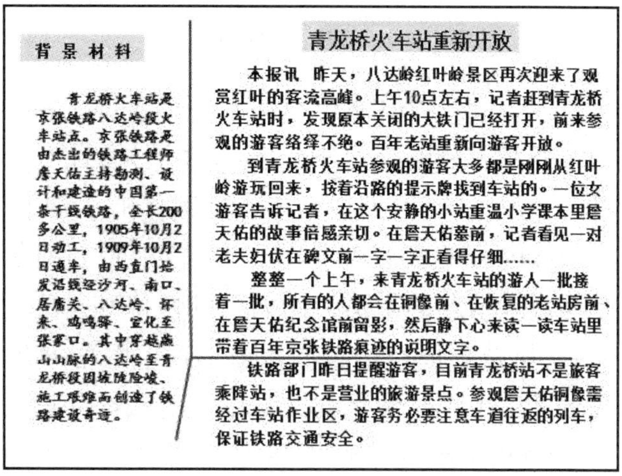
背景材料

青龙桥火车站是京张铁路八达岭段火车站点。京张铁路是由杰出的铁路工程师詹天佑主持勘测、设计和建造的中国第一条干线铁路，全长200多公里，1905年10月2日动工，1909年10月2日通车，由西直门始发沿线经沙河、南口、居庸关、八达岭、怀来、鸡鸣驿、宣化至张家口。其中穿越燕山山脉的八达岭至青龙桥段因坡陡险峻、施工艰难而创造了铁路建设奇迹。

青龙桥火车站重新开放

本报讯　昨天，八达岭红叶岭景区再次迎来了观赏红叶的客流高峰。上午10点左右，记者赶到青龙桥火车站时，发现原本关闭的大铁门已经打开，前来参观的游客络绎不绝。百年老站重新向游客开放。

到青龙桥火车站参观的游客大多都是刚刚从红叶岭游玩回来，按着沿路的提示牌找到车站的。一位女游客告诉记者，在这个安静的小站重温小学课本里詹天佑的故事倍感亲切。在詹天佑墓前，记者看见一对老夫妇伏在碑文前一字一字正看得仔细……

整整一个上午，来青龙桥火车站的游人一批接着一批，所有的人都会在铜像前、在恢复的老站房前、在詹天佑纪念馆前留影，然后静下心来读一读车站里带着百年京张铁路痕迹的说明文字。

铁路部门昨日提醒游客，目前青龙桥站不是旅客乘降站，也不是营业的旅游景点。参观詹天佑铜像需经过车站作业区，游客务必要注意车道往返的列车，保证铁路交通安全。

图5-4　《青龙桥火车站重新开放》报道与背景材料

（资料来源：《北京青年报》）

既然报道游客来参观刚刚开放的青龙桥火车站，就要把这个百年火车站的历史渊源讲清楚，说明青龙桥火车站和京张铁路的关系，否则就无法凸现青龙桥火车站这个百年历史遗存的价值。这里，背景事实不仅提供了历史信息，也通过历史与现实的比衬，突出了事物的特征和变化。

背景性信息是为增强新闻主体事实提供的各种新闻背景材料，使读者了解更全面的报道内容。在事件报道中，它提供内容需要的科学的依据、可靠的说明、准确的数据、贴切的描述和充分的解释，提供主题和事实的强有力的支撑。所以，背景材料应是与事实的逻辑联系最紧密的、最具说服力的事实材料。

（二）人物报道的新闻背景

图5-5　报道与背景信息

（资料来源：作者课件）

人物背景信息是指在对事件或人物的叙述主线以外，增加必要的补充性、说明和解释性信息，以揭示人物行为逻辑的因果联系、历史联系。

2012年，在媒体对中国作家莫言获诺贝尔文学奖的报道中，获奖是事件主线，莫言的小说作品、家乡和家庭等作为背景材料穿插其中，是报道的副线，以补充和衬托主线，满足公众希望对莫言有更多的了解，如图5-5所示。

在对人物的报道中，人物背景材料的补充可使人物个性面貌丰满。如对一个专家的专访，应说明该专家在其学术领域的造诣和成就，以映衬专家谈话内容的权威性。写一个有独特经历的人物，应有其家庭、教育、职业等背景情况的说明，为人物的性格和行为逻辑找到某种渊源。

《科技日报》记者在报道中国中医科学院的首席科学家、药学家屠呦呦获诺贝尔生理医学奖的文章中，有这样一段文字——

1969年年初，刚过38岁的屠呦呦已经在卫生部中医研究院（现中国中医科学院）中药研究所工作了近14年。她是新中国培养的第一代大学生，1955年毕业于北京大学医学院药学系，同年到中药研究所工作，后脱产两年半参加卫生部委托中医研究院举办的"西医学习中医班"。她的职称当时还只是实习研究员，但兼具中西医背景的她，已步入了中药所研究的第二梯队。那年1月21日，屠呦呦参与了一个全国性大协作项目——"523"任务，她的科研人生就此迎来转折。

上述文字提供了屠呦呦的科研资历信息，也是这位女科学家获诺奖的重要背景。

二、背景材料和背景新闻

背景性信息也称为背景材料，一般用说明性、概述性文字表达。根据内容的需要，背景材料包括以下几个类型：

（一）注释性背景材料

如果报道内容涉及专业术语、科技词汇、地名、人物、历史事件以及名胜古迹等，读者可能会因生疏晦涩而产生阅读障碍，所以作者在报道中应给予相应的说明，帮助读者理解其中的科普知识，如青龙桥火车站的报道中，穿插一段关于京张铁路修建的史料文字，在洞庭湖再现江豚死亡的报道中，增加对于长江珍稀物种江豚的介绍文字，不仅提升了报道的知识含量，也增进了读者对新闻内容的理解。

还有一些必要的注释性信息，虽简短但有用，如个人履历、家族背景等和主体事实相关的信息。

与上官吉庆一起被处分的程群力也已于 2016 年退休，此前曾任长安县县委书记、西安市民政局局长、宣传部部长、市委副书记、市政协主席等职。

秦岭拆除违建别墅事件涉及多位官员，这些因腐败而落马的官员在任时的职位及其任职经历——这个背景信息也是需要在报道中说明的。

（二）描述性背景材料

对主体事实的相关背景要素做概述性、说明性描述，使主题内容更清楚、完整。

青川县地处川、甘、陕三省交界处，"鸡鸣三省醒"是对这里地理位置的最好说明。全县高山居多，森林覆盖率高达 71.5%。工业几乎没有，辖区贫困人口较多。徐正斌看到，虽然这里不能开垦农田，但山地面积广阔，气候宜人，十分适合茶叶种植。

这段背景文字描述了浙江安吉白茶在四川省青川县种植的可能性。

描述性背景材料和注释性背景材料的异同在于：前者的语义比较丰富，可进行描写性叙述。后者语义比较单一，多为概述性、介绍性文字，一般不描述。

（三）对比性背景材料

来自福建福清的陈华瑞，在深圳一家工厂打工，"除了清扫厕所的事情没有干过，其他的事都做过"。1993 年，他抓住机遇创办企业。当年 21 人的公司，发展至今已是拥有 1 500 多名员工、产品远销 50 多个国家和地区的知名企业，他也荣获"全国劳动模范"称号。

有人说，改革开放是机会的盛宴，但不一定每个人都抓住了机遇。这段文字用反差强烈的事实和数据，比照出机会带来的人生转变，与"深圳从渔村到一线城市"的背景相互映衬。

对比性背景材料通过对同一性质或类型的事实的对照、比较（过去和现在、历史和现实），体现事物的差异性价值。

（四）解释性背景材料

地处印度洋中心的斯里兰卡，是古代海上丝绸之路的重要节点，是中国通往中东和非洲国家的必经之地。自西汉起，斯里兰卡对中国而言就不再陌生。走进斯里兰卡国家博物馆，里面珍藏着"布施锡兰山佛寺碑"，上面刻的是郑和下西洋船队布施的物品清单，包括金银钱、古铜香炉、花瓶、蜡烛等。

这段背景文字来自浙江宁波商人与斯里兰卡开通远洋贸易的报道，传递了古代中国与斯里兰卡贸易往来的历史人文信息，烘托和突出了主体事实。

解释性背景材料用于解释新闻事实发生的环境、社会和文化条件，解释人物行为、活动的历史或现实成因。

（五）证明性背景材料

2018 年 7 月 22 日，国家药监局负责人通报长春长生生物科技有限责任公司违法违规生产冻干人用狂犬疫苗案件有关情况，毒疫苗事件就此曝光。媒体报道中补充了一个被证明确凿的背景事实：长生生物在 2017 年就被药监局抽检出该企业生产的 1 批次百白破疫苗不合格，说明该企业的疫苗质量问题并非偶然。

证明性背景信息提供能够证明事件、人物既往经历的实证材料，如卷宗、指标数据、产品鉴定、检验清单等，具有验证和强化主体事实存在的说服力。

（六）作为独立报道的背景新闻

在对背景材料的梳理整合中，有些题材和内容可以独立成篇，成为"背景新闻"。背景新闻一般指对各种背景性新闻材料进行说明、解释和叙述的新闻，如对某历史名胜的介绍，对某战争遗址的追溯，对某发明成果的说明，对某自然现象的阐释等背景性内容。

《国家新规划一批城市群》是一篇访谈体的背景新闻，记者整合了对国家发改委副主任胡祖才、全国人大财政经济委员会副主任委员辜胜阻、国家发改委城市和小城镇改革发展中心主任徐林以及业内人士的采访材料，分别以"特色鲜明看点多""四大地区皆布局""协调发展是重点"三个小标题，阐述了国家以城市群为主体构建大中小城市和小城镇协调发展的布局和思路。

该报道没有具体的事件指向，全文内容详实阐述了城市群规划布局的国家战略，为相关的议题设置提供了宏观的、前沿的背景信息。

背景新闻具有资料性意义，其内容多来自资讯性信息和大数据信息，具有政治、经济、文化、社会、历史的特定含义，新闻性比较突出。如果和资讯性消息相比照，后者主要提供服务方面的各种实益性信息，凸现生活需求性，背景性和新闻性较弱。

提示

使背景在新闻报道中发挥作用，须恰当地、精当地选用背景材料，可通过查阅文献资料、历史档案（包括图片、影像、实物）、媒体报道、数据库等途径获取，利用强大的网络搜索引擎搜索信息无疑是最有效、快捷的手段和工具。不过要强调一点：所有的背景文字都应是在不违背原意的前提下提炼和整合的文字，不能照搬一个词条、一段材料便了事。这是懒惰的做法。此外，背景事实是新闻报道的从属部分，是衬托主体的，在报道中不宜过多，更不能喧宾夺主。

第三节　故事化叙事

一、故事的叙述特征

（一）故事的可读性和易读性

被誉为最会讲故事的英国小说家毛姆说："不讲故事如同抽掉了人性中最为渴望的东西——听故事的渴望。故事，可以说和人类一样古老。"

故事为读者喜闻乐见。喜欢看故事、听故事是人性的自觉意识和天性。

《时尚先生 Esquire》杂志 2016 年年初发表记者杜强采写的特稿《太平洋大逃杀亲历者自述》，讲述了"鲁荣渔 2682 号"渔船载 33 名船员出海后 11 名船员杀害 22 名同伴的故事。这个充满惊惧和血腥的真实事件，是当时震惊全国的大案。事件发生的 4 年后，杜强找到其中一位刚刚刑满释放者，跟访十几天，最终还原了整个杀戮过程。特稿全文 1.7 万余字，故事情节曲折，骇人听闻，在微信平台上的阅读量就超过 3 000 万，新浪微博评论超过 10 万条。

由于特稿开阔的写作空间，用特稿形式盛装一个重大的故事非常适合。故事里面的悬念、发展、意外、流变、结局以及传奇性和戏剧性元素都是吸引读者阅读的动力，为故事带来了极强的可读性。

新闻报道已经进入一个讲故事的时代。在国内，记者用故事化手法报道新闻也很普遍了。1993 年，央视《生活空间·讲述老百姓自己的故事》讲述普通人真实的喜怒哀乐，反映普通人的价值，获得极大成功。7 年间，2 000 多个"自己"的故事深入人心，开拓了电视节目故事化叙事的表现领域。1995 年，《中国青年报》的"冰点故事"开始关注社会个体生存状态，冰点的特稿以独特的视角打量每件事、每个人，一系列栩栩如生的小人物的故事折射了社会现实与时代变迁。

（二）故事化叙述形态

故事的文本样式启发了记者的新闻写作灵感，西方新闻报道中最早出现了明显的故事化写作倾向，并将"story（故事）"转为"news（新闻）"的代名词，采访新闻被称为"to cover the story（寻找故事）"，而头条新闻则被冠名为"lead story（首要纪事）"。这股风气颠覆了传统的新闻叙述模式。

故事和故事化写作是有区别的。故事是指其事件本身所具有的故事特性，如前面讲到的《太平洋大逃杀亲历者自述》事件，而故事化写作是一种写作方法，是通过开掘事件的故事情节，用故事的叙述方法取代新闻叙述。

故事篇幅短小、情节生动，可取代消息表达的单调，可避免阅读长篇报道的疲倦。用讲故事的方式报道新闻是不失为一种叙事策略。我们来看下面的例文。

［例文］

美国大兵成为住房短缺的牺牲品

33 岁的美国大兵柯尼斯·比卡尼克和他的 32 岁的妻子艾琳一家住在凑合搭起来的房子里。昨天大雨倾盆，比卡尼克家旁边的一株 40 英尺高的树倒了，紧接着，被水泡松了的山坡塌了下来，泥土压在他们的房子上，结果两个孩子——12 岁的艾利森和他 3 岁半的小妹妹朱迪安被活埋在 12 英尺厚的废墟下面。

他们的邻居查利·福特夫妇听到轰然一声响，赶快从家里跑了出来，只见比卡尼克像发了疯似地用手扒又湿又重的泥土。后来发现，在土堆的重压之下，孩子们的卧室塌陷到地下室里去了。

比卡尼克在干嚎："孩子啊，孩子啊，快出来罢！"福特费了好大力气才把另一个房间的门挖开，进去后，他发现比卡尼克夫人木然地站在那里，瞧着孩子居间塌陷下去的大洞发呆。她目瞪口呆、絮絮叨叨地说："孩子们能支持多久？多久？多久？有人来救他们吗？"

消防队和铁路抢险队闻讯赶到，他们动用推土机干了 12 个小时，才把废墟和泥土清除干净，找到了孩子们的尸体。在被砸坏的床上，两个孩子并排睡在一起，男孩子用胳臂护着小妹妹。两个孩子的头上盖着床单，看来，他们在生命的最后一刻想用这床单挡住不断落下来的泥土。

这是美联社的一篇新闻电讯稿。记者通过采访目击者和当事人，用大量的细节描述了事件的发生现场，现场施救过程紧紧抓住人心。

突然发生的悲剧具有饱满的故事元素，如果用一则消息快速报道，新闻性显著，但对读者而言，事件本身远不如事件现场那么真切，记者选择故事化方式还原这一不幸事件的现场，显然更吸引读者。比起消息的时效性和概述性语言，故事中被描写的人、情、事具体而鲜活，富有感染力，更加贴合读者的阅读心理。

故事化叙事的新闻报道受到业界热情的推崇，被称为"故事化新闻"。普利策新闻奖得主、美国知名记者富兰克林对"故事化新闻"的解释是："采用对话、描写、场景设置等手法，细致入微地展现事件中的情节和细节，从而突出事件中隐含的能够让人产生兴奋感、富有戏剧性的故事。"这段阐述被广泛引用。

二、片段·人和场景

情节是故事的核心要素，但有的故事可以没有情节或情节简单，有时，这样的故事也能吸引人，不是以情节取胜，而是以场景中的人和情感，用故事的叙述笔法来表达对人的关注。对人及其生存状态的关注是人类共有的情怀。

采访小组确定了反映"外地流动人口生存状态"的主题，他们准备采访一条乡村商业街，这条街上的经营者几乎都是来自不同省份的外地人口。在这次采写活动中，同学们采写出了十几个不同商户的故事，下面的故事比较特别。

[例文]

韵达快递一家人①

樊星

一个十几平方米的小院子，3 间小屋。院子里堆满了大大小小的邮件包裹，上方搭起一块半透明的硬塑棚顶，（观察）为此房东多收了 150 元房租。"花 2 500 元盖的呢！这样就不会漏雨了！现在房租涨到 800 了！"奶奶操着浓浓的四川口音，拉着记者走出大门，用手指指着不远处房东的家。（场景，对话，引语）

奶奶的儿子即这家快递公司的老板，28 岁，大学学的是商务管理专业。"那你也算是学有所用了。"记者笑对老板。"没用到。"坐在电脑桌前的老板撇了撇嘴说："现代人需要一台电脑就行了，不会的直接找'百度'。""在学校里读书，还不如去外面工作积累经验。"（对话，引语）

"学习还是有用处的，我的初中同学在一个厂子里工作好多年了还是员工，来了个大学生没干多长时间就升成科长了！"正忙着在邮件上写编号的妻子接过话头，她 24 岁，中专毕业，身材娇小，皮肤白皙。（观察）（引语，人物外貌描写）

两个外送雇工蹲在屋子中间吃饭，姜丝、花椒粒、海带结、绿辣椒丝、葱丝五样东西炒在一起就是一道菜，再配上白米饭，吃得津津有味。（观察；场景细节）"做饭省钱，在外面买贵，吃不起。"奶奶说。雇工的基本工资加上提成一个月 4 000 多元。"递送的范围很大，一趟得十几公里，空车跑也得一个多小时。"雇工告诉记者。（对话，引语）

"我们爱吃肉，尤其是腊肉。"昏暗的厨房里果然挂满了各种腊肉，还有整只的腊鸡，僵硬地向上仰着，用手敲鸡的肚子能听到回声。（观察）奶奶是为带孩子才来北京的，爷爷则在老家种地。"还养了 4 头猪、十几只

---

① 本文作者系新闻专业大二学生。

鸡。那些腊肉都是自家熏制的！"奶奶说。（引语）

这一家人分工明确，老板统筹打理内外业务，弟弟做外送，老板娘守在店里负责快递分类、签收兼现金进账，奶奶做饭带孩子。（叙述）

快递业的兴盛得益于电子商务的普及。富裕的中国消费者越来越热衷网购，递送货品的需求剧增，促使快递业成为中国近年来发展最快的行业之一，2013 年前 11 个月，全国中等规模以上快递企业的业务量同比增长 61.4%。（背景信息）

说起干快递，老板的话多了起来，自己的同班同学在大二那年干起了快递。2008 年，那时是快递行业的黄金时期。"原先快递很赚钱，一件快递邮件能赚 4、5 元，现在只能赚 5 毛"。目前的收益除了韵达公司拨发工资外，就是靠每天 500 件左右的邮件以及信件或货品邮寄。近年来，一些小的快递公司不断地加入进来，加剧了行业竞争。老板对此不无担忧："冲击了正常的运营，行业秩序搞乱了，已经形成恶性竞争。国家也没有什么政策整顿这个行业。""快递的黄金时间就是春节前，过完年一直到现在都没赚钱。"老板说着，不免有些沮丧。

老板娘为一批快递编完了号，坐在小板凳上吃饭，记者才发现她已经大腹便便。她一直把货物搬上搬下，灵活自如。（观察）"多干活容易生孩子，她生孩子快，就是因为干活，生宇涵用了不到两小时。"奶奶在一旁唠唠叨叨。

老板对现状不满意，想去干建筑。"干建筑也得是靠慢慢积累，一点点做，到时候也可以拉一批人一起干。老家有个人干建筑，家里盖了两栋房子。"奶奶一直背着孩子，低着脑袋，听到这话，突然抬起头，眼睛直直地盯着记者。（人物心理活动细节）

一岁多的女儿小宇涵咿咿呀呀的，已经会挥着手说"拜拜"了，她长了六颗牙，上面四颗，下面两颗，一咧嘴下面那两颗小牙白白的。（观察，细节）小叔叔说："现在家里最大的开销就是她了，奶粉钱就得 1 000 多元。""现在她已经很少喝奶粉了"，老板娘打断小叔子的话，一脸幸福地摸了摸肚子："他生出来就不用喝奶粉，喝奶就行。""生完孩子后我也要保养，我要买护肤品。"妻子说给丈夫听，老板站在一旁没搭话。（引语，描述）

这是三代 6 口之家，也是镇里面唯一的一家韵达快递。

在通常的情况下，人们对人比对事更为关注，人们对事件的关注就是对事件中的人的关注。人是构成新闻事件的主体，是事件中最活跃的因素。《韵达快递一家人》将三代6口放在一个特定的生活场景中展开，用白描的笔法、客观的叙述，表现一家人的生存境况，字里行间洋溢着浓厚的人情味儿。

文中有大量对话却并不琐碎，因为注意到人物的差异性描写，体现了每一个家庭成员不同的性格特征，令文字鲜活生动。对人物的观察也是细致入微的——"她长了六颗牙，上面四颗，下面两颗，一咧嘴下面那两颗小牙白白的"，甚至一道菜里面的5类食材也说得清楚——"姜丝、花椒粒、海带结、绿辣椒丝、葱丝五样东西炒在一起就是一道菜"。

作者还敏感地抓取了关于国内快递业的背景信息，借老板的话传递了民营快递业的发展现状和问题，使平凡的家庭场景承载了有价值的社会信息。

故事，总是截取某个片段的事件的发生发展。《韵达快递一家人》截取了一家人静态的家庭日常生活片段，并没有故事情节的推动，严格地说，只是一篇场景特写，但是在真切而细腻的描写中，一个隐含现实意义的、能够牵动情感的故事却呈现在读者面前。

三、讲故事的新闻

（一）故事的讲述方式

如果事件本身拥有感人或惊人的情节，那么就是一个有价值的新闻，须努力发掘新闻事实中的故事元素，用故事的形式报道新闻。

[例文]

38年前偷钱今还钱　汇款署名"陈良心"

近日，家住江苏省扬州市邗江区头桥镇的刘文迅老汉"意外"地收到了一笔2万块钱的汇款。钱是从一江之隔的镇江市汇来的，署名"陈良心"。开始，老刘挺纳闷的："是不是弄错了？我不认识这个人呀！"可是看了附带的留言，他就什么都明白了。（开头设置悬念；出现戏剧性情节）

事情发生在1970年，当时的刘文迅还是一个20出头的毛头小伙。署名"陈良心"的人是老刘父亲的一个朋友，家在镇江，当时两家经常来往。一次"陈叔叔"来他们家借钱急用，说好了半年后一定还。老刘的父亲就很爽快地将准备盖房子的2000元钱借给了他，当时多数人的月工资只有三四十块钱，2000元钱算是一笔"巨款"了。"陈叔叔"也算讲信用，不到半年就赶过来还钱。（倒叙，交代事情的来龙去脉）

刘文迅说："记得那天父亲很高兴，还让母亲炒了几个菜，他和陈叔叔喝了不少酒，因为交通不方便，当晚陈叔叔就睡在我家里。"他说，自己之所以记得这样清楚，因为第二天家里出了事。第二天一大早，陈叔叔告辞回家，父亲还送了他。可回来后，怎么也找不到陈叔叔还给自己的两千块钱了。钱究竟去哪儿了？会不会晚上睡觉时，老陈把钱偷走了？大家也这么想过，而且可能性也相当大，但毕竟没有证据，不好开口，当时的人也没有报警的意识，父母亲为此唉声叹气了好一阵子，最后也只好不了了之。

刘文迅说，从这以后，陈叔叔再也没有跟他们家来往过，这也证实了大家当初的想法，但想归想，事情没有人再提了，自己也没有将这件不愉快的事情告诉孩子们。8年前，父亲去世了，这事压根被大家遗忘了，自己做梦都没有想到，过去了38年，竟然有人"还钱"了！

在随汇款的留言中，陈叔叔写道，"哥哥、嫂嫂，你们身体还好吗？我是个不值一提的小人，拿了你们那么多钱，一走了之。天知道给你们全家带来了多大麻烦！这么多年，我一直在难受和不安中煎熬，一想到这件事，就好像有人用鞭子抽自己，我常常骂自己，连起码的良心都没有，还算个人吗……过去了这么多年，2万块钱肯定没有当年的2 000块钱值钱，但我已经尽力了，请你们务必收下！"

（回到开头，顺叙）老刘说："拿到这笔钱，我和老伴一夜没睡好，两个人一直在说这件'离奇'的事情。"他们夫妇商量了很久，决定让这笔钱派上该派的用场。现在不像过去了，可以说衣食无忧，也不怎么缺钱花。自己琢磨着将这笔钱设为"家庭良心基金"，子女或者亲戚，谁凭良心做事，谁做了暖人心的好事，自己就从"良心基金"中拿出钱来奖励。"钱不是主要的，'还钱'这件事，应该是我们这个大家庭的'活教材'，人不管在什么时候，做事都要对得起良心，亏心事绝对不能做！"（悬念解决了，但是，当事人的一个特别举动陡增了故事的起伏：刘文迅决定用这笔汇款成立"家庭良心基金"，这个意外的结局将故事推向高潮，令主题得到升华。）

这篇报道取材于生活中真实发生的、感人的"暖新闻"，故事的时间跨越38年，情节一波三折，富有戏剧性，主题"做人要诚信"也颇有社会教益作用。可见故事的好处还在于将抽象的主题生动化、空洞的道理生活化、枯燥的概念形象化。

从新闻叙事的角度看，上面的故事具有常见的线性叙事的形态。"线性叙事"被认为是按照故事的时间向度组织叙述顺序的，即由"开端—发展—高潮—结尾"四部分组成，一条故事主线贯穿前后，即使采用倒叙、插叙等方法，也是沿着主线行进的。

（二）故事的讲述要领

片段、人和场景是所有的故事都具备的要素，但情节一定是故事的基本特征，故事是依靠情节的演绎和不断推进完成叙事的。颠覆情节的故事也是有的，在戏剧、电影中大量出现，其情节淡化或基本没有情节。

故事有各种类型，包括人物故事、情感故事、传奇故事、历史故事、幽默故事等，不同的故事类型呈现不同的风格和形态。

大体上说，故事这种文体有平民化、人情味和贴近生活的一面，也有特异性、曲折性和惊惧性的一面。对于大众心理，"故事"比"事实"更有吸引力。一个娓娓道来的故事可能像一帧连环画，也可能像一部电影，让人们记住它。

故事是我们熟悉的文体样态，下面说说故事写作的基本要领：

·新闻故事必须建立在真实的基础上，它不可以虚构，虚构的故事只能是文学的故事。

·故事要完整，开头、发展、高潮、结局，环环相扣，有头有尾。有时，故事的高潮安排在结尾。

·有一条故事主线贯穿，节奏明快，内容集中，来龙去脉清晰。

·注重故事的戏剧性冲突和悬念的"看点"。

·重视情节和情节发展的连贯性。

·重视细节描写，包括人物形貌及其动作、心理、对话，包括场景、气氛、环境、活动等。

·文字通俗、生动。

·并非所有的新闻事件都适合用故事化手法，要考虑事件有没有故事性，有没有故事因素可以挖掘。

第四节　图像、图表和图形的运用

图像、图形和图表用于配合、衬托文字，为主题和内容服务，具有支持新闻报道的特殊功能，是报道中不可或缺的要素。

运用图像、图表和图形的叙事元素是内容表达的重要手段。作为一种视觉表达方式，图片、图像能够产生视觉冲击，表达文字难以言说的状态与意境，有利于形象、清晰地表达新闻事实，增强新闻感染力。

图片、插图和图表制作比较专业，有时需要创意性的专业化处理以及计算机辅助手段，通常要求记者、编辑、美编的协调合作。在这一节的内容中，我们集中研讨图像、图形、图表在新闻报道中的功能和运用。

一、照片、图画和地图的特殊功能

（一）照片

照片被称为"世界的语言"，一张清晰的摄影图片能跨越语言的阻隔，展现在全球不同国家、不同语言的读者面前。

新闻照片是新闻报道重要的组成部分，同学们写报道总是被要求为文字配发照片，为什么呢？试想，你报道"一棵藤本植物结了400多个葫芦"的奇闻，如果没有照片，恐怕很难让人相信。由于照片再现了实物场景，读者从中获得了真切、直观的印象，所以对于这条新闻，照片的作用和地位甚至大于文字内容。

一方面，新闻照片证明和说明了事实，从而补充和丰富了记者的报道，另一方面，照片强烈的现场感和视觉冲击力，有助于读者对新闻的记忆，加深对新闻的理解。

照片还可以成为记者描写现场的重要依据。一般情况下，事件发生的时刻，记者不太可能恰巧在现场，如果描述当时的场景，除了对当事人的采访，还可通过借助照片的途径。

D301次列车的第1到4位车厢脱线，第1、2节车厢从高架上坠落后叠在一起，第4节车厢直直插入地面，列车表面的铁皮像是被撕烂的纸片。

这是《永不抵达的列车》描写两辆动车首尾相撞的灾难场面，记者赵涵漠当时没有在现场，是根据杂志上的摄影照片还原当时场景的，她认为现场照片比听到的东西更真实。

有时，一张照片可以成为独立的新闻报道，称"图片新闻"。图5-6是《纽约时报》摄影记者 Sergey Ponomarev 拍下的

图5-6　图片新闻：欧洲难民

（资料来源：百度图片，《纽约日报》摄影记者
Sergey Ponomarev 拍摄）

"欧洲难民危机"系列摄影作品中的一张，该照片记录了2015年11月6日，一艘挤满150个叙利亚难民的小船抵达希腊斯科拉的情景。这一组"欧洲难民危机"系列摄影作品获2016年第100届普利策新闻奖"突发新闻摄影奖"。

新闻的镜头凝固历史的瞬间，也能够凝固一种情感、一种美感。一张好照片能够拍出事实的脉动、新闻的焦点，成为事件的标志。一张好照片拥有不可替代的表现力。

（二）图画

图画应包括漫画、绘画、图案、图形、图标等。

一般情况下，如果认为值得关注的报道题材和内容，可安排插画、插图处理，一是烘托、强化报道主题，二是丰富视觉审美感受。图画别开生面，清新活泼，活跃了版面（页面）内容。

1. 漫画

漫画是绘画艺术中的一个独特品种，为读者喜闻乐见。其以夸张、比喻、象征的手法，或直接或隐晦地讽刺、批评某些现象，以幽默、风趣、诙谐的艺术效果含蓄地表达对事实的态度。漫画往往能够入木三分地揭示问题的本质。

2. 插画

插画也称插图，指穿插在书刊、报纸、页面中的文字配图，补充内容表达的不足或增加内容的感染力。

插画在今天不同媒体和界面得到更广泛的拓展，在版面或页面中，插画既可以是手绘，也可以是卡通、标识、宣传画等，精美的画面平添了趣味，树立了文本的直观形象。

（三）地图

地图独一无二，在报道中承载着独特的功能。作为一种古老的信息图，地图传递空间地理、地貌信息，清晰、直观地指示方位、方向、路线，并通过标志、颜色，帮助读者辨识。

地图本身具有分析意义，在一些新闻报道中，经常看到特殊绘制的地图对事件进行说明。地图是新闻报道中重要的、常见的配合手段，记者在写作中当充分利用不同类型的地图，形象地解读和说明报道内容。

地图的类型很丰富，按照内容分为自然地图和社会经济地图，自然地图包括地形地势图、气候图、水文图、土壤（植被）分布图等；社会经济地图包括人口（城区、商业、农业、工业）分布图、道路交通图（铁路、公路、水路、旅游等）、航空或航海图、边境线图、事件或灾难说明图以及各种示意图等。

二、图表的类型

图表是承载数据的重要形式，复杂的图表需要专业的制作。图表也是一种视觉传达方式，一目了然，简洁直观。图表将数据集约概括，可以有效过滤冗余性、装饰性文字信息；在数据较多的报道，可将数据提取出来，在图表中加以呈现。文字与数据图表融合一体，文图并茂，既避免了数据的堆叠，也帮助读者深入理解报道。

在图表上呈现的数据称其为数据集或数值，通过查看数据分布和数值变量，可为比较和分析事实提供依据。记者应熟悉图表，并学会使用应用软件制作简单的图表。常用的数据图表包括：表格、示意图、曲线图、柱形图、饼图等。选择什么样的图形图表是根据事实的性质和内容的需要来确定的。

下面分别介绍几种常用的图表类型：

（一）表格

表格是一种以"列"和"行"为纵横轴线的数据统计图表，用于直观呈现数据和数值，说明和描述报道内容，示例见表5-1。表格是常用的报道手段，制作表格，可使用国内常用的表格处理软件——WPS Office，方便地统计和分析数据。

表5-1　表格示例：2014年网络诈骗信息传播途径

分类途径		细分途径					分类合计报案数量/件	占比/%
社交工具	名称	腾讯QQ	阿里旺旺	微信	微博			
	报案数量/件	6 416	696	108	56			
	类别占比/%	88.2	9.6	1.5	0.8		7 276	54.2
电商网站	名称	淘宝	天猫	5173游戏交易	京东	其他		
	报案数量/件	4 046	351	226	261	70		
	类别占比/%	81.7	7.1	4.6	5.3	1.4	4 954	36.9
分类信息	名称	赶集网	58同城	百姓网				
	报案数量/件	325	309	6				
	类别占比/%	50.8	48.3	0.9			640	4.8
分类信息	名称	百度	好搜	其他				
	报案数量/件	469	66	16				
	类别占比/%	85.1	12	2.9			551	4.1
总计报案数		13 421						100

资料来源：360互联网安全中心。

（二）曲线图

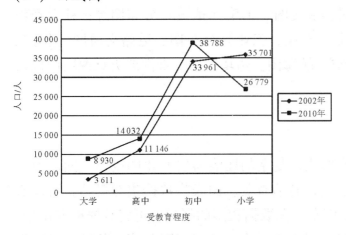

图 5-7 曲线图示例：2002 年和 2010 年
每 10 万人受不同程度教育人口

（资料来源：《第一财经日报》，2009-2-20）

曲线图是用曲线将一系列的数据点连接的图表，因其线条简洁明快而指向明确，显现方式直观，示例见图 5-7。其最大特点是利用曲线的升、降幅度对比和表达事物发展变化趋势，为解读社会、经济现象提供佐证。

绘制曲线图可利用 Word 软件，也可使用 Excel、Highcharts 等软件。

曲线图的制作须确定两个坐标数值，一个是 X 轴做横坐标数值，一个是 Y 轴做纵坐标数值，将每个数据点连线，即可清楚显示两条线或两条线以上的起伏回落，再对条线各自数值和条线之间的数值进行比较和分析。

（三）柱状图

柱状图是一种以长度为变量的统计图形，由一系列高度不等的条块表示数据分布的情况，比较不同时间或者不同条件的两个或以上的数值价值，示例见图 5-8。早期主要用于数学统计。

柱状图一般为横向或纵向排列，其"柱"可以

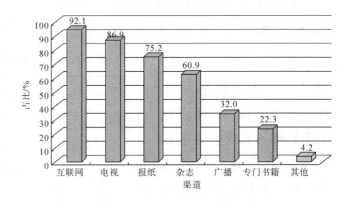

图 5-8 柱状图示例：媒体触网习惯数据统计

（资料来源：新秦调查）

分为圆柱、圆锥、方柱、矩形和棱锥等，变量比较复杂时，可以使用柱状堆积图、柱形簇状图和三维图表等类型。如果只有一个变量，通常用于较简单的柱形，示例见图 5-8。排列在表格中的列或行中的数据可以绘制到柱状图中。在柱状图中，通常沿水平轴组织类别，沿垂直轴组织数值。

　　柱状图简明、醒目，是一种常用的统计图形，经常用于显示一段时间内的数据变化或显示各项之间的比较情况。由于可以反映的数值项较多，图形的类型也较多，相对于其他图形，柱状图制作的难度要大一些，需要认真组织数据，精心绘制图形。一个实用的柱状图包括选择集、数据绑定、比例尺、坐标轴等指标，多使用 Excel 软件完成。

（四）饼图

　　饼图是以圆形代表研究对象的整体，以圆心为共同顶点的不同扇形，显示各部分在整体中所占的比例，示例见图 5-9。

　　饼图数据源自数据表格的行列，因此只有一个数据系列。饼图中的数据点是图表中绘制的单个值，以不同颜色标记，区分出

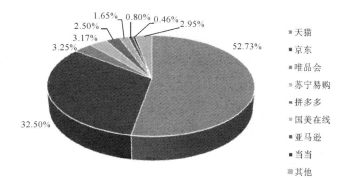

图 5-9　饼图示例：2017 年中国 B2C 电商平台 GMV 市场份额
（资料来源：中国产业信息网）

类别数值，可以清楚地反映出部分与部分、部分与整体之间的数量关系，有易于描述组成结构和比重。如果遇到需要分析事物现象的各个部分构成比例的情况时，就可以选择饼形图。饼形图的绘制一般使用 Excel 软件完成。

第十六讲　叙述的润色：修改

以往我们并不是那么重视修改，而修改却是文本写作非常重要的组成部分，一个绝不能缺少的写作环节。基于此，将"修改"作为独立的一讲特意安排进来。

修改是新闻文稿完成的最后阶段，除了作者本身对内容的修正和补充，还有编辑在终端的润色、把关。一篇报道往往是在记者和编辑通力合作的基础上完成的。

修改本身是一种严密的逻辑思维劳动，费时又费力，大文章的修改是一项大工程，小文章的修改是一项小工程，没有修改的文章是不应取得"验收合格证"的。

一、修改的必要性

写作，即使动笔前作了周密准备，即使写作过程中尽到最大的努力，形成的文稿还会有这样或那样的疏漏和遗憾，只有修改，才能最大程度地弥补各种不足。修改的过程是对所报道的内容重新进行审视的过程，是知识经验由表及里、由浅入深、逐渐完善的过程，这个过程对我们的写作能力取得扎实的进步尤为重要。

（一）先求文字表达，后求新闻表达

新闻写作是建立在基础写作之上的。基础，应是每一个大学生在中学时奠定的。基础写作有一套句法、语法体系，是传统的汉语言书写表达之规范章法，其基本要求是：文要对题，词要达意，句要通顺，表述清晰准确。但是在一些文本写作中，有些基本要求并没有达到。

在今天"视觉文化"大行其道的背景下，基本的书写语言失范或许并非偶然，甚至在一些高学历的青年中，汉语书面表达能力也在明显下滑。公开发表的新闻报道经常出现语病，早已不是个别现象，据悉，在中国新闻奖评选中，一些文字作品参评落选的主要原因是文字表达问题，如字词

误用、表述不当等一些低级差错，而在语法句法错误这一项上，评委们基本上是零容忍的。

我们应该正视、重视上述情况。

严格地说，新闻报道的文字要求一字、一句、一个标点都不可以出现纰漏，但现下有些文字报道求快不求准，求新不求实，直接影响了行文的流畅、用语的谨严。因此有必要反思我们文字锤炼的功夫和潜沉的耐心、踏实的文风和精益求精的态度。

记者编辑工作最基本的要求就是有较强的文字表达能力。语言通达直接影响报道的质量。倘若一件事都不能写清楚，又何谈新闻报道？何谈报道效果呢？毕竟，"新闻写作"四个字，写作是主语，新闻的精彩是通过良好的文字表达才能跃然于纸上。毋庸置疑，新闻记者应拥有一支过硬的笔杆子，要"过硬"，就必须夯实稳固的根基，先求文字表达，后求新闻表达。

（二）好文章是改出来的

"老师，我写完了！"

"修改了吗？"

"……"

当我阅读一些同学们的新闻稿件时，总是发现字里行间的各种语病。由于没有修改的习惯，文稿到了老师这里，主题是否突出、层次是否清楚、用词是否准确、表述是否得当、语义是否合乎逻辑——恐怕都经不起推敲了。

事实上，你完成的报道稿件还只是一个半成品，需要修改的地方很多。没有人的文章可以一气呵成，也没有人的文章不需要修改就可以达到完美，达到发表的水平。没有！

稿子写完后，如果既不斟酌，也不修改，就急着提交上来，甚至那是一篇连自己都不愿意读下去的稿子——这是对新闻、对读者的不负责任，是惰性使然。我们一定要清楚：写新闻稿不是给老师看的，是给读者看的。不做反复的、精心的修改，那么写得再多，也意味着在原地踏步，写作水平不会有实质的提高。

写文章不能一蹴而就，一篇好文章也绝非"落笔成文"，岂不知人家在修改上下过多大的功夫呢！写出来的是毛坯，改出来的才是精品。其实，越是写作水平高的人，越是"笔杆子"，越懂得修改的重要，越重视修改。

所以，我们一定要把第一次写的稿子当作初稿，而不是完成稿，才会有修改的动力。

好，修改。

可是自己的稿件已经修改几次了，老师怎么还挑出这么多毛病？那是因为"修改多少次"不是重要的，修改到最好才是重要的。一篇新闻稿需要反复推敲，认真琢磨，使初稿的文字内容表达在原有基础上有一个明显的改善和提升。

我们来比较下面的三段文字，它们分别是原文、修改文和改后文——

原文：但北京终究不是一片没有门槛的土地，激烈的竞争以及过高的生活成本让他们一路节节败退，边缘化的北村给了他们最后一个不认输的机会，他们在这里安营扎寨，低廉的生活成本以及便利的基础设施慰藉这些年轻人的疲惫的身心。

修改：括号里的文字是修改或补充的文字——

但北京终究不是一片没有门槛的土地（城市），激烈的竞争以及过高（高企）的房租让他们一路节节败退（"节节败退"），边缘化（四环外距地铁400米）的北村给了他们最后一个（选择）不愿认输的机会。他们在这里安营扎寨，低廉的生活成本以及（和）便利的（交通条件）基础生活设施慰藉（让）这些年轻人（在这里暂且安放了）疲惫（焦虑）的身心。

改后：但北京终究不是一个没有门槛的城市，高企①的房租让他们一路"节节败退"。四环外距地铁400米的北村给了他们一个选择。低廉的生活成本和便利的交通条件让这些年轻人在这里暂且安放了焦虑的身心。

在阅读对比后，看到了怎样的问题呢？我们看到原文在表述上多有不妥当和不确切之处，如"便利的基础设施"，基础设施是一个过于宽泛的建设术语，包括的范围领域很广，用具体的"交通"取代基础设施比较合适，而北村距离京城及其交通情况是应该说明清楚的。再如，在一线城市工作的外省年轻人选择在北村租房，显然还是由于高企的房租而非激烈的竞争，也非出于"不认输"的心理，此中缺乏合于情理的逻辑推论。

新闻报道不是随意地想到哪儿就写到哪儿，写新闻须怀着责任感，认真地推敲词句，准确地叙述事实，严谨地判断事实，因为新闻是要给大家阅读的，是要传播的。

---

① "高企"源于广东话，"企"为"站"的意思，"高企"指价位持续处于较高位置不跌落，如油价高企、房价高企。

鲁迅先生曾说："文章应该怎么写，要从已有定论的作品中去领悟，而文章不应该怎么写，则应从未定稿中去领悟。"这话是很有道理的。文章在发表前都是"未定稿"。"未定稿"完成后，要从头到尾至少看两遍。一般情况下，自己写的东西，往往很难挑出大的毛病，因此请老师同学来点拨、切磋是很有必要的。与他人的互动讨论可以弥补个人的局限性，大家会指出你没有看到的问题、你忽略的东西，或提出一些建议和见解，让你得到启发，帮助你的修改找到方向。我们的修改就是从"未定稿"中领悟各种写作的失当和失误。

有时，也可采用"冷处理"法，即写完后先放几天（如果时间允许的话），保持思考发酵的时间距离，再回过头来修改，认识会不一样，可能更容易发现不足与改进之处。

如果对自己的文章不自信，不妨大声地、投入感情地朗读自己心血结晶的每一个文字，实践证明这也是一个好方法：朗读可以读出文稿中不恰当的字词和不通顺的句子。

二、修改的环扣[①]

（一）从写作语法、句法上检验新闻

1. 文从字顺

句子通顺，前后连贯，这是书面语言的基本要求。倘若表达不畅，一般是语法、句法出了错，应设法纠正，把句子理顺。

2. 遣词造句

检查用词是否恰当、严谨，表达有没有含糊其词、模棱两可的地方，有没有前后不一致的地方，有没有重复、啰嗦的语句。

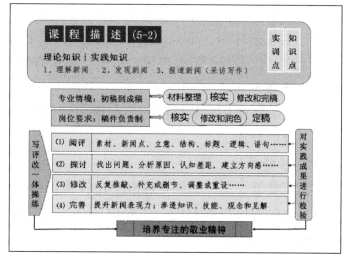

图 5-10　课程描述：修改的环扣

（资料来源：作者课件）

[①] 该部分内容见图 5-10。

准确的表述是文章达到日臻完善的进阶修改阶段，有时需要一遍遍推敲，很磨功夫。

3. 错别字

正确的文字书写是写作的基本要求，也体现了最基本的文化修养。写作者须重视对错别字的检视和更正。

4. 标点符号

正确使用标点符号，应重视标点符号对语义表现的作用。

(二) 从文章章法上检验新闻

从主题的表现、文字的表达入手，发现需要调整、修改的地方。

1. 审题

如果发现主题没有瞄准"靶心"，即"走题"，那么方向错了，怎样走下去都错了。文不对题，一盘皆输。此外，主题不明确、不集中，不清楚作者想表达什么，也是主题没有把握好。

2. 标题

标题肯定是一个注意的重点，前面已经讲了很多，还是要在"标题如何富有表现力"上面下功夫。

3. 叙事结构和脉络

谋篇布局，就是建立适合新闻表达的空间叙事结构。结构决定全文的脉络，主线是什么，重点是什么，要让人看得清楚。如果文章主线模糊、主次无序，让人看了不得要领，可能是结构有问题。

4. 开头和结尾

开头、结尾是需要关照的，如果内容修改的幅度比较大，那么就要考虑开、合的调整。

5. 修辞

词汇贫乏、文辞单调是叙事中比较常见的问题，修改时往往力不从心。这不是短时间可以弥补的，主要原因是平时积累少，读书对丰富词汇的帮助可能超出你的想象。

6. 逻辑性

语言表达的逻辑性体现了一种合于事理规则的缜密思维，倘若表达违背了事理逻辑，就会出现文章内在联系中的似是而非或自相矛盾，我们称其为"逻辑病句"。有些逻辑病句读起来很通顺，并不容易辨识，但仔细阅读会感到费解，经不起推敲。由于逻辑病句的大量存在和修改难度，我们不妨举例说明。

有这样一段文字：

"两个黄鹂鸣翠柳，一行白鹭上青天。"

鸟类与人类的<u>生活</u>密切相关。记者对鸟类不太了解，但有个直观的感觉："鸟多了，说明环境好了。"谢永宏说："是这样。鸟很聪明。它让我们知道自然界中在发生什么。鸟类像哨兵，是人类健康与地球生态的指示器。不同的鸟类，有不同的食物。我们就要想办法保护和提供这些食物。"

<u>诗意地栖息在大地上</u>。这是人类的梦想，鸟类也有同样的梦想。

为了避免断章取义，这里把报道中的三段文字一起摘录了下来。这三段内容要表达的是："鸟类与人类的生活密切相关"，并引用专家谢永宏的话来验证，尽管专家的引语比较笼统，但是引语得出的结论却是：鸟类和人类一样，也怀有"诗意栖息在大地上"的梦想——这就有些牵强了。况且，前面引用的两句唐诗也和鸟儿的诗意梦想没有干系，只是人类的视角对于鸟的描写。也就是说，作者在引语之后，并没有回来接应"鸟类与人类的生活密切相关"的旨意。所以，该文字内容至少逻辑不够严密。

（三）从新闻规则上检验新闻

"新闻写作"四个字由"新闻"限定了写作，表明了非一般写作的性质，按照其特殊的写作规则和要求，不妨在初稿完成之后，以审视的目光打量我们的内容产品。

1. **真实性**

对"真实性"的考察必须放在首位。在获取信源的方式和途径更加便捷但也更加混杂的泛媒体时代，须再次追问信源：它是从哪儿来的？是否有充分的证据合理地证明事实，以及什么问题还没有被回答，什么信息还在发生变化。

真实，不是你报道了真实发生的事实，而是你如何证明了真实发生的事实。

2. **新闻价值**

评估和确认事件的报道价值。价值体现了新闻的全部意义，新闻的意义应显而易见。

3. **立意**

关涉抓取新闻点，关涉找准报道的角度，挑战构思的能力和思考的力度。

4. 客观的方式

稳妥把持特殊规制的新闻语言在具体场景中的运用，它们是以客观的方式营造叙事语境的。

5. 材料

材料是否充足，素材的筛选和取舍是否得当。

6. 图表

验证它们的配置是必要的、技术合格的。

7. 文本

梳理全面的内容：标题是否精当，事实是否充沛、饱满，是否得体地运用了新闻叙事元素，内容是否有序、合理和便于理解。重大事件报道是否体现了揭示问题的深度，在选题、构思、角度、挖掘等是否表现出特色和原创性。

8. 敏感地带

涉及敏感的话题，在词句、观点、表述等方面应慎重，并且需要评估信息披露（或真相揭露）后可能产生的任何影响。

毋庸置疑，修改是使文本最大程度地接近完美的有效途径。从这个意义上讲，修改是更重要的写作，修改能力是更高层次的写作能力。从某种意义上说，一篇优秀的新闻稿不是写出来的，而是改出来的。

（三）记者与编辑的合作

修改，离不开记者与编辑的默契合作。一篇稿件经过写作者自己的修改，还须认真听取来自编辑视角的意见和建议，及时查漏、补缺、校验。在反复打磨后，最终定稿和发稿，令一篇语句通顺、文辞恰当、脉络清晰、信息量充盈的报道呈现在读者面前。

媒体采编人员是内容产品的创造者，是新闻生产高速运行的中枢。记者写稿，编辑编稿，记者要"记"，编辑要"编"，岗位不同，角色不同，记者和编辑之间是分工与合作的关系。大多数编辑都有当记者的经历，文字功底较厚实，也积累了若干经验，对各种文稿拥有一定的甄别力，有时编辑的关键性点拨可能让写作者的思路"豁然开朗"。

编辑把握阶段性选题方向，掌握更多的全局性资讯信息和资源，有利于对新闻采写的宏观指导。因此，从选题到新闻线索、从采访到写作，记者和编辑之间应积极沟通、交流。记者在外面采访，应与编辑保持畅通的联络，稿子写出来后，应让编辑充分了解自己的想法（这一点很重要），以得到反馈和改进。那么编辑也应充分尊重一线记者的辛苦工作，支持年轻记者在写作方面的创新尝试，对采访现场遭遇的困难给予尽可能的协调和帮助。新入职的记者或实习生更需要从编辑那里获得引导。

新媒体带来新闻生产方式、生产程序的改变，纸媒文本的修改扩延到数字化文本，扩延到用户生成内容、转载以及整合内容，"聚合新闻"成为新媒体主要的新闻报道形态。网页、移动终端、可视化数据——这些新媒体报道形态使部门之间的关联度越来越大，编辑对新闻产品质量的决定性作用更加凸显，并开始依赖技术。

采编的工作内容、方式、流程都在发生变化，但记者仍然是新闻产品的生产者，他们可能会到新媒体去工作，一篇报道会在"报、网、端"（报纸、网站、客户端）同时发布，由于不同媒体有不同的表达形态，记者须了解新的写作范式，还须关心用户体验，了解哪些信息不适合报纸所用，但适合新媒体推文。如此，记者和编辑分工合作的领域也扩大延伸了。

在这种情况下，记者涉及的写作体裁呈现多样化，但文字的属性没有变，修改的要旨没有变。一般来说，能够把原创报道修改好，自然就能熟练驾驭碎片化文字的修改。在内容文本的框架内，新闻写作的修改依然要遵循它的一般规律，夯实根基，把关终端，推进内容表达效果的不断优化。

修改，对于文本永远是重要的。修改，对所有内容产品都是重要的。

单元强化应用任务·综合实训专区

综合习题区　阅听习题区　思考习题区

写作习题区　应用习题区　简答习题区

阅读习题区

读书

专业学习资源参考

综 合 习 题 区

资讯

[专业与报道词条解读]

立意　角度　主题增值　故事化叙述　引语交替　引语转换　修辞辞格

悬念　倒叙　插叙　蒙太奇　华尔街文体结构　时空交叉结构　沙漏结构

背景新闻　逻辑病句　网络标题

[时事与文化词条解读]

世界互联网大会　蒙古游牧民族　洞庭湖　鄱阳湖　香港回归　京张铁路

莫干山　祁连山　秦岭　鄂尔多斯　粤港澳大湾区　托尔斯泰　蒙田

萧伯纳　毛姆　斯里兰卡　海地　澳大利亚　乌拉圭　欧洲难民

讨论

[圆桌大家谈]

1. 阅读一篇报道，阐释其文章的立意。

2. 举例说明什么是叙事中的伏笔。

3. 什么是文章的节奏？举例说明结构如何决定文章节奏。

4. 你在新闻写作中"引用"的意识强不强？使用"引用"的方法时，出现过什么问题？

5. 法国作家蒙田说："我引用别人，是为了更好地表达自己。"你怎样理解？

6. 你在制作新闻标题时有何得失？

7. 举例说明照片、图表在什么情况下使用。

8. 如何理解新闻与文学的"混交林"？

9. 你有修改文章的习惯吗？为什么说一篇好文章是改出来的？

10. 评估个人写作，你认为写新闻稿件有哪些使你感到困惑、困难的因素？

辩台

辩题：智能机器人最终将取代人工写作新闻吗？

正方：是的，会取代。

反方：不，不会取代。

线上

1. 关注中国留守儿童。参加偏远贫困地区的支教活动，利用自己的专业能力，采写当地留守儿童的报道，采集对留守儿童有助益的信息，并通过本校微信公众号和其他渠道发布出去。

2. 设置"专业问吧"，以众筹的方式邀请老师、同学们就各种专业学习的问题进行提问并获得解答。

阅听习题区

读报

1. 深度报道作品

（1）《红色的警告》《黑色的咏叹》《绿色的悲哀》（系列调查报道），雷收麦、李伟中等，《中国青年报》，1987-6-24 至 1987-7-27

（2）《被收容者孙志刚之死》（调查性报道），陈锋 王雷，《南方都市报》2003-4-25

（3）《河北邢台艾滋病真相调查》（调查性报道）王克勤，中国经济时报 2005-11-30

（4）《一个自闭症少年的死亡之路》（调查性报道），《新京报》，2017-3-20

（5）《贾乐亭：All in—All out》（调查性报道），屈运栩等，《财新周刊》，2017 年 29 期

（6）《深海下的大国较量》（解释性报道），刘江平等，《环球杂志》，2008 年 2 期

（7）《环境激素　十面埋伏》（解释性报道），崔筝，（财新）《新世纪周刊》2011 年 42 期

（8）《"世界的伤口"在恶化——海地震后全纪录》（事件特稿），沈颖等，《南方周末》，2010-1-20

（9）《万能青年旅店　出入太行　骤雨重山》（人物特稿）《南方人物周刊》，2018 年 7 期

（10）《我们为什么上路》（特稿·封面故事），《三联生活周刊》，2019 年 1047 期

2. 阅读你感兴趣的报道，然后按照下面的表格的要求，依次填写。

标题	题材	文体	发布媒体	分析与点评

读屏

1. 电视时事新闻评论

《新闻 1+1》是央视新闻频道唯一一档时事新闻评论直播节目，由知名主持人白岩松主导主持，每期节目围绕重大、敏感的社会话题展开，主持人既是对当事人的提问者和对话者，也是评论者。观看某期节目，简述白岩松的评论如何体现客观、平衡、公允的观点和意见。

2. 电视新闻谈话

《我们圆桌会》是浙江电视台综合频道的知名栏目，自 2010 年开播，已录制上千期节目，800 多期话题讨论，被专家誉为"电视媒体参与社会治理"的成功案例。观看某期节目，简述该谈话节目的选题和内容特点。

3. 纪录片

央视高清频道播出中国建筑文献纪录片《梁思成 林徽因》，播出后赢得广泛的好评。梁思成和林徽因是中国近代史著名的建筑学家夫妇，先后创建东北大学和清华大学建筑系，对中国古建筑研究的贡献和才具、坚毅和热情为后人称道。收看该纪录片，谈谈剧本和导演如何精准处理和把握史料、纪实性叙事和影像三个元素。

思 考 习 题 区

阐释 1

1. 背景新闻和新闻背景有何区别？
2. 故事化叙事和故事有何区别？
3. 主题和立意有何异同？
4. 为什么说新闻表达的基本规则同样适用于新媒体？
5. 纸媒原创新闻在 App、微信上转发，是不是主题增值？为什么？
6. 记者为什么要重视案头工作？

阐释 2

1. "房间里的大象"是一句英国谚语，意指所有那些触目惊心地存在的事实却被视而不见。试分析"房间里的大象"的现实意义。

2. 在小康生活、法制社会、公民素养、公共管理、GDP 指标、教育、生态环保等重要的国家和社会层面，你认为最重要的前三位选项是什么？

3. 经济学人士认为，繁荣的自媒体是一种特殊的"注意力经济"即"眼球经济"模式，通过最大限度地培养信息消费者成为忠实用户而获得商业利益。试从新闻传播的角度说说"人的注意力"如何成为商家争抢的稀缺资源。

4. 某知名学者在有关企业家的论述中说，直到今天，商人仍然是商人，企业家仍然鲜有。你认为商人和企业家有何不同？真正的企业家具备哪些素质以及他们怎样影响和推动社会进步？

判断

思考下列新闻表述，请在括号内填入是否认同的标识（√或×），并阐述理由：

1. 古语道："意在笔先"，立意要做动笔前形成。 （ ）
2. 新闻写作的结构和一般文章的结构要求是共通的。 （ ）
3. 表现新闻的故事性可以适当"调剂"一些离奇的情节。 （ ）
4. 段落之间的衔接可以用"引语"。 （ ）
5. 增值报道是一种系列报道。 （ ）
6. 角度指的是报道要"以小见大"。 （ ）
7. 立意，就是做选题的过程。 （ ）
8. 结尾，要把文章主题升华到一个新的高度。 （ ）
9. 华尔街文体结构不适合通讯报道。 （ ）
10. 报道的结构取决于素材是否充分。 （ ）
11. 背景新闻可以独立成篇。 （ ）
12. 重大新闻报道具有连续性报道的特征。 （ ）

分析 1

[报道与分析]

1. 阅读《财新周刊》某期的封面报道，从话题、事件、深度、叙述的维度，分析其如何体现记者的专注与专业素养的。

2. 阅读《三联生活周刊》某期的封面故事报道，分析该报道如何以历史或文化的视角解读新闻事件。

[写作与分析]

1. 立意

（1）英语专业小怡同学的毕业设计以介绍各国国花为主题，指导老师认为立意比较浅。请你在挖掘深度、增值主题方面提出一些建议。

（2）记者小组准备制作一个中国火锅美食的短视频节目，在讨论主题时，大家一致认为单纯介绍火锅比较平浅，但怎样找到一个有新意的角度呢？请你提出建议。

2. 标题

（1）指出以下报纸标题各有哪些特点：

《索玛花儿为什么这样红》（新华社新华网，2005-6-2）

《养老保险双轨制终结》（《中国青年报》，2015-1-15）

《新消费井喷　新需求待哺》（《光明日报》，2016-5-4）

《解码！议案提案何以"言值"高？》（《人民日报》，2017-3-14）

（2）分析以下网络标题各有哪些特点：

《马云与四大行舆论战打响：未收场的支付战争》（中证网，2014-3-29）

《未来之谜！中国究竟有多少空置房》（智谷趋势微信公众号，2015-1-15）

《杭部分小区车位价格一年翻番 涨幅超过房价》（《钱江晚报》微信公众号，2017-6-8）

《3月谣言大盘点　这些社会"热点新闻"你信了吗？》（新华社微信公众号，2018-4-2）

《咪蒙再见，再也不见》（《新京报》网站，2019-2-21）

（3）分析下面的标题，指出其中不妥之处：

《不法厂商生产的不合格产品导致一起摩托车交通事故》

《亚洲最炙手可热的偶像巨星来了》

《柳絮纷飞 危害伴随》

《自主创新，长株潭靠什么？》

《黑龙江王某成车祸去世》

3. 开头

下面的开头各有怎样的表达效果：

（1）周五早晨，当伊安·J·奥布里恩动身上班的时候，他还是一个普通的上班族。可就在上班的路上，他变成了英雄。

（2）从业6年，声名鹊起的特稿写作者何瑢说话出人意料地有些腼腆。

4. 结尾

下面的结尾各有怎样的表达效果：

（1）无论如何，当身背装满柑橘、巧克力背包的奥斯陆居民离开温暖的家前往诺德马克，也许只是为了证明他们喜欢的那句话：去接触美丽的大自然和寻找生命的真正感受吧！

（2）他的艺术之路在这之前已经走到尽头，在这之后将"浴火重生"吗？

分析 2

[材料与分析]

1. 阅读本单元第三讲中的例文《美国大兵成为住房短缺的牺牲品》，从故事化新闻的角度分析该报道的写作特点。

2. 阅读《鱼和鱼竿》的寓言故事，完成后面的解题：

一个长者惠赐两个饥饿的人一篓鱼和一根鱼竿。在各得到鱼篓和鱼竿后，两个人便各奔东西了。第一个人将鱼烧烤并很快吃完，不久后饿死在空空的鱼篓旁。第二个人拿着鱼竿艰难地寻找河流，半路倒下再没有爬起来。

又有两个饥饿的人遇到好心长者，同样得到鱼篓和鱼竿。这两个人共同寻找河流，每天只烤一条鱼充饥；长途跋涉后，终于来到河边，开始以捕鱼为生。几年后，他们盖起了房子，建立了各自的家庭。

分析：一个同学将这个寓言故事做成动漫，确定主题为"理想与现实的结合"，你是否认同这个主题？为什么？你认为这个寓言故事反映了一个怎样的主题？

3. 金泉老师是一位在日本生活、工作 20 多年的社会学学者。下面的内容是校报记者的专访。阅读后，请完成后面的解题。

记者：现在中国很多年轻人认为有车有钱是成功的标志，并作为奋斗目标。有人说这是经济飞速发展的必然结果，对于这个观点您怎么看？

金泉：其实不仅仅是年轻人把财富当作事业成功与否的判断标准。在我看来，这已经不能用"经济飞速发展所带来的必然结果"来解释，它已经超越了经济高速发展期或社会转型期的自然常态，导致青年人价值观趋向同化和单一化，一味地追求功利，这是不正常的社会现象。

记者：日本在经济飞速发展时期，出现过这种社会现象吗？

金泉：日本在战后的所谓混乱期和复兴期，包括高速发展时期，同样出现过严重的利己主义和拜金主义思潮，甚至至今都在一定程度上延续着，但都没有时下中国这般极端。日本当时严重的利己主义和拜金主义思潮，在各个时期都得到了社会舆论的批评，及时地得到了一定成效的纠正。

记者：当下大多数日本青年们如何看待"成功"的呢？

金泉：他们更多的是追求在自己的岗位或所在领域中的自我价值实现，

并从中获得成就感吧。比如一个科学家在从事一项长时期内看不到现世价值和经济效益的学术研究时，他并不介意自己常年坐冷板凳，只要这项研究最终对社会、对人类有积极意义，他就感到很开心，很有成就感。基于这样的认识，他就觉得自己是很成功的。

记者：如果只是从事平凡职业的日本人呢？他们也会追求成功吗？

金泉：普通的日本人对自己的定位是明确的，如服务员、清洁工清楚地知道自己无法成为明星、科学家，所以他们只要在自己的工作岗位上好好努力，就觉得很成功了。现实世界的能力评定和自我主观定位的落差，往往是很多人烦恼的根源。

思考题：

（1）你所理解的"成功"是什么？你怎样理解当下中国年轻人对"成功"的追求？

（2）将该专访改写为一篇解释性消息。

[习作与分析]

在"中国人口日"到来之际，校报记者团队拍摄和调研北京地铁13号线龙泽站清晨上班峰值时间交通拥堵情况（见图5-11）。龙泽属昌平区著名的外地人口聚集的回龙观社区，该社区常住人口达30万人，与海淀区只一街之隔。

阅读该现场报道，完成后面的思考题：

直击地铁龙泽站"朝夕流"①

在北京这个超级大都市，每天一早一晚的交通高峰时段客流被称为"朝夕流"。5月29日清晨，由校报编辑部组织的记者团队专程赶往地铁龙泽站，8点2分，我们抵达目的地正是朝阳初上。

由东直门始发、西直门终点的地铁13号线，早高峰时段约7：30到8：30。在这个特定的时辰，行色匆匆、川流不息的人们通过长长的过街

图5-11 交通高峰时段的龙泽地铁站

（资料来源：作者拍摄）

---

① 选自学生新闻报道稿件。

天桥，一律朝着地铁的方向行进，场面还真的蛮壮观。特殊的地理位置和人口聚集的能量是形成龙泽地铁站乘客大流量的主要原因。居住在龙泽附近的上班族大多工作在中关村，由于距离海淀区西二旗地铁枢纽站只有一站地，龙泽成为汇聚朝夕客流量最多的地铁站点之一。

"朝流"队伍摩肩接踵进入地铁口，在用铁栏围起来的几道 S 型露天过道中缓缓向前流动，这要花费相当时间。站在过街天桥上放眼望，几乎是清一色的年轻面庞。

站台上，络绎不绝的乘客不间断地将狭窄的站台充满。分分秒秒的时间在后面催促，令每个等车的人争先恐后用尽气力挤进车门。记者在一旁算了一下：每次能够挤上车的人不到 5 个，平均每个等车人要等至少 3 趟列车通过才能勉强挤进车厢。站在车门旁边的工作人员不停地大声地提醒着、呼喊着，还不时地从后面推一推尚有一线希望挤进车门的人，直到成功地将其塞进车门里，像塞进一个包裹。透过车窗，每一个车厢都人贴人，拥挤如沙丁鱼罐头。

50 多岁的值班站长亲自指挥疏通。得知我们的来意，站长介绍说，龙泽地处城乡接合部，郊区地铁线的功能主要是承载上班与居住地距离较远的乘客，在上下班早晚高峰期，"朝夕流"现象比较突出。他告诉记者，龙泽地铁站在上下班早晚高峰期，1 小时内的客流量近 3 万人，一天是 9 至 10 万人次的客流量，其中 90% 以上的乘客是上班族。"每趟列车的间隔时间为 2 分 15 秒，高峰期时乘客要等三四趟才能上去车，根据客流量的情况也会增加车次。今天就增加了……"站长正说着，又一趟列车进站了。

记者们抓紧时间采访了几位上班族。一位年轻女士告诉记者，家住龙泽，公司则在西四环，花费在路上的时间大约 1 小时 40 分钟，中途需要换乘两次地铁，"辛苦，但习惯了"。一个小伙子爽快地介绍自己：四川人，毕业于青岛大学，在龙泽附近租的房子，来北京一年多，在中关村一家公司当程序员。他表示："互联网发展很快，要在北京继续拼搏下去。"

8：50，刚刚拥挤的站台逐渐冷清下来。

记者注意到一位中年男性没有携带提包，神态举止从容，看上去像公司高管。交谈中，他称自己是南方人，来北京十多年了，在中关村 IT 行业工作。"每天错峰上班就会避过拥堵。"他说，前面的排队果然短了一大截。

思考题：

1. "中国人口日"与地铁龙泽站"朝夕流"有什么内在联系？该报道反映了什么主题？

2. 分别划出该报道中的背景材料、细节材料、引用材料，并说明其作用。

3. 分析该报道的结构特点。

简答习题区

围观

1. 父母无偿照料子女的下一代，已成为中国家庭的常态，但一位老人却因索要"带孙费"与儿子儿媳对簿公堂，法院在综合考虑老人照顾孙女的时间、精力和开销后，最终酌定孩子父母应支付老人10万元的"带孙费"。你对法院的判决怎样看？你认为爷爷奶奶带孙辈是否理所应当？

2. 中国航协对外发布了第七批、第八批旅客不文明行为记录名单。逾百名旅客由于违反规定、寻衅滋事而受到相关处罚，但很多人质疑行政处罚力度过轻。在网上查阅有关处罚规定，说说你对处罚的看法。

3. 某中学规定校园的清洁卫生全部由学生负责打扫，不雇用保洁工。一些家长提意见：孩子还小，非力所能及，应专心学习。但校方认为，针对很多独生子女的好逸恶劳的弱点，校园清洁劳动可有效培养勤勉精神和公共意识，并举例在日本，小学就开始规定学生负责打扫校园。那么，你支持校方的说法还是家长的说法？

4. 一辆外地车牌号的运输车向市政管道偷排污水，有居民拨打当地环保部门热线电话，对方称："这件事涉及外地车辆，不是本地的，我们管不了。"你认为环保部门的说法有无道理？为什么？

5. 中国正在研究"官员公布财产"的实施方法，有官员质疑：为什么老百姓不被要求公布财产？这是不公平的。那么你认为官员被要求公布财产是否公平？

6. 一位刚刚参加工作的大学生抱怨说，回乡探亲，发现"没有人关心你的专业，没有人信任你的知识"。村里人见面几乎都问同一个问题："现在能拿多少工资？"你怎样看待这种现象？

伦理

1. 采访一位资深记者，请他（她）谈谈职业经历中的伦理事件和体会。

2. 某晚报记者早上去报社，途中看见一个骑自行车的人摔倒在路上，没有再爬起来。该记者登上附近一个大楼前的高台阶，从上面观察有多少人从摔倒者的身边走过，直到第7个人前去施救为止。于是拍下照片迅速离开现场，准备做"独家报道"。你怎样评价该记者的行为？

3. 某医院为病人成功实施重大手术，在征得病人同意后，在手术室拍照留念。当事人的一个同学将照片转发到新浪微博，并谴责了拍照行为。当地报纸据此发博文称："本是严肃认真的手术，患者还躺在手术台上，医护人员却摆起'pose'自拍……"你如何评价该报道及其文字？

4. 某男影星暗恋某女影星的消息冲上新闻热搜榜首，你怎样看待这条娱乐新闻及其传播现象？

5. 大型婚恋交友真人秀节目《非诚勿扰》场面火爆，收视率仅次于新闻联播，但也因一些男女"嘉宾"赤裸裸地表达"拜金欲"而被质疑，你认为电视娱乐节目是否应有道德底线和负有社会责任？为什么？

6. 什么是匿名信源？什么样的信源，媒体不可以透露其姓名？请在下面的表格中选择。

老年人	赌博者	采用人工授精的夫妇	离异者	下岗工人	犯罪嫌疑人	退役军人
当事人	自杀者	涉案妇女儿童	未成年人	精神患者	艾滋病患者	离退休人员
低保户	情报人员	犯罪者及家属	警察	护工	性工作者	高管、官员
举报者	媒体线人	吸毒和戒毒者	残疾人	目击者	传染病患者	受害者家属

写 作 习 题 区

写练

[选择填空]

1. 该犯罪嫌疑人没有向警方（ ）他的住所地址。

A. 透露　B. 提供　C. 说出　D. 交代

2. 新能源汽车月销量同比（ ）两倍。

A. 提高　B. 增长　C. 上涨　D. 提升

3. 某工作日的傍晚，以色列特拉维夫创业中心正在（ ）一场"以创业为事业"的讲座。

A. 举行　B. 召开　C. 进行　D. 举办

4. 火焰已经冲上屋顶，他（ ）过两条壕沟，朝向那个房屋奔去。

A. 跨　B. 越　C. 跳　D. 飞

5. 一艘载有31人的水陆两栖船遭遇强风暴，导致（ ）。

A. 倾覆　B. 沉船　C. 灾难　D. 沉没

6. 在任何谈判中都要把最后的利益（ ）给对方，不要把桌上的钱全拿走。

A. 留　B. 送　C. 让　D. 献

7. 加拿大的中小学不分重点、非重点，教育（ ）"体现自我价值"的观念，引导每个孩子尽量发展出不同的能量与气质。

A. 实施　B. 坚持　C. 强调　D. 秉持

8. 支教项目负责人表示，将为阜平山区的孩子们（ ）音乐和美术课程。

A. 设置　B. 开设　C. 讲解　D. 讲授

9. 房价高企，（ ）很多普通年轻人心理的挫败感。

A. 引发　B. 导致　C. 诱发　D. 致使

10. 湖北恩施警方（ ）邓玉娇属防卫过当。

A. 认定　B. 确定　C. 认为　D. 确认

[看图写作]

根据图片的场景，思考"新闻点"，写两篇短消息，可参阅相关材料。图 5-12 为大年初一，北京 6 号线地铁车厢。图 5-13 为在城乡接合部的一条街的路面上，贴满了小广告。

图 5-12　大年初一的地铁车厢
（资料来源：作者拍摄）

图 5-13　小广告贴满地面
（资料来源：作者拍摄）

[材料整合]

1. 国家食品药品监管总局《2016 年度食品药品监管统计年报》发布的数据显示：2016 年各级食品药品监管部门共受理食品投诉举报 577 915 件，立案 22 479 件，结案 20 988 件。

写作：试从上组数据中采集相关信息，了解问题食品的种类、地域、制作规模、售出和流向以及涉及食品安全的企业，完成一篇背景新闻。

2. 据"搜狐娱乐"报道，电视剧《西游记》从 1982 年一直拍到 1988 年，整整拍了 6 年，总花费 600 万元。到了 2011 年拍《西游记》时，已经需要斥资 1 亿元，但只需几个月就可以拍完……

写作：根据这段文字线索，查阅相关背景资料，了解和分析相关情况，写一篇报道，体裁不限。

3. 据《人民法院报》2019 年 5 月 21 日报道，在 5 月 17 日世界电信日到来之际，广东省广州市中级人民法院发布《广州市电信网络诈骗犯罪审判白皮书（2016—2018）》。该白皮书指出，电信诈骗的犯罪主体年轻化特征明显。广州中院刑二庭副庭长崔小军介绍，广州法院三年间审结的案件中，1980 年以后出生的被告 501 人，"90 后"被告 611 人，约占 47.85%，"95 后"被告 183 人。

写作：根据上述数据，采集和分析更多的信息资料，讨论增值选题。

4. 据香港《星岛日报》2019 年 5 月 7 日报道，联合国生物多样性和生态系统服务政府间科学政策平台（IPBES）公布了具有指标意义的自然生态评估报告，指出全球物种灭绝正不断加速，较过去1 000万年期间的灭绝快了数百倍。地球上估计共有800万物种，其中100万物种面临灭绝的危机，约50万动物当前"欠缺长期生存的栖息地"。报告还列出了人类行为导致物种减少的"五宗罪"：为城市发展将大量林地夷平，使多种动物的栖息地受破坏；全球海洋出现过量捕鱼的问题；广泛使用石化燃料，加速全球暖化，导致若干物种难以继续生存；污染陆地和水；容许入侵物种排斥原生的动植物。

写作：注意文中划横线的部分，根据你所熟悉的领域，设计1~3个生态环境保护的选题，整合一篇环保主题的背景新闻。有条件的话，可参观或网上查阅北京南海子麋鹿苑内的"世界动物灭绝墓地"，那里的每个墓碑上铭刻着灭绝动物的名称、灭绝的时间和地点。

[校园活动]

1. 校报学习版编辑邀记者写一篇关于专业学习的报道。记者团队讨论了几个报道切入点：一是分别找几个不同专业的同学，请他们各自谈谈专业认知和学业规划；二是请几个专业老师，请他们谈谈如何讲求学习方法，提高学习效率；三是举办一个师生学习座谈会。综合上述角度，完成一篇专题组合报道。

2. 举办新闻讲座，邀请知名媒体人来校演讲，与师生互动。完成一篇消息或专访。

[文艺题材]

1. 你了解和喜欢话剧吗？观看一场正在上演的话剧，在适当机会采访剧场负责人、演员、剧作者以及观众，写一篇相关报道。

2. 尝试将一篇新闻报道改编成一个微电影剧本，当然这篇报道的选择至关重要。

标题

[比较判断]

1. 比较下面各组中的两个标题，你认为（1）或（2）哪个标题更好？为什么？

　A 组　（1）《他缔造了非典型成功》

　　　　（2）《一个非凡的人》

B 组　（1）《北美用 60 年精心打造校车安全》

　　　　（2）《校车安全：看北美怎样做》

C 组　（1）《"这部电影一巴掌打醒了我"》

　　　　（2）《"这部电影让我决定报考电影学院"》

D 组　（1）《你，看到杰西卡了吗？》

　　　　（2）《你看到杰西卡了吗？》

2. 比较下面的两组中的两个标题，分别指出与标题相对应的文体：

A 组　（1）《镉米杀机》

　　　　（2）《重庆发现镉超标大米》

B 组　（1）《肯尼亚内马铁路一期正式通车》

　　　　（2）《记肯尼亚内马铁路一期正式通车》

[制作标题]

1. 为下面的文字内容拟定一个合适的标题：

　　近年来，随着人们生活水平的提高，彩礼数额也是"水涨船高"。在河南省的不少地方，以前流行的"万里挑一""N 大件"等要彩礼的说法早已被"三斤三两""万紫千红一片绿""一动不动"代替，礼金数额直接翻了十多倍。儿子娶媳妇通常会花光父母数十年省吃俭用攒下的积蓄，一场大喜之后，不少家庭还背上了沉重的债务。

　　"如今，结个婚真不容易，光彩礼就需要十几万块。" 1 月 4 日，河南濮阳台前县的小伙儿小赵向记者诉苦，现在村里谁家孩子娶媳妇，基本上就花掉了父母半辈子的积蓄，家庭条件不好的，还会欠下不少外债，父母为了还债平常省吃俭用，有个病也不舍得花钱买药，农闲时一家两代人还得外出打工，想法儿尽快挣钱还债。他表示，结婚是人生大喜事，但这样的结婚方式，真的让人喜不起来。

　　啥叫"一动不动"？城里人听着真懵门。"一动"，就是一辆价值 15 万左右的汽车，"不动"就是城里一套至少两居室的房子。"三斤三两"，指的是面值 100 元的人民币称足三斤三两，约合 13 万元。在豫东个别地方，女方索要彩礼的标准是"万紫千红一片绿"，即 1 万张 5 元的、1 000 张 100 元的、一堆 50 元的钞票，加起来可达 18.8 万元。

　　在农村，这些彩礼新名词就好比是小伙们儿头上的紧箍咒，随便念起来一个就足以让他们头皮发麻、叫苦不迭。

2. 为下面的小故事拟定一个合适的标题：

"一叠琐事似春水，秋去冬来落叶随。无可奈何归乡去，道别吉利五日归。"你看得出这是一张请假条吗？请假人鲍兴标是吉利汽车宁波北仑基地生产物流部的一名"80后"员工，浙江丽水人。入职7年，除了春节，他一般很少回家。一个月前，家里来电话，说亲戚有两场婚宴等他去喝喜酒，还有——这才是最重要的——回家相亲，焦急的父母已经安排好了，让他务必早点回家，解决"个人大事"！

年关将至，公司的事情很忙，常要加班。自己一下子要请五天假，领导会批准吗？小鲍将忐忑的心情化作了一首诗。

1月5日，人力资源部的同事给他发来微信：你的请假被批准了！顺便还夸了他一句："小鲍，你太有才了！"更令小鲍意外的是，所有签字的领导也都以诗做了回复：

"春水似酒，五日良宵；准假伊人，莫忘归心。"（人力资源部培训发展科科长陈晓浩）

"二话不说过流程，犹抱叮当卖卖萌；赶紧回家相个亲，别让亲朋愣愣等。"（人力资源部BP服务经理刘可）

"还愿相思苦，来日君思归。"（人力资源部人事管理岗唐冬梅）

"五日争朝夕，早日成双对。"（生产物流部副部长任运通）

看到这一幕，小鲍给人力资源部的同事回了微信：你们都有才啊！

文体

[消息]

查阅相关资料，写作资讯类消息。根据下面的主题要求，选择写作其中一篇：

1. 被微信吞掉的手机内存，该如何清理？

2. "西湖龙井茶"即将开采上市，如何识别陈茶和新茶？

3. 晚上熬夜、白天睡觉的生活方式为何损害健康？

[故事]

1. 和有趣的灵魂对话。发现和采访一个独特魅力的人，发掘其故事性元素，写一篇人物报道。

2. 爷爷奶奶的时代也许离你并不远。请长辈们聊一聊五六十年代的经历，或许会听到许多对你来说无法想象的真实的故事，而那些故事可能都不是个例。记录你们的交谈，写一个或系列故事。

3. 在城市专门做蔬菜水果生意的群体，一般都来自外省。试与学校附近卖蔬菜水果的人们交谈，了解他（她）的经营状况及其在城市生活、经商的经历，注意在采访中挖掘更多的细节和情节，写一个人物故事。

4. 你一定熟悉这样的场景：学校门口每天都堆满了大大小小的快递包裹，来来往往的同学们从快递员的手里陆续取走网购的宝贝。与某个快递小哥聊聊家常，写一个快递员的故事。

[综述]

1. 2007 年 8 月，教育部将"威客"列入最新出现的汉语词汇。威客是指通过互联网将自身技术或能力转化为实际收益的人群，从而达到各取所需的互联网应用新模式。《2010 年中国威客行业白皮书》报告：中国现有超过 100 家威客网站，注册会员超过 2 000 万，整体累积交易金额超过 3 亿元。网上查阅相关资料和报道，整理、撰写一篇有关威客现况和发展的综述性报道。

2. 网上采集粤港澳大湾区规划建设的相关信息和相关报道，整合、撰写一篇介绍粤港澳大湾区的综述性新闻。

改写

1. 将本习题区中《用普通人的故事记录一场灾难》的访谈改写成一篇解释性消息。

2. 阅读下面的文章片段，将当事人——一位 70 岁退休教师的叙述转换为记者的叙述：

我上街买菜回来，由于楼道的灯坏了，得爬楼梯，刚迈上第一个台阶，突然黑暗中一双手掐住我的脖子："别动，把所有钱都掏出来，不然打死你！"接着，一件东西顶在我头上，当时感觉太阳穴冰凉的，我斜眼一看，好像是一把枪。我立刻意识到是遇到劫匪了。

在对峙了几秒钟内，我想知道对方是独狼还是合伙，没人上来翻兜，估计就一个人。我就琢磨找个机会制服他，一定要先把枪抢下来。这时我感觉到对方的手在微微颤抖，心想，这家伙是心虚呀！于是我就一声大吼"救命啊！"扔下菜篮，身体向下一缩，右手抓住对方的枪，右肘顺势击打他的头部，身体缩下后往前压……转瞬间，枪被我夺下来！枪被夺走，那人惊慌失措，转身就跑，情急之下，我扣动了扳机，只听枪声响，不见子弹飞。那人拼命地往院外跑，我拎着枪在后面追。在院门口，歹徒与我的老伴擦身而过。我们老两口追出老远也没追上。

修改

[削减冗余]

1. 5月17日，我校红十字会学生分会在世界第67个世界红十字日纪念期间，来到了秀丽怡人的国家奥林匹克森林公园开展了关于"基本创伤救护"宣讲培训，"家庭防灾减灾"知识普及问卷调查等纪念展示活动。

2. 如今的大榭岛是浙江省第一个财政收入超百亿元、投资规模及单位面积产出最大、数十家全球五百强企业入驻的现代化临港型国家级工业园区之一。

3. 新华社兰州分社通过新华网于事故发生的当天下午13：42发出校车事故的第一条新闻。

4. "中关村创业大街为我们提供软环境资源"，中等个头、身着灰色西装、戴着一副宽边眼镜、梳着分头的公司部门经理对来访的记者说。

[字词压缩]

1. 人们终于胜利地战胜了灾害

2. 双方实力悬殊很大

3. 船厂工人们持续举行了罢工行动

4. 我熟悉那片荒原地区

5. 机关领导亲自到现场督察

6. 记者来到地铁建筑工地进行探访

[病句修改]

1. 这个小店承载了许多童年的回忆，来到这里你可以尽情地回忆自己的童年。

2. 有人认为科学家终日埋头科研，缺少情趣，然而事实却是对这种偏见的最好说明。

3. 从这次艺考初试的情况看，考生大部分缺乏文化知识不足的问题。

4. 小萍患严重眼疾住院，经治疗已有所缓解；病情今后怎样，还得需要她保持良好心态。

5. 双井站也是一座换乘站，由于属于 10 号线的一期建设，受当时建设条件的约束，从它的土建结构来说，还是不能满足。

6. 在目前的一些主持人当中，应该数得上央视的主持人知名度会相对来说更高一些。

7. 被称为"河南陆家嘴"的郑州郑东新区，对于前来参加上海合作组织总理会成员国政府首脑是陌生的。

8. 同业金融高级分析师说，目前国内大型企业、国企对汇率风险评估过低、应对不足。

9. 那斑驳的仪表设备上的朱红色标题，显现了时代车轮碾过的痕迹。

10. 他是抗日远征军众多死难者中的幸存者。

11. 许多顾客跑到她面前，询问起要买的药和各自的病情。

12. 她在巴西实习时认识了一个男生，对中国文化充满向往。

[标题修改]

1. 将本单元第一讲第三节中"镜鉴：标题写作误区"中的标题错例，逐条加以修改。

2. 指出下列标题的不当之处并修改：

（1）《一辈子最愧疚的是你的爱》

（2）《全民齐聚闹花灯　红红火火合家欢》

（3）《网购悲喜各半》

（4）《暴雨天，车辆涉水趴窝该怎么办？积水熄火，切忌不要二次启动！》

（5）《西班牙一大学新闻系中国学生占 85%，竟留了个假学？》

（6）《西宁大火：西部消防设施的隐患》

[文稿修改]

阅读下面的习作，完成后面的解题。

无证厂家是社会的毒瘤

花季少女惨遭毁容，高龄老人险些送命，这一切该归咎于谁？

2013 年 1 点 20 分左右，我接到了一位朋友的电话，得知发小邹欢在回家的途中出了车祸，正在抢救中，当晚我赶到县人民医院看望她，据她母亲说："晚饭后，邹欢自己骑着自己家的摩托车到镇上的星河 KTV 参加朋友的生日聚会，11 点钟她却接到了医院的电话。"她的母亲是一名小学数学老师，虽然看似她说话如此平静，但谁都明白她此时心中的波澜起 12 月 29

日，正当春节的前一天．本是家人团聚，辞旧迎新的日子，在岳阳市平江县南江镇发生了令人痛心疾首的交通事故，一位老人重伤抢救，我的朋友惨遭毁容。当晚1伏。据医院医生化验得知，这次交通事故并不是司空见惯的酒驾造成，到底是什么原因致使骑车技术娴熟的她在清醒的状态下撞到一位老人呢？十二点半，警方赶到了医院了解此次事故的原因，由于当事人正在抢救中，警方向她母亲表达问候后便赶到了事故现场侦查情况。大年初二那天，我接到了邹欢的电话，她告诉我，那天晚上她在回家的路上，骑着自家的摩托车，没有超速没有酒驾，她告诉我，她匀速的在公路上骑着摩托车，天色太暗，但足以看清前方左边老人的身影，只不过当她镇静的控制轮胎往右边开时，她不曾料想到摩托轮胎失灵，便直接撞上了老人。后来经有关部门证实，此次交通事故的原因是由于那台不明品牌的摩托车生产厂家非法生产，没有通过质检，采用劣质的材料导致摩托连接轮胎部分生锈，使得轮胎不受控制。君子好财，取之有道，对于这种拿消费者生命开玩笑的不法商家，执法部门应严加管制，加强惩治力度。作为消费者的我们更不应该贪图便宜购买无证产家的劣质商品，没有了我们的力量他们也无法非法经营生存下去。无证厂家是社会的毒瘤。

修改要求：

（1）依据内在的逻辑顺序，为文字内容分出段落层次。

（2）将该习作改成以记者视角报道的事件性消息，并修正原文中语法、逻辑、文字和标点符号的错误。

（3）根据内容重新拟定标题。

应用习题区

现场

1. 5月18日是世界博物馆日，参观你感兴趣的某个博物馆的展出，分别写一篇消息、侧记和巡礼，从中体会三种新闻文体的不同写作方法。

2. 参观遗址类纪念公园（包括工业遗址、考古遗址、战争遗址等），用摄像机记录今天的景物，追述昨天的历史。拍摄前，你需要采集信息及其大量的案头工作；拍摄中，你需要熟练的技能和史家的眼光；制作和表现时，你需要文本的客观和艺术家的想象力。你愿意勇敢地挑战自己吗？

3. 组织一次与当地媒体合作的联合报道活动。可选择有代表性的村庄，现场采访镇长、村民，了解拆迁政策、拆迁原因和拆迁过程，做笔录和录音；现场观察和采集数据、细节等有用信息；了解村民的生活变迁和感受。根据掌握的素材，写一篇通讯或特稿。

4. 每个城市都有自己的记忆。组织记者团队游览城市的老城区，在老城的街巷、名人故居、老牌商号、遗址遗迹中体会历史沧桑。返校后，师生共同讨论报道主题和角度的切入，且以小组为单元分配不同任务：

第 1 小组：查阅老城区的历史背景材料，然后整合一篇独立的背景新闻，配发图片。要求每个同学各自完成。

第 2 小组：根据现场观察和采访，要求每个同学完成一篇现场报道，要求配发照片。注意不要写成参观记。

第 3 小组：聚焦老城区，写一篇整体呈现的特稿，要求内容丰富，并配发现场照片、图表。

阅 读 习 题 区

前 方

来自一线记者的声音带着既新鲜又充满前方实战硝烟的气息。得失经验，采写洞见，切身体会，让我们直接触摸时代跳动的脉搏，倾听更真实的、睿智的报道意见，让新闻课堂更接地气。

[记者手记]

我与"退休高官"的较量

刘万永

（编者注：刘万永，第十二届长江韬奋奖长江系列获得者，中国新闻奖得主。1998 年入职《中国青年报》，先后任特别报道部副主任、深度报道部主任。2005 年 5 月 18 日，调查报道《一个退休高官的生意经》在《中国青年报》刊发，被全国多家媒体转载，并入选当年由《检察日报》和新浪网联合推出的《法治影响生活 2005 蓝皮书》。该文转载自 2008 年 5 月 6 日《记者观察》，高胜科根据《中国青年报》刘万永口述整理）

请扫描二维码阅读

访谈

用普通人的故事记录一场灾难

——对话《中国青年报·冰点周刊》记者赵涵漠

（**编者注**：赵涵漠，现任《人物》杂志副主编。2009 年加入《中国青年报》，代表作《永不抵达的列车》反映"7·23"甬温线动车事故的报道获业界和读者好评。本专访转引自《转型与坚守：新媒体环境下深度报道从业者访谈录》，采访者张志安系中山大学传播与设计学院院长、博士生导师，刘虹苓系中山大学传播与设计学院学生。本文文字略有删削）

请扫描二维码阅读

传媒

[对话]

传统媒体的真正对手不是新媒体

——清华大学新闻与传播学院尹鸿教授专访

（**编者注**：尹鸿，清华大学新闻与传播学院教授，影视传播研究中心主任，中国文艺评论家协会副主席和中国电影评论学会副会长，著有《百年中国电影艺术史》《尹鸿自选集：媒介图景·中国影像》等。该专访内容转引自 2017 年 1 月 12 日国内著名时政杂志《南风窗》，略有删削）

请扫描二维码阅读

读书

1.《全能记者必备：新闻采集、写作和编辑的基本技能》，［美］凯利·莱特尔等著，宋铁军译，第7版，中国人民大学出版社，2010

2.《新闻写作报道与训练教程》，［美］卡罗尔·里奇著，钟新等译，中国人民大学出版社，2009

3.《哈佛非虚构写作课：怎样讲好一个故事》，［美］马克·克雷默、温迪·考尔编，王宇光等译，中国文史出版社，2015

4.《南方周末写作课：好故事的秘密》，南方周末编著，中信出版社，2021

5.《转型与坚守：新媒体环境下深度报道从业者访谈录》，张志安、刘虹苓编著，南方日报出版社，2015

6.《发现独家·新媒体时代独家新闻采写之道》，黎勇著，南方日报出版社，2016

7.《正义的可能》，周濂著，中国文史出版社，2015

8.《傅雷家书》，傅雷、朱梅馥、傅聪著，译林出版社，2016

9.《落脚城市》，［加］道格·桑德斯著，陈信宏译，上海译文出版社，2012

10.《青苔不会消失》，袁凌著，中信出版社，2017

11.《黄河边的中国》，曹锦清著，上海文艺出版社，2013

12.《人类的群星闪耀时》，［奥］斯蒂芬·茨威格著，樊华译，长江文艺出版社，2013

13.《老人与海》，［美］欧内斯特·海明威著，张炽恒译，中央编译出版社，2015

14.《莫泊桑短篇小说选》，［法］莫泊桑著，柳鸣九译，中国文联出版

社，2015

15.《人类的故事》，［美］亨德里克·威廉·房龙著，胡允桓译，生活·读书·新知三联书店，2010

16.《经济学原理》，［美］格雷戈里·曼昆著，梁小民译，北京大学出版社，2020

专业学习资源参考

国际知名新闻报刊、电台和网站

请扫描二维码阅读

第六单元

报道新闻（数据与融合）

单元理论通识任务·报道新闻
（数据与融合）

　　立足融媒背景下的前沿报道趋势，本单元内容深入探讨了代表新媒体未来发展方向的新型报道方式，介绍和阐述了方兴未艾的可视化数据新闻和融合新闻报道的形态、创新与生产。

　　数据新闻的演进及其对新闻业的全面渗透，带来可视化内容产品的全新表达，大数据时代正在重新定位数据的价值。

　　数据和数字是两个不同的概念。后者是以事实的相关数字、公式辅助新闻报道；前者即数据新闻是通过采集和挖掘数据库信息，发现、分析和揭示新闻事实。

　　网络技术不仅使数据如虎添翼，还赋予了新闻报道移动化、智能化和社交化的显著特征。"融合新闻"以其先进的网络技术营造了新闻多媒体化、多元化的叙事空间，令新闻表现更精彩。为了进一步了解融合新闻，本单元内容还包括了国内外获奖的4篇融合新闻作品赏析。

第十七讲　数据新闻（数据驱动新闻）

新闻，无时不在和数据打着交道。

其实，全世界都要和数据打交道，各行各业都处在数据——沉默的数据的影响下。如今我们生活在一个数字化的世界，几乎任何事物都可以用数据来描述，更不用说数据和新闻报道的关系之密切了。毋庸置疑，数据是新闻报道的重要手段和方法，记者编辑们很早就运用计算机辅助报道的手段发掘数据、下载数据、分析数据，用数据解读事实、现象和问题。新闻报道离不开数据，数据总是记者笔下最敏感的元素，一个优秀的记者理应重视数据、关注数据、钻研数据，准确而有效地使用数据。

什么是数据新闻？在国际业界推介的《数据新闻手册》（*Data Journalism Handbook*）中，来自英国伯明翰城市大学资深新闻学者保罗·布拉德肖的界定是："数据新闻就是为把传统的新闻敏感性、有说服力的叙事能力与海量的数字信息相结合，创造了新的可能。"他说："数据可以是新闻的来源，也可以是讲述新闻故事的工具，还可以两者兼具。""德国之声"资深媒体人米尔科·洛伦兹认为："记者应该把数据视作机会。"

从计算机辅助报道到可视化数据新闻，在现代技术的协助下，新闻人为新闻报道提供了更全面的背景和更深入、更缜密的故事。

为了建立"数据"意识，开发数据的智慧，我们不妨沿着数据报道的轨迹，探讨数据对新闻的含义，学会用数据讲故事。

第一节　数据：新闻报道的手段和工具

一、用数据支持事实

重要的、权威的数据可以以一当十地揭示问题，各种统计数值可以让事物的性质和面貌更准确、更客观地呈现，让我们看看数据在报道中的形态：

有关部门的报告数据显示：我国网民以初等教育水平的群体为主。截至 2018 年 12 月，初中或以下学历的网民占比 38.7%，中专/技校学历的网民占比 24.5%；受过大学专科、大学本科及以上教育的网民占比分别为 8.7% 和 9.9%。

中国网民的整体文化素质如何？要了解网民受教育情况，必须倚重大数据提供的统计数字。

新闻用数据支撑主题和事实，"数据事实"本来就是新闻事实的组成部分。下面的例文是央视 2017 年 10 月 16 日新闻节目的台本（解说词）——

［例文］

中国高铁不断领跑：跑出中国速度

过去五年，我国基本建成世界最大的"四纵四横"高铁网，现在正在建设一张全面覆盖中西部地区的"八纵八横"高铁网，中国高铁在一路领跑中不断提速升级。这是全世界速度最快的铁路系统，北京到上海（1 318 千米）需要四个半小时，同样的时间，德国高铁行驶距离是 859 千米；日本新干线也只走了 990 千米，还到不了南京。

这是全世界最长的铁路网，过去五年，每天以 9 千米的速度延长，如今已经达到 2.2 万千米，比其他国家高铁的里程总和还要多。

在上海虹桥这个中国最繁忙的车站，平均 84 秒就有一趟高铁驶过，比中国最繁忙的地铁高峰发车间隔还少了 19 秒。每天早上 8 点，在中国的版图上，1 700 多列高铁正在穿梭。这 5 年，就有近 50 亿人次坐着这些高铁出行，相当于全球三分之二的人都坐了一次高铁。这些人的高铁票连起来，可以绕地球 11 圈。

在北京和天津之间，每天往返的高铁有 251 趟，平均 10 多分钟就有一班，比 5 年前增加了 30%。2016 年，4.5 万人每周往来两座城市一次以上，比 5 年前翻了 3 倍还要多。对于不少中国人来说，出门坐高铁，已经变得和公交、地铁一样便利。

边境小城珲春，开通的第一个"十一"黄金周，小城里一下子涌进了 23.5 万人，是小城人口的一倍，全城"一床难求"，让小城珲春第一次有了甜蜜的烦恼。这 5 年，像珲春这样新建的高铁站，全国就有 484 个。

国家铁路局调研报告显示，与没有高铁的城市相比，通高铁的城市 GDP 增长量高出了 72%，可持续发展能力提高了 55%。如同血管一般，高铁延伸到哪里，带动着经济的新鲜血液，就输送到哪里。

真实的影像配合着台本的解说，一系列振奋人心的数据体现中国高铁一路领跑的速度和成就。在这里，数据就是新闻的核心，数据构造事实、反映主题，数据因包含了重要信息甚至全部信息而成为整个报道的主题内容。这篇文字让我们看到数据的能量和数据新闻的魅力。

数据形态包括百分比数据、平均数据、总体数据和对比性数据等。可以想象，在上面的文字中如果没有这些数据，或者将数据变成"很多人""大约""几年""几百""十几分钟或十几秒"……那么这篇报道会变成什么样子？数据的力量就在于它可以作为无可辩驳的、确凿的证据，强有力地验证事实、支持事实。

二、数据的新闻价值

数据是会说话的，但如果不去启动它，不与它互动，它就是一堆沉默的统计符号。单调枯燥的数据只有运用于描述和证明事实时，才能体现其价值。

米尔科·洛伦兹在《数据新闻手册》中形容"同数据打交道如同踏入广袤的未知领域。第一眼看过去，原始的数据眼花缭乱，令人头脑混沌。这种繁杂的数据的确难以恰当地将其可视化。它需要经验老到的记者从混淆、乏味的原始数据中'看出'其中暗藏故事的能力。"这意味着，记者可能面临一个棘手的难题：如何在庞杂的数据中挖掘隐藏其中的"新闻"？

（一）人口数据中的新闻话题

国家人口发展战略研究课题组于 2007 年发布的《国家人口发展战略研究总报告》认为，已经出现的出生性别比偏高将导致 2020 年 20～45 岁男性比女性多 3 000 万人左右。报告指出：2005 年以后，进入婚育年龄人口男性明显多于女性，婚姻挤压问题凸现，低收入及低素质者结婚更难，其所导致的社会秩序混乱将成为影响社会稳定的严重隐患。

据国家统计局发布的统计数据，2019 年男女人口数量差距为 3 049 万，2020 年会有 3 000 万至 4 000 万婚育年龄的男青年无妻可娶。大数据证实专家的预测并非耸人听闻。

人口是国计民生的大事，从人口性别比值的数据中，我们看到了在人口问题上的异常性存在，这个存在令媒体抓到了一个令人忧心的新闻话题。

"重男轻女"是全球现象，有关资料表明，近 20 多个国家和地区陷于性别失调的窘况。图 6-1 标示出各国男女出生的性别比值，中国的出生性别比例远高于国际标准的恒定比值，达到 120∶100，排列在全球之首。也就是说，在中国，每出生

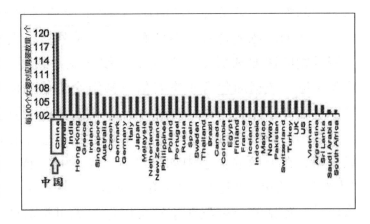

图 6-1 全球出生性别比例排名
（资料来源：联合国和野村国际经济研究）

100 个女婴，相对应的是 120 个男婴。在正常的情况下，国际公认的出生婴儿性别比的恒定值应在 102∶100 至 107∶100 的范围内，男婴出生比例略高于女婴。

由于根深蒂固的传统生育价值观，中国家庭对男婴的偏好是普遍的现象，而且越是贫困、落后的地区，传代香火的欲望越是强烈。有关数据显示，在地方性别比值的统计中，海南、河南、江西、广西、安徽是性别比失衡比较靠前的省份，且主要集中在农村地区。现在的情况可能更加复杂，在广东等沿海经济较发达省份，除了观念的维系，还有许多现实利益的考量，如家族安全、资产和财富继承等。数据里面隐藏着各种各样的故事，也隐藏着更深层次的问题：生育与当地风俗习惯、生育与地缘文化、生育与教育、生育与经济环境、生育与乡村血缘宗族制度——它们之间究竟是怎样的关系？

据国家统计局的统计数据，近年我国性别比总体上呈下降的趋势，且已连续多年走低。什么原因使性别比值下降？也是一个值得注意的变化。

（二）数据中的新闻发现

数据的挖掘帮助我们辨识数据本身所传递的信息，这些信息可能反映了某种趋势，揭示了某个问题，为我们认识事物提供了新的视角。下面例文是《北京日报》记者对《北京蓝皮书——北京文化发展报告（2012—2013）》一书出版的报道。

[例文]

北京蓝皮书：网络文化传播引导力显著领先

在新浪和腾讯两个最主要的微博平台上，粉丝达到百万级以上的微博客来自北京的最多。8 日，市社会科学院发布《北京蓝皮书——北京文化发展报告（2012—2013）》，研究报告认为，北京的网络文化传播引导力显著领先于其他城市。（结果或结论揭示主题）

研究显示，一般来说，粉丝在 100 万以上的微博博主是具有重要公众影响力的意见领袖，其中，拥有 300 万以上粉丝的新浪微博客中，北京有 142 个，上海仅有 15 个；粉丝数为 100 万至 300 万的新浪微博客中，北京有 498 个，上海 112 个，天津、重庆分别为 6 个和 7 个。此外，腾讯微博中超 300 万粉丝数的博主北京地区有 107 个，上海 12 个；天津和重庆则几乎没有。简单计算，北京拥有的百万级别"大 V"已经超过 700 个，是其他三个城市总和的近 4 倍。（北京文化传播引导力的体现之一：北京拥有百万以上粉丝数量的微博博主，在几个大城市中遥遥领先。这是一组对比性数据，通过北京和其他城市的新浪微博粉丝数量的比较，体现差异的价值）

课题组表示，北京集聚了大批网络意见领袖，成为对我国网络公共生活影响很大的中心之一。这主要由于知识分子、媒体人士、演艺体育明星等各种文化阶层在北京大量集聚。而且，这些拥有众多粉丝的意见领袖，其活跃度及言论反馈度都很高，话题广泛涉及社会生活、公共事件、文体娱乐、政治经济等领域。（北京文化传播引导力的体现之二：各种文化阶层人士在北京大量集聚，产生大批网络意见领袖）

除了在以微博客等为代表的自媒体中表现突出，北京的网站数量和网页容量持续在全国保持首位，显示了北京的网络文化传播引导力显著领先于其他城市。（北京文化传播引导力的体现之三：网站数量和网页容量保持全国首位）

"北京具有一大批关键性的核心网站，成为向全国乃至世界传播网络文化信息的重要中枢节点，也是我国网民与互联网交互的主要界面与'接口'。"市社科院文化研究所所长李建盛说，"北京在全国网络信息的传播中发挥着强有力的辐射作用，具有网络传播的战略地位。"（北京文化传播引导力的体现之四：拥有一大批核心网站）

"网络文化传播引导力"的研究课题是基于对新浪和腾讯微博平台的网络大数据分析，课题组抓取了四项数据指标，即百万以上粉丝数量的微博客博主、大批意见领袖数量、网站数量和网页容量、核心网站数量，在数据事实的比较中验证北京的网络文化传播引导力领先于其他城市。课题的视角新，立意新，时代感强，不仅传递了新鲜的、前沿的信息，也为决策机构提供了重要的国情资讯参考。应该说，《北京日报》记者敏锐地抓取了蓝皮书中的"新闻点"。

（三）使用数据的注意事项

在数据中发现新闻议题，挖掘新闻故事，凭借数据资料摧生新的文本，这使记者拓展了报道视域；与此同时，在有效运用数据和数字资源的过程中，我们还须注意以下几个事项：

1. 说明数据的信源。在报道中引用的数据应交代清楚数据出处、时间。

2. 数据必须具备可靠性、权威性。政府部门发布的数据具有信源唯一法定效力，其他国内外知名专业调查机构、数据库、政府间组织等提供的数据也是可采信的。

3. 数据要准确无误。数据不代表确凿，对可疑、信源不明的数据应进行甄别、核实，不可信的数据是无效数据。

4. 数据要精选。海量数据要筛选、归类、梳理，精选能够表现主题或补充、突出主体事实的数据，能够相互关联和参照对比的数据。

在使用数据进行报道时还应注意，数据应尽量分散、交替使用，堆砌的数字令读者感到枯燥，请看下文：

据悉，这次统一收网行动，先后抓获犯罪嫌疑人 236 名，捣毁窝点 48 个，假冒熟人类的电信网络诈骗案件 135 宗，银行卡犯罪案件 31 宗，涉及北京、上海、广东等 10 多个省市。其中，抓获辽宁、重庆、山东等 9 省市及广东省河源、江门市公安机关立案的电信诈骗犯罪嫌疑人 28 名，抓获网上在逃的电信诈骗犯罪嫌疑人 26 名，本地涉案疑犯 175 名。现场缴获作案手机 438 台、手机卡 275 张、银行卡 1 115 张、POS 机 59 部、他人身份证 71 张、公民个人信息 22.4 万条，查获仿六四式手枪 1 支、子弹 20 发，气枪 1 支以及芯片空白卡、电脑、小汽车等一大批作案工具。

单摆浮搁的一堆数据与事实分离，失去了解读事实和驱动事实的功能。公安部门的收网行动和涉案电信诈骗犯罪有大量的现场细节、情节鲜为人知，如果在现场描述中穿插这些数据，一定比罗列一堆数据要精彩得多。

第二节　精确新闻

一、认识精确新闻

如果追溯精确新闻的形成，我们可能更加深入理解其精髓。

1967 年美国汽车城底特律市发生黑人骚乱，冲突导致 43 人死亡和数百人受伤以及超过 2 000 座建筑物遭到破坏，媒体争相做现场报道，时任《底特律自由报》的记者菲利普·梅耶（Philip Meyer）却做了"另类"的工作：他和两位社会科学家合作，运用随机抽样的方法在冲突地区抽取 437 名黑人进行调查访问，在收集整理访问对象的记录后，用统计分析的方法找出黑人上街抗议的社会原因，然后他们把调研的结果写成系列报道，受到各界的关注。后来，该报道获得了普利策新闻奖。

于是，媒体开始认识到用数字统计分析的方法报道新闻的独特价值。

著名时评人、《中国青年报》首席评论员曹林在其专著《不与流行为伍》中指出："许多正义需要'精细'的专业分析，而不能依靠那种粗糙、原始、直观的正义感觉。"此话颇有见地。正义不仅仅是态度和立场，正义更需要通过科学理据获得验证。科学的统计分析方法提供了"精细专业分析"的工具。

1973 年，调入北卡罗莱纳大学任新闻系主任的菲利普·梅耶出版了《精确新闻学——一种社会科学报道的理论》，该书首次提出"精确新闻"的概念，并将"精确新闻"定义为"将社会科学和行为科学的研究方法应用于实践新闻的报道"。梅耶指出："传统的新闻报道只注意对新闻事件作一般性的描述和似是而非的评介，有时甚至因为过于关注耸人听闻的情节而使报道受到主观的、人为的影响。精确新闻以问题为对象，用科学的方法采集、统计和分析数据，并用于解释社会现象，揭示事件真相，使新闻报道更加准、客观和公正。"他认为，精确新闻扩大了记者的工具包。

梅耶的这部著述令精确新闻成为独树一帜的新闻流派。

近 30 年，精确新闻的报道方式在全球盛行。在欧美的新闻院系，几乎所有的新闻学专业都开设了精确新闻学课程。

二、量化表述与社会科学研究方法

为了嘉奖利用社会科学研究方法进行的报道，由美国调查记者与编辑协会（IRE）和美国亚利桑那州立大学新闻学院共同设立了以菲利普·梅耶命名的精确新闻奖。据全球深度报道网提供的信息，2016 年，菲利普·梅耶奖（Philip Meyer Award）揭晓，《亚特兰大宪法日报》的医生性侵事件报道，以调查范围之广度和挖掘事件之深度摘得头奖。

据悉，由 10 个记者组成的调查团队用一年的时间调查发现，在过去的 16 年间，全美有 2 400 名医生涉嫌实施性虐待。这个骇人听闻的数据是怎样"出笼"的呢？据悉，调查团队编写了 50 个爬虫程序①，从全国医疗系统中挖出 10 万余份医生纪律处分文件，并利用"机器学习算法"② 技术，清理分析这批文件，检索出涉及性侵行为的关键词，初步圈定了案件范围。随后，团队对 6 000 多起案例进行通读、定性与筛选。此外，团队还进行了大量的实地调查与采访，获得了涉案医生性侵行为的确凿证据。调查发现：美国 49 个州都不同程度地存在医生性侵患者的问题，但近一半涉事医生至今仍持有行医执照。

央视"国际时讯""新闻直播间"等栏目于 2016 年 7 月 15 日对该事件进行了报道。

这个报道案例使我们看到，精确新闻利用了计算机辅助报道的技术，将社会科学研究方法、网络工具和大数据处理技术充分运用于实践操作中，为新闻报道开辟了一块全新的领地。

何为社会科学研究方法？即确立社会学的调查研究课题后，通过有计划地、系统地搜集相关信息资料，对事物进行描述、分析、解释，以揭示事物的真相和发展变化的规律性。社会科学研究方法是社会学理论的一种方法科学，除了问卷、测验、田野调查外，常用的手段还有数据统计分析、实证研究、定量分析和定性分析、信息研究方法、功能分析法、系统科学方法、文献研究法、跨学科研究法、个案研究法、描述性研究法等。

"实证研究"是指为提出理论假设而展开的研究；"定量分析和定性分析"，前者指数量方面的分析，后者指性质方面的分析；"信息研究方法"则根据信息论、系统论、控制论的原理，通过对信息的收集、传递、加工和整理，将对事物的认识进一步精确化；"统计分析"是统计学领域的术语，指用统计分析方法对收集的大量数据进行归纳、检测和预判，以掌握

---

① 一款可抓取网站数据的软件。
② 机器学习算法（Machine Learning, ML）是人工智能的核心，涉及概率论、统计学、算法复杂度理论等多门交叉学科，专门研究计算机怎样模拟或实现人类的学习行为。

事物发展变化的规律。

正如马克思所说："一种科学只有成功地运用数学时才会达到真正完善的地步。"精确新闻亦如此。精确新闻报道依据事实的数量特征和数量关系，对客观事物进行了科学的解释、预测和揭示。

精确新闻的价值还在于它是独家的数据和独家的挖掘，并以科学的调查方式做出令人信服的判断。从文体的形态看，精确新闻以数据信息为核心，以数据的量化表述为报道方式，充分体现了数据驱动新闻的强大力量。

三、数据量化写作

（一）社会调查与报道

国内早期的精确新闻多指针对各种问题（或话题）而写出的社会新闻调查，如民意调查、热点问题调查等，只不过精确新闻更像是专业的"学名"，外界鲜知而已。自 20 世纪 90 年代以来，国内的精确新闻报道伴随着社会调查的兴起而得到发展，1993 年《中国青年报》成立社会调查中心，运用社会调查方法了解公众对社会问题的反响，在今天看来，这个社会调查中心应为我国精确新闻报道的先行者。2007 年社会调查中心又改为"青年调查"，每周出版两期，其在青年话题领域、社会热点问题领域独家的调查数据及分析，引起读者的关注和兴趣，在当时影响较大。1996 年，《北京青年报》设置"精确新闻"栏目，在同一时期，一些媒体先后设置了专刊或专栏，如《解放日报》的"百分比新闻"、央视"中国财经报道"的"每周调查"，《文汇报》《中华工商时报》等都曾先后不定期刊发精确新闻报道。

近年兴起的民意调查不仅限于传统媒体，更多的网络媒体、专业的民间调查公司、科研机构也经常就一些民众关心的事情展开民意测验，媒体也愿意与之合作，以获得多样信源和专业的统计数据。但在一般情况下，调查的主体仍然是媒体，选题的设置和稿件的采写也主要由记者组织采写。想必大家对这一类型的社会新闻调查并不陌生。

某一年春节后，《新京报》对在北京打拼的外地年轻人进行了随机抽样调查和采访，用一系列调查统计数字写出《近六成"北漂"为求"机遇"坚守北京》的报道。如果将这篇报道与《中国高铁不断领跑：跑出中国速度》相比照，会发现内容形态完全不同，虽然同样充满了数据，但前者的数据是记者自己采集的，后者的数据是通过大数据处理技术获得的。

同样是数据量化报道，在精确新闻的报道中，记者运用社会学调查方法，独立采集、挖掘、分析数据，形成原创的精确新闻报道，这和基于数据资料整合而形成的数据新闻有性质的不同。

我的采访写作课曾组织记者团队开展系列校园和社会调查，如手机使用调查、读书调查、网购调查、兼职调查、专业学习调查、共享单车调查、饮料饮品调查、寒假返乡调查等，如《同学，莫把饮料当水喝》（见图6-2）的调查报道，尽管同学们在调查方法和数据分析的手段方面还比较单一，样本量也不足，尽管在很大程度上并未体现更丰富的社会学调查研究方法的运用，但对于我们增强数据新闻意识、提高调查能力还是有相当的推进。

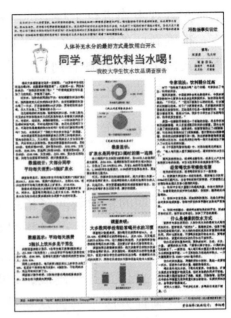

图6-2　校园调查报道

（二）关于精确新闻的写作

精确新闻是以一种独立的数据量化的报道方式为其基本写作特征的。

精确新闻的写作首先应确定调查对象和调查路径，按照确定的目标对数据进行统计、汇总、分类、筛选，并对数据关系进行量化分析和统计分析，形成数据关系系统。定量分析需要借助社会调查研究方法和计算机工具完成，这个过程费时又费力，却是处理数据的关键环节。通过数据的定量和定性分析，从数据的结构和数据的比较中找到事实的内在关联，揭示数据后面隐含的意义，并做出合乎逻辑的结论。

精确新闻是量化表述的文字，以解释性、说明性文字为主，行文穿插叙述和描写。在量化的表述上，切忌简单的数据铺排而缺少重要的数据分析，如果只呈现调查数据及其表格，还算不上真正意义的精确新闻。

精确新闻的精髓在于运用社会科学研究方法做新闻，对于文科学生来说，社会学科学研究方法包含大量的社会科学知识和陌生的数理知识，这也逼迫大家努力掌握一点新的知识技能和科学的思维方法，掌握一些基本的社会学调查方法、数理统计方法及其使用工具，以适应和提升精确新闻报道的能力。

目前国内媒体的社会调查类数据报道的操作方式有两种：一种是媒体与专业的社会调研机构合作，媒体将选题交给对方，全部调查由对方操作，最后由记者与合作方共同撰写调查报告；另一种是由媒体记者全程完成，这种情况比较多，但如果操作不熟练，容易出现信源误差、统计方法不当等技术方面的问题。

优良的精确新闻报道并不多，究其原因，一是功夫做得浅，调查不扎实，如样本不够，素材不足。做精确新闻首先应有踏实和沉稳的做事态度。二是调查手段单一和统计方法不够专业，如网络问卷调查并非科学的概率抽样调查，如果缺乏统计分析、定性和定量分析等专业训练，会直接影响对事物的科学解释和论证。三是选题单一，题材比较狭窄。精确新闻完全可以在更大的领域和范围内展开。四是数据分析或大数据分析还处于一个初级阶段，我们不缺少工具，但缺少洞察和见地。这里就不做赘述。

（三）同为调查性文本的比较

由于精确新闻运用的数据量化方法也广泛应用于各类调查、调研领域，因此精确新闻与新闻调查、社会调查甚至市场调查，因其共有的"调查"之特征，经常被误解和混淆，这里需要澄清一下其各自的属性及其之间的差异。

精确新闻与新闻调查（或调查性报道）都以新闻报道为目的，但调查方式显然不同，后者更注重通过现场采访取得证据，揭露事实真相。精确新闻通过精确的大数据处理方式，阐释事物现象，揭示事物本质。

精确新闻与社会调查可能有些交集，它们都是量化表述的文字，社会调查也会运用社科调研方法整理和处理数据，但目的是为了解、认识调查对象提供科学依据，或为事物的发展趋势做出解释分析，或为问题的解决提出指导性的改进办法。

新闻调查（或调查性报道）也常常将社会调查中的问题作为自己的视点，因此某些社会调查也可以视为新闻调查，但社会调查涵盖更加宽泛的领域，部门、机构、团体乃至个人都可以针对工作、社会生活中的某种情况、某个问题或某种趋势进行实地考察研究。而精确新闻和新闻调查，正如我们知道的，是新闻记者进行新闻报道的方式。

还有人将社会调查混同于市场调查，可能更离谱一些。市场调查指系统地搜集、分析有关市场营销、运行和预测的信息和资料，为营销决策提供客观依据，是一种把消费者、公关手段和市场联系起来的商业经营手段，其利用统计数据识别和界定市场营销机会，监控和评价营销绩效。市场调查虽然高度依赖统计分析、数据量化，但从本质上说，市场调查是立足于市场的商业行为，社会调查则是立足于公益的调查研究活动。

第三节　可视化数据新闻

精确新闻也有局限，枯燥数据的充满会削弱可读性，消解生动的人情味。但精确新闻毕竟推动了传统新闻向数据科学的方向发展，从而催生了一种"视觉报道"——可视化数据新闻。

伴随大数据时代的到来，数据新闻所分析的数据量级已远非传统数据图表可以表达，上万甚至百万、千万计的量级，为数据挖掘的可视化技术提供可以施展的可能。现在，一种新型报道形态在互联网平台呈现，它被描述为：数据新闻+可视化=可视化数据新闻。

"数据可视化"究竟是一个什么概念呢？有关专家、学者的定义是："可视化是一种视觉表现方式，旨在借助图形手段，清晰有效地传达和沟通信息"或"探索、展示和表达数据含义的一种方法"。

2010年8月，在荷兰阿姆斯特丹举行的首届"国际数据新闻"圆桌会议上，德国记者米尔科·劳伦兹（Lorenz）对可视化数据新闻的进一步解释是："数据新闻是一种工作流程，包括下述基本步骤：通过反复抓取、筛选和重组来深度挖掘数据，聚焦专门信息以过滤数据，可视化地呈现数据，并合成新闻故事。"

数据可视化是一门涵盖计算机图形图像处理、用户界面、立体建模等网络科学技术，广泛应用于政府决策、公共服务、信息传播以及石化、医药、农业、制造业、建筑工程等各行各业。当数据可视化技术运用于新闻领域，它可以是一张静态的精致图表，也可以是一张动态的三维图像，还可以是一段视频加文字的交互叙事；它用可视化的方式讲故事，为受众带来奇妙的体验，令新闻的表达方式更为精彩。毫无疑问，数据可视化是数据技术对新闻业全面渗透的必然结果。业界普遍认为，数据可视化新闻代表了新媒体未来发展的大方向。

英国《卫报》是全球业界最早投身数据新闻实践的媒体，且成绩斐然。早在2009年，《卫报》网站开创了"数据博客"（http://www.guardian.co.uk/news/datablog）的独特栏目，其以数据库为基础，通过图表、地图、时间线（反映时间维度的演变过程）和交互图表等形式呈现事件可证性，制作各类数据新闻 2 500 多条，涵盖政治、经济、体育、战争、灾难、环境、文化、时尚、科技、健康等不同领域，开数据可视化之先河。

2010 年 10 月 23 日，《卫报》"数据新闻"刊登了一幅伊拉克战争伤亡的数据地图，经过滤和处理的信息，标注在战争发生区域内。该数据新闻地图的信源来自维基解密的 39.1 万条数据信息，其所构成的数据类型多样，数据的量级庞大，可称得上是一个典型的大数据新闻，赢得了全球业界的赞誉，成为世界各国媒体制作数据新闻的标杆。

伊拉克战争伤亡的
数据地图

扫一扫，看大图

一、数据的可视化方式

（一）信息图表

大数据技术是看来很炫酷的技术，经历近些年的实践和演化，已成为一项有效部署和运作的信息服务系统，其中信息图表是将信息数据形象化、可视化的一种方式。

信息图表也是一种视觉化工具。清华大学新闻传播学院新媒体中心主任、博士生导师彭兰教授指出，在国内外的媒体中，信息图表开始扮演越来越重要的角色。信息图表应包括：图表、图解、图形、表格、地图和列表等，彭兰教授将信息图表的作用归纳为以下几方面：

1. **数据可视化**

把抽象、枯燥的数字形象化，以加深人们对数字的认识。

2. **提示新闻要点**

将一条新闻中的重点内容用信息图的方式提示出来，使人们更好地关注、理解和记忆这些要点。

3. **图解过程、梳理进程**

将一个事件的发展、变化过程用图表方式进行梳理、整合。

4. **揭示关系**

将新闻事件中诸如人物关系、利益关系、结构关系等各种关系用信息图表方式揭示出来。

5. 展现情状

利用信息图表展现事物的形势、状态等。

6. 整合内容

运用 Flash 等软件制作的图表，也可以作为信息素材的组织手段，它能将不同时间、不同来源的文本进行有机的结合。

信息图表是对文字新闻的扩充与延伸，也是一种独立的、原创的可视化表现形式。

（二）可视化地图

地图在纸媒报道中呈现的是静态的平面图，在网媒的数据新闻报道中，地图可充分发挥可视化的展示手段。随着地理信息系统（GIS）技术的发展，可视化富有创造性地使用多个图层来表达现实世界，如财新传媒的可视化作品《高铁动车 6 小时能到的地方，你想去哪里?》（见图 6-3），整个界面是一个在深蓝色中国地图背景下的一幅可以缩放的电子地图，白色点是分布全国的高铁动车站点，点击任意站点，即可出现 6 小时内到达的多个的城市站点，粗线段用来区别路程的长短，同时沿途的风景名胜区的位置也做了标记（小三角），让地图的每一个地方都来说明主题。

对于记者来说，地图不仅是一个得力的报道工具，也是一个强大的数据可视化工具。人们信任地图，经常使用地图，那么可视化可利用互动功能，展现事件发生地域，直观再现空间与时间，推进事件过程及其波及范围之影响。

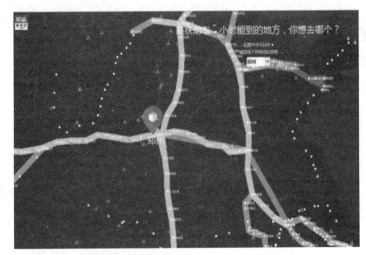

图 6-3　可视化报道《高铁动车 6 小时能到的地方，你想去哪里?》

（资料来源：财新传媒"数字说"）

除了"互动地图"，如果内容需要和条件允许，还可使用实景地图、卫星地图等多种地图可视化形式，整体或局部提供真实环境信息。

（三）数据采集工具

网络时代的记者如果学会简单的编程语言，那么操作数据会很方便。采集数据需要工具，网上提供了许多数据采集软件产品，不妨介绍几款操作简便、实用的数据采集小工具供参考：

1. 八爪鱼云爬虫

八爪鱼云爬虫（http://www.octogame.com）是一款行业知名的傻瓜式数据采集软件，用户数量达百万。"八爪鱼"内置数百个主流网站采集模板，能够在 90% 以上的网站快速提取规范数据，满足各种数据采集需求。云采集是"八爪鱼"的主要功能，支持自动定时采集。"八爪鱼"的可视化操作无须编写代码，适用零编程基础用户。

2. Web Scraper（谷歌插件）

Web Scraper 是一款基于 Chrome 浏览器的插件，适用于普通用户的网页数据抓取工具，可以直接通过谷歌应用商店免费获取和安装，可方便地通过鼠标和简单配置获取需要的数据。在线安装可访问 Web Scraper 插件，点击"添加至 CHROME"，然后点击弹出框中的"添加扩展程序"即可完成。

3. 火车头采集器

火车头采集器（http://www.locoy.com）是一款老牌的数据采集器，用于网页数据抓取、处理、分析、挖掘的软件，可以灵活、迅速地抓取网页上散乱分布的信息，并通过强大的处理功能挖掘出所需数据。火车头采集器的接口比较齐全，采集功能完善。

4. Datawrapper

Datawrapper（http://www.datawrapper.de）是一个数据化可视平台，只需简单的步骤就可以快速创建包括饼图、地图、条形图、环形图等在内的交互式图表，还可以直接嵌入到网页中。

5. Ban jo

Banjo（http://ban.jo）收集了全球 10 亿级的公共服务信号，其中包括急救服务、社交媒体、交通、气象服务及其他一些数据源，编辑部可以通过这些渠道直接监控全球的突发新闻。据悉，全球有超过千家媒体选择 Banjo，以提高突发事件报道的速度和准确度。

6. BuzzSumo

BuzzSumo（http://buzzsumo.com）就像图书馆的数据库，只要输入关键词，就可调出所有在浏览器搜索到的内容，包括文章、图片、信息图表、视频甚至社交网站上传的内容，可以自定义时间、语言、地域。

二、大数据和新闻报道

可视化数据新闻是活跃在各类数字媒体平台上的。可能有人认为，数据新闻的大数据处理技术可以由美术设计师、数据分析师甚至机器人来操作完成，不一定需要记者编辑。然而，数据新闻是数据服务于新闻的，不能简单地认为数据新闻就是与数据打交道，就是画出夺人眼球的信息图形。数据新闻并没有脱离新闻而单独存在，它与传统新闻一样仍然是在讲述故事，讲述数字背

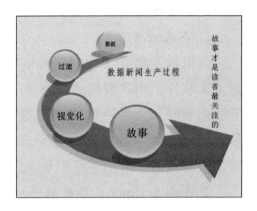

图 6-4　可视化报道图形
（资料来源：作者课件）

后各种各样的故事，只是讲述的方式变了，如图 6-4 所示。正如英国《卫报》数据新闻编辑 Simon Roger 所言："数据新闻不是图形或可视化效果，而是用最好的方式去讲述故事。只是有时故事是用可视化效果或地图来讲述。"

在数据获取渠道多元化的今天，海量的数据比较容易生成，但需要从中整理、过滤才能找到清晰的线索，最终，那个用数据托举起来的故事才是读者最关注的。

（一）选题：讲一个什么样的故事

视觉化新闻产品需要富于创意的选题，所以，讲述一个什么样的故事很关键。同时，由于在新闻的时效性上没有优势，它必须在挖掘话题上面下功夫。

从财新传媒数据新闻的题材看，其选题方向大体集中于以下几个方面：

1. 时政新闻（《从"将军府"到"兵工厂"——濮阳的谷家产业》《中央纪委巡视风暴》《政府大楼》）

2. 生活服务（《快来生成你的最佳缴税方案》《高铁 3 小时能到的地方，你想去哪里？》）

3. 社会新闻（《家庭暴力：从来不是家务事》《电子烟正在成为青少年

"流行病"》）

4. 热点新闻（《楼市十年》《专利药为什么这么贵》）

5. 调查性新闻（《北京污水处理猫腻：污泥偷排达数年》《穿透安邦循环注资真相》）

6. 突发事件（《震后72小时——鲁甸地震灾后救援记录》《青岛中石化管道爆炸》《2016：洪水暴至》）

7. 公共话题（《北京人口》《双城生活》《高考又来了：数说40年高考那些事儿》《移民去远方》）

8. 科普知识（《冰川消融威胁：洪水猛兽与水源短缺》《走近雨林深处：探寻神秘泥炭地》《星空彩绘诺贝尔奖》）

9. 纪念日专题（《世界水日特别策划：水都不够用，何以写"物语"》）

10. 国际时事动态（《中东地区的敌友关系》）

通过以上的梳理不难看出，数据可视化报道仍然以新闻思维为主导，而选题仍然举足轻重，是成功的可视化报道的前提。但在实际操作中，记者编辑拿出的选题需要征求美工、技术人员的意见，因为双方对选题各有不同专业角度的考量。鉴于选题的性质、类型，技术人员会考虑有些事实是否与大数据处理发生冲突，有的题材是否很难用数据描述，双方须通过沟通商议达成最后的认同。

在选题确定后，报道需要什么数据？怎样获取这些数据？在开始构建报道的框架时，团队须确认方向，定准基调。

（二）和数据打交道的记者

从制定选题到信息采集，从数据梳理到数据分析，记者编辑在可视化数据新闻的报道中仍需找准"新闻点"，并依循采写规则采集数据信息。在《钱去哪儿了》系列报道中，厘清土地出让金收支账目中的诸多乱象，核查停车位收费为何有一半没有进入政府的口袋，调查数亿元的一卡通押金怎样层层被截留……记者真正地要和复杂的数据打交道。

中国人民大学新闻学院方洁教授在其专著《数据新闻概论——操作理念与案例解析》中，记录了他的研究生对"新华视点"主持人刘江和参与此次报道的新华社记者杜放的采访。

刘江在采访中强调，即使是公开发表的数据也高度依赖记者的梳理。

在全国土地出让金的调查中，他收集了全国各省（自治区、直辖市）政府公开发布的财政数据后，须逐一进行计算和分析。调查北京停车收费，他先对北京所有停车场摸底，掌握每个停车场的车主缴纳费用，再与官方提供的数据对比，发现了停车收费与政府财政所得之间存在的巨大差额。刘江指出，参与报道的财经记者对于数据是敏感的，财报数据哪些有异动，他们往往能够及时发现。

新华社记者杜放负责彩票资金的报道。据一位内部人士透露，这是20多年来中央媒体首次触动彩票这个敏感领域。杜放从国家体彩中心的网站获得每年福彩收入的总量，算出了一些地方彩票发行费和资金收入，然后去当地的体彩发行站核实，查上市印务公司的财务报告数据，财务报表是反映企业或预算单位一定时期资金、利润状况的会计报表，通过财报，杜放发现了彩票印刷环节的暴利。"我还从招标项目入手，查阅中国信息招标网上的省级招标项目，找其中与福彩有关的奇葩项目，比如报道中提及的巨额啤酒采购。"杜放说。

（三）报道团队的默契与合作

对制作团队来说，可视化的制作、专业的设计和技术没有特别的障碍。根据数据新闻的制作经验，通常用于采集、筛选数据，尤其是关键数据的梳理和分析要占大部分制作时间，也就是说，讲一个什么样的故事也没有特别的障碍，但怎样用数据讲这个故事才是最大的挑战。

可视化操作通常由不同特长的人员组成的独立团队来完成。在每一个项目的运作中，团队非常重视技术人员、美术师与采编人员的充分合作，在确定选题、抓取数据、切入角度等环节，大家都会共同协商，达成一致意见。

可视化数据新闻整合了若干个专业领域：从记者的新闻调查到专业的数据统计，从技术的软件应用到美工的图形设计，在整个的生产流程里面，采编人员、美术师、工程师、数据分析师、设计师等每个专业人员都扮演各自的角色和发挥业务专长。可视化作品一定是视觉团队和新闻团队合力呈现的结果。那么记者在可视化报道中依然是讲故事的重要角色，但是要自觉地学习新的东西，尽快建立"大数据思维"，掌握一点统计、设计、编程的基础知识，既能够以新闻视角理解数据，也能够用网络工具分析数据，不断提高工作效率。

三、解读可视化作品

"文字（故事）+图表+声音+影像+动画+X"——可视化的组合既是一门技术也是一门艺术，如何娴熟掌握和运用，已成为新闻报道的前沿技能。近几年，在可视化数据新闻开发与制作的领域，人民网、新华网、财新传媒、网易、新浪、百度等具有竞争力的大型新闻网站、综合门户网站率先试水，勇于开拓，不断提升挖掘、处理、呈现数据的能力，创造了一大批优秀的数据新闻可视化作品，反映了网络时代新媒体的发展方向和传统媒体做出的转型努力。

下面我们来分析几个有代表性的可视化作品。

（一）新华视点"数据新闻"：《钱去哪儿了》

新华社新闻视点的"数据新闻"栏目 2012 年就开始了"数据可视化"的探索，编创人员秉持"用数据和图表传递独特新闻价值"的理念，不断推出有品质的可视化产品。

买 1 张飞机票除了票价本身，还包含了所谓"机场建设费"50 元。记者调查发现，2013 年，机场建设费被整合为民航发展基金，收益超过 250 亿元，其背后是 3 亿多人次乘坐飞机，然而这笔巨款却成为广州、北京等地机场上市公司的收入……

与这个"民航发展基金"的问题类似，还有"土地出让金""住宅专项维修基金""涉农补贴资金""水电附加费""科研经费""城市停车费""一卡通巨额押金""彩票资金"……这些一笔笔"收的不明白、用得不清楚"的糊涂账被追问：钱去哪儿了？

2014 年 8 月，"数据新闻"创作团队用可视化方式接连推出 10 篇《钱去哪儿了》的数据新闻系列报道（见图 6-

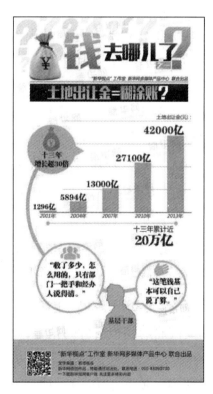

图 6-5　可视化报道《钱去哪儿了》

（资料来源：新华社新华视点"数据新闻"）

5)，试图通过信息采集获取证据，以解开重重谜团，让一些原本雾里看花的东西清晰起来。

《钱去哪儿了》问的是权力的范围和边界，问的是权力运作的透明度。通过追问，挖掘被隐藏的关涉民众切身利益的问题，其主题重大，引起社会各界强烈关注。

政府土地拍卖、收益及其政策，一直备受关注。国土资源部提供的数据显示：全国土地出让价款截至 2016 年首次超 4 万亿元，13 年间增长超 30 倍，总额累计 19.4 亿元。巨额土地出让金去哪儿了？居然是"只有部门一把手和经办人说得清"。

调查后的发现令人触目惊心。在舆论压力下，有关部门如何给一个交代？据悉，土地资源部门展开了"土地出让金收支全国性审计"，并将审计结果向社会公布。这项审计不仅揭开了一些地区土地出让金收支乱象的盖子，还摸清了地方政府公共财政对土地出让的依赖程度。

《钱去哪儿了》的系列报道前后用了 4 个月时间，是由新华社新闻视点栏目的编辑策划的，其中有的选题是记者自己设计并上报得以确定，采写部分则由总社和地方分社的财经记者负责，音视频部和图表新闻编辑部都参与了技术性环节的制作。

报道中最引人注目的就是一系列敏感数据的披露。那么，《钱去哪儿了》的大数据信息是从哪里获得的呢？据刘江介绍，获取数据的渠道一是通过政府部门网站、企业网站等各种公开的途径；二是通过采访有关部门的当事人、知情者获得。有很多数据是独家披露。

（新华社新华视点"数据新闻"网址：http://www.xinhuanet.com/data-news/team/index.html）

（二）网易"数读"：《"制度成本"推高中国药价》

任何事物，只要具有普遍的倾向性、具有较高的社会关注度，就必然具有新闻价值。2014 年 11 月 10 日，南京《现代快报》关于一对南京夫妇因代购印度抗癌药品被公诉的报道，引发了社会对抗癌药品价格的广泛关注。

南京夫妇代购的印度仿制抗癌药与欧美专利"洋药品"在剂量、安全性、效力、质量、作用、适应症上几乎相同，在印度国内属于正规药物。这些抗癌药物目前在我国国内并没有生产，完全依靠从欧美医药公司进口，价格是印度抗癌药的 10 倍左右，于是印度仿制抗癌药让国内买不起药的患者趋之若鹜。这种情形让人想起一部大爆棚的电影《我不是药神》……

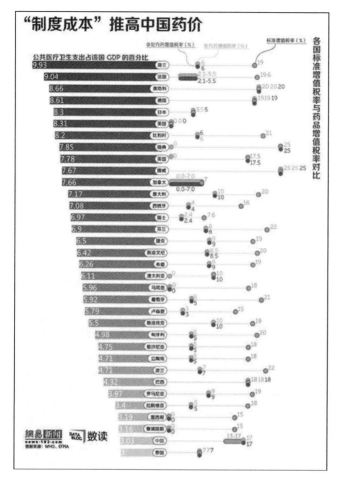

图 6-6 可视化报道《"制度成本"推高中国药价》

（资料来源：网易"数读"）

医疗，一直以来是民众关注最多的社会热点问题，"南京夫妇因代购印度抗癌药品被公诉"事件揭示了又一个被长期忽视的、关涉生命的医疗现象。在这里，个体的故事与一个更大的公共议题联系起来，个体层面反映的普遍性问题成为考量新闻价值的依据。网易"数读"数据新闻团队全力找出与事件相关的因素，揭示事件背后的成因。在收集、过滤、分析数据后，他们制作了世界各国公共医疗卫生支出以及标准增值速率与药品增值税率对比数据的图表（见图 6-6），图表上的圆点分别代表标准增值税率、药品增值税率、各国公共医疗卫生支出所占 GDP 百分比。点击一系列的比较数据，就可以看到直观的影像和文字说明。

《"制度成本"推高中国药价》通过可视化手段形象地演绎了国内药价因"制度成本"而导致药价普遍虚高（进口药价格高昂多源于专利费用）的因果逻辑：公共医疗卫生的财政投入不足，医院"以药养医"，而高昂的药品增值税又在很大程度上推高了药价。

（网易"数读"网址：http://data.163.com/special/datablog/）

（三）财新传媒"数字说"栏目

2018 年 6 月 1 日，由全球编辑网络（GEN）主办的 2018 年数据新闻奖（data journalism awards，DJA）揭晓，财新传媒数据新闻中心荣获"2018 年度全球最佳数据新闻团队奖"。DJA 是全球第一个旨在表彰数据新闻领域杰出工作的国际性大奖，中国媒体首度获得这一重磅奖项，荣获该奖项的其他媒体还包括英国路透社。

作为国内数据新闻的先行者，财新数据新闻中心自成立后，发布数百件数据新闻作品，数次获得国内外大奖。2014 年 11 月，《周永康的人与财》（见图 6-7），获得腾讯传媒大奖首度设立的"年度数据新闻"奖，该作品于 2014 年 7 月 29 日晚 23 时在财新网发布，一周内获得 400 万访问量、4 000 条评论，相关微博被阅读 2 000 万次，被转发 5 万次。

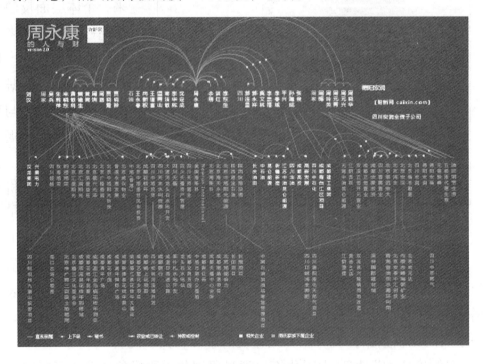

图 6-7 可视化报道《周永康的人与财》交互图表

（资料来源：财新传媒"数字说"）

2016 年 6 月，《像市长一样思考》获国际数字媒体创新大赛（Editors Lab）季军，这是目前我国数据新闻生产的媒体获得的最高奖项。2017 年《2016·洪水暴至》入围国际性大奖"数据新闻奖"最终获奖提名名单，该作品聚焦了洪水灾情，使用 VR、短视频、解释性交互图表等可视化手段，配合摄影图片、深度报道等传统新闻形式，向读者讲述了受灾地真实状况。

《周永康的人与财》源自财新传媒 2013 年 7 月刊发的 6 万字调查性报道《周永康的红与黑》，该报道中描述了周永康的经济活动，涉及几十个人、上百个公司及其项目，大量的事实及其数据为大数据方式的呈现提供了不可多得的素材。

财新"数字说"的一系列可视化作品敏锐抓取有现实意义的社会主题，注重叙述手段，并运用精耕细作定制化图表给予内容的视觉表达，将新闻高效传输给读者。

（财新传媒"数字说"网址：http://datanews.caixin.com/）

※　※　※　※

从数据辅助报道到精确新闻，再到数据新闻及其可视化，以数据支持和支撑的新闻报道呈现出不同阶段的数据表达形态。数据的价值开拓了媒介融合、新闻融合的更广大的空间。

数据新闻丰富着记者的工具包，使新闻报道拥有更多选择和可能。就此做一个小结：

（1）数据新闻以开放的数据为基础，以采集数据为要务，以数据事实为要件。数据是数据新闻存在的土壤和条件。

图 6-8　《数据新闻手册》
（资料来源：网易"数读"）

（2）数据新闻用数据呈现的方式讲故事，注重在选题、主题、角度、叙述等传统的表现手段。好的故事仍然是数据新闻的支点。

（3）数据新闻依赖互联网技术，使用各种软件进行大数据处理，构建用数据描述事实、解读事实的逻辑。

（4）数据新闻运用多媒体手段，以可视化的方式呈现数据的意义。

在本讲的开篇，我们提到过一本重要的工具书——《数据新闻手册》（见图 6-8），它是 2011 年由英国 BBC《英国卫报》《美国金融时报》《纽约时报》等诸多数据新闻领域的倡导者与资深专家，以网络众包方式编写，并基于"知识共享协议"（CCBY-SA3.0）发布。凡感兴趣的人都可以将其翻译成母语以方便学习。在豆丁网可找到《数据新闻手册》完整的中文版本。

《数据新闻手册》的编写者旨在成为"所有想成为数据记者或对数据新闻感兴趣的人"的实用参考资源，其包括"入门""新闻编辑室的运作""案例分析""获取数据""理解数据""传达数据""展现数据"等章节，还提供了可应用于数据可视化和数据处理的专业软件工具。

《数据新闻手册》还在继续编写中，会很快出现它的接续版本。

第十八讲　融合新闻报道

第一节　融媒形态创新

网络时代的媒体都在思考未来新闻报道的形态和发展方向，在网络传播的环境下，媒体融合推进了新闻尝试多种表达方式的运用。

大数据思维推动了一种以网络为载体的融合新闻报道形态。融合新闻，充分利用不同媒介的报道优势，以实现最有效率的传播。在融合的背景下，记者的职责和使命不会改变，但未来的职业岗位可能需要你做不同类型的新闻，熟悉不同的平台和掌握相关的技能，所以，今天的新闻学子需要锤炼自己的专业能力，向"复合型记者"靠拢。

一、新闻的融合表达

（一）创新的"融合"叙事

在报道一场地震灾难时，如果没有公众渴望看到的现场——从巨大水泥板下抬出遇难者的尸体、源源不断的物资运送、一片废墟和绝望的悲泣……那么，这样的报道是不充分的。但是如果只有活动影像和声音，没有伤亡变化和报告的数据图表，没有文字的说明和解释，则报道是不深入和不完整的。

所以人们更愿意在一个动态的网络屏幕上看到这些新闻，那里把新闻变成又能读、又能看、又能听、又能参与的界面，这个界面有影像的摄人魂魄，也有文字的深入洞察，受众可以随时以不同方式接收媒体信息，这就是融合多种表达手段的融合新闻。

融合新闻是在媒介融合的背景下，根据新闻内容将文本、照片、视频段落、音响、图表、叙事方法、互动性集合在一起，在同一个操作平台上，集中采编力量采集、协调、整合报道信息，然后制作不同内容产品，通过平台分发给特定受众。

IP，现下的一个时尚词汇，当我们说到"IP 意识"时，其实就是在说，新媒体时代新闻传播的一种多层次、多元化的跨界经营模式，媒体的融合创造了这样一种跨界的内容产品。

传统媒体的线性传播的最大弱点是其叙事方式的单一：报纸只有文字和图片，广播只有声音，电视好一些，有影像和声音。融合新闻的媒介组合就丰富多了，网络的融合元素非常活跃："超链接"衍生出更多的内容序列，"可视化"使动画场景重现，大数据构建了信息地图，"交互功能"实现了远程参与和一键分享……除了传统的文字叙事，"融合"融进了多媒体叙事和用户叙事，开放了新闻多维度表达的广阔空间。

这时，文字或许不再是表达新闻事件的核心方式，其作为叙事主体的地位也似乎被削弱，但从整体上看，传统的叙事规则仍然决定了融合报道的设计和建构，从报道的选题、主题的开掘、各种元素的安排和组合、报道的节奏等，写作者作为融合新闻中的"隐含的叙事者"，仍然制定和指挥叙述的内容路线。在这个过程中，文字仍然承担主体信息的传达，负责逻辑条理的澄清和因果关系的表述。文字表达是融合新闻中不可缺少的、不可替代的叙事手段。

技术和工具的运用令融合新闻报道气象一新，但新闻价值依然是报道的核心和前提，传统的新闻报道规律、文本的基础要素仍然无处不在地发挥着根本的作用。在强势的、创新的"融合叙事"的运行中，记者编辑要做的就是保持自身的专业性。

（二）融合新闻的现场报道

融合新闻报道适用于题旨宏大或题材重大的深度报道，那些易于统计、描述和解释的事件比较适合将文字信息转化为视频和数据图表；那些关注度高、背景复杂的事件，比较适合以融媒形式多层面、多侧面地反映和揭示。

在融合报道领域，现场报道可在第一时间呈现不同时段的新闻，实现视觉与内容的互为增量。在新媒体传播环境下，现场报道都将网络平台作为主要报道阵地，也让纸媒、网媒同时发力。如果是突发性事件，须着眼于"快速"和"准确"，注重运用新媒体展开全方位实时报道。

2016 年普利策新闻奖"突发新闻报道奖"颁发给了《洛杉矶时报》关于加州圣贝纳迪诺恐怖袭击案的连续性突发事件报道。突发事件往往会在极短时间内聚焦，该报道的出色表现就是在速度和深度上同时抢占先机，体现了融合新闻在突发性新闻报道中对"时效"和"持续跟进"的强调。

在证实枪击事件后，报社快速创建了在线直播，不断向公众报告最新事态发展，回答公众渴望知道的信息：袭击者是谁？有何背景经历？为何袭击？网络报道还大量采用一线记者用手机拍摄的照片、视频以及目击者和其他新闻机构拍摄的影像资料，同时创建和使用地图，标注事发地点和关键的时间节点、追捕范围，在空间上还原事件场景。

在后续报道中，编辑设置了有关讨论议题，针对袭击者和多数受害者都是伊朗、越南等国移民的情况，探讨这起国际背景下的枪杀案发生的深层原因。

除了在网络传递资讯和推文，《洛杉矶时报》也非常重视纸媒的影响力和公信力，几次以头版整版专题报道该枪击事件。

（三）依据报道内容选择融媒方式

从传播的角度看，每一种媒体类型、报道方式都有独特的魅力和特点。受众不会问："这是新闻吗？"他们只想看到这样的事实：它更有趣、更新鲜、更全面和更贴近自身利益。

从报道的角度看，选择怎样的报道方式，要从事件出发，考虑选题、题材、主旨和报道规模、容量究竟适合什么样的表现形式。

并非所有的新闻事件都适合融和媒介方式，并非所有的新闻报道都适合信息垂直空间的可视化。事实上，每一种媒体的表达方式都有长处。一些时事快讯，各种媒体反应迅速，但"可视化"只能在新闻发生后进行数据采集，如报道"一带一路"峰会的快讯，它可能制作一个介绍"一带一路"的历史、地理、经济、人物的信息图表，而这种资讯性的、视觉化的报道形态，又是其他媒体做不到的。

有趣的、情节曲折动人的故事也没有必要可视化，单向度事件也没有必要用融合新闻的方式。至于逻辑的理析、辛辣的时评，文字自然最胜任。

其实，以上讲的无非是一个老生常谈的话题：内容和形式的统一。

多媒体化传播推动了新闻可视化，推动了新闻的"融合"，但"融合"不是目的，只是手段和工具，不能为融合而去融合，为融合而去报道。融合的目的是为受众提供更生动、完美的新闻报道。

二、多媒体叙事的"工具箱"

多媒体（multimedia）作为多种媒体的综合形态，广泛应用于广告、商业、工程、医药、艺术、科研等领域和行业，如利用多媒体网页，商家可以将广告变成有声音有画面的互动形式，以吸引更多用户。

有人将多媒体称为"泛媒体"，就像一种容器，将一切媒体类型容纳进来，用不同形式与社会沟通。我们也不妨将这个容器看作一个开放的多媒体叙事工具箱，里面的工具多种多样，不仅包括了图片图形、视频、音频、电脑、手机、摄影摄像以及微信、微博客、直播、客户端等实时社交平台，还包括了三维特效、人工智能、数据可视化等最新技术工具。这里，我们仅从打开的"工具箱"中检出常用的几件工具，熟悉一下它们的叙事特性。

（一）视频与音频

在融合新闻生产场域，视频和音频是融合新闻报道中不可缺少的重要元素。

1. 视频：原创为本

视频是融合声音、画面、文字、影像的综合性新媒体，像电视一样"声屏并茂"，以其活动影像表现事实过程，直观、形象地报道新闻。视频尤其是短视频是观众始终青睐的内容产品。

视频制作需要比较复杂的软件工具，而且对内容的要求较高。一般来说，一个视频节目应有原创性，有明确的表现意图，即用什么样的视觉方式来表达内容，反映主题。

视频采集影像信息的手段是用摄像设备记录新闻，采集影像素材包括现场采访、拍摄、录制等，拍摄需要调动各种技术手段，但现场影像在没有剪辑之前，还只是一大堆素材或半成品。如同文字报道的材料梳理、提炼和整合，视频报道则体现在后期的剪辑，即将构成影像新闻的诸多要素恰当筛选、组合，这个过程需要投入大量时间和熟练的技术操作。视频节目需要发挥编辑记者做新闻的功力，才能从记录新闻走向报道新闻。

视频脚本是明确主题、规划故事内容、说明创作意图的大纲和执行文件，可有效减少拍摄的仓促和盲目，确保拍片质量，在视频制作中不能缺少。视频脚本一般分为文学脚本和分镜头脚本，用于不同的视频内容。文学脚本是一种用镜头语言完成的台本方式，是对视频的故事、人物、场景以及画面内容、拍摄要求的描述。分镜头脚本就是将文学脚本分解，对镜头、景别、音效、特效、拍摄技巧、时间、机位等进行更具体、详细的说明，用于摄影师、导演、演员、剪辑人员的工作依循，帮助团队准确、有效地完成制作任务。分镜头脚本比较适合故事性很强的短视频。

视频写作文本还包括撰写内容需要的画外音（非影像中的人或物体发出的声音）文字，如旁白、独白、解说词，旁白指以客观角度对影像中的人、事、背景进行的评述；独白是影像中人物心理活动的表达，是揭示人物内心世界的重要手段。解说词是视频新闻使用的表达方式，用于介绍、解释画面内容，可分为文学性和评说性两类风格，前者多用于巡礼、揽胜、活动、娱乐等轻松题材的解说，亦庄亦谐，表达方式灵活。后者多用于会议、事件、科普、时政等较严肃题材的解说，据理评析，夹叙夹议。画外音把电影的表现力拓展到镜头和画面之外，升华了视频的信息，使观众更易理解画面本身无法传递和难以表达的涵义。基于"为看而写"的原则，视频写作文本应与画面的实情、实景和实况配合默契，以达到"声画合一"。

新闻资讯类短视频是短视频的一个分类，具有时长短、类别多、内容丰富的特点，一般以突发事件、社会新闻、奇闻趣事、生活服务等为主要资讯内容，迎合了用户获取更多优良信息的需求。资讯类短视频多由传统媒体的专业团队主持，近年来凭借强大的内容的影响力获得强劲的发展势头。

2. 音频：阅听的数字化

信息通过广播传播到达更快，语言通过声音的传递，感受最真切。这种从耳朵里捕抓的亲切的东西具有天生的魔力，在某些场合、某种情景中可以产生强烈的戏剧性效果，比如——你看过话剧吗？是的，不妨看一部话剧，以体验声音语言的瑰丽。

制作一个音频报道，比如一场比赛，通过音频编辑软件播送即时信息，自然声会嵌入其中，声情交汇，并在听众的脑海里构成一幅幅气氛浓郁的场面。

广播和自媒体的结合激发了公众的阅听潜力。互联网使听众可移动收听广播节目，电台播客类产品涌现，重新结构了传统的广播媒体。这说明声音语言的魅力并没有随着传统广播媒体的颓势而消失。国内最大的音频分享平台"喜马拉雅"创建于 2012 年，实际上是由出版社、电台、播主、音频作者、粉丝等构成的产业链，这个移动的广播台将数字化播音的创意做到极致，短短几年的发展，吸引了一大批声音内容创建者加盟，上线了巨量的音频节目，音频总量达 300 多万条，总用户规模突破 4 亿。喜马拉雅的异军突起充分证明：声音内容的数字化能够成为打动受众的强大的音频新媒体。

声音内容是由文字转换而来，没有好的文字，声音再好听也不好听。音频文本负责声音和文字的转换，它是声音承载语言文字的依凭，如录音专访、演讲、报告等声音素材，可以直接作为音频新闻，也可以转换成为文字单独报道，而各种文字作品可以转换为声音。声音素材可以编辑成音频文件收存，也可以作为背景资料或音频片段嵌入融合新闻报道，配以文字说明。

配合音响的文字是"一过性"的，通俗明白、简洁明快。充分利用音频工具是新闻报道的重要手段。在报道中引入声音的律动，不仅直接传达清晰、准确的信息，还能营造一种特殊的语境，让语言的表达翩翩起舞，和文字共舞，和心灵共舞。

SoundCite（https：soundcite.knightlab.com）是帮助你在文字中插入音频的小工具，当阅读到特定的地方时，声音响起，让读者进入文声并茂的境界。操作很简单，只有三个步骤：上传音频，设定音频播放区间，选择开始播放的位置。

（二）可视化工具

1. 应用软件

新闻传播院系一般都开设了一些基础的软件课程，如图像处理软件 Photoshop 以及兼具排版功能的 Illustrator。Photoshop 和 Illustrator 是入门级的图像设计工具，使用广泛，在可视化制作中也能用得上。还有很多轻量级以及易下载安装的制表软件也很受欢迎。微软的 Microsoft Excel 是大家熟知的经常使用的表格制作软件，它是 Office 办公软件中的一个单独使用的程序，显著的功能是创建图表和提供各种等图表样式，其中可以对数据进行简单统计计算，如求平均值、计数、汇总统计等。Microsoft Excel 是一个入门级的可视化工具，使用简便，可满足一大部分数据制作的需求。

如果用于数据分析和可视化，则须进阶到专业级的软件工具。Adobe Flash Player 是制作交互和动态可视化的流行工具，用于视频的剪辑编辑，可以播放简短快速的多媒体动画、交互式动画等各类图像文件，许多在线新闻的可视化作品都是用 Flash 制作的。Flash 广泛应用于操作系统中的 IE 浏览器和一些移动设备上。

各种应用软件是伴随着融合新闻的兴起应运而生的。据腾讯科技报道，谷歌 2016 年推出 Data Studio，与谷歌的很多产品进行了整合，是一个非常有用的数据可视化图表工具。这位"数据整理大师"不仅满足设计师用精美的方式打造个性化图表，还自带分享功能，定制互动性报告。

2. H5、VR 和 AR

那么，网络媒体如何将这些活跃的元素集合在一起？又是如何重现场景和实物构造？这就要说到当下正在使用的前沿技术——H5 多媒体技术和 VR 虚拟环境技术。

H5 技术是第五代 HTML（hyper text markup language），即一种超文本标记语言（描述网页的标准语言），或是有"炫酷"效果的网页文件。H5 语言编写的界面和微信浏览器比较兼容，就像用 word 可以打开 dos 文件，我们的浏览器基本都能打开 HTML 文件，然后进行各种交互操作，播放和运行这个网页文件。

H5 技术可融合文字、图片、动画、音乐、视频等多媒体要素，可兼容 PC 端与移动端、Windows 与 Linux、安卓，并移植到各种不同的开放平台、应用平台上。作为融合新闻报道的重要创新，H5 内容产品以其适配性高、应用面广和传播力度强的特点，推动了报道模式的升级。长篇互动连环画《天渠：遵义老村支书黄大发 36 年引水修渠记》是澎湃新闻的 H5 产品，其采用下拉式长幅连环画、渐进式动画、360 度全景照片以及多媒体表现形式，让这个已经被多次报道的人物故事得到了更生动的还原，也使连环画这门传统的手艺焕发了新的光彩。这款内容产品获得了第二十八届中国新闻奖媒体融合奖"融媒界面"一等奖。

VR 虚拟现实（virtual reality），简称 VR 技术，也称人工环境。其利用电脑模拟产生一个三度空间的虚拟世界，为用户提供视觉、听觉、触觉、嗅觉和感官环境，如身临其境。用户除了感受作为主角存在于模拟环境中的真实程度，还可通过位置移动观察三维空间内的事物，从环境中得到反馈信息，体现了人与环境的交互。

虚拟技术是多种技术的综合，包括实时三维计算机图形技术、广角立体显示技术、网络传输技术、立体声、跟踪技术等。VR 新闻代表了一种先进技术的潮流趋势，媒体一直在努力尝试将 VR 技术运用到新闻报道中。

如果说 VR 是完全虚拟，那么 AR 是增强现实，其以计算机视觉为基础，通过人机交互，实现虚实融合的视觉效果。从传播的层面看，VR 和 AR 都正在悄无声息地改变着传统的技术手段。2019 年"两会"期间，在人民网人民视频 App 上，多了一个"AR 看两会"版块，此为《人民日报》为 App 嵌入的 AR 功能模块，读者只要点击 App 界面右上角的 AR 图标，然后扫描不同的新闻图片，就可以看到相关的报道内容，而工作人员只需在平台上进行简单操作，就能快速发布持续更新的 AR 新闻。

网络技术的发展日新月异，技术赋能已成为新媒体发展的利器，所有的新闻传播正在突破边界，重组要素。基于技术提供的可能，融合新闻的创意表达更加倚重技术和建立在技术之上。专家预测：未来 5～10 年，H5 和 VR 将会获得更加普遍的推广和应用。

第二节　融媒产品与内容生产

我们在前面讲到，"融合报道"是以不同媒体传播方式、手段的"融合"为标志的，我想，这里可能有这样两种趋向，一种是在界面形态上，"融合"本身似乎不产生新闻，但产生融合新闻，就是说，它利用和组织已有的信息，创意某个主题及其表现形式，再用技术去实现，进而生成一种情景化、立体化的融合新闻报道。显然，这类融合报道，"策划"是起着关键作用的。另一种是依循传统新闻报道规则生成原创新闻，但使用更加灵活的技术手段描述新闻、表现新闻，以吸引更多受众，达到最佳传播效果。

也许更多的情况是两者兼而有之，让融合形式与新闻性更加贴合。

无论如何，融合新闻给受众带来了新鲜的阅读和视听体验。在重视用户需求及其传播效果的前提下，创意是重要的，原创是重要的，受众体验是重要的，但内容一定是最重要的硬核。

技术正在改变新闻形态，在某种意义上说，"融合报道"是一种新兴的整合式内容生产模式，它创新了"融合"的叙事形态，丰富了新闻的呈现方式。

为了具体了解融媒报道的内容生产以及融合新闻呈现方式，本节以国内外 4 篇融合新闻获奖作品为例，从融合叙事、视觉呈现、交互设计三个维度做一个简要的梳理和分析。

一、中国新闻奖媒体融合奖获奖作品赏析

中国新闻奖是中宣部批准常设的新闻作品最高奖项，由中华全国新闻工作者协会主办，每年评选一次。参评作品为新闻单位的新闻工作者采写制作，并在上一年度内刊播的新闻作品。2018 年 5 月，顺应传统媒体和新兴媒体融合发展的趋势，中国新闻奖增设了媒体融合奖项，共设立 6 个评选项目，分别为短视频新闻、移动直播、新媒体创意互动、新媒体品牌栏目、新媒体报道界面和融合创新，计 50 个奖项。

下面的两个报道是第二十九届中国新闻奖媒体融合奖获奖作品。这一届评选，各级媒体仅向中国新闻奖定评会推荐的融合新闻候选作品就达 100 多件，从一个侧面反映了新闻业界媒介融合程度不断拓深，新媒体技术在新闻报道中的运用日益普及。

（一）《中国一分钟》系列短视频

短视频是新媒体时代的产物，也是一种新型的新闻传播载体，其精短、简练、大众化的传播样式为用户喜爱。由《人民日报》新媒体中心创作的 42 集系列短视频（包括全国"两会"期间推出的国家形象宣传片 3 集、地方篇 31 集、专题 8 集），被称为 2018 年的爆款融媒体产品，并获得了第二十九届中国新闻奖媒体融合奖"短视频新闻"一等奖。

《中国一分钟》（见图 6-9）系列短视频每一集平均时长为 2 分 15 秒，将中国改革开放 40 年发生的巨大变化、各个领域取得的辉煌成就以"一分钟"的瞬间刻度进行浓缩、概述，使宏大叙事通过一帧帧画面、一个个数字建构起一个时代的整体风貌。

图 6-9　《中国一分钟》系列短视频

（资料来源：中国记协网中国新闻奖媒体融合奖特别奖展示）

钟表齿轮、指针、沙漏、日晷仪等隐喻了时间的流动，在流动的这"一分钟"里，中国发生了什么？

一分钟，2 370.7 万元的商品进入中国；一分钟，国人境外旅游消费36.07 万美元；一分钟，超过 2 300 部手机销往全球；一分钟，中国人民创造 GDP 1.57 亿元……一分钟很短，却诞生了这么多奇迹般的数字和伟业！中国发展迈出的每个步伐都扎扎实实。

在"一分钟"的叙事时空，精美的画面和文字在悦耳的音乐中依次展开，又在迅疾的节奏中依次闪过。最难能可贵的是，《中国一分钟》没有喧腾和套话，而是以确凿的事实和平易的真诚推进每一分钟的精彩。视频的基调既有丰沛的主观情感，又有冷静的客观陈述。

正如创作团队的评估，《中国一分钟》显示了一种游走于纪实性与艺术性之间的影像力量。

"一分钟"的视角是新颖的，立意是巧妙的，而在"一分钟"的背后，是大数据挖掘在融合新闻的广泛运用。

据不完全统计，该短视频系列发布后，线上阅读播放量超过 24 亿，线下覆盖用户数超过 2.5 亿；《人民日报》微信公众号所有推文阅读量均超过10 万，微博话题阅读量超 9.4 亿，参与讨论用户数达 46.9 万——这个数字也同样惊人。《人民日报》新媒体中心主编张意轩认为，"一分钟"的鲜活跃动，拆除了传者的主旋律说教与受众之间的"隔离墙"。谈到"一分钟"的创意，他说，我们一直在想怎样让有意义的事情变得有意思，"一分钟"的视角就是化大为小、化远为近。化大为小，就是跳出大历史的宏观视角，选择个体切身可感的小视角；化远为近，就是使每个行业、每个地区的变迁在细微的画面、实证的数据中展示出来。这样的层面切换，反映了普通人为了美好生活而做出的努力和贡献，让收看的人们觉得好看、亲切、富有新意，生发出高维的家国情感，进而形成价值认同。

张意轩强调，"中国一分钟"的题材和内容决定了必须重视素材来源及数据的抓取、整合，团队的工作量很大，形成了几十个工作群，每个案例都要修改十几次。

该项目团队负责人在接受记者采访时介绍，系列报道的每集短片都从中心多个处室抽调精兵强将组成主创团队。在前期策划中，针对每一部"一分钟"，分别搜集海量素材，对宏观数据进行拆解，进而精简出数百字的文案。在拍摄和选取镜头阶段，对每一个画面、每一段音乐、每一段文案都必须仔细斟酌，用真材实料和真情实感充分论述"中国成就，源于每一分钟"。剪辑阶段更是精心打磨，如选择"景别逻辑顺序"按照景别从大到小（或从小到大）组接，或是选择"行为逻辑顺序"按行为动作先后顺序搭配。总之，丰富的影像层次可以带领用户进入一个个微观而具体的感受"单元"，进而实现从传递内容、传递情绪到传递价值的升级。

（二）《海拔四千米之上》全媒体报道

《海拔四千米之上》（见图 6-10）瑰丽壮阔的画面堪称震撼，从技术上看，它是技术含量高的实景互动 H5 产品，从内容上说，它是文本丰富的全媒体深度报道作品，从中可见澎湃新闻对于这个"融合产品"是颇下功夫的。在第二十九届中国新闻奖媒体融合奖项参评中，《海拔四千米之上》当之无愧地摘得"融合创新"一等奖。

三江源地处青藏高原腹地，是长江、黄河、澜沧江的发源地。作为中国重要的生态安全屏障，2015 年 12 月，面积达 12.31 万平方千米的三江源区域成为全国首个国家公园体制试点。2018 年 1 月，国家发展和改革委员会公布《三江源国家公园

图 6-10 《海拔四千米之上》

（资料来源：中国记协网中国新闻奖媒体融合奖特别奖展示）

总体规划》，明确 2020 年正式设立三江源国家公园，基本建成青藏高原生态保护修复示范区、人与自然和谐共生的先行区、青藏高原大自然保护展示和生态文化传承区。

2018 年 7 月中旬至 10 月中下旬，澎湃新闻陆续派出由直播、视频、文字记者组成的采拍团队，累计 25 人次，分别进入三江源园区：澜沧江源园区的昂赛大峡谷，长江源园区的玉珠峰、治多县索加乡、格尔木市的唐古拉山镇以及黄河源园区的玛多县、玛沁县、达日县、甘德县。在此期间，他们还约请了中科院西北生态环境资源研究院研究员蒲健辰等专业人士，抵达雪山现场讲解。

澎湃新闻编委李云芳介绍说，三江源国家公园地域广大，交通不便，采拍工作非常辛苦，经常"播出一小时，采访一个月"。在采访、拍摄过程中，澎湃新闻记者攀山越岭、涉水渡河、扎住帐篷，还深入到在黄河源园区的核心地带——澄净的扎陵湖、鄂陵湖及星星海，进行现场拍摄。

在一线记者完成采访拍摄，传回素材后，后方编辑就开始了复杂的制作过程，海选资料、剪辑素材、画面调色、解说配音、写代码、调试优化、平台分发……从头到尾的生产制作全部由澎湃新闻的员工自己完成的。澎湃新闻视觉中心拥有一批专业的技术人员，包括前端工程师、UI 设计师、动画设计师、漫画师、平面设计师、3D 设计师等，能够很好地实现编辑的意图，完成多种技术和表现形式的融合。

重磅的 H5 产品《海拔四千米之上》包含了 4 段精美的引子视频、9 个全景视频、9 个小环境视频，全方位展示了三江源国家公园的原真之大美。H5 技术使用了摄像（普通拍摄+航拍+延时拍摄）、360 度全景图片、互动热点、交叉嵌合方式，移动端封面采用了随机打开可变技术。现场航拍是一个专业的高难动作，但对于三江源这类壮阔题材的表现效果是必要的。在视频的制作方面，VR 视频占了 70%，包括定点 VR 视频、漫游 VR 视频，场景均拍摄自三江源国家公园的核心地点，当用户移动 VR 场景时，即可 360 度观看国家公园的宏伟与独特，分享沉浸式体验。

在同一个平台上制作不同的内容产品，这是媒介融合的一大优势。除了组织大型直播，澎湃新闻还从大量的视频素材中精心剪辑制作了 4 部微纪录片，每部时长在 4 至 6 分钟。在文字方面，记者撰写的 3 篇深度报道，探讨了人与自然在寻求和谐共生的过程之矛盾、感动、思考和希冀。

二、普利策新闻奖融合新闻奖获奖作品赏析

普利策新闻获奖作品被称为"美国最负责任的（报道）制作和最丰富优美的传播方式（集合）"。近百年来，普利策新闻奖的参评对象都是美国的报纸以及和报纸关系密切的通讯社，从 2009 年开始，普利策新闻奖的 14 个奖项全部向报纸所属网站放开，评委们将目光移向那些在视频和数据可视化领域的积极尝试和成果。迄今为止，已有多部优秀融合新闻作品荣膺普利策奖，表明了一向坚守报纸阵地的普利策新闻奖对媒体日新月异的变化和发展趋势做出的回应。

借助资料的帮助，我们以下面的两篇获奖作品为例，进一步认知深度报道在融媒方式上的表达。

（一）融合新闻·解释性报道（explanatory reporting）

美国当地时间 4 月 17 日，2018 年普利策新闻奖解释性报道奖颁发给融合新闻作品——《墙：未知的故事，意外的后果》（*The Wall：Unknown Stories，Unintended Consequences*）。

由《亚利桑那共和报》30 多名记者、编辑、工程师组成的报道团队，运用访谈、文字、交互式地图、纪录片、三维动画、航拍、视频、博客等多媒体融合手段，全景展示了美国——墨西哥边境墙的真实状况，并进行了深度解释和剖析。

网易自媒体平台"网易号"的一篇文章介绍了这个获奖的融媒作品，并上传了图片。该作品"并不旨在支持或反对边境墙的建设，采编团队所做的就是竭尽所能挖掘出新的数据，呈现美墨边境的全貌"。文章作者说。

墨西哥是位于美国南部的发展中国家，贫困人口占总人口的一半以上，根据美国统计署的数据，2010 年美国的墨西哥移民达 1 170 万，在大规模修筑边境墙之前，每天有 4 000 多名非法移民越过墨西哥边界进入美国，其中只有不足 1/4 的人被美国边境巡逻队发现。美国经济与政策研究中心的报告指出，美墨边境长期存在三大问题：非法移民、毒品和犯罪。目前在美国，75% 的非法移民和 96% 的大麻是通过美墨边境进入美国的，墨西哥毒贩通过向美国贩卖毒品，每年从美国攫取了 800 多亿美元的丰厚利润，成为墨西哥经济的重要支柱之一。

时任美国总统的特朗普说，为了阻止非法移民和毒品涌入这个国家，需要建一堵比之前更高、更难以逾越的墙。美国政府曾就斥资 57 亿美元在边境地区修建边境墙的议题展开辩论，结果后来演化为一场关于这堵墙应该是混凝土墙还是钢条墙的争论。修墙是否能从根本上杜绝非法移民和毒品？如果拉美国家的社会治理出了问题，那么数以千万的缺少教育、失业的穷人只能一次次聚集在美墨边境，偷窥任何可能的机会，向一墙之隔的那个富裕国度寻求生活出路。曾担任亚利桑那州州长和奥巴马政府国土安全部部长的 Janet Napolitano 的观点广为人知："给我一堵 50 英尺的墙，我立刻给你找一把 51 英尺的梯子。"历史的事例表明，隔离墙无法阻止有决心的人的进入，只能有限度地遏制。

标榜"American first"的特朗普在 2016 年总统大选中以"bulid that wall"的承诺赢得了众多的支持者。在他选举胜利后，圣地亚哥美墨边境的样板墙建设正式开工。在这之前，拥有 3 200 千米的美墨边境只修了 900 多千米。

二维码中的图片是结合航拍美墨边境墙飞行轨迹的 GPS 数据绘制的交互图。图中细线条代表阻拦车辆的围墙，粗线条代表阻拦行人的围墙，短线条代表其他功能的围墙。大圆点代表航拍视频的播放按钮，小圆点代表 360 度全景三维动画的播放按钮。点击其他按钮，可阅读文字阐述，可观看影像画面、现场直播。

美墨边境墙交互图

扫一扫，看大图

这就是美墨边境，只要点击代表开启按钮的圆点，就可以穿越时空，身临其境，远眺、近观边境墙，还可以通过博客传递互动信息，通过文字了解更多的详细的情况……

技术的全面应用使新闻如此完美呈现。

修筑美墨边境墙不是一个新鲜的线索，报道必须在已知事件的基础上挖掘更深入的东西。在展示地理意义上的美墨边境的同时，这张交互地图也致力于表现边境墙修筑在空间、时间的整体推进中所波及的人、环境、地区。

3 200 千米的美墨边境线从德州的墨西哥湾一直延伸到加州的太平洋，横跨美国最多样化的地形地貌，包括沙漠、灌丛、河流、森林、湿地、沼泽以及濒危物种保护区，边境墙的修筑首先面临环境保护的处置，此外，还要面对更复杂的边境地区的社会问题，诸如移民、关税、毒品、部落，居民和牧场主的生活、宗教都会因筑墙受到影响和冲击。

作为解释性报道，文字仍然是深度报道的主要手段。《墙：未知的故事，意外的后果》描述了边境线许多不为人知的冲突和故事，向公众阐释美墨边境墙发生了什么、为什么发生以及可能产生的难以预料的后果，进而引发人们的思考。

报道在末尾还为一项民意调查设置了议题："Do you believe the U.S. needs a border wall beyond what is already fenced（你认为美国需要在已经隔离的边境之外再修一堵墙吗）?"以鼓励受众参与互动。

普利策奖委员会对该融合新闻作品获奖的理由是："奖励他们将文本、视频、播客和虚拟现实融合起来的生动而及时的报道，该报道从多角度审视了特朗普总统承诺的美国—墨西哥边境墙的修建困难和难以预料的后果。"

从单纯文字的解释性报道到媒介融合的解释性报道，受众可能更喜欢通过直观、真切的方式获得这种解释。《墙：未知的故事，意外的后果》以全方位可视化的融媒方式，提供了解释性报道的一种新范式。

（二）融合新闻·调查性报道（investigative reporting）

调查性报道近年虽然面临整体衰落的趋势，但在历届普利策调查报道奖评奖总是有很好的表现，颇能提振业界士气。在 2015 年第 99 届普利策新闻奖获奖作品中，来自美国南卡罗来纳州查尔斯顿的地方小报《信使邮报》，凭借融媒调查性报道《直到死亡将我们分开》（*Till Death Do Us Part*）荣膺普利策新闻奖中分量最重的"公共服务奖"。

普利策奖委员会对该调查性报道奖的理由是："报道题为'直到死亡将我们分开'的一系列家庭暴力致死案件，探讨了南卡罗莱纳州的女性权益，使这个问题进入国家议程。"

《直到死亡将我们分开》——报道的标题含有隐喻性。这是一句西方国家常用的婚礼誓词，在这里却被赋予了另外的含义：妇女深陷家庭暴力难以脱身，直至死于暴力。

2013 年，美国非政府组织"暴力政策研究中心"发布了关于"女性遭男性伴侣杀害"的年度排名数据，南卡罗莱纳州案发总量又一次在美国各州中名列前茅，是美国平均案发量的两倍之多。广泛而严重的家庭暴力犯罪已成为这个州长期、反复发生的日常事件，这引起了《信使邮报》记者道格的注意。

地处美国东南部地区的南卡罗莱纳州有着以男权主导政治结构和家庭婚姻的传统，这里的人们仍然相信：女性最合适的位置是厨房和卧室，这里直到 1949 年法律才允许女性提出离婚。10 年来，这个州每年有 3.6 万起家暴以及导致至少 30 位女性死亡的记录，也就是说，每 12 天就有一个女性被她们生命中的男人以枪杀、勒颈、殴打的方式致死。然而，家暴的高致死率并没有得到州政府和立法、执法部门的重视，南卡州的法律对施暴者很宽容，对第一次施暴者只关押 30 天，而对虐待宠物的人，却可以关押 5 年。全州 46 个县，每个县至少有一个动物收容所，但只有 18 个收容所能够庇护被家暴的女性。这里的宗教也没有帮助女性，乡村的教会对家暴受害者很少施以援手。

接下来 8 个月的时间里，道格和他的报道组进行了一系列调查工作，他们采访了 100 多位家庭暴力受害人以及家庭问题专家、当地警察、检察官、法官、律师、政府人物、神职人员，查阅了过去 10 年里因家暴致死的 300 多位女性的卷宗包括州立法和执法部门的相关报告、记录，并建立了一个前所未有的案例数据库。他们还求助于专业的数据研究机构，从大量数据中发现案例的共性和趋势，分析家暴行为的多发时间、实施手段、常用的凶器等暴力特征。报道组对该州家庭暴力案件定罪比例的测算及其相关研究，填补了当地司法工作中的空白。

2005—2013 年南卡罗莱纳州妇女因家暴致死事件及案发地交互图

扫一扫，看大图

道格相信，家暴及其所有的关联构成了社会问题，对社会心理影响深远。《直至死亡将我们分开》系列深度调查报道共 8 篇，首篇描述了该州过去 10 年家庭暴力犯罪的现状，后面的报道依次为《家暴的立法问题》《当地的宗教传统》《泰瑞莎的受虐经历》《被错过的逃避家暴的机会》《为什么施暴者可以逃离惩罚》《对家暴零容忍》《解决家暴的建议》，从政府、立法、宗教、文化、女性角色等多个方面揭示探讨家暴犯罪的复杂成因。

作为以内容为中心的深度报道，作者非常重视"融合"的呈现方式，报道组除了核心的 4 位调查记者外，还有网页制作、视频、摄影等 9 名成员参与。网络版的系列报道以嵌入文档、照片、可视化图表、视频等多种叙述手段表现主题内容。二维码中的图片是为该报道制作的交互图，黑和灰两种颜色分别代表了南卡罗莱纳州分布各地的案发率和案发率密集地区，图上的小圆点则代表每一桩家庭暴力事件，2005—2013 年南卡罗来纳州发生了 292 起致命的家暴犯罪案件，将鼠标移至小圆点处，即显示案件的文字资料、照片及影像，非常直观、简明。

因为知道有人可能质疑他们的报道，报道组把所有的事实和统计数据都在互联网上做了链接，并将它们和原始的研究报告及法庭记录、电子数据等资料也链接到一起，以证明报道的可信度。结果是：报道组没有收到一条关于准确性、公正性的投诉。

《直至死亡将我们分开》系列调查的报道刊发后，强烈震动了美国社会。迫于各方的关注和压力，南卡罗莱纳州的政府和立法者采取行动，宣布要审理所有的关于家暴的提案。报道履行了新闻服务于公众利益的责任，推动了民众的福祉。

单元强化应用任务·综合实训专区

综合习题区　阅听习题区　思考习题区

写作习题区　线上习题区　简答习题区

数据习题区　阅读习题区

读书

专业学习资源参考

综合习题区

资讯

[专业与报道词条解读]

《察世俗每月统计传》　数据新闻　精确新闻　视觉表达　数据驱动新闻
大数据　数据分析　数据可视化　可视化交互图　社会科学研究方法
统计学　网络舆情　融合新闻　聚合新闻　公民新闻　维基解密　工具理性
价值理性　视觉文化　大众文化　社会化传播者　新闻泛化　英国《卫报》
中国新闻奖　复合型记者　韬奋

[国情与国际词条解读]

联合国　政府间组织　威尼斯　马六甲　经济发展模式　财富分配方式
医疗改革　红十字会　行业协会　民间团体　土地出让金　周永康案
东莞　沉浸式体验　智慧城市　底特律　伊拉克战争　美墨边境墙
南卡罗莱纳州

讨论

[圆桌大家谈]

1. 在新媒体传播时代，为什么仍然要强调新闻专业主义精神？

2. 采访写作如何运用新媒体工具和平台？

3. 作为新闻消费者，我们应怎样辨识真正的新闻信息？

4. 谈谈你所理解的"工具理性"和"价值理性"（参阅第七单元）。

5. 精确新闻和调查性报道有何区别？社会科学研究方法对新闻报道的意义是什么？

6. 什么是"聚合新闻"？你怎样理解"聚合"的新闻价值？为什么说"聚合新闻"也是一种新闻生产力？

7. 在数据报道中，应怎样避免获取或引用不严谨、不准确的"问题数据"？

8. 什么是"数据可视化"？其与融合新闻有何不同？

9. 什么是"计算机辅助报道"？记者在电脑前浏览网页、在键盘上敲故事——是不是计算机辅助报道？

10. 评估中国网民的整体素质以及网民的不同层次（参阅第七单元）。

辩台

辩题： PV（点击量）和 UV（用户数量）是评价新闻价值的唯一标尺。

正方： 我认为是的。

反方： 我认为不是。

图问

1. 美国波士顿的街头矗立着一个 1634 年的公共邮筒，它早已失去了作为邮筒的功能，但是当局并没有将它拆除（见图 6-11）。你认为现代城市保留历史遗迹有何意义？

2. 国际青年旅舍联盟是一个世界性品牌和注册商标，1912 年第一个青年旅舍在德国一座废弃古堡中诞生，其以"安全、经济、卫生、隐私、环保"的理念和特色，受到青年人的欢迎，并很快风行于世界。你如何评价国际青年旅舍（见图 6-12）的创新及其意义？你曾在某国际青年旅社住宿吗？感受如何？

图 6-11　1634 年的邮箱

（资料来源：作者拍摄）

图 6-12　国际青年旅舍

（资料来源：作者拍摄）

检索

1. 海南省博物馆的展品陈列显示：最早迁徙到海南的原住民是苗族部落，试用检索工具检索相关实证文献，描述苗族迁徙海南的历史和区域分布的状况。

2. "七七"事变后，沦陷区大批中等学校迁往西南、西北大后方。流亡师生一路艰难跋涉，在极困难的条件下坚持办学。设在四川绵阳的山东国立六中是其中规模最大的流亡中学。查阅相关资料，了解抗战时期山东国立六中的教育史实。

阅 听 习 题 区

读报

深度报道作品

1. 《70亿人口与2012预言——地球有多危险：人类纪》（解释性报道），陈赛，《三联生活周刊》，2012年3期

2. 《中国"芯"事》（解释性报道），叶展旗、张而弛，《财新周刊》，2018年30期

3. 《企业家精神燎原记——改革开放40周年特别报道》（系列专题报道），《北京商报》2018-8-7①

4. 《权力猎手郭文贵》（调查性报道），崔先康等，《财新周刊》，2015年12期

5. 《这28项治疗我都没做过》（调查性报道），田珍祥等，《中国消费者报》，2017-12-15②

6. 《北京零点后》（特稿），王天挺，《人物》，2013年2期

7. 《太平洋大逃杀亲历者自述》（特稿），杜强，《时尚先生 Esquire》，2016

---

① 该报道获第三十一届中国经济新闻奖深度报道奖一等奖。
② 该报道获第二十八届中国新闻奖调查报道奖二等奖。

年1月刊①

8.《你，看见杰西卡了吗》（特稿），安光系，澎湃新闻，2017-6-18

9.《深圳大芬：一个艺术村的残酷和美好》（特稿），陈莉莉，《南风窗》，2018-1-18

10.《乌兹别克斯坦：寻找中亚的失落之心》（特稿），刘子超，《南方人物周刊》，2018-3-11

读屏 1

1. 电视栏目

《聚焦三农》（三农：农村、农业、农民）是央视七套农业节目的新闻类深度报道节目，定位于报道和解析"三农"重大问题和热点话题。该节目权威发布"三农"领域重要资讯和解读相关政策，一些深度报道引发社会各界的关注。

组织收看《聚焦三农》某期节目，谈谈该节目的选题特点。

2. 英语电视新闻

英语电视新闻节目收看：《60分钟》（60 *Minutes*）是美国哥伦比亚广播公司（CBS）制作的著名新闻杂志节目，自1968年开始播出，迄今已播出逾50年。《60分钟》的主持人全部由出境记者担任，这是它的最大特色。《60分钟》每期节目由3个独立的新闻深度报道和1个新闻评论版块组成，选题深入挖掘国际背景下的重大社会问题，强调形象化的影像信息和故事化的叙事方式。

组织收看《60分钟》（自行下载网址或收集影像资料），复述其新闻内容，谈谈该新闻节目的报道特点。

3. 纪录片

10集电视纪录片《互联网时代》是央视制作的第一部全面、系统、深入解析互联网社会的大型纪录片。全片以宏大的视野、综观古今的气势和面向未来的思考讲述了互联网的形成、发展历程，深入探寻互联网对经济、政治、社会、人性等各方面的深远影响。收看该纪录片中的某一集，谈谈对互联网和互联网社会有哪些新的认知。

---

① 该报道曾获第四届紫金·人民文学之星奖非虚构文学奖。

读屏 2

1. 短视频新闻

（1）《重磅！北京同仁堂蜂蜜：过期品送入原料库还涉嫌更改生产日期》（第二十九届中国新闻奖"短视频新闻奖"；范瑞等，"南京零距离"① 微博）

（2）《网红店假排队调查》（第二十八届中国新闻奖"融媒短视频奖"；上海广播电视台"看看新闻网"及手机客户端）

2. 融合新闻

（1）《"钢铁侠"VR直播：全国政协十二届五次会议新闻发布会》（第二十八届中国新闻奖"融合新闻奖"；光明日报客户端）

（2）《动车时代：体验穿行在大凉山顶的扶贫慢火车》（第二十八届中国新闻奖"融合新闻奖"；新华社）

3. 电视专题

（1）《守望江豚》（第二十八届中国新闻奖"电视专题新闻奖"；周东等，江西广播电视台）

（2）《让我们一起飞翔》（第二十八届中国新闻奖"电视专题新闻奖"；集体，苏州广播电视总台）

读屏 3

1. 数据可视化频道

网上浏览媒体的数据可视化频道。以近一个月的数据新闻作品为例，比较下述媒体可视化作品的特点——

·人民网数据可视化栏目"图解新闻"

·新华网数据可视化栏目"数据新闻"

·财新数据可视化栏目"数读"

·《广州日报》数据可视化栏目"数读"

·《钱江晚报》数据可视化栏目"图视绘"

·澎湃新闻数据可视化栏目"有数"

·网易数据可视化栏目"数字说"

---

① "南京零距离"是江苏省广播电视总台城市频道的日播类直播栏目。

·搜狐数据可视化栏目"数据之道"

·腾讯数据可视化栏目"数据控"

·新浪数据可视化栏目"图解"

2. 国际数据新闻奖参选作品

鉴赏英文网页"2017 数据新闻奖"所有入围参选作品。

网址：https://www.datajournalismawards.org/shortlist/

线 上 习 题 区

分析 1

1. 在新浪博客中，查阅点其击量排列前十的微博客博主，列出题材和内容，拣选你喜欢的博文阅读，并说说为什么喜欢。

2. 在"今日头条"查阅其点击量排名的前五条新闻内容，分析读者的阅读兴趣取向。

3. 阅读三个新媒体的环保报道：人民网"绿色频道"、澎湃新闻"绿政公署"、《南方周末》"千篇一绿"，比较其选题、内容、表现方式的不同。

4.《人民日报》微博"你好，明天"是一档"微评论"栏目，每天晚上零时前后，发布一条针对当天最受社会瞩目的事件的点评。阅读后，分析微博新闻评论的特点。

5. 试以财新传媒为例，从其网站、数据可视化、视频、视听产品、微信公众号、出版物、App 等多样化媒体形态，分析理解什么是全媒体及其运营方式。

6. 由于媒体传播的用户定位，不同的信息会影响不同的受众群体。分析影响大学生受众群体的新闻和媒体类型。

制作

1. 以"改革开放 40 年：身边的变化"为题，用"众包"的方式征集故事、图片、实物、照片、音像和影像等，获得足够的反馈信息后，整理和依据素材情况，完成相应的报道。

2. 与专业人士合作（如采访牙科医生），为"爱牙日"制作一个短视频节目，时长不超过8分钟，同时为该视频节目撰写解说词（脚本）。

3. 试以一次观赏、一次谈话、一次遭遇、一个情景、一个观点、一个趣闻、一个偶发奇想、一个极具争议的话题等为切入点，分别写出若干博文。要求新闻视角，微言大义。

4. 你在旅途中是否发现一些不同寻常的场景、情节和事件，不妨以多媒体的形式发送给朋友圈。要求有料、有趣。

5. 当下的人们在想什么和怎样想？就某一类问题组织采访不同阶层的人士，制作一个有思考深度的视频节目。

简答习题区

围观

1. "直播热"正在中国兴起。一位中国富豪在私人飞机上打牌，吸引了超过30万人同时在网上观看。彭博新闻中文网报道，几乎每时每刻，都有数百万中国人用手机直播普通人在做的普通的事情，对此现象你怎样看？

2. 众多有过追星经历的粉丝经常为自己的偶像花钱打榜、买数据，且形成了针对粉丝需求的打榜产业链市场。不久前，央视曝光某流量明星发布一条微博获得了一亿以上的转发，夸张的数据又一次引发流量明星造假的热议。你怎样看"流量明星造假"？试分析"追星"的社会现象和心理现象。

3. 一组调查显示：在"95后"最向往的新兴职业中，有54%的人选择成为网红达人；一条新闻报道：很多年轻人涌向杭州"网拍街"，希望分享网红的流量变现。你对此怎样看？

4. 小玲同学去日本旅游，发现东京成田机场不如首都机场现代化，高铁不如中国的速度快，大阪的高楼大厦也没有国内三线城市多，她有些不解：为什么中国基础设施这么发达却是发展中国家？那么你认为发达国家的主要特征是什么？发展中国家在哪些方面不够发达？

伦理

1. 某娱乐记者跟踪在咖啡馆与人约会的电影明星，并偷拍了照片。文图公开发表后，该明星以"侵犯个人隐私"起诉媒体。你认为原告和被告哪一方能够胜诉？

2. 某企业向法院提交诉状，称记者报道涉嫌"诬陷"，被告方提供了"没有诬陷"的证据，但拒绝向法庭提供信息来源，你赞同记者的"拒绝"吗？

3. 一所民办大学刚开学一个月便倒闭了，学生家长向某媒体"新闻热线"投诉，却被告知：目前这个领域暂不做报道。你怎样看媒体的回复？

4. 某记者报道一名外科医生的医德和医术，将治疗案例中某患者的姓名做了化名处理，但详细地叙述了其疾病和治疗细节。患者认为记者事先没有告知自己，触犯了自己的隐私权。你如何看待这件事？

5. 某些自媒体经常发布攻击性、欺辱性的极端言论，从报道规则和新闻规范的角度评析这一现象。

6. 在"北大学子涉嫌弑母案"中，有媒体发布弑母者的母亲过于严苛等"详尽"信息，这样的报道内容是否合适？

思 考 习 题 区

判断

思考下列新闻表述，请在括号内填入是否认同的标识（√或×），并阐述你的理由：

1. 社交媒体不具有公共媒体的属性。　　　　　　　　（　　）

2. 融合新闻的方式适合用任何新闻事件的报道。　　　（　　）

3. 只有调查没有研究的调查报告不是调查报告。　　　（　　）

4. 静态的图表也属于"可视化新闻"范畴。　　　　　（　　）

5. 数据即数字。大数据意味着海量数据。　　　　　　（　　）

6. 数据和大数据是同一个概念。 （   ）

7. H5 和 VR 技术各有不同的功能。 （   ）

8. 图片、图像是形象化的视觉信息。 （   ）

9. 在一般情况下，记者的工作是外人看不到的。 （   ）

10. 从某种意义上说，新闻只有开始，没有结束。 （   ）

阐释

1. 纪录片《互联网时代》有一句话："在互联网时代，个人智慧所具有的能量可以和大工业时代的宏大资本相比较。"如何理解这句话的含义？

2. 新闻报道已经移动化、平台化、社交化，阐释这种传播环境的改变对传统价值的新闻采写有怎样的影响。

3. 怎样理解可视化数据新闻在向艺术和科技迈进？试评估可视化数据新闻的发展趋势。

4. 推荐阅读《真相：信息超载时代如何知道该相信什么》（见第四单元"读书"）。阐述在自媒体的众生喧哗中，新闻消费者如何摆脱信息泥潭，辨识有营养、有价值的和可靠的信息。

5. 在今天媒体融合的时代，"内容为王"正在经受观念和现实的考验，试阐释其内涵和形式的改变。

6. 有人认为，互联网时代，上网的人和不上网的人——彼此之间的差距造就了 21 世纪的信息鸿沟，你是否同意此种说法？

7. 在新媒体时代，传统的新闻定义是否需要改变，阐释"是"和"否"的理由。

8. 有业界人士形容现下新闻报道"种菜的少了，炒菜的多了"，你怎样理解其中之意？说说为什么会出现这种情况？

分析 2

[融媒报道与分析]

上网观看澎湃新闻《一路向北：15 天 4 000 公里，澎湃新闻全程记录难民欧洲逃亡路》（2015 年 12 月），该融合新闻作品融合文字、照片、视频、图表等综合表现手段，报道了中东难民（移民）从战乱的家国抵达欧洲的经历，为受众带来全新的新闻视觉体验。观看中，请留意现场记者对人物的视频采访、文字撰写内容以及对动态影像和声音的采集。观看后，讨论以下几个问题：

1. 该融合新闻报道在主题、标题、叙事方法、文图配置、内容结构和编排等方面与传统深度报道有何不同？

2. 报道如何以动态影像和声音作为章节内容？

3. 主创团队编辑在谈及内容制作时认为，技术能力决定了"内容能够想多远就走多远"，你怎样理解在融合新闻中技术的作用以及内容和技术的关系？

[深度报道与分析]

1. 阅读《外蒙古：探索一个国家的现代化之路》（《凤凰周刊》2010 年 32 期），分析该解释性报道的特点。

2. 阅读《"世界的伤口"在恶化——海地震后全纪录》（《南方周末》2010-1-20），分析该特稿写作的特点。

[材料与分析]

新华社每日电讯 2017 年 8 月 16 日报道：为保护个人信息安全，欧洲正在以立法形式清理个人"数字足迹"，让网络使用者拥有"被遗忘权"。而在此前的 1995 年，欧盟通过《个人数据保护指令》，成为全球个人信息保护的经典。欧盟委员会正是在这份法律文件中首次提出"被遗忘权"这一新型权利，其明确：当个人数据已和收集处理的目的无关、数据主体不希望其数据被处理或数据控制者已没有正当理由保存该数据时，数据主体可随时要求收集其数据的企业或个人删除其个人数据。但反对者认为，互联网是普罗大众获得资讯的途径，在全球资讯流通的时代，搜寻器对任何人或资料没有任何立场，"被遗忘权"扭曲了互联网平等、开放的功能。同时网民要求删除个人信息的申请可能会有很多涉及罪案，动机成疑问，导致"被遗忘权"的滥用。

对欧洲立法设"被遗忘权"这一新型权利，你怎样看？结合目前我国的网络生态，试预测这一新型权利如果在中国有没有设立的可能？如果设立，会有怎样的障碍？

[讨论与分析]

业界人士对传统媒体提出批评：一些地方报纸没有吸引力，缺少特色，原创新闻稀少，用大量的转载内容填充版面；一些地方电视台因人才的匮乏，节目没有新意或节目不足，用广告和电视剧填充时间段。

针对该批评，组织小组检选和阅读（报纸内容）、观看（电视节目），找出和批评情况比较相符的目标案例，展开讨论和点评，分析内容或节目的短板。

写作习题区

写练

[选择填空]

将下面每个句子中最有表现力的动词填在括号内：

（1）这波洪峰不会超过上一波洪峰，会使得退水的速度（　　）。

A. 减慢　B. 减弱　C. 减缓　D. 减轻

（2）一位专家指出，中国微商发展势头迅猛，主要是因为所（　　）的微信平台具有庞大的用户基础。

A. 依赖　B. 依据　C. 依靠　D. 依托

（3）这块土地系政府规划的绿化用地，由政府（　　），无开发商介入。

A. 主持　B. 主导　C. 主管　D. 主办

（4）央行发布房贷利率新规，（　　）了房地产领域政策变化的信号。

A. 折射　B. 释放　C. 预示　D. 发送

[看图写作]

1. 在河北千年古县城灵寿，有一座始建于 20 世纪 50 年代的县委大院（见图 6-13），两进六排的平房还是砖木结构，60 年间，包括县委书记办公室在内的几乎所有的县委机构都"蜗居"在这里办公。县委大院虽然简陋，却被当地老百姓称为"最美县委大院"。收集相关资料，写

图 6-13　灵寿县委大院

（资料来源：人民网，张梦琪摄）

一篇关于寿县县委大院的非事件性新闻。

2. 在互联网时代的"泛媒体"环境下，人们接收新闻的方式和途径有了更多的选择，大学生这个知识群体理性获取信息的倾向更为明显。由搜狐网制作的这张柱形图（见图6-14）通过采集相关数据，呈现了大学生收看"两会"报道的媒体途径。试根据图中数据以及校园使用新媒体的情况，写作一篇有一定深度的解释性报道。

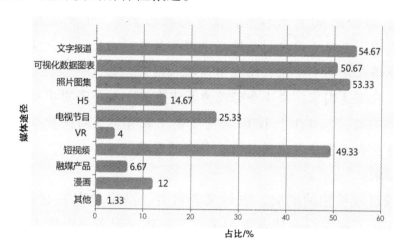

图6-14 大学生观看"两会"报道的媒体途径

（资料来源：搜狐网）

[材料整合]

1. 一位同学的家乡甘肃敦煌正在发生一场特大沙尘暴，她用手机转发了父亲拍下的遭遇沙尘暴的声音和影像："这是下午14点的沙尘暴，它正在从不远的地方扑过来，带着巨大的呼啸声；十几分钟内，周围的空间变成了深灰色，空气中弥漫着呛人的尘土味儿；又过了十几分钟，变成了深红色；几分钟内周围变成黑夜，只看见路上两簇亮着的车灯……"

写作要求：

（1）由敦煌同学介绍当地沙尘暴以往的情况。收看当地电视台对沙尘暴的报道以及其他影像资料。

（2）查阅当地媒体的有关报道，登录当地的政府网站和气象台网站，获取可资参考的有用信息。

（3）网上采集背景信息和数据，如有关沙尘暴的知识、甘肃沙尘暴肆虐的历史和现状、甘肃沙尘暴形成原因、演变、危害、治理措施、专家对灾害发展趋势的分析和评估等，深入了解西北脆弱的生态环境。

（4）根据掌握的材料，运用"华体"结构写一篇关于敦煌沙尘暴的解释性报道。

2. 2017年，一篇《有63%的农村孩子一天高中都没有上过，怎么办？》的文章引爆网络，这项数据来自国际知名农业经济学家罗斯高（Scott Douglas Rozelle）在中国农村的长期调查。罗斯高博士是斯坦福大学国际研究所高级研究员、教授，中国科学院农业政策研究中心国际学术顾问委员会主席。自20世纪80年代以来，他长期驻扎基层，足迹踏遍中国广袤乡村。罗斯高博士发现中国农村受过高中以上教育的占比过低，平均每4个劳动力只有一个人是高中毕业；而在中等收入国家，每3个劳动力有一个人是高中毕业；在发达国家，每4个劳动力至少有3个人是高中毕业。在"亚洲四小龙"的韩国，人口几乎100%接受了高中教育。罗斯高担心，中国农村教育问题可能会严重拖累中国经济、社会的发展。

写作要求：

在中国高校扩招的同时，农村义务教育、高中教育究竟是何种状况，为何大量农民工初中没有毕业就出来打工？建议记者小组深入农村，以某个乡镇为标本，开展初中、高中教育调研，采集相关教育人口数据，撰写一篇有分析有观点的调查报告。

网络

[线上采写]

1. 利用政府网站公开信息，查询你所在城市的当地政府关于公务用车的政策规定，收集相关资料、数据，结合实地考察的情况，整理、撰写一篇地方政府公车使用和消费的调查报告。

2. 利用电子邮箱或社交媒体采访一位资深记者，写一篇访谈。注意采访前阅读其在媒体发表的新闻作品，并设计提问的问题。

3. 网上采访你喜欢的微博客原创博主，整理一篇微专访。

4. 近年，移动互联网和移动支付，改变了我们的生活场景和生活方式，扫描手机上的二维码购物，几乎发生在无处不在的角落。那么，在世界其他国家，包括港澳台，那里的日常消费是否也使用移动支付？那里的居民怎样看待移动支付？网上采集相关信息，整合一篇资讯性消息。

5. 采访一位"海归"人士（可利用电子邮箱或社交媒体），根据他

（她）的海外留学经历和回国工作的经历，写一篇人物特稿。

6. 网上搜集、阅读相关材料，收集中国留学生有关资讯数据，利用自媒体社交平台联络和采访若干留学生家长，并根据录音将访谈内容整理出来。要求写作一篇新闻特稿。

7. 医疗资源在城乡配置失衡，一方面县域乡镇医生匮乏，另一方面很多医科大学生转行。通过线上与线下结合的方式采集相关材料以及数据，了解其现状和原因。要求运用华体结构写作一篇解释性报道，字数应不少于1 500字。

改写

[英文改写]

下面的英文内容系英语专业同学对以色列外教的专访，阅读后将改写为（中文的）解释性消息：

How does the small country Israel become a big innovation country?

To explore Israel's innovative password

——Exclusive contact with Israel foreign teacher Dr. Daniel Galily①

Reporter：Israel is a small country, which is lack of natural resources and surrounded by hostile countries. What makes Israel become a technology and military powerhouse?

Daniel：The people. The only resource that the State of Israel has is the citizens inside of it. They are the ones who build the economy and the social institutions. Therefore, Israelis invests in education in the belief that education is the key to success. Research by the OECD, of which Israel is a member, shows that the percentage of the people in Israel who have completed a university degree is one of the highest in the world.

Reporter：Why Israel could be the world innovation center?

Daniel：I think it's a combination of three factors：First, Jewish education – Jews have always developed an independent way of thinking among their children. Jewish education requires the teacher to involve his students in the lesson by asking questions so that they can reach the conclusions themselves. Jewish literature is full of discussions about Jewish religious laws – what to do in one case or another? Is it right to apply the law in these or other situations? Teachers in Israel do not try to impose discipline on the students or punish them for expressing a different opinion then their own. There are even whole books that encourage such

---

① 英文专访由陈元等同学采写。

creative thinking as the *Gemara*, the *Talmud* and the *Mishnah*。 The Israeli Nobel Prize laureate Prof. Israel Aumann claimed that the main factor in the creativity among Jews is the study of the *Gemara*.

Second, the Israeli army – in Israel every boy and girl is required to serve as a soldier in the army. It is an army that constantly changes and develops. He does not remain fixed to existing methods but constantly checking on how and where he can get better. This way of thinking applies to the civilian employment for all the soldiers and officers from the Israeli army.

Third, Jewish ambition – among Jewish families, parents push their children to success. But even if the child succeeds, usually the Jewish mother pushes him to more and more success.

Reporter: Do you think this kind of innovating idea and results has formed into an innovation culture?

Daniel: One of the most important things in the Israeli educational system is to encourage independent thinking. Teachers in Israel do not try to impose discipline on the students or punish them for expressing a different opinion then their own. But I think that the greatest contributor to the Israeli innovation culture is the Israeli army. Israel understood that if she would not think 10 steps ahead of its enemies, she will not survive. Therefore, the army knows how to learn about the enemy and to find unconventional solutions to threats from them. One of the things the Israeli army knows how to do well is to carry out investigations into successful missions. Even when the exercise or task is successful, he is still thinking on how he can improve. And that's what leads him to think on different military solutions 10 or 20 years before other armies in the world thought about them.

Reporter: Moust people know about technology and hatching company which are developing in Israel, what attracts them?

Daniel: Many multinational companies open R&D centers in Israel. Why? because they know Israeli experts think differently from any other experts around the world. In Israel professionals knows how to invent solutions for different situations. Realizing that everything is possible, you just have to find the way. These professionals are people who have received practical training on the battlefield and know that there is no room for failure, because Israel cannot afford to lose on the battlefield. So if there is a problem, then we must find a solution.

Reporter: In the field of innovation of Israel, what kind of government policy ?

Daniel: The government understood from the beginning that it has a very creative population, and therefore it is gives allot of financial resources to research and development (R&D). The Israeli Ministry of Finance understands that the key to economic development depends on the creation of new products / services for the citizens of the world.

Reporter: Companies in Israel, both managers and staffs have a saying, so what kind of influence this kind of unique business culture on their field of innovation?

Daniel：In the Israeli army, commanders know that they do not have the exclusive right to knowledge. They understand that soldiers also can have knowledge and mental abilities that they do not have. Therefore, the commanders encourage the soldiers to express ideas and in many cases even give them a mental margin to make their own decisions. After the army, they apply these principles in the civil employment world. They understand that workers' opinions and advices can help the company. In Israel, it is a perfectly a normal sight to see a worker that does not agree with his employer and gives him professional advice.

Reporter：Israel Creative talents and developed their country based on innovation, There is inner relation does it have with Israelite national character and history. I guess.

Daniel：People in Israel have special love for their country. It can be called the feeling of "there is no other choice". It is important in Israel to develop the Jewish state, but they know that the process has difficulties, especially by external elements who wish to harm the existence of the state. Therefore, they are ready to deal with any possible difficulty, whether it is difficult to find money for investment because of threats from the Arab world or to establish a new settlement that is subject to threats from Islamic terror elements who want to destroy.

While everyone else in the world would have preferred to give up, an Israeli would not give up. He remembers very well how his people had been destroyed in World War II, because he did not have a strong country to protect him. Therefore, he understands that if he gave up then he will push his people to death.

In 2006 about a large high-tech enterprise in northern Israel owned by American billionaire Warren Buffett, who continued to develop technological products even when missiles fell all around him from Lebanon that were launched by the Islamic terror organization Hezbollah. in 1991 about the Intel plant in Israel, which continued to develop Intel chipswhich were invented in Israel. When at the same time, missiles from Iraq that were fired by Iraqi ruler Saddam, landed in the area.

Israeli people have the feeling that "no matter what you throw at us, we will continue to develop". And this is a unique feeling for Israel.

修改

[病句纠正]

1. 指出下面句子中的不当之处，并加以改正。

（1）因为简单的理由，他博士毕业后留在了香港，"我喜欢简单和规则"，他说。

（2）湘江、资水、沅水、澧水是湖南境内的四条河流，四水由洞庭湖汇入长江。

（3）史主任因事没有参加会议，她鼓励大家要把会议精神贯彻好、落实好。

（4）过去，你离国务院是沙发到电视机的距离，是一张报纸到一副老花镜的距离，现在打开手机，国务院就在你的掌心上。

（5）宴请的人有一个是我的小学童鞋，听说他目前的境况很杯具。

（6）中国是世界茶叶产量增长的主导因素。所以，我相信茶文化发展是处于上升趋势，这是社会经济水平发展到一定程度，精神需求开始上升的一种体现。

（7）中国盲人协会官方网站发布数据显示，我国目前有上千万盲人，数量居世界第一，是残疾人中不可忽视的群体。

（8）菲律宾人民民主共和国总统将正式访问中国。

（9）微博曝光后，不少粉丝留言称赞：男神女神一起合照好养眼。

（10）这个消毒柜不能放进筷子、塑料食具。

[文字删削]

将长句改成短句：

（1）一篇由"反贪硕士班"学生撰写的校园新闻里曾提及几堂课的主题包括最高检反贪总局局长陈连福讲授的"当前反腐败斗争的形势和贪污贿赂犯罪的特点"、最高检反贪总局副局长孙忠诚讲授的"反贪办案工作的风险评估与危机处理"等。

（2）和吃有关的新书《自然力量疗愈法》的作者安德烈亚斯·米查森是一名57岁的内科医生和营养师告诉人们："大量可食用植物具有药用价值。"

（3）新加坡这样的城市国家拥有潜艇并正在用更强的潜艇更新其舰队这一事实在表明其海军实力方面是多么的野心勃勃。

（4）专家告诉那些频繁使用社交网站却不能减轻人群中孤独感的年轻人必须维持与他人面对面关系的必要性。

数据习题区

采掘

[大数据分析]

1. 与有关专业的同学合作，采集相关数据资料，统计北京、上海、广州三个城市外来流动人口构成及其生育性别比值，运用大数据分析展开论证和获得基本判断。

2. 据《参考消息》报道，美国航天局卫星数据表明，在全球 2000—2017 年新增的绿化面积中，约四分之一来自中国，贡献比例居全球首位。试收集中国近一年各地区城乡新增绿化面积的大数据信息，并进行统计、比较和分析。

[大数据调查]

1. 大学生移动网络使用情况调查

大学生的网络行为方式和表现体现了新媒体媒介素养状况。组织一次全校范围内的"大学生移动网络使用"调查，精心设计调查问卷，以发放问卷和结合现场采访展开。最终在科学统计的基础上，形成一篇有分析的、客观的调查报告。要求采访样本充足，数据全面、准确，并设计相应表格和配发图片。

以下相关调查细目仅供参考——

◎每天使用移动网络（手机）的时间（以小时计算）。

◎按照阅读兴趣依次列出网上选择的内容：新闻、专业或知识、电影电视、娱乐节目、游戏、网购、聊天、实用资讯（衣食住行、兼职、招聘、展会等）、体育、纪录片、国外媒体网站等。

◎按照关注程度依次列出平时阅读的新闻内容（时政、财经、娱乐、影视、教育、国际、体育、军事、科技、健康、民生、反腐、旅游、文学、艺术…）。

◎是否经常或偶然参与在网络平台发表意见。

◎是否注册了个人的微信公众号。

◎流量消费。

2. 大学生网购消费调查

大学生网购须理性

校园东门，杨小遥和同学到正在取快递件。店里摆满好几百个快递包裹，有些同学一次取走两三件。小遥是大二学生，高中以来一直都有网购的习惯，她大约每个月网购两次，每次花费都在20~200元。网上商品琳琅满目，刺激着消费者的购买欲望。小遥说自己身边的同学也喜欢网购，衣服、书刊、生活用品、零食，在淘宝都能找到心仪物品。

网购实惠多多，但也带来烦恼，杨小遥说，作为学生毕竟没有经济基础，网购花销还得依靠父母支持，并非心安理得；此外在网上看到新奇的东西，不管自己需不需要都特别想买，事后才发现其中有很多物品并非是必需品。

大学生青睐网购时尚，但理财和自控力薄弱，如何理性网购得要好好想想了！

以上文字系一位同学的习作。以此为由头，组织一次全校范围内的"大学生网购调查"，以发放问卷和结合现场采访展开。最终依据数据事实，做出客观分析，阐述网购利弊。要求采访样本充足，数据统计准确。

以下调查细目可供参考：

◎大学生网购占全体大学生的比例（男性和女性/年级/专业）。

◎月（周/年）网购消费次数及所占比例。

◎平均消费金额（%）及所占比例。

◎网购商品类型及其排序（男性和女性）。

◎选择网购的直销平台（电子商务网站）排序。

◎不愉快的购物经历及其比例。

◎收集案例（包括随机采访）。

◎为网购调查设计数据图表。

制作 1

[数据图表]

1. 报道学校运动会，采集相关数据，制作配合报道内容的数据图表，数据应包括学生组和教师组的比赛赛项、选手、名次、成绩记录等。

2. 运用表格或图表，直观呈现所在城市辖属的市、县、乡的数量及其名称。

制作 2

[分布图表]

1. 收集相关资料，设计和制作两张分布图：

（1）全国的边境城市（及其名称）的区域分布。

（2）被称为中国"粮仓"的区域（及其名称）分布。

2. 采集最近一年全国留守儿童在各省（自治区、直辖市）的数量及分布的数据信息，合作制作相应的图表、图形。

制作 3

[可视图表]

1. 春节前，热爱自行车运动的张航同学单车骑行回家，从北京到家乡湖南邵阳，一路拍摄照片还坚持每天写日记，最终顺利抵达目的地。返校后，张航成为新闻人物并接受了校报记者的采访。校报组织相关人员合作，要求设计制作一幅张航单车骑行从北京到湖南邵阳的交互地图。

2. 根据《北京蓝皮书：网络文化传播引导力显著领先》文章中提供的数据，制作一个可视化图形。

3. 根据以下选题制作可视化新闻——

（1）近 3 年各省高考作文题比较。

（2）"跳槽"的理由。

（3）温州人在全世界做生意。

（4）女性一生买多少件衣服。

（5）大学生还有多少人喜欢诗歌。

（6）摄影器材的变化。

（7）消费支付手段的变化。

（8）家乡曾经的河流消失了。

（9）上海长兴岛的形成。

（10）介绍 10 座千年历史的中国古镇。

（11）贵州的世界级高桥。

制作4

[融合报道]

1. 骚扰电话猖獗，几乎每个人的手机都接收过来历不明的电话。试组织一个调查团队，运用采访和社会科学研究相结合的方法展开针对"骚扰电话"问题的调研（来电时间、区域、内容和来源机构，法律如何界定其行为，治理措施和惩罚手段等）。汇集和处理采集的数据，绘制图表，撰写文本，形成一个多媒体组合报道。

2. 音频共享平台"喜马拉雅"的大学生听众知多少？他们喜欢收听哪些频道内容？运用社会科学研究方法对该问题展开调研。绘制图表，撰写文本，形成精确新闻报道。

3. 黑龙江省国民经济和社会发展统计公报显示：2018 年黑龙江省人口自然增长率为-0.69%，年末常住总人口为 3 773.1 万，比上年减少 15.6 万。采集更详实的数据资料，了解黑龙江省外流人口持续减少的趋势和原因，完成一篇综述性报道。

4. 由教师带领，组建一个跨学科可视化报道团队（记者、编辑、美工设计师、视频拍摄人员），确定选题，理解编辑意图，分工合作，根据文字报道内容，嵌入 VR 影像、纪录片、新闻短视频、H5 产品、可视化图表、照片、文档资料等，最终完成系列融合新闻产品。

选题可在"事件""科普""话题""旅行""影视""传统与历史"以及感兴趣的领域内考虑。

阅读习题区

前方

来自前方记者的声音带着既新鲜又充满实战硝烟的气息。得失经验，采写洞见，切身体会，让我们直接触摸时代跳动的脉搏，倾听更切实的、睿智的报道意见，让新闻课堂更接地气。

［记者手记］

迟来的欣悦

（编者注：王和岩，财新传媒首席调查记者，2013 年"年度风云记者"和 2015 "腾讯传媒年度记者"。代表作品《邓玉娇案尘埃落定》《李庄案大转折》《调查刘志军》《西藏农行窝案》《谷俊山系列调查报道》等。其作品《三鹿奶粉大审判》获首届中国金融与财经媒体论坛"学院奖"优秀财经新闻作品奖（2010 年），《舟曲警报》获最佳环境报道深度报道奖（2011 年）。本文转引自 2014 年 1 月 16 日财新网）

请扫描二维码阅读

传媒

［概念］

传者与受传者　内容生产　内容产品　内容产业　分众　移动终端　H5 制作 VR 制作　Facebook　多媒体　智媒体　泛媒体　垂直媒体　5G

［简答］

1. 你怎样理解麦克卢汉"媒介即讯息"？试举例阐释。

2. 新闻和媒体有怎样的关系？说说新媒体"新"在哪里。

3. 除了记者原创内容，你是否认为用户生成内容也应是原创内容？

4. 你怎样理解受众改称"用户"？"新闻报道"改称"内容产品"？

5. 用新媒体形式进行新闻叙事，是否会只有报道宽度而缺少报道深度？具体阐述"是"和"否"的原因。

6. 指出你身边的"新闻泛化"现象，你认为媒体和新闻人应如何理性看待"新闻泛化"的问题（参阅第七单元内容）？

7. 什么是"垂直媒体"？对用户的意义是什么？你认为什么样的信息对用户是实益的、实用的？

8. 举例阐述新闻报道如何实现一次采集、多次分发、多元传播。

9. 在娱乐报道中，如何辨识人情味和低级趣味？

10. 在传统媒体与新媒体融合发展的背景下，你怎样理解原创报道的价值？

[讲堂]

这个时代传统媒体是什么？能做什么？

卢新宁

（编者注：卢新宁，原《人民日报》副总编辑。自 1991 年历任《人民日报》教育、环境、文化记者以及任《人民日报》评论部主任和副总编辑。本文转引自作者发表于 2017 年 2 月 4 日人民网的文章。文字略有删削）

请扫描二维码阅读

读书

1. 《数据新闻大趋势——释放可视化报道的力量》，［英］西蒙·罗杰斯著，岳跃译，中国人民大学出版社，2015

2. 《精确新闻报道：记者应掌握的社会科学研究方法》（第 4 版），［美］菲利普·迈耶著，肖明译，中国人民大学出版社，2015

3. 《融合新闻报道》，［澳］斯蒂芬·奎恩著，张龙等译，北京大学出版社 2015

4. 《网络新闻学：新媒体的报道、写作与编辑》，［美］克雷格著，刘勇主译，中国时代经济出版社，2010

5. 《社会化媒体：理论与实践解析》，彭兰著，中国人民大学出版社，2015

6. 《数据新闻概论》，方洁编著，中国人民大学出版社，2015

7. 《机器学习及 R 应用》，陈强著，高等教育出版社，2020

8. 《Excel 数据分析思维、技术与实践》，周庆麟、胡子平著，北京大学出版社，2019

9. 《台湾往事：台湾经济改革故事》，郭岱君著，中信出版社，2015

10. 《民国往事》，萨沙编著，北京联合出版公司，2015

11. 《欧洲思想史》，［奥］佛里德里希·希尔著，赵复三译，广西师范大学出版社，2007

12.《历史的教训》，［美］威尔·杜兰特著，倪玉平译，中国方正出版社，2015

13.《万古江河》，许倬云著，湖南人民出版社，2017

14.《众生喧哗》，胡泳著，广西师范大学出版社，2008

15.《未来是湿的——无组织的组织力量》，［美］克莱·舍基著，胡泳、沈满琳译，中国人民大学出版社，2009

16.《动物庄园》，［英］乔治·奥威尔著，姜希颖译，时代文艺出版社，2018

专业学习资源参考

部分新闻类新媒体（网站和 App）

请扫描二维码阅读

第七单元

专题·新业态　新思潮

第七单元　专题·新业态　新思潮

众媒时代，没有人可以忽视网络媒体对新闻内容生产的广泛影响和渗透所产生的结果，这种结果正在深刻地改变新闻的原生态。

转型时代，网络的冲击前所未有，置身其中的新闻人需要了解传播环境的变局、变革，以明辨脚下的方位。

当然，这是一个活跃的、不断刷新的前沿话题，业界和学界、回溯与前瞻，各自视角，观点纷呈，仁者见仁，智者见智。本专题试从新闻的角度，将思考的脉络做一个大致梳理，与业界同仁、学界师生共同面对和探讨的一些现象和问题。

明辨脚下的方位，是为了更清醒、更有效地认知新媒体，运用新媒体。媒体的希望就是在变革中保持价值秩序，在价值秩序中力求变革。

第十九讲　传播的变局

互联网时代，每一个人都能感到形势变化如此之快，仅仅十几年，强大的网络科技造就了以"新媒体"为中心的传播新格局，这种颠覆性的改变将传统媒体推上时代的风口浪尖。

业界过去所称之的"新闻报道"，现在改称"内容产品"；受传者所称之的"受众"，现在改称"用户"，名称的改变意味着行业的重组和时代的更迭。毋庸置疑，今天的新闻媒体不仅经历前所未有的危机和压力，也迎来并行不悖的挑战和机遇。

第一节　嬗变与重构

一、报纸在唱衰　报道在继续

点击新闻，活跃的新媒体其快捷、自发、群言互动的方式总是在第一时间闯进受众视野，这情状早已经成为我们熟悉的传播现象。当人们越来越多地在掌上阅读、从网上获取信息，当传统媒体失去了传播渠道的主导地位，报纸必然面对读者不断流失的现实，面对新闻采制的高成本与广告直线下降的强烈反差。

一些报纸不出版了，一些媒体人转身投向新媒体。人们怀疑：纸张传播介质的时代或许结束了，新闻这一行业或许衰落了。

"别新闻、新闻的了！"当网络与新媒体这个专业名词出现时，有人提醒新闻要变天。一位知名门户网站的总编辑公开宣称："过去传统媒体那一套成熟的运作体系、成熟的理念都过时了、崩塌了！"大有新媒体横扫旧媒体的气概。

旧媒体有多旧？1450 年德国人谷登堡发明活字印刷，纸媒报纸开始发行。经历手抄新闻时代（《威尼斯新闻》1566 年）、印刷新闻时代（《西班牙新闻》1611年）以及定期出版时代（周报、日报），报纸媒介在世界范围广泛地建立起权威的公信力和社会影响力。到了1815年（清嘉庆年间），第一份中文报纸《察世俗每月统计传》由英国传教士马礼逊在马来西亚马六甲创办。

报纸这张新闻纸担负着天然的传递新闻信息的使命，其新闻大都是记者采写的原创报道，且纸的介质承载的文字更擅长在内容上细致入微，更适合对事物的发展过程做深层次的分析和解释，这令纸媒的新闻功力独树一帜。

在广播、电视出现之前，报纸已奠定了新闻事业的深厚基础，它集中了一流的、专业的新闻采编队伍，形成了一套完善的内容生产体系，构建了专业理念、新闻原理及规律的基本理论框架，使新闻成为一门学科。在20世纪20年代传到中国时，新闻学被称之为"报学"，体现着报纸纯粹的新闻品性。原来，报纸的源头也是新闻事业的源头。

从报纸到广播到电视，媒体传播伴随着人类文明进程走过600年历史。

科技的力量不断打破平衡，创造文明的进化。网络媒体崛起的强势，带来报业衰落的颓势，最早出现的大众传播媒介报纸——全世界的报纸，共同遭遇史上最严峻的寒流。

当然，不能埋没那些不断生产优质内容产品的纸媒，其总是拥有稳定的、忠实的读者群。但是一张报纸如果做不出令读者耳目一新的新闻（实事求是地说，相当多的纸媒发布的新闻过少，乏味的内容又过多），读者会选择离开，况且互联网带来了如此巨大的选择机会。这种现象也验证了业界的观察：导致报纸衰落并不完全归结于科技技术的冲击，但传播格局的改变无疑是主要的原因。无论如何，当技术的浪潮席卷而来，我们知道，原有的模式必然经历严酷的淘洗，因此从这个意义上说，能够理解网络媒体精英彼一时的豪情。

然而，正如没有一个平台能够满足所有用户，伟大的互联网也不能颠覆所有传统。

在媒体、新闻、传播都在发生激烈变化的时代，不变的是每天发生的故事，是讲述故事的更长久的意义。

报纸这张新闻纸是报道的纸，纵然无纸，但报（道）还存在，新闻还在继续。就像手中的笔换成了键盘，书写的工具变了，变得快捷方便了，但书写的思考没有变，书写的内容没有变，书写的工作场景没有变。书写方式的技术革命带来文字形态的改变，印刷符号变成数字化符号。看报纸的人少了，但看新闻的人没有少，报纸读者都跑到移动或不移动的屏幕上去看新闻了。

是的，新闻报道从来没有停止过它的步伐，而受众消费的是报纸的新闻不是纸，新闻纸因为新闻，纸才有价值，纸，只是承载新闻的介质。现在，介质变了，变成了电子界面，变成了掌上翻页。

美国著名的未来学家、麻省理工学院教授尼古拉·尼葛洛庞帝在其专著《数字化生存》曾预言："面对数字化时代，一个个产业揽镜自问：'我在数字化世界中有什么前途'时，其实，它们的前途百分之百要看它们的产品或服务能不能转化为数字形式。"在前所未有的变局之面前，全世界的报纸都陆续放弃单一的纸媒业态，竭力抓住互联网的机遇。

传统媒介的未来在新媒体，但传统媒体是奠定新媒体的基石，新媒体需要在旧媒体的土壤上，培育新的媒体"物种"——融合媒体。

二、新媒体：渠道、平台和内容

（一）数字化融合之路

布局媒体转型的方位，报业须找到承接点，即渠道、平台和内容能够互为表里依存。一些大型综合门户网站利用先进的网络技术，将传统媒体的原创新闻进行转载、整合、编排、汇聚，形成有条理的内容聚合模式，报纸实际上成为网络传播链条的分散内容供应商，报纸的内容被网站的新闻频道再开发了。传统报业拥有以采写编为核心环节的专业体系，拥有强大的内容创造力，而大多数网站不具备采访新闻的资质①，但拥有客户端平台和渠道的用户资源优势。如此，传统媒体既可以积极入驻门户网站平台，扩大自己的影响力，也可以建立自己的新媒体网站，让原创新闻增加多个播出渠道。

无论是旧媒体还是新媒体，目的都是传播信息。传播需要内容和渠道。以内容建设为主的新闻媒体和渠道建设为主的各种电信运营商之间，已经成功地实施战略合作的相互进入。据上海报业集团"界面新闻"2018年6

---

① 2014年10月，国家新闻出版广电总局和国家互联网信息办公室联合启动向新闻网站核发新闻记者证工作，人民网、新闻网、中国网、国际在线、中国经济网、中国青年网、光明网等14家中央级主要新闻网站以及地方主要新闻网站先后获得一类新闻信息服务资质。同时规定属于非新闻单位的商业类网站只可转载信息，不具备新闻信息采编权。

月 7 日报道，Facebook 已经与美国 CNN、福克斯新闻和其他几家新闻服务提供商合作，发布自己的独家新闻节目。Facebook 全球新闻合作负责人坎贝尔·布朗在博客中表示：将在 Facebook 上展示值得信赖、信息丰富、本地化的新闻内容，建设高质量、及时更新的新闻内容平台。

新的媒介融合模式无一例外地将重心放在了移动客户端。在内容需求和用户阅读习惯的共同作用下，国内主流传统媒体与大型门户网站、知名新媒体平台完成了多轮内容与技术、媒体与资本的融合。2018 年 2 月 6 日，百度百家号与新华社达成优势互补的战略合作，双方将联合推出"新华社超级频道"，并在百度平台全面分发新华社新闻信息内容。之后百度又与《人民日报》签署合作协议，打造符合党媒资讯的推荐产品。6 月 19 日，《人民日报》与腾讯在北京签署媒体融合发展创新战略合作协议。7 月 5 日，国家统计局与澎湃新闻签署战略合作协议，组织全国各统计调查机构入驻"澎湃问政"平台。10 月 26 日，新浪网与《陕西日报》达成合作协议，期待增强网络媒体与地方主流媒体信息资源的共享能力……

转型是相互需要的，财新传媒社长胡舒立指出新媒体也需要转型，她说："新媒体，如果确实想承担新闻媒体功能，而且将继续承担这一功能，也需要转型，转为更多追求传统意义上的新闻专业主义核心价值。"尽管对于更多的新媒体来说，这种"逆向"转型并非那么主动，但一些大型新媒体机构也确实在努力寻求优质新闻内容的支持，且越来越重视提升生产原创新闻的能力。

（二）重构内容生产方式

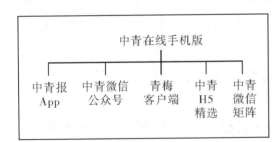

图 7-1 《中国青年报》新媒体矩阵
（资料来源：中青网）

报纸的新闻网站在互联网平台上继承了母媒体的衣钵，依靠网络实现了数字化阅读（见图 7-1），让传统的内容产品继续在网络上吸引读者。数字化阅读不是简单的拷贝，而是整合和聚合自身生产的原创内容、其他媒体机构生产的内容以及用户生成内容，形成数字化聚合内容系统，使报和网彼此嵌入、彼此联动，确保新闻到达在网站之间跳来跳去的读者那里。

彭兰教授指出："移动化、社交化、智能化也是新媒体发展的三大走向。尽管很多传统媒体都在谈通过'媒介融合'来转型，但在本质上看，今天的'媒介融合'，就是在这三大方向下传统媒体的新媒体化过程，对这三种发展方向与路径的认识，决定着传媒媒体的未来。"当报纸的主战场转移到新媒体主战场时，新闻便可能找到在网络和移动网络上重组、拓展、创新的机会。

上海报业集团是国内最大的新闻集团，旗下拥有两个出版社、8家日报和十几家周报、7家月刊杂志，同时拥有10家新闻采编资质的网站、18个App应用和50多个微信公众号。依托原有媒体的品牌资源、人才资源和新闻资源，上海报业集团开启了媒介融合的探索，"澎湃新闻"就是在东方早报的基础上成功地建构了以"嫁接网络媒体 传承新闻价值"为宗旨的新媒体新闻网站。

虽然目前报业的新媒体运营并非都很顺利，但转型之大势势不可挡，为了摆脱对单一孤立的传统发展路径依赖，融媒的新业态已经广泛形成。正如我们看到的，传统媒体在"新媒体化过程"中，不仅拥有自己的纸媒，还拥有视频、音频、"两微一端"（微博、微信、App客户端）的新媒体平台，报道手段由单一介质变多媒体介质，由平面变立体，增加了更多的表现方式，且新媒体强大的传播渠道又使传统媒体的新闻内容获得二次传播，扩大了自身的影响力。一批传统媒体在融合中取得显著的转型成效。中国最大的党报《人民日报》在新媒体的舆论阵地开疆拓土，成功运营集内容生产、传播和评估体系的"中央厨房"，2015年"两会"期间，《人民日报》启用"中央厨房"工作机制，累计推出上千件各类融媒产品，有效实现一体策划、一次采集、多种生成、多元传播、全天滚动、全球覆盖，让新闻在最短的时间内达到最广泛的传播。

三、纸媒转型的立身之本

新媒体是传统媒体全力营造的内容平台，需要更多的优质内容的供给。在国外，《华尔街日报》遍布全球的1 600多名采编人员每天提供的1 000多篇稿件支持报纸的网络版，其严肃、独立、独家的内容确保用户始终保持对这一媒体品牌的信任和忠诚。这家报纸10年前就已成为全球付费用户最多的网站，月平均访问量逾2 000万，开辟出一条自营网站良性运作的路径。

作为"专注时政与思想的互联网平台"，澎湃新闻在创建之前就准备了300人的成熟的新闻采编团队，骨干力量仍然是干练的资深报人，这些人被视为内容生产的宝贵财富，在新

图 7-2　澎湃新闻"澎湃视频"栏目

（资料来源：澎湃新闻网）

媒体的运作中继续为新闻深度和精度而努力。同时，媒体积极引进在专业领域学成的"海归"人才，将新视野、新想法、新技能和朝气蓬勃的青春带进"澎湃新闻"。全面转型后的澎湃，致力于将优质原创内容做成王牌，让纸媒的气质继续在网媒上延伸（见图7-2）。

内容和媒体的固有品格是纸媒转型的立身之本。只有强力推进内容的数字化转型，融媒"新物种"才能全面适应新媒体环境，获得更多的读者的青睐。如今，为了打破部门区隔和业务壁垒，报社和新闻机构过去那种机关式的一个个封闭的编辑部房间，都陆续改建辐射状的开放共享的大平台，推行"一个内容多个介质"的低成本联合办公模式，总编和编辑们在一个新的空间布局中统一办公，在新闻发生时能够同时、同步、协调合作完成报道。

新闻的生产、传播、分发、反馈——每一步都通过运用新技术扩张媒体的影响力。与此同时，记者编辑们借助智能应用，获得更强的信息攫取、分析的能力。

澎湃新闻在办公大楼12层的一整层，打造了一个拥有各种开放空间和会议室的"湃友圈"，数据新闻部、交互部、视频部、文字记者、漫画师、设计师、工程师等不同部门的专业人员经常来"湃友圈"碰撞"融合"的火花，他们讨论如何发现、解释时代的故事，如何在快速变化的数字媒体世界创造内容产品，这些内容包括优质原创内容、专业开放内容、交互社区内容。在自由而庄重的氛围里，"湃友们"描画着内容新生态图景。

第二节　受众与参众

一、社会化传播与自媒体

若问新媒体、旧媒体的区别何在？美国学者丹·吉摩尔的回答是："此前被称为受众的人们现在成为'参众（participants）'，那是一种不同的关系，核心就在'我'的参与。由'我'的诉求进入'我'的圈子交流，获得'我'的愉悦性体验，这是信息社会新老媒体的根本区别。"

受众，大众传播信息的受传者，泛指报刊的读者、广播的听众、电视的观众、新媒体的用户；受众也是信息传播的终端——信息的消费者。过去的受众只是单一的、被动的信息接收者，来自新闻机构的职业传播者拥有独一无二的话语权，"我写你读""我播你听""我编你看"，媒体报道什么，读者接收什么，媒体控制受众的知情权和选择权。

在网络传播环境中，任何人都可以在网络平台上建立自己的博客、微博，注册微信公号，参加网络社区，发布和转发各种信息，在受传者和传者之间进行双向、多向互动。借助网络社会化媒体，受众个体转为"参众"个体，"民众新闻""脱媒新闻"已然崛起。

业界有研究者把国外"We Media"的概念作为自媒体的依据。美国新闻学会媒体中心 2003 年 7 月发布了由谢因波曼和克里斯·维里斯联合提出的"We Media"的研究报告，将其定义为："普通大众经由科技强化、与全球知识体系相连之后，开始理解如何提供与分享他们自身的事实和新闻的途径。"业界研究者认为，"We Media"是指私人化、普泛化、平民化、自主化的"社会化传播者"，国内业界译为"自媒体"，"自媒体"属于社会化媒体的范畴。

在"参众"叙事的自媒体传播时代，某些记录、建构信息的新闻报道（或诉诸文字或诉诸影像）实质性地进入新闻生产过程，并通过网络渠道、社交平台完成新闻传播。民众拥有置身新闻现场的更多机会，目击者可随时通过社交平台发布和传递灾难现场的情报、照片、影像，在第一时间传递新闻。

如此，并非记者报道的新闻才算是新闻报道，非记者"提供与分享他们自身的事实和新闻"也是新闻报道。

社会化传播打开了丰富多彩的"个人视角","参众"投入互动的精彩和言路的宽敞，也在不经意中看到更大的世界。从新鲜的信息到新锐的评论，从开阔的知识殿堂到新奇的叙事场景，受众看到了在报纸上看不到的资讯内容，极大满足了对信息的多样化需求。

民间藏龙卧虎，一大批内容创造者开设了自媒体平台，社会化媒体的杂乱喧嚣中不乏"微信大号""微博大咖"，他们多为独立撰稿人、学者，担当着意见领袖的角色，其智识和文字或清新独到、启迪人心，或观点犀利、不同凡响，几十万、百万、千万计的点击量远远胜过传统媒体的影响力。如此，并非传统媒体传播的新闻才算是新闻，社会化媒体也传递有价值的新闻资讯。

网络赋权赋能，使个体有了发挥潜质的机会，充分地释放了"参众"的知情权、话语权和巨大的传播能量。于是，新旧媒体之间相互跨越了边界，传者和受传者的角色被彻底颠覆。传统媒体失去了传者话语权的垄断地位，不再是唯一的传播主体，而只是承载新闻报道的一部分或重要的一部分。

二、网络空间的激进化

（一）乱花迷人眼

在网络公共领域，由于"参众"自身文化的局限、个体素养的差异，令信息出现良莠不齐、泥沙俱下的局面。"人人都有麦克风"给予人人的话语权，便出现了难以预料和难以掌控的社会化传播场景。

传统媒体在信息传播前，就有着严格的编辑审核"把关人"制度，但是自媒体原本不是为新闻传播设计的，如微信公众号是为朋友圈的社交设计的，有利于信息的推送和交流，当信息沿着社交渠道流动时，技术上没有过滤信息的功能，而社交信息是原生态的，是粗糙、随意和无序的，即使优质的信息也只能夹杂其中，鱼目混珠。在这种情形下，尽管自媒体有很高的传播流量，内容质量却很难深究。据悉，2017年全国视频用户规模已达2.4亿人，在人气兴旺的短视频领域，某些直播平台高峰时段的在线用户高达百万级数量，但直播内容有多少营养成分，要打上一个大大的问号。

社会化传播者是分散的、匿名的、流动的，我们不知道炮制虚假"猛料"的自媒体是谁，却也熟悉那些热衷编排"看点"和绯闻的"小编"；我们方便地获取各类实用信息，也和睿智的见解、练达的美文不期而遇。信息的原野"乱花迷人眼"，既有植株葱翠，也有稗草丛生。

当低俗涉黄的影像在方寸屏幕上肆意散播，当庸俗的段子、无聊的爆料、粗鄙的言论、捕风捉影的传闻以及耸人听闻的标题在信息平台堆积，"普通大众提供与分享他们自身的事实、新闻的途径"必然被严重扭曲。而附着媒体属性的某些门户网站则充当了不良信息聚合者的角色，它需要低俗的"卖点"来迎合、吸引最广众的用户，以有效地、源源不断地增加用户流量。在这些网媒看来，自媒体就是一种自己的媒体，传播什么信息应由传者自己决定，平台只负责发送信息。

（二）"流量"的质疑

"流量"在衡量传播规模和传播效果时具有两面性。某明星宣布与情侣分手的流量热度高达数百万，而在同一时间，著名水稻专家袁隆平的团队在塔克拉玛干沙漠边缘试种海水稻取得重大进展的报道却被挤下"热搜"榜。我们只能说：鉴于众多受者自身的文化局限，很多情况下的"流量"是廉价的。优质的内容固然拥有很高的点击率，但庸俗无聊的信息常常更博人眼球。"内容为王"并非意味着拥有充足的内容，重要的是什么内容，流量不能反映"内容为王"的实质。

"用户至上"中的用户是一个多层面的、细分的概念，媒体理当重视受众的兴趣，满足用户的需要，但用户的需要不一定都是对的，况且一些无良自媒体还擅长制造不对的用户需要。

自媒体有自主发送推文的权利，也有公共媒体的属性，关键是：公共媒体拥有对成千上万之用户的渗透和导向能力，如果是这样的一些内容——娱乐至上的内容更易培育平庸的趣味，污秽的内容更易牵引人性的堕落，戏谑人生的内容更易寄托消极的情绪而不思进取，网络暴力的内容更易助长戾气……那么，此情势下的"流量"恐怕只能帮衬人性浑浊、社会撕裂。

当这些蓬勃的畸形发展的自媒体模式在不断刷新"流量"时，也埋伏着文字营利的"卖点"：或因戳中人性痛点和盲点而"圈粉"无数，或因蹭热点、造假新闻而狂赚眼球。更有志于"刷存在感"者，为伸张"爱国"正义，动辄喊打喊骂、指斥他人，却对自己的浅陋浑然不觉。

CCG（全球化智库，总部位于北京）学术专家委员会主任、新加坡国立大学东亚研究所所长郑永年指出：在互联网，"'善'与'恶'都可以借此表达和张扬自身。很显然，如果需要互联网扬善抑恶，人们对互联网所能造成的'恶'（至少到现在为止）必须有一个清醒的认识，并且须时刻检讨互联网对人性的深刻影响。"

在今天，人们清晰地感觉到，某些网络场域弥漫着炫富炫美、崇尚富贵和享乐的氛围，单一的价值观铸就精神同质化，去高尚、去理性的思维取向仍然盛行，导致社会"劣币驱除良币"。

自媒体应反省：自己生产和传播的信息对年轻心灵、社会风尚的影响负有多少责任。

三、虚拟世界的制衡

《大趋势——改变我们生活的十个方面》的作者、美国未来学家约翰·奈斯比特在 1982 年预言了信息社会的即将到来，但是他同时指出："在信息社会，没有控制的和没有组织的信息不再是一种资源，倒反而成为信息工作者的敌人。"

浪潮汹涌，伴随着翻腾的泡沫，如果泡沫过量聚集，就会形成一种负面能量，冲击媒体生态良性发展。时代的浪潮代表着传统媒体和新兴媒体共同营造的不断进取、不断聚合力量的传媒新生态，浪潮席卷下的泡沫是必然的出现，但浪潮不能允许泡沫兴风作浪。

来自国家网信系统的统计数据从一个侧面反映了新媒体当下信息产能过剩和信息泛滥的传播乱象：2016 年，全国微信公众号每月活跃用户逾 6.5 亿，近 2 000 万个公众号每天推送超过 70 万条群发信息，执法部门在该年度依法关闭了 226 万个各类违法违规的账号。2017 年，关闭违法网站 22 587 家，移送相关案件线索 2 045 件，依法关闭各类违法违规账号群 317 万多个。

在世界范围内，各国都在尝试通过互联网立法来管治和规制虚拟世界，但对于人性与生俱来的本能，制衡的效果并不明显。而对于"自媒体就是自己的媒体"的说法，刘建明教授给予了明确否定："网络平台不是自媒体，而是名副其实的公用媒体。""'We Media'这个词组并没有自媒体的含义"。他以严厉的措辞批评某些自媒体无视公序良俗，"把网络平台当作个人麦克风，将公共领域视为私人领域，混淆了两种不同的空间"。

《光明日报》发表评论指出，自媒体正在使新闻职业伦理道德与社会伦理道德之间发生相互转换。在微博、微信兴起的自媒体时代，"传播新闻不再是职业新闻工作者的特权，每个社会成员在理论上都可以利用媒体向社会传播新闻，所以，某些新闻职业伦理越来越有必要成为全社会的伦理主张或道德诉求。"

2019 年 6 月 22 日，由中国新闻史学会媒介法规与伦理研究委员会主办的"反思与重构：智能传播时代的媒介法规与伦理"学术年会，对自媒体平台和发布者的责任心、价值观取向、法律问题、道德问题等进行了全面探讨和评判，并发布我国首部由学者制定的、旨在规范自媒体用户自律行为的《自媒体用户信息传播伦理规范》，强调人本身应该遵循的德性理念，倡导信息传播者"抱有关怀地生产信息，通过得体的方式传播信息。"在自媒体的用语规范方面，强调"文明用语，避免发布含有侮辱、谩骂、诅咒、粗俗、煽动仇恨或其他道德上令人反感的内容"，敦促自媒体传播者自觉遵守语言伦理道德。

要求数量庞大的自媒体都有社会责任感似乎是不可能的，但并不意味着自媒体可以不受新闻伦理道德的约束。除了用制度性、规定性的"他律"制衡某些自媒体，"自律"或更为重要和迫切。在自媒体时代，普通网民、每个发布和传播信息的社会成员都应了解一定的新闻知识，具备一定的媒介素养，这些知识和素养本来就是建设公民社会、文明社会的组成要件。

第二十讲　内容的产业

第一节　新闻的边界

一、"泛化"与冲突

笔者曾问一位年轻人："看新闻吗？"对方不大以为然："新闻？现在还看什么新闻？"言外之意也许是：他现在什么都看，都在掌上看，只是没有把它们当成新闻看，或者把什么都当成新闻看。

或许，这个回答并不奇怪。信息高度发达以至过剩的年代，新闻信息已经被信息的海洋淹没。

相当多的年轻人与其说消费信息，不如说被信息诱惑，他们把最好的时间用于"娱乐至上"，并以娱乐心态看待新闻，他们也许不关心真相，或者对真相抱着无所谓的态度。

更多的受众/用户只关心那些信息表达了什么想法，是否和自己的想法有关。在社交媒体的大众语境中，能够产生共情的内容、能够引起好奇和窥伺他人的内容，似乎点击率更高。

对于手机须臾不可分离的普通个体来说，除了与切身利益相关或争议较大的热点话题经常受到关注，娱乐、猎奇、消遣以及实用服务的信息确实更受青睐，那么相对于严肃的新闻内容，其点击量和阅读率则"寂寞"得多。

"人们的注意力正在被更实惠、更便捷、更快餐、更市场、更消费也更不需要智商的东西所吸引。"著名作家王蒙说，"新媒体常常以趣味和流量抹平大众大脑的皱褶。"但作家的批评恐怕也只能止于无奈或悲情。显然，在新闻传播已经高度社交化、移动化的今天，用户对新闻的理解取向已经多义化。

对于自媒体受众之巨量，传媒无不艳羡。用户就是一切，点击率不啻为生命。想一想，自媒体的商业模式就是"注意力经济"，如果没什么人注意你的文章，媒体传播还有意义吗？

但在丹尼尔·贝尔看来，这是"一种势利的价值观"。贝尔是美国著名的学者和思想家，他从传播技术和传播内容、传播者和接受者的角度，剖析了大众传媒与文化危机之间的关系，认为视觉文化是大众文化最重要的性质，"当代文化正在变成一种视觉文化，而不是一种印刷文化，这是千真万确的事实"。贝尔认为，视觉文化虽比印刷文化更能迎合大众的感官需要，但从文化意义上来说却枯竭得更快。

一面是被"娱乐"的新闻、被丢弃的价值，一面是被网络激活的人性的多面性，网络传播环境与时代价值取向的叠加，在很大程度上决定了受众新闻意识与新闻需求的泛化。

媒介融合的环境也带来了新闻媒体的泛化（传统媒体和新媒体共存，形成多媒体、全媒体等融媒形态），带来了新闻报道的泛化（文字新闻少了，更直观丰富的融合新闻、数据新闻、视频新闻多了）。

与之对应的是：新闻的边界变得模糊不清。

更令人不安的是，"新闻泛化"已经不能囊括上述种种因素。我们看到，大量网络新闻远离新闻本源，没有采访现场，没有报道素材，只能充当"网络扒手"，拼凑信息编排文章，杜撰情节，蹭话题热度，甚至所用照片也经常张冠李戴，令人啼笑皆非。

某些自媒体"小编"乐此不疲的目的只是为了赚取流量，但其拙劣手法已构成恶意违背新闻伦理道德的性质。业界都知道：原创新闻的人工成本是很高的，为了保证新闻质量，采编人员要付出十分辛苦的劳动。然而，这些罔顾事实、投机取巧的文章却能够堂而皇之地跻身于"新闻报道"之列（有时还被网站置顶），与来自一线的原创新闻竞争读者（用户）的"注意力"。

当新闻被商业目的侵蚀和利用，新闻的专业精神必然面临崩塌的危险。

理想与现实掣肘的冲突是经常发生的，新闻理想所展现的那种非常正面的、纯粹的精神底色很多时候会褪色，会失去它的鲜亮光泽。现在，让我们再回到新闻出发的地方，关于新闻、关于新闻理念、关于新闻报道——曾经非常确定的东西突然变得不确定起来，"去专业化"乘势而来，新闻功能正在被淡化，新闻价值正在被边缘化，新闻专业主义被现实嘲弄。

现实挑战着新闻的初心。

二、功能界定新闻

(一) 用"功能界定"重塑新闻价值

2015 年，国际新闻学刊《新闻学研究》（*Journalism Studics*）刊发一组国外学者的文章，讨论了新闻泛化的局面导致业界共同面临"去专业"的危机，提出以"功能"重新界定新闻业。上海政法学院新闻系副教授陶文静博士将学者们论述的内容进行了译评，并将与会学者关于对新闻业"功能"的界定归纳如下：

1. 传递和聚焦最新发生的新闻事件。
2. 公正的、负责的传播。
3. "准确"和确保事实真实性所做出的努力。
4. 独立于事实和超然于结果。
5. "原创"是新闻工作最基本的要求，新闻不仅仅是新闻聚合器。

综合上述功能要点，新闻业被概括为："独立追求新近事件的准确信息，并将其原创地呈现给公众给予启迪而进行的所有活动"；而学者德耶兹对新闻业的解释更具体、更严格一些："全世界的新闻人共同分享一套共通的'职业意识形态'，这是职业新闻人特有的且广为认可的一组价值、策略和代码规范，其主要包括公共服务、客观性、自主性、及时性和伦理性。"

也就是说，合格的新闻人、新闻业，须符合上述功能界定标准，否则就是不合格的或貌似的新闻人和新闻业。

"功能界定"还新闻世界一个"清白"，重新强调对新闻的尊崇，对新闻传统价值的尊重。没有妥协的理由，也没有妥协的余地，即使在前所未有的传播变局中，也没有什么可以动摇新闻专业主义的"硬核"地位，它的核心价值依然是坚挺的、唯一的。

(二) 用"功能"而非身份界定新闻行为

鉴于现代新闻业的种种新媒体特征，学界中人认为，新闻业已经进入以网络为特征的"后现代新闻业"。我们先且不去探讨其概念的内涵，由于数据新闻、融合新闻在很大程度上改变了传统的新闻定位，新闻确实变得更加精彩，也更加复杂。

"功能界定"提出以"功能"而非职业或业余的身份来界定新闻人、新闻业，具体地说，在网络信息时代，任何人都有从事新闻生产和传播的权利，但所有的新闻行为和新闻生产都须用"功能"的标准加以检验。

我们在前面提到，有些非职业人士、机构也表现出专业的能力，他们有自己的新闻资源，有独立的观察视角，写出了有价值的原创新闻，符合"功能界定"的表述。"功能界定"认为，没有谁可以垄断新闻，无须在职业记者和公民记者的身份之间划清界限，但也没有谁可以不负责任地传播新闻，却获得新闻的资质。

"功能界定"的意义在于针对新媒体传播环境，厘清"泛化"的边界，将新闻生产与非新闻生产加以区别，将新闻传播和非新闻传播的行为加以澄明。

那么在实践方面，"功能界定"以开放的姿态，服务于公益和公众的"所有活动"，包容更多的富于创意的表现内容和形式，与此同时，又决然否定那些只为了赚钱而野蛮生长的"自己的媒体"。

"脱媒"，原指金融领域供需双方跳出所有中介人而进行的交易，学界将其用于媒体和受众之间的关系倒也贴切。"脱媒新闻"指网络传播环境下受众和媒体之间的环节脱落，受众个体可以直接生产、发布、转发新闻，使新闻普泛化。从某种意义上看，泛新闻现象也是一种社会现象、文化现象，但滑向"去专业化"的倾向是危险的，因为它违背了新闻的"价值、策略和代码规范"，抹煞了新闻的本质属性。

对新闻工作者而言，无论是"写新闻"还是"做内容"，职业素养和专业水准是永远需要的，坚执"功能界定"的标准是永远需要的，惟以此保持新闻的初心。

（三）关于"公民新闻"和"公民记者"

如果不是以谁谁而是以新闻自身的价值来评估新闻和新闻业，那么公民记者和公民新闻自然进入讨论的范围。"公民新闻"是学界一直在探讨的议题，怀有新闻热忱的业余写作者应该受到肯定。

很多"业余新闻爱好者"怀着社会责任感，写出了有一定新闻价值的、有利于公共利益的新闻，如在环保领域，有一批活跃的志愿者，做着记者的事情。中国环境新闻奖设立的"最佳公民记者奖"奖项已经颁发给监督和报道生态环境的几十名非职业记者，2014 年该奖项颁发给年龄最大的公民记者——65 岁的刘福堂，这位海南林业局退休干部在新浪微博报道海南红树林被毁事件。

新闻报道要求公民记者的专业性，但也不能苛刻。在一般情况下，业余记者受到外在条件的局限，而职业记者开展新闻活动有制度给予的合法性和便利。其次，在规则的约束下，职业记者每次提供的新闻信息都必须是可以验证的信息，但大多数"公民记者"缺少核实的手段，而核实是新闻报道的底线。此外，业余性新闻行为的偶然与随机性较大，而职业记者对事实的关注是持续的和稳定的。

尽管存在客观条件的限制，但非职业记者拥有熟悉特定领域的优势，他们的报道理应受到重视。此外，也应鼓励职业记者与业余作者合作开展新闻活动。澎湃新闻的春节 H5 产品《跟拍摩托车千里返乡大军》《乙亥年话》都得益于热心的志愿者的帮助；在《柳州融水突围记》（第二十八届中国新闻奖"短视频新闻奖"一等奖）的报道中，《广西日报》记者突破 40 多处塌方发回灾区画面时，得到了微信朋友圈提供的支持。

第二节　内容的价值理性

一、新媒体生长的基石

（一）自媒体打造影响力的途径

世界上所有的媒体都希望影响受众。新媒体定位"用户至上"，希望拥有影响最广大的、普遍的、数量占绝对优势的大众用户，但同时，"用户至上"更应强调对用户的责任。

有识见的媒体希望报道影响那些能够影响社会的人，这在某种意义上反映了两种情况：一是受众策略在很大程度上须考虑社交媒体和印刷媒体的不同介质；二是媒体的影响力不仅指你到达了多少人，还要看你到达了哪些人。流量绝不是考察影响力的唯一指标。

从内容的角度看，尽管受众对新闻的理解已经很宽泛，媒体却不能改变其内容产业的性质，即使是新媒体，也必然是内容的新媒体，于是，我们必须考虑如何做内容和做怎样的内容。

趋利是人类的本性，但获利和责任其实是可以兼顾的，既然所有的媒体都是公共媒体，理当帮助受众发现有益、有用、有品质的生活旨趣，所以，这里需要回应丹尼尔·贝尔的问题：能不能把"视觉文化"做得很文化呢？答案是肯定的。自媒体商业模式里面有深刻的文化思考，最好的内容产品往往不是当产品来做，而是当作品来做。"一条视频"5分钟的旁白，不超过950字，讲解和镜头精确到每一秒的设置，半月内，用户突破100万订阅量。文化转化到自媒体创新，那么商业赢利和新闻理想就可以并存。真正的好东西一定会赢得持久的高流量，因为它会培育忠实的受众群体，而被"误导"的流量，纵然实现了平台的规模营利，终不能走远。

自媒体打造足够影响力的途径最终要靠优质内容。文字，是传播的符号；内容，是价值的落点。媒体的品格应高于世俗的一般品格，媒体的视界应高于日常的一般视界，以真思考、真见解、真学识引领青涩年龄感知真善美，洞观平凡世界，启发向上人生。媒体人必须具有这种文化的超越性，内容才可能获得尊敬和信服。

传媒具有启迪公众和服务社会的功能，具有提倡道德、开启民智的职责。拥有亿计受众的社交媒体的强势影响非传统媒体所比拟，更应珍重自己的传播能量，给用户以真诚的、深厚的、精彩的内容锻造，而非凭借一些小聪明式的思维捷径和文字把玩。

人有品位高低和兴趣雅俗之别，自媒体平台才有类型、层次的多元产品提供，所以做不出优质可以理解，但做龌龊内容难以宽宥。无疑，文化薄弱和急功近利仍是自媒体乱象的致命伤。

（二）工具理性与价值理性

是"内容为王"还是"渠道为王"，亦或"技术为王"，此中争议尚在继续。"技术为王"推崇强大的科技手段，没有技术的支持，内容就无法实现多样化表达。"渠道为王"笃信用户至上，纵然内容生产是实现新闻传播的第一步，但如果传播不能到达最广众的用户那里，就无法获得新闻传播效果。技术、渠道所体现的"工具理性"代表着目标、功用和效率。

"工具理性"推动着信息的开放共享，也推动着媒体的重构，而业界已形成的融合媒体传播生态又将面临智能媒体的新一轮挑战：5G超高速频谱的冲击可能极大提升视频形态，手机视频新闻势必将成为主要报道方式。

技术进步的咄咄逼人是否"边缘"了内容价值？《人民日报》原副总编辑卢新宁指出："在技术日新月异的时代，媒体短时间看起来要依附技术的发展，但是技术发展到成熟的阶段，成为媒体的'基础设施'，那么媒体最根本的东西，即生产有思想、有价值的内容的能力，就会显现出来。"

内容的价值理性就是在技术时代执守专业信仰，在物质时代关注精神世界。

从新闻报道的角度看，没有内容，可能一切也就无从谈起。媒体在本质上是内容的行业，"价值理性"表达了传统媒体对内容属性的坚执，相信内容的创造和服务是新闻的根基，也是媒体的根基。在流量、平台、渠道、内容的多重传播因素中，内容的影响力仍是权重最高的因素。

新媒体时代，内容依然为王者，无论是 PC 端还是移动端都是内容的客户端，在内容、渠道、技术三者的融合与协调中，内容的永恒性毋庸置疑。但今天的"内容为王"须包含互联网的内容生态特征，除了写作优质新闻的原创能力，还应具有将优秀内容转化为内容产品服务的融合能力。

从另一个方面审视内容，一个以新闻传播为己任的媒体，倘若在真相面前选择缄默，在危难面前躲避承担，在问题面前没有回应，那么内容就变得毫无意义，无论这个媒体如何布局社交平台、如何展示数据流量。

渠道越多，对优质内容的需求越多。当信息庞杂汇聚，受众更需要信息的安全感；当新闻分秒传递，受众更期待信息的准确；当寻找信息的时间成本高于获取信息的时间成本，受众则渴望垂直的良好的信息服务。这些事情须由训练有素的人来做。一些知名门户网站尽管拥有强大的技术和渠道，但也越来越意识到：传统媒体的专业人才、内容产出、社会责任意识和较为完善的行业规范正是自身的缺失和需求。新媒体更需要专业的人员、专业的操作生成专业的内容，引领传媒生态走向真正的繁荣。

二、媒体的核心竞争力

（一）坚执严肃新闻报道

2019 年 4 月 19 日，普利策新闻奖委员会宣布了该年度普利策新闻奖的获奖名单，颁奖仪式在哥伦比亚大学举行，共有 15 个组织或个人分别荣获公共服务奖、突发性新闻类、调查报道奖、解释性报道奖、特稿写作奖、批评奖等 15 个新闻奖项，另外还有 7 个文学奖项和 2 个特别嘉奖。这是普利策新闻奖颁发的第 103 个年头，严肃媒体和报道仍然是大赢家。

独立性与公正性，奠定了普利策新闻奖的权威地位，全世界新闻界都将普利策新闻奖视为解读当代新闻报道的风向标。2019 年普利策新闻奖仍然将大部分奖项颁发给了传统纸媒，反映了对报纸媒体价值的高度认同。在过去的一年，尽管传统媒体的生存环境依旧严峻，但很多报纸继续坚守新闻专业主义阵地，花费大量的人力、物力、财力，坚持报道严肃的新闻内容。

严肃的新闻报道对于社会进步不可或缺。被称为环境新闻界的"普利策奖"——由世界首家中英双语环境网站《中外对话》和英国《卫报》设立的中国环境新闻大奖，自 2010 年已奖励了一百多个国内环境记者，这些获奖作品反映了中国在诸多环境领域的严峻现实，披露了许多不为人知的环境真相，推促各级政府采取积极的环保行动。

国内也设立了众多官方或非官方的新闻奖项，中国新闻奖（综合性优秀新闻作品奖）、范长江新闻奖（优秀中青年记者奖）和韬奋新闻奖（编辑奖）已向近千名新闻工作者颁发了各类奖项。此外，"中国科技新闻奖""中国经济新闻奖""五四新闻奖"以及知名媒体机构设置的全国性新闻大奖，都旨在奖励那些具有较高专业水平的严肃新闻报道。

无论在国内还是国外，优秀的内容产品永远是稀缺的。正如美国新闻集团主席鲁珀特·默多克著名的论述："我一直认为杰出的内容，无论是过去、现在还是未来，都将是媒体王国里的国王……我们所处的产业，每一波新技术涌来，都会促进旧时代的提升。每一种新式媒介都会激励他们的前辈变得更有创造力，与消费者更为贴近。"

（二）他们在证明……

尽管新闻的外沿在扩充，但新闻信息仍然是媒体传播的核心信息，"泛化"并没有改变人们对新闻的需求，新媒体每天每时都在转载、转发新闻，记者们继续履行新闻采写与报道的职责，彰显着新闻业服务于公众利益的使命。

2017 年，《新京报》刊发调查报道 56 篇，同步配发调查视频 66 条，总点击量超过 2 亿，而该报的"剥洋葱 people"微信公众号在深度报道领域，已陆续刊发了数百篇有影响的新闻作品。他们的报道证明：受众需要真相，渴望正义，严肃的调查报道始终拥有人心与尊严。

2017 年，《北京日报》微信公众号"长安街知事"的"政事"栏目原创文章超过 600 篇，全网阅读总量超过 10 亿次，单篇平均阅读量超过 150 万次。作为迅速崛起的时政品牌，在 2019 年头条号自媒体排行榜单中居第三位。这支年轻的原创新闻团队在证明：鲜活的时政报道也可以创造有口皆碑的"新闻网红"。

这一年，获中国"十大科普自媒体"称号的自媒体"星球研究所"，以瑰奇壮丽的原创科普视频作品深得读者追捧，每推新作，必迎来几百万阅读量的超高人气，扎扎实实地做出了"手机版国家地理"垂直头部大号。

他们的创新在证明：知识之美、视觉之美拥有满足受众知识渴求的广阔空间。

2018年3月29日，《人民日报》新媒体中央厨房发布的系列短视频《老兵》，讲述了5名老退役军人的故事，引来全网热传，不到24小时，网上留言、点赞就超过10万余条（次），一周内点击过亿。《老兵》证明：在中国故事全景里，始终不缺少人性向善的激发，始终珍存"高尚"二字的感染力。

2019年8月28日，财新音频"2009—2019财新调查报道故事集"上线，见证了"惟有真相值得回响"之10年历程。专业的团队和专业的水准、数万篇独家原创报道、上百篇国内外各类新闻大奖以及30万垂直订阅用户支持它的高阶内容产品。财新传媒证明了原创的力量，证明了优秀内容是新媒体的核心竞争力。

在前方，在一线：在泸定大渡河"川藏第一桥"，成都封面新闻直播团队踩着镂空钢丝网，登上200米高桥墩；在天津港大爆炸的火光中，《新京报》记者用7天168个小时，进行全媒体接力报道；在16级狂风的嘶吼中，《浙江日报》记者扛着摄像机，拍下2019年台风"利奇马"肆虐的惊心动魄的瞬间；在这一年的最后一个日子，澎湃新闻记者逆行千里，赶赴疫情爆发的武汉……那些勇敢的身影在证明：尽管新闻表达的手段日益多元，现场报道仍然是最具价值的新闻，仍然是机器算法和"10万+"所不能代替。

记者，时代的瞭望者和报告者，他们坚定地信守职业承诺，唯以责任，以激情，以诚实和勇气。

记者，社会需要这样一群坚守、追问、记录的人，他们记录今天，也记录正在发生的历史。他们传递新闻恒久存在的价值。

读书

1. 《融合文化：新媒体和旧媒体的冲突地带》，〔美〕亨利·詹金斯著，杜永明译，商务印书馆，2012

2. 《技术时代的人类心灵》，〔德〕阿诺德·盖伦著，何兆武、何冰译，上海科技教育出版社，2003

3. 《真相：信息超载时代如何知道该相信什么》，〔美〕比尔·科瓦奇、

汤姆·罗森斯蒂尔著，陆佳怡等译，中国人民大学出版社，2014

4.《童年的消逝》，[美]尼尔·波茨曼著，吴燕莛译，中信出版社，2015

5.《乌合之众：大众心理研究》，[法]古斯塔夫·勒庞著，冯克利译，广西师范大学出版社，2015

6.《从大众传播到自媒体：当代美国社会传播简论》，陈宪奎、陈泽龙著，中国社会科学出版社，2019

7.《编辑部场域的新闻生产》，张志安著，复旦大学出版社，2020

8.《新闻业的救赎》，彭增军著，中国人民大学出版社，2018

9.《消费社会》，[法]鲍德里亚著，刘成富、全志刚译，南京大学出版社，2014

10.《野火集》，龙应台著，生活·读书·新知三联书店，2010

11.《顾准文集》，顾准著，华东师范大学出版社，2018

12.《观念的水位》，刘瑜著，浙江大学出版社，2013

13.《解忧杂货店》，[日]东野圭吾著，李盈春译，海南出版公司，2014

14.《九三年》，[法]雨果著，郑永慧译，人民文学出版社，2017

15.《南渡北归》，岳南著，湖南文艺出版社，2015

16.《全球通史：从史前到21世纪》（第7版），[美]斯塔夫里阿诺斯著，吴象婴等译，北京大学出版社，2019

专业学习资源参考

部分新闻类新媒体（微信公众号和短视频）

请扫描二维码阅读

参考文献

杰克·海敦，1980. 怎样当好新闻记者［M］. 伍任，译，北京：新华出版社：212.

麦尔文·曼切尔，1981. 新闻报道与写作［M］. 丰张争，等译. 北京：中国广播电视出版社：175.

范长江，1981. 通讯与论文：记者工作随想［M］. 北京：新华出版社：314.

李希光，1987. 浙江修鞋女［N］. 中国日报，02-17.

陆定一，1987. 陆定一新闻文存：我们对于新闻学的基本观点［M］. 北京：新华出版社：1.

邵飘萍，1987. 实际应用新闻学［M］. 北京：中国新闻出版社：388.

丹尼尔·贝尔，1989. 资本主义文化矛盾［M］. 赵一凡，蒲隆，任晓晋，译. 北京：生活·读书·新知三联书店：156.

川岛保良，1990. 大众传播视点［M］. 东京：地人书馆，1990：88.

徐宝璜，1994. 新闻学［M］. 北京：中国人民大学出版社：6.

尹洪东，阿斯钢，1998. 中国最大的游牧民族走下马背［N］. 新华社11-03.

胡钰，1999. 新闻定义：历史评析与科学重建［J］. 清华大学学报（哲学社会科学版）（1）：90-97.

陈立丹，2012. 与记者谈读书和用书［EB/OL］. http://www.docin.com/p-455436948.html,08-05.

王蕾，2000. 外国优秀新闻作品评析［M］. 北京：中国广播影视出版社：6.

蓝鸿文，2001. 世界扫描：新闻自律的一项基本建设：道德信条［J］. 国际新闻界（2）：19-26.

查尔斯·汉利，2001. 马科斯执政20年［M］//芮必峰，姜红. 新闻报道方式论. 合肥：安徽大学出版社：312.

杜骏飞，2001. 深度报道原理［M］. 北京：新华出版社：144.

南香红，2002. 三峡，无法告别系列报道［N］. 南方周末，10-29（1）.

黄广明，2002. "五毒书记"张二江和他的官场逻辑［N］. 南方周末，03-22（1）.

刘建明，2002. 创建现代新闻价值理论［J］. 新闻爱好者（12）：10-14.

梁衡，2003. 在《梁衡文集》出版座谈会上的讲话［EB/OL］. http://www.360doc.com/content/20/0413/15/53347_905690648.shtml,07-09.

朱玉，2003. 龙胆泻肝丸：清火良药还是"致病"根源？［EB/OL］. http://www.jiaodong.net/news/system/2003/02/24/000557605.shtml.02-23.

陈峰，2003. 被收容者孙志刚之死［N］. 南方都市报，04-25（A6）.

谢春雷，2004. 揭开真相：《南方周末》知名记者报道手册［M］. 杭州：浙江人民出版社：24-115.

南香红，2005. 特稿之特：在中国人民大学新闻学院南香红作品系列研讨会上的演讲［EB/OL］. https://www.douban.com/note/225953687/,10-27.

张严平，田刚，2005. 索玛花儿为什么这样红［N］. 新华社，06-02.

李海鹏，2005.380 公里：一块煤的利益之旅［N］. 南方周末 03-10.

要露滋，蔡志伟，2005. 估价 60 万的家具化为灰烬这场火灾让人心痛［N］. 华商报，05-18（04）.

央视，2005. 东方时空：重庆黔江特大交通事故现场报道［EB/OL］. http://www.ko5.com.cn/2020/03/20/38452.html,04-20.

陈辉，2007. 找到新闻视角的八种方法［J］. 中国记者（7）：43-44.

广州日报新闻部，2007. 广东九江大桥被撞垮塌［N］. 广州日报，06-16（1）.

姚佳威，2007. 九江大桥垮塌惊魂一刻［N］. 南方周末，06-21（1）.

王冬梅，2007. 李毅中质疑：为何还没人被究刑责？［N］. 工人日报，11-23（1）.

陈咏，李文英，2008.38 年前偷钱今还钱汇款署名"陈良心"［N］. 扬子晚报，04-26（14）.

邵飘萍，2008. 邵飘萍新闻学论集［M］. 北京：北京大学出版社：80.

陈立丹，2008. 新闻理论十讲［M］. 上海：复旦大学出版社：25.

简光洲，2008. 甘肃 14 名婴儿同患肾病疑因喝三鹿奶粉所致［N］. 东方早报，09-11（4）.

邹飞，2008. 慈母山发现百年引水渠确认由外国传教士开凿［N］. 重庆晚报，12-08（4）.

高山，2009. 地狱般的现场近在咫尺：巴格达大爆炸亲历记［EB/OL］. http://www.xinhuanet.com/world/ylk_sp.htm,10-25.

方可成，马昌博，丁婕，等，2010. 蔚县"封口费"案：九记者全被判刑［N］. 南方周末，04-01.

李禾，2011. 故宫价值数千万展品被盗传已锁定 27 岁非京籍疑犯［N/OL］. http://news.sina.com.cn/c/2011-05-11/103222444302.shtml,05-11.

张畅，2010. 记者蒙眼罩体验盲人生活 500 米盲道 6 次被车阻挡［N］. 重庆商报，10-15（8）.

宫靖，王和岩，张瑞丹，2010. 舟曲警报［N］. 新世纪周刊，08-16.

赵涵漠，2011. 永不抵达的列车［N］. 中国青年报·冰点周刊，07-27（12）.

陈宵，2011. 近海无渔可捕 中国渔民越界韩国捕捞［N］. 法制日报，12-12.

崔木杨，2011. 失控的夺命校车［N］. 新京报，11-21（A20）.

王梦婕，2011. 专家反思高价墓地：莫把墓地当成房地产［N］. 中国青年报，04-15（2）.

许立群，2011. 李娜登顶大满贯［N/OL］. http://paper.people.com.cn,06-05.

范东升，2011. 拯救报纸［M］. 广州：南方日报出版社：155.

彭兰，2012. 社会化媒体、移动终端. 大数据：影响新闻生产的新技术因素［J］. 新闻界（16）：3-8.

梅尔文·门彻，2012. 新闻报道与写作［M］. 展江，等译，北京：清华大学出版社：219.

梁衡，2012. 梁衡新闻200句［M］. 北京：人民日报出版社：23.

侯琳良，2012. 彭妹娥：卖药要讲良心［N］. 人民日报，10-15（13）.

新京报传媒研究，2013. 故事基础上的调查：调查性报道记者手册［M］. 广州：南方日报出版社.

柴静，2013. 看见［M］. 南宁：广西师范大学出版社：97.

豆瓣网，2013. 对话《南方人物周刊》资深记者林珊珊［EB/OL］. http://www.ibeidou.org/archives/43844,11-10.

李斌，2013. 科学界派往课堂的代表［N］. 中国青年报·冰点周刊，12-04（10）.

北京市社会科学院，2013. 北京蓝皮书：北京文化发展报告（2012—2013）［M］. 北京：社会科学文献出版社.

宣金学，2013. 地下水砷污染危及近2000万国人［N］. 中国青年报·冰点周刊，09-25（11）.

叶前，王圣志，苏晓洲，等，2014. 多地高负债下畸形建设：干部眼前一亮 群众眼前一黑［EB/OL］. http://dz.xdkb.net/html/2014-08/06/content_354496.htm,08-05.

李海鹏，2014. 悲情航班MU5210［N］. 南方周末，11-25（1）.

匡文波，张蕊. 2014. "马航失联事件"媒体报道的反思［J］. 新闻爱好者（4）：14-17.

北京卫视"北京您早"，2014. 记者调查：路灯不亮原因众说纷纭 相关部门努力协调解决［EB/OL］. http://news.cntv.cn/2014/10/10/VIDE1412920210085736.shtml,10-10.

陶文静，2015. 功能界定：新闻专业主义建构的新趋势："为何大众化的民主更需要功能型的新闻业"译评［J］. 新闻记者（4）：21-27.

贺少成，赵琛，冀文超，等，2015. 为什么2元钱的"救命药"没有人做？［N］. 工人日报，04-16（1）.

沈睿，2015. 家暴之殇：美国南卡州女性的悲与痛［EB/OL］. http://blog.sina.com.cn/s/blog_5fb7c5b80102vtt7.html,04-29.

孙梦如，2015. 用新闻专业主义精神服务公众：评析2015年普利策公共服务奖作品《直到死亡将我们分离》［J］. 文艺生活·文海艺苑（7）：261-262.

李青蓉，2015. 论创伤事件报道的社会责任与呈现方式：以2015年普利策公共服务奖为例［J］. 新闻界（22）：37-40.

章苒，2015. 检视真相的碎片："我在现场"的新闻众包探索［J］. 青年记者（12）：18-19.

张寰，2015. 抛弃什么，保持什么，学到什么：华盛顿邮报执行主编马丁·巴龙关于纸媒转型的演讲［J］. 新闻与写作（7）：35-38.

张志安，刘虹苓，2015. 转型与坚守：新媒体环境下深度报道从业者访谈录［M］. 广州：南方日报出版社：2，13，140，164，247.

方洁，2015. 数据新闻概论：操作理念与案例解析［M］. 北京：中国人民大学出版社：78.

乔纳森·格雷，露西·钱伯，莉莲·博纳格鲁，2016. 数据新闻手册［EB/OL］. https://www.docin.com/p-1672822977.html，07-10.

李学孟，2016. 媒体融合需重建职业伦理［N］. 光明日报，01-09（6）.

杜飞进，耿建，2016. 三十年回望塔元庄［N］. 光明日报，08-24.

人民网，2016. 人民研讨·体验式报道采与谈［C/OL］. http://media.people.com.cn/GB/192301/192449/index.html，10-27.

彭兰，2016. "新媒体"概念界定的三条线索［J］. 新闻与传播研究（3）：120-125.

腾讯·大浙网，2016. 胡舒立：我对媒体转型的再思考［EB/OL］. https://zj.qq.com/a/20161226/010375.htm，12-24.

吴蕴聪，2017. 和百万亩林海一同成长的年轻塞罕坝人［N/OL］. http://www.CYOL.com，08-20.

央视新闻客户端，2017. 高铁：跑出中国速度［EB/OL］. http://www.xinhuanet.com/fortune/2017-10/16/c_1121807911.htm，10-16.

卢新宁，2017. 这个时代传统媒体是什么？能做什么？［EB/OL］. http://paper.people.com.cn/n1/2017/0203/c209043-29056240.html，02-03.

王蒙，2017. 当代华语文学名家自选集序［M］. 成都：天地出版社：1.

王瑞锋，李倩，2017. 刺死辱母者［N］. 南方周末，03-23（1）.

安光系，2017. 你，看见杰西卡了吗？［EB/OL］. https://www.thepaper.cn/newsDetail_forward_1711517，06-18.

宁一，刘出汗，2018. 摧毁一个中年人有多容易［J］. 凤凰周刊，06-06.

田思奇，2018. 不为人知的故事和后果：普利策奖报道这样展现美墨边境墙［EB/OL］. https://dy.163com/article/DFJVCBSQ0518V89V.html，04-17.

年度虚假新闻研究课题组，2019. 2018 年度虚假新闻研究报告［J］. 新闻记者（1）：4-14.

冯松龄，2019. 后厨藏着怎样的秘密？：北京致美斋饭庄打工记［EB/OL］. http://www.xinhuanet.com/politics/2019-06/14/c_1124623179.html，06-14.

郑永年，2019. 互联网时代的"人性陷阱"［EB/OL］. https://www.thepaper.cn/channel_27392，09-12.

刘建明, 2019. "自媒体"原罪对公共平台的亵渎：兼论"公用媒体"的运营规则 [J]. 新闻爱好者 (6)：4-7.

LAURAPARKER, 2019. 美墨边境墙将会给环境造成的 6 个不利影响 [EB/OL]. www. nationalgeographic. com. cn, 01-14.

刘瑞, 张青, 2019. "中国一分钟"系列微视频：爆款产品如何告别"一锤子买卖" [N]. 光明日报, 11-16.

附录　课余手记

◇一位大学校长说，大学代表一个国家的文明程度和精神高度，代表了这个民族的雅文化及其所体现的智力水平。我想，这应是我们理解大学教育的出发点。人类的高等学府必定是人的现代化之高地，头顶的星空必定闪耀着理想的光芒，双脚必定站在思想和创造的前沿而超越世俗经验、超越并行的时代。

◇大学里最应该和最值得尊重的东西是什么？答曰：学问、智识、厚德。如果一所学校，官位被追捧，权力受崇拜，那么就意味着学术的堕落，这对于教育是危险的。

◇教学的本质仍然是传统的"传道、授业、解惑"，但这个过程一定充满了方法和逻辑的学问，因此有了"教育科学"。既然是人的科学，就决定了对校长和教师资质的最挑剔的筛选。

◇唤起学生认知的乐趣，发现学生的潜质和发展每个学生不同的能力，我以为这就是成功的教学艺术、伟大的教育之本。

◇教师应教会学生用常识理解事物，用逻辑辨别是非，用事实检验真理。

◇师生互动是一种能量的交换：我把知识传给你，你把理解传给我；我把问题传给你，你把思考传给我；我把激励传给你，你把自信传给我。师生用这样一种"交换"建立课堂上平等的师生关系。

◇对学生的进步，教师要不吝赞扬之辞，但对学生的批评却应慎重。这是因为一句褒奖可以将其优良之处激发出来，一句指斥会将其推向消极，且可能造成难以修复的伤害。

◇在网络时代，很多学生可以通过上网自学，可能获得比从教师处更多的新知体验，因此教师必须能够提供让学生感到新鲜而未知、模糊而欲知的智趣，否则，就难以得到学生的回应。

◇鉴于大学讲台庄重谨严，教师的每句话都要经得起知识和逻辑的推敲，这其中的难度在于把有意思的知识变得有意义，把有意义的知识变得有意思。

◇形成教学风格既体现了教师教学业务的成熟，也融入了教师个体的心灵姿态。那些自成风格的教师总是受到学生的欢迎。大学讲台是才学与个性绚丽绽放之地，应对平庸者说"不"。

◇教学岂能照本宣科？须知学生会通过网络搜索引擎找到知识的答案。但知识的理解显然还需要指导，教师只有将"自己所感受、所思考的东西"放进授课中，教学才有趣、才鲜活，才能嵌入学生的心灵。

◇学生对教师的教学语言很敏感，他们会通过教师的语言形象判断其水准。教学语言是一种特殊的语言，是介于书面语言和口头语言之间的一种学术性语言方式，排斥日常口语"大白话"。

◇如果一个学生是傻瓜，那么十个学生是诸葛亮，一百个学生是法官。对教师和教学的权威考评来自学生的口碑，而非行政标准，而非领导意愿。

◇教新闻的人不可能停留在书本上，他应有很强的社会意识，不仅要关心公共事务，还应具有观察社会的能力和头脑。教新闻的人要使自己厚重，才能使其讲授的新闻厚重起来。

◇学术最根本的问题不是没有发表论文而是不读书（这里的"读书"是指专业内外的广泛阅读），对于为师者，这个问题是可悲的。普通人读书是必要的，而为师者读书则是必须的。读书和不读书，其教学面貌和气质不一样，思维的格局也不一样，喜欢读书的教师常常表现出识见、智慧和乐于包容学生的多样性。我以为教师应成为读书的楷模，使自己和学生受益。

◇论文只是教学的副产品，但如果论文可以用科研经费购买，论文连语言表达都还没有过关，那么发表多少论文也只是一个数字，而非水准。个体差异决定了不是每个教师都适合做研究，况且科研的价值落点终归要体现在"升华教学"上面。我们误解了很多事情。

◇检查"教师上课是否带教案"等类似的事情，看来是比较可笑的，因为讲台不需要标准化流程，教师也不应承担事务性压力。办教育的事应由懂教育的人来做，懂教育的人懂得尊重教学的规律，尊重教师独立性、自主性的职业特点。

◇通常我们不愿意质疑，更愿意顺势，因为前者会增加教学、人际的付出成本。通常我们不愿意探究，宁可选择接受，因为后者可带来事业、人生的安全感，可谁会去计较因此而伤害了什么？伤害了谁？

◇今天的大学生（"80后""90后"）与过去的大学生（"50后""60后"）差异悬殊，不是过去的认知经验过时了，而是世道变了，生存的法则变了，这令"前浪"和"后浪"彼此都感到对方匪夷所思。作为教育者，我们必须充分理解这些"差异"乃时代的产物，与急剧转型的数字化、物质化社会深刻关联。

◇我们的学生并不缺少潜能，缺少的是学习的欲望。如果求学时代抛弃了求知欲望，无异于堕落。人生不进则退，年轻人会退得更快。学校有义务和责任帮助他们找回学习的动力，这需要来自教学和教育机制两个层面的配合，以疗治长期以来大学"严进宽出"的痼疾。

◇为什么上大学？不是为了更好地适应社会，而是为了成就更好的自己。

◇不尊重知识，也不会尊重他们的老师；不尊重老师，也不会懂得尊重任何人。我觉得大学生要了解自己的使命，那就是尊重知识，接受知识，增进知识。

◇除了书本知识，大学生还应认识有智识的、有趣的人，这比只在自我的世界里徜徉的人幸运得多。其实，许多年轻人的精神世界是依赖多数人的想法、时尚以及幼稚的偏见而建立起来的，这是因为他们尚未学会独立思考，尚未拥有更多的人生参照。

◇出生和成长在科技发达、物质富足的和平年代——今天的大学生不要急于拥有和耽于享受，而应思考、寻求生活和工作的意义。

◇碎片信息、掌上阅读也可以丰富认知，关键是以怎样的心智和心态遨游在信息的海洋，这令我想起"弱水三千，只取一瓢饮"的古语。文化品位决定了一个人的阅读选择。

◇爱学习和不爱学习的孩子在很大程度上为天性使然，不是家长一厢情愿。不爱学习的孩子在其他方面必有长处，如果强迫不爱学习的孩子去学习、去成才，那么这些孩子只好被迫坐在书桌前，一旦文凭到手，知识即被弃之如履。

◇"让越来越多的人享受体育的过程，而不是结果"——如果学生不能理解这句话的含义，那么教育是失利的。使学生具备理解事物、理解世界的能力，远比掌握核心知识更重要。

◇鼓励成人大学生自律、自立，开展日常生活秩序的自我管理和自我约束，这与大学所具有的思想、包容、开明、自由的文化知识环境相契合。

那种以人为的权威管束、压制学生的方式剥夺了年轻人的想象力和创新的尝试。

◇一位学者说："如果人们忘记了在学校学到的知识，那么剩下的就是教育。"我以为知识之外的教育体现在两个方面：一是学校所承担的教育之责，即以怎样的价值观、怎样的道德精神教导青年；二是教师所承担的教育之责，即以怎样的个人修为、怎样的学识影响青年。我们须反思：今天的教育究竟能够在多大程度上反映学生人格的整体塑造之功效？

◇"文化"二字被广泛地滥用，但是没有人追究文化是什么，文化的含义是什么，文化的核心是什么，文化和教育的关系又是什么。

◇文凭在逐渐贬值，是因为有文凭的人越来越多，此逻辑不一定站得住脚。但是，为何学历和文化越来越不匹配？这样的问题可能已被更多的人所察觉。近来我常想，对于一个14多亿人口的泱泱大国，提升占总人口比例80%的普通民众的教育水平，是否比大学持续扩招更有意义。

◇当网络科技日益嵌入新闻传播中，新闻教育是强化技术训练还是强化学术训练，这反映了决策者对新闻、对教育的理解。社会需要什么技能，学校就设置什么专业，这是职业学校应该考虑的，但不是大学的培养目标。

◇竞争并非是进取的代名词，有时它会因囿于狭窄的领域而失去在更大格局上的参照物。现在很多新闻院系争相设置新媒体专业，但媒体需要的传媒人才不是仅仅能够做视频、做图像、做融合新闻，如果连基本的是非都不能分辨、基本的通识都没有弄懂，那么我们不能说，我们培养了合格的新闻传播人才。

◇新闻学要培养什么样的新闻人？我想新闻人应是正直的人，以公正地提供新闻信息为使命，面对各种复杂情况，能够听到来自心灵的良知的声音；新闻人应是诚实的人，能够在丰盈而善变的年代，不见风使舵，不人云亦云，保持职业的虔敬。

◇在网络传播的浮躁喧腾中，新闻教育须有匡正晻违、抵抗污浊的明确态度，鼓励新闻学子坚守新闻传播工作者的底线，在汹涌的网络大潮中，成为一股清流。

◇经典而基础的"数理化"，一本教材、一个科目可以讲上十几个、几十个回合。文科就不敢这么自信了，尤其新闻专业，适时更新一些内容，不是乘势之物，而是顺时之变。新闻要贴上时间的标签，而新闻教育要贴上时代的标签。

◇业界有识之士提出"人文新媒体"的概念，以抗衡"技术新媒体"的迅猛发展之势。"人文"二字体现了新闻为社会公众服务的使命，一如科技只有被赋予人文精神，才能真正地普惠大众。新闻的科学仍然是人文性质的社会科学。

◇解释"区块链"的含义是必要的，但也不必刻意追逐时兴的、深奥的新媒体概念。当新兴的技术及其术语一波接一波地出现，我还是相信，最终推动行业进步的仍然是热爱这个行业的人们。

后记

2012年暑期，我到浙江杭州某大型知名企业的公关传播部门"挂职锻炼"，期间，参加了由"网易"发起和承办的"发现中国制造"的大型采访活动，国内报刊、网络媒体的记者云集。我在现场发放了两项随机调查问卷，第一项是大学所学新闻专业对目前新闻工作的助益。结果显示：近35%记者认为刚入行的时候，对熟悉工作是有帮助的，但以后主要靠实践，逐渐适应许多特定场合及其报道的规则。55%的记者认为基本没有助益，在学校学的知识很空，也很有限，工作后基本忘光了，得一切从头开始。10%的人则声称学的东西没有任何用处，当记者完全靠个人的悟性。第二项是对于采写报道，行业知识重要还是专业知识重要？所有记者之回答惊人的一致：行业知识更重要。

尽管统计样本不多，但不可否认其具有某种代表性。来自第一线的反馈信息令我不免产生一种挫败感。新闻院系培养的专业人才为何不"适用"？我们的新闻教育为何事倍功半？尽管平素高校教学大赛此起彼伏，科研项目争先恐后，教学论文不断堆积，但如果一线教学不能对学生的未来工作产生实质性的影响和推进，那么这里面肯定出了什么偏差，虽然不排除学生（或被调查者）的自身因素。

近年来新闻业界的变化咄咄逼人，宏观趋势不可逆转，处在业界上游的高校新闻院系都在思虑、探求新闻教育的改革之策。作为一门传统的、实践性很强的学科，新闻采写课程不仅面对"学用脱节"这一长期存在且亟待解决的问题，还面临着与新媒体之间的协调和匹配，本质上，这是一个问题的两面。

在目前"融合"的背景下，现实极具挑战性，一是原有的新闻边界已经打通，形成了新的社会化传播生态系统；二是由于传统媒体的萎缩，多数毕业生要到新媒体平台工作。当下高校新闻院系都在布局更大的"盘"，不仅面向业界输送人才，也向整个社会输送新闻传播工作者，这也是新闻教育应有的担当。

那么在教学空间的拓展中要保留什么、改变什么和学会什么？具体的教学实践与新媒体有哪些不适配？怎样设置新的课程和建设新的课程体系……回答这些问题，尚需要从理论到实践的摸索，进而找到一种更实际有效的方法。

采写新闻仍然是从业者的核心技能，无法想象今天的新闻采写与新媒体切割而保持"原汁原味"。

在这本教材的写作中，我试图将课程真正地"打开"，寻找更贴近时代、更贴近学生、更具实益性的教学路径，好在断断续续的5年时间能够容我一边捡拾旧有的经验，一边求索新识的理念，不断修正先前的粗浅。可以说，这是一次漫长而艰难的思考的跋涉。

"新编"二字，籍以拓宽教学认知视域，体现个人在长期教学实践中的一些想法和表达，也体现在课程构建和课程运行中的一些思路和方式，为便于读者了解，关于课程设计和实施说明在教材第一单元第三讲中有具体的陈述。

本教材的框架仍然以传统新闻实务课程的基本内容为主体内容，我将其称为"通识"，旨在强调：在今天，当网络科技的浪潮席卷而来，当新媒体深刻嵌入新闻报道，重申新闻"常识"尤其显得必要和重要。

着眼于新闻的基本价值和长远价值，新闻教育的第一使命是延续新闻学脉，传承新闻学理。新生代拥有未来的各种可能和机会，衷心希望年轻学子通过全程采写训练，使专业准备更扎实、更厚重一些，以适应进步和变化，找到属于自己的职业之路。

这本教材于2014年动笔，由于平素课量较大，只能利用假期和空闲断断续续地写。到了2019年，发现这一份不计成本的劳动上路已久，而压在头顶的紧迫感愈来愈真切，于是辞去教职，又用整整一年时间全力以赴，且又在初稿的基础上打磨数次、修改数次，只想努力地、尽力地划上一个圆满的句号。

鉴于个人局限，教材必有缺欠及商榷之处，尤在新媒体领域的探讨，尚请大方之士不吝指教。我年事已高，不便重返讲台，籍此教材为新闻的学习者、工作者提供参考和帮助，惟了心愿足矣。

感谢霍伟东、边保旗两位校领导，他们为本教材出版以鼎力支持，厚重期待，但出版的延误令我深表歉意。

感谢我的同事乔蓓老师以及尤富禧、郭志慧等同学，她们校对了本教材的部分内容；感谢财新传媒胡舒立社长，她亲自审校了所提供的文稿；感谢腾讯谷雨、新华社新华视点、《中国青年报》记者朋友以及清华大学新闻传播学院尹鸿教授、彭兰教授，他（她）对于本教材的求助给予了热诚回应。感谢本教材编辑李思嘉女士所做出的努力。

最后感谢所有我的学生们——你们还好吗？是你们和我共同拥有的岁月成就了这本书。

赵瀛

2020 年 4 月 15 日于北京寓所